PRINCIPLES
RAY DALIO

PRINCIPLES

原 则

RAY DALIO

-美- 瑞·达利欧 -著-

刘波 綦相 熊建伟-译　王沿-审校

图书在版编目（CIP）数据

原则 /（美）瑞·达利欧著；刘波，綦相，熊建伟译 . -- 2 版 . -- 北京：中信出版社，2025.1.
ISBN 978-7-5217-6945-6
Ⅰ . C93-49
中国国家版本馆 CIP 数据核字第 2024NF5591 号

Principles By Ray Dalio
Copyright © 2017 by Ray Dalio
Simplified Chinese translation copyright © 2024 by CITIC Press Corporation
Published by arrangement with author c/o Levine Greenberg Rostan Literary Agency
Through Bardon-Chinese Media Agency
ALL RIGHTS RESERVED
本书仅限中国大陆地区发行销售

原则
著者：　　［美］瑞·达利欧
译者：　　刘波　綦相　熊建伟
出版发行：中信出版集团股份有限公司
　　　　　（北京市朝阳区东三环北路 27 号嘉铭中心　邮编 100020）
承印者：　北京尚唐印刷包装有限公司

开本：660mm×970mm 1/16　　印张：37　　字数：434 千字
版次：2025 年 1 月第 2 版　　　　印次：2025 年 1 月第 1 次印刷
京权图字：01-2023-2956　　　　　书号：ISBN 978-7-5217-6945-6
　　　　　　　　　　　　　　　　定价：138.00 元

版权所有·侵权必究
如有印刷、装订问题，本公司负责调换。
服务热线：400-600-8099
投稿邮箱：author@citicpub.com

瑞·达利欧在这本书中分享的生活和工作原则，帮助他从一个普通中产阶级家庭的孩子成长为我们这个时代最成功的人士之一——任何人运用这些原则也都能达成自己的人生目标。

致芭芭拉，陪伴了我 40 多年的另一半，是她使我的生命完整

中文版序

在中国出版《原则》，把曾帮助过我的那些原则分享给读者，对我具有极其重大的意义，因为中国和中国人民一直是我生活的重要部分。从约40年前作为中国国际信托投资公司（现称中信集团，出版本书的中信出版集团是其旗下企业）的客人访问中国到现在，我与中国一直保持着诸多密切联系，这让我在中国比在任何地方都更有家的感觉，都更感觉遇到了亲人。

在这40年里，我和中国一起成长，我的进化和中国的进化交织在一起。第一次来中国时，我还是一名青涩的职业投资者，而中国还缺乏资金，没有资本市场。坦率地说，我来到中国的唯一原因是好奇心驱使。中国方面邀请我帮助中国国际信托投资公司了解金融市场，我很乐于做这件事，因为这让我接触到了中国和中国人，也给我的工作带来了有益的影响。直到1989年，一小群坚毅的年轻人（组成"中国证券市场研究设计中心"，即"联办"）才开始构建中国的资本市场。中国证券市场研究设计中心的成员年轻而充满理想，在中国经济改革者，尤其是王岐山的领导下协力工作。我也曾助一臂之力。在一些方面，这个团队与我创办的桥水团队有相似之处，当年我们也是年轻、充满理想、想努力闯出一番事业的人。

从那时到现在的近40年里，我们一起合作，以实现我们的梦想，我们不断成长，并成为好朋友，而在帮助发展中国资本市场、帮助中国人理解资本市场的过程中，我交到了更多的中国好朋友。

在这一交流过程中，我们全家也受益了。我们经常访问中国，我们夫妻俩曾把11岁的儿子送到一所全中文学校读书。16岁时，他创建了一个慈善机构——中国关爱基金会，该机构挽救了一些急需特殊帮助的孤儿的生命。我不想一一复述让我和中国建立特殊关系的所有交流，因为太多了，读者应该对此已经有了整体的印象。

本书中的原则对我帮助很大，我希望能通过分享这些原则略尽绵薄之力，继续帮助中国，回报我们一家人在中国得到的友善相待。我还希望《原则》一书能帮助更多的中国人。在可预见的将来，我期待继续和他们一起成长。

瑞·达利欧

目 录

导 言　V

第一部分
我的历程

1　我的探险召唤（1949—1967 年）　　005
2　跨越门槛（1967—1979 年）　　010
3　我的低谷（1979—1982 年）　　027
4　我的试炼之路（1983—1994 年）　　040
5　终极恩惠（1995—2010 年）　　070
6　回报恩惠（2011—2015 年）　　094
7　最后的一年和最大的挑战（2016—2017 年）　　122
8　从更高的层面回顾　　126

第二部分
生活原则

1　拥抱现实，应对现实　　136

2　用 5 步流程实现你的人生愿望　　177
3　做到头脑极度开放　　191
4　理解人与人大不相同　　213
5　学习如何有效决策　　244
生活原则总结　　276
生活原则概要与列表　　280

第三部分
工作原则

工作原则概要与列表　　292

打造良好的文化······　　338

1　相信极度求真和极度透明　　342
2　做有意义的工作，发展有意义的人际关系　　357
3　打造允许犯错，但不容忍罔顾教训、一错再错的文化　　366
4　求取共识并坚持　　374
5　做决策时要从观点的可信度出发　　388
6　知道如何超越分歧　　402

用对人······　　411

7　比做什么事更重要的是找对做事的人　　415
8　要用对人，因为用人不当的代价高昂　　420

目 录

9 持续培训、测试、评估和调配员工　434

建造并进化你的机器……　456

10 像操作一部机器那样进行管理，以实现目标　460
11 发现问题，不容忍问题　482
12 诊断问题，探究根源　491
13 改进机器，解决问题　504
14 按既定计划行事　525
15 运用工具和行为准则指导工作　531
16 千万别忽视了公司治理　537

将工作原则融会贯通　545

结 语　549
附 录　桥水为创意择优所用的工具和行为准则　551
参考文献　559
致 谢　561
审校后记　565

导　言

在我开始告诉你们我的思考之前，我想先说明，我是个"愚人"，相对于我需要知道的东西而言，我真正知道的并没有多少。不管我一生中取得了多大的成功，其主要原因都不是我知道多少事情，而是我知道在无知的情况下自己应该怎么做。我一生中学到的最重要的东西是一种以原则为基础的生活方式，是它帮助我发现真相是什么，并如何据此行动。

我现在分享这些原则的原因是，到了生命的这个阶段，我更关心的是如何帮助他人取得成功，而不是让自己变得更成功。因为这些原则让我和其他人受益匪浅，所以我想和你们分享。这些原则的价值到底有多大，你们将如何对待它们，应由你们自己决定。

原则是根本性的真理，它构成了行动的基础，并通过行动让你实现生命中的愿望。原则可以不断地应用于类似的情况，以帮助你实现目标。

每一天，我们每个人都会面对纷至沓来的、必须做出反应的各种情况。假如没有原则，我们将被迫针对生活中遇到的各种难以预料之事孤立地做出反应，就好像我们是头一次碰到这些事一样。但假如我们把这些情况分成不同的类型，并且拥有处理不同类型情况的良好原则，我们就能更快地做出更好的决策，并因此过上更好的生活。拥有了一系列良好的原则，你就拥有了一系列成功的秘诀。所有成功人士都是依据原则行动的，这些原则帮助他们取得成功；只是选择在什么方面成功因人而异，所以原则也因人而异。

做一个有原则的人意味着，总是依据可以清晰解释的原则做事。但不幸的是，大多数人并不能清楚地解释他们的原则。人们很少把自己的原则写下来与别人分享，这太令人遗憾了。我很想知道阿尔伯特·爱因斯坦、史蒂夫·乔布斯、温斯顿·丘吉尔、列奥纳多·达·芬奇等人奉行的原则是什么，这样我就能弄明白他们追求的目标是什么，他们是如何实现目标的，并对他们的不同做法进行比较。对于那些希望我给他们投票的政治家，以及所有那些其决定能影响到我的人，我都想知道在他们看来，最重要的原则是什么。我们是因为拥有共同的原则而连接在一起，组成家庭、社区、国家以及成为跨国的朋友？还是说，我们的原则是相互对立的，这导致了我们的分裂？这些原则是什么？我们应该具体说明自己的原则。如今，把我们的原则弄明白，对我们而言是极为重要的。

我希望阅读本书能够帮助你以你认为最合适的方式发现自己的原则，并最好把它们写下来。这样做将使你和其他人清楚地知道自己的原则，并更好地相互理解。这样一来，你可以在遇到更多情况时改进自己的原则，反思自己的原则，这将帮助你做出更好的决定，并让别人更好地理解你。

导 言

拥有你自己的原则

我们以不同的方式得到自己的原则。有时我们通过自己的经验和反思总结出原则；有时我们从其他人，比如从父母那里接受原则；有时我们接受一整套的原则，例如宗教原则、法律框架等。

因为我们有着各自不同的目标和性格，所以我们每个人都必须选择最适合自己目标和性格的原则。尽管使用他人的原则不一定是一件坏事，但不假思索地采用他人的原则有可能将你置于风险之中：你的行动方式将与你的目标和性格不符。同时，像我一样，相对于你需要知道的东西而言，你真正知道的东西也许是有限的，承认这一点是明智的。如果你能独立思考，同时保持开放的头脑，清醒地寻找并发现最适合你的事情，如果你能鼓起勇气这么做，那么你将会最大化地实现自己的生命价值。如果你做不到这一点，你应当思考为什么，因为这很可能是你面临的实现自己人生愿望的最大障碍。

因此我总结出了我的第一条原则：

- **独立思考并决定：**
  （1）你想要什么；（2）事实是什么；
  （3）面对事实，你如何实现自己的愿望……

……而且要保持谦逊和心胸开阔，以便你能运用自己的最佳思维。清楚地知道你的原则很重要，因为这些原则将影响你生活的所有方面，这会日复一日地频繁发生。例如，当你培养人际关系时，你的原则和别人的原则将决定你们如何互动。拥有共同价值观和原则的人才会相处融洽。没有共同价值观和原则的人之间将不断产生误解和冲突。想想和你关系最紧密的人：他们的价值观和你的一致吗？你是否知道他们的价值观或原则是什么？在人际关系中很常见的是，人们的原则是不清晰的。在那些成员需要有共同的原则才能成功的组织里，这尤其会造成问题。我在写作本书时为何要字斟句酌？就是因为我想明白无误地展现自己的原则。

只要原则是真实的（即能够反映你的真实性格和价值观），你就可以随心所欲地选定自己的原则。你在生活中将面临无数的选择，而你做出选择的方式将反映你的原则，所以用不了多久，你身边的人就将明白你依据怎样的原则为人处世。最糟糕的情况是你很虚伪，因为假如你虚伪的话，你将失去自尊和人们的信任。所以你必须清楚自己的原则是什么，并且"知行合一"。如果知与行之间存在矛盾，那么你应当解释这些矛盾。最好的方法是写下来，因为这样一来，你将能够改进你写在纸上的原则。

我将分享自己的原则，但我想明确地告诉你们，我不希望你们盲目地遵循这些原则。相反，我希望你们质疑我的每一句话，从我的这些原则中精挑细选，以便找出适合你的组合。

我的原则，以及我是如何总结出这些原则的

我这一生犯了很多错误，也花了很多时间反省这些错误。在这个过程中，我总结出自己的原则。从很小的时候起，我就是一个充满好奇心的、独立的思考者，追求大胆的目标。我激动地在头脑中设想要追求的东西，在追求的过程中我也经历了失败，从中总结出了原则，使自己免于再犯同种类型的错误。我因此而改变、进步，从而可以设想、追求更大胆的目标，并在很长一段时间里快速地、不断地这么做。所以对我而言，生活就像是你将在下一页看到的那幅图。

导　言

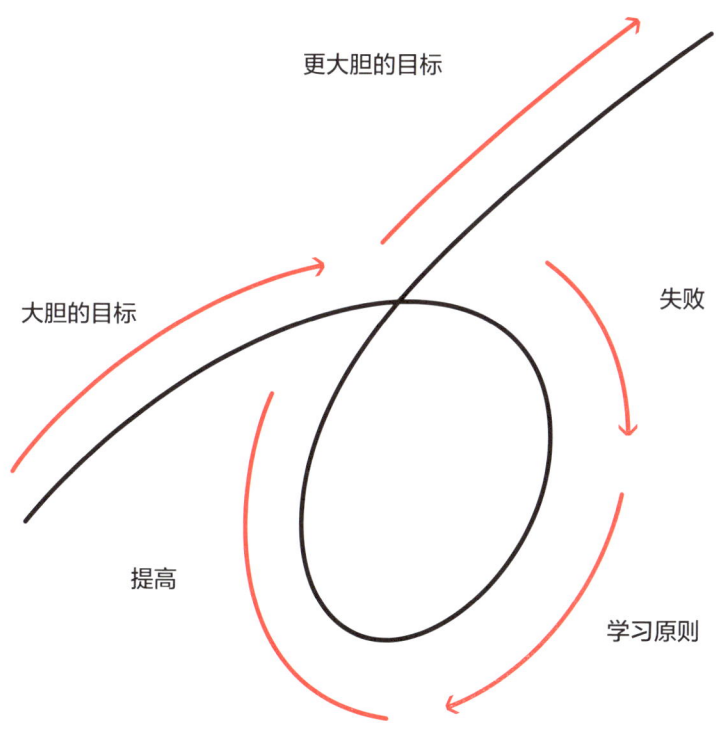

　　我认为成功的关键在于，既知道如何努力追求很多东西，也知道如何正确地失败。"正确地失败"是指，能够在经历失败的过程中吸取重要的教训，从而避免"错误地失败"，即因为失败而被踢出局。

　　一直以来，这种不断学习和改进的方式是最适合我的，这源于我的性格，以及我的工作。我的机械记忆能力一直很差，我不喜欢听从他人的指示做事，而是喜欢自己把事情弄明白。因为我记忆力不好，所以我不喜欢上学，但当我12岁时，我爱上了市场交易。若想在市场上赚钱，一个人需要成为一个独立的思考者，习惯于打赌会出现与共识相反的情况，而且赌对。这是因为共识性的观点通常已经反映在价格中了。在这个过程中，一个人肯定要犯下很多代价惨痛的错误，所以知道如何正确地犯错对一个人的成功至关重要。一个人想成为一个成功的企业家，情况是相同的：必须成为一个独立的思考者，正确地打赌会出现与共识相反的情况，这意味着在很多时候会犯下代价惨痛的错误。我既是一个投资者，也是一个企业家，所以我逐渐养成了一种健康的害怕犯错的习惯，并思考出了一种能将犯错可能性最小化的决策方式。

● 以可信度加权的方式做决定

我犯下的代价惨痛的错误使我改变了看问题的角度，从"我知道我是对的"变成了"我怎么知道我是对的"。这些错误让我养成了保持谦逊的习惯，我需要用谦逊平衡我的勇敢。我知道我可能会错得离谱，又好奇为什么其他聪明的人对事情的认识与我不同，这促使我既从自己的视角看问题，也从别人的视角看问题。这让我看到了很多维度。如果我只从自己的视角看问题，就看不到这么多。我懂得了如何对不同人的观点进行加权，从而选择最好的观点，也就是说，我以可信度加权的方式做决定。这降低了我犯错误的可能性，真是太棒了。同时，我还学会了：

● 遵照原则做事……

……这些原则是以非常清晰的方式列明的，人们可以轻松地评估其中的逻辑，所以你和其他人可以判断你是否知行合一。经验告诉我，在做任何决定时，仔细思考并写下我的决策标准，是价值无限的，于是我养成了这么做的习惯。随着时间的推移，我的原则变成了一系列决策所需的要素。我与我的公司——桥水的员工分享这些原则，并邀请他们帮助我在行动中检验我的原则，通过这么做，我不断地提炼和完善我的原则。事实上，我已经把我的原则改善到了一定程度，使自己可以看到这么做的重要性。

● 以系统化的方式来决策

我发现我可以这么做，方法是以算法的形式把我的决策标准表达出来，而我可以把这些算法植入我的计算机。我同时运行着两套决策体系——头脑中的一套和计算机中的一套，并在此过程中发现，计算机能够做出更好的决策，因为它能处理的信息比我多很多，而且它能够不带感情地以更快的速度处理这些信息。这让我以及与我共事的人可以逐渐深化我们的认识，提高我们的集体决策质量。我发现这样的决策系统（尤其是在实践可信度加权的情况下）是极其强大的，它将快速且深刻地改变世界各地的人做出各种决策的方式。我们的原则驱动型决策方式不仅改善了我们的经济、投资与管理决策，而且帮助我们在生活的方方面面做出更好的决策。

你自己的原则是不是系统化或者计算机化的，并不是最重要的。最重要的事情是总结出你自己的原则，最好将其写下来，尤其是在你与其他人共事的情况下。

正是这种做法以及通过这种做法总结出的原则，而不是我本身，让我从一个纽约长岛的普通中产阶级家庭的孩子，变成了一个依据常规标准衡量很成功的人，例如：我在两居室的公寓里创建一家企业，使其位列美国最重要的私营公司榜单第5位（《财富》杂志）；

成为世界前100名富豪之一（《福布斯》杂志）；被视为世界100位最具影响力人物之一（《时代》周刊）。这些原则让我达到了一定高度，在这个高度上，我可以以从未想到过的方式重新看待成功与生活。这些原则还给予了我有意义的工作和人际关系，与我常规意义上的成功比起来，这是我更加珍视的。这些原则给予了我和桥水很多我从未梦想过的东西。

直到最近，我都没有想过在桥水之外分享这些原则，因为我不想引起公众的注意，而且我认为告诉别人他们应该有什么样的原则，显得自以为是。但在桥水成功预测到了2008—2009年的金融危机之后，我个人、我的原则，以及桥水独特的运营方式，得到了很多媒体的关注。这些报道大多数是扭曲的、哗众取宠的。于是在2010年，我在桥水的网站上贴出了我们的原则，以便让人们自己判断。让我意外的是，这些原则被下载了超过300万次，我收到了来自世界各地的感谢信。

我将在两本书中为你们讲解这些原则，一本关于生活与工作原则，另一本关于经济与投资原则。

这两本书的组织结构

因为我成年以来的大部分时间都花在思考经济和投资问题上，所以我曾考虑先写有关经济与投资原则的书。但我最后决定先写生活与工作原则，因为这些原则更为宏观，而且我已经看到了它们会对人产生多大的益助——不管人们的职业如何。因为生活与工作这两部分搭配得很好，所以我把它们并入本书，并以一篇简短的自传"我的历程"作为先导。

导　言

第一部分：我的历程

在这一部分，我将分享我的一些经历（其中最重要的是我的失败经历），正是这些经历引导我发现了那些指导我进行决策的原则。说真的，对于讲述我的私人故事，我至今依然有一种复杂的感觉，因为这可能会分散你的注意力，导致你忽视原则本身，以及构成这些原则精髓的永恒的、普适性的因果关系。因此，假如你决定跳过这一部分，我不会介意。假如你确实打算阅读这一部分，请试着通过我和我的真实故事，看到我所描述的原则的逻辑与价值。想想这些原则，权衡它们，并判断它们究竟在多大程度上适用于你和你自己的生活环境，以及它们能否帮助你实现目标，不论这些目标是什么。

第二部分：生活原则

在"生活原则"这部分，我将说明那些在一切事情上引导我的首要原则。我将在这部分更深入地阐述我的原则，并说明如何将其应用于自然世界、我们的私人生活与人际关系、企业经营与决策，当然还有桥水。我将分享我探索出来的实现个人目标、做出有效决策的"5步流程"；我还将分享我在心理学和神经科学方面获得的一些深刻见解，并说明我如何将这些见解应用于私人生活和企业经营。这部分是本书的真正核心，因为它将说明为什么几乎任何人都可以将这些原则应用于几乎所有事情。

第三部分：工作原则

在"工作原则"这部分，你将看到对桥水非同一般的运营方式的特写式介绍。我将解释我们如何将我们的原则凝聚为一个理念——创意择优，力求通过极度的求真和透明实现有意义的工作和人际关系。我将向你展示，这在极微观的层面上是如何实践的，以及如何将这一做法应用到几乎任何组织之中，从而提高它的效率。你将看到，我们只不过是一群追求卓越的人，而且我们承认，相对于我们需要知道的东西而言，我们真正所知的并不多。我们相信，在独立思考者之间出现的经过深思熟虑的、不掺杂情绪因素的分歧，可以转化为更明智、更有效、能够实现"1＋1＞2"的效果的可信度加权决策。这些工作原则以生活原则为基础，但由于组织的力量远远大于个人的力量，因此我相信，这些原则比生活原则更重要。

本书将有什么样的后续

纸质书出版之后还会有一本交互式的"书"，它将以App（应用程序）的形式带你观看各种视频，体验仿真经历，以便你更加身临其境地学习。这个App在和你交流的过程中还将了解你的情况，以便向你提供更加个性化的建议。

本书和这个App之后，还会有另一本书，其包含另外两个部分：经济原则和投资原则。在那本书中，我将传授一直以来对我有用的各项原则，我相信它们在这些领域也能帮到你。

我的所有建议都将包含在这两本书中。在那之后，我将进入生命的新阶段——归隐田园。

自己思考！

你想要什么？

事实是什么？

如何行动？

第一部分

我的历程

时间就像一条河流，

载着我们顺流而下，

让我们遇到现实，

并做出决策。

我们无法停留，

也无法回避，

只能以最好的方式应对。

当我们还是孩子时，其他人，通常是我们的父母，会在我们遇到现实问题时不断地指引我们。随着年龄增长，我们开始自己做出决定。我们自己选择追求什么（目标），会影响我们走的道路。如果你想成为一名医生，就要去上医学院；如果你想成家，就要找一个伴侣；等等。在我们追求这些目标时，我们会遇到问题，犯下错误，并发现自身的各种弱点。我们不断了解自身和现实，然后做出新的决定。在一生中，我们会做出无数的决定，这些决定实质上都是赌博，一些是大赌，一些是小赌。思考我们如何做出决定是有好处的，因为这将最终决定我们的生活质量。

我们所有人天生就有各种不同的思维能力，但我们不是天生就有决策能力。我们在接触现实的过程中获得决策能力。尽管我走的路是独特的——独特的父母、独特的职业道路、独特的同事，但我相信，我一路走来学到的原则将适用于走在大多数路上的大多数人。当你阅读我的故事时，请努力透过故事和我这个人，看到潜在的因果关系，看到我所做的选择和这些选择的后果，看到我从中学到了什么，以及我在总结经验后是如何改变决策方式的。你要问自己要什么，将那些得到了他们想要的东西的人作为标杆，努力分析出潜藏在他们成就背后的因果关系模式，这样你就能通过这些模式实现自己的目标。

  为了帮你理解我是从哪里来的，我将如实地向你讲述我的生活与事业。在此过程中，我将重点强调我犯过的错误和我的弱点，以及我从这些错误和弱点中总结出的原则。

1 我的探险召唤
（1949—1967年）

我出生于1949年，在长岛的一个中产阶级社区长大。我的父亲是一名职业爵士乐手，母亲是家庭主妇，我是他们的独子。我是一个普通家庭里的普通孩子，学习成绩较差。我喜欢和伙伴们一起玩儿：小时候在街上踢足球，在邻居的后院里打篮球，稍大后喜欢追求女孩。

我们的基因决定了我们固有的优点和缺点。我最显著的缺点是机械记忆能力很差。直到现在，我一直记不住没有内在逻辑的东西（如电话号码），而且我不喜欢听从别人的指示。同时，我的好奇心很强，喜欢自己把事情弄清楚，不过当时我并不像现在这么清楚地知道这一点。

我不喜欢上学，不只是因为上学需要背很多东西，也是因为我对大多数教师认为重要的事都不感兴趣。我一直都不明白，除了能得到母亲的认可之外，上学上得好还能带给我什么。

母亲宠爱我，担心我成绩糟糕。直到上中学之前，她都会要求我在房间里学习几个小时后再出去玩儿，但我对此无法投入。她总是在支持我。她会把我要送的报纸叠起来，扎上橡皮筋；周六晚上看惊悚电影时，她还会烤饼干给我吃。母亲在我19岁时去世了，当时我觉得我再也不会笑了。现在每当我想起她时，我都会微笑。

作为一名乐手，我的父亲通常工作到很晚，大约到凌晨3点钟，所以他会在周末睡懒觉。因此，在我小的时候，我们之间的关系不怎么亲密，除了他总是催我做各种杂事，如修剪草坪和树篱，而这些都是我讨厌做的。他是一个负责任的男人，而那时的我却是一个不负责任的孩子。在今天的我看来，我们当时的交流显得有些滑稽。例如，有一次他让我割草，而我决定只割前院的，后院的之后再说，但接下来的几天里不停下雨，后院的草长得很高，我只能用一把镰刀去割。这用了太长时间，等我割完后院的草时，前院的草又长高了，就这样反反复复。

母亲去世后，我和父亲变得很亲密，尤其是在我建立了自己的家庭之后。我喜欢他，也爱他。他有一种乐手身上常见的随和、欢快的气质，而且我钦佩他坚强的性格。我觉得这源于他经历了大萧条以及在第二次世界大战、朝鲜战争中作战。我对他记忆深刻的是，他70多岁时毫不犹豫地在暴风雪天气里开车，每当被困住时，他就自己铲雪然后把车开出来，就好像这不是什么事一样。他把一生中的大部分时间花在了录制音乐和在俱乐部里演奏上，65岁左右时开始做第二份工作——在高中和一所地方社区学院教音乐。81岁时，他突发心脏病，之后又活了10年，头脑从来没有变得迟钝。

当我不想做什么事情的时候，我会抗拒，而当我乐于做什么的时候，什么都阻挡不了我。例如，虽然我抵制在家里做杂务，但我在外面会很积极地打零工，以获得收入。从8岁起，我就开始送报纸，给别人家的车道铲雪，做球童，在一家本地餐馆擦桌子、洗碗碟，在附近的一家百货商店做理货员。我不记得我父母鼓励过我打这些零工，所以我不好说我是怎么做起来的。但我确实知道的是，在那么小的时候就有这些工作，并有一些可以独立支配的钱，让我获得了很多宝贵的经验，这些经验是我无法通过上学和玩耍获得的。

我年轻时正值20世纪60年代，那时美国国内的普遍情绪是豪情万丈、鼓舞人心的，鼓励人们实现伟大和高尚的目标。后来，我再也没有遇到过这样的景象。我最早的记忆之一是关于约翰·F.肯尼迪的，一个聪明、魅力超凡的人，他描绘着生动的画面，探讨如何改变世界——探索外太空、实现平等、消除贫困。肯尼迪及其思想对我的世界观的形成有很大影响。

那时，对其他国家来说，美国处于极盛期：经济总量占全球的40%——而现在只有20%左右，美元是全球货币，美国是主宰性的军事大国。那时，做"自由派"意味着致力于以快速而合理的方式向前奋进，做"保守派"意味着固守传统的不可取的习惯——至少我和我身边的大多数人是这么理解的。当时，我们眼中的美国富裕、进步、有条不紊，肩负着在一切方面快速进步的使命。这些想法可能有些幼稚，但有这些想法的人不止我一个。

那些年，每个人都在谈论股市，因为股市很红火，人们都在赚钱，包括那些在一个名叫林克斯的地方高尔夫球场打球的人。我从12岁起开始在那里做球童。于是我开始拿做球童赚的钱炒股。我的第一笔投资投给了东北航空。我买这家公司的股票，是因为在我听说过的所有公司里，只有它发行的股票低于5美元/股，如下页图所示。我发现，我买的股票越多，赚的钱就越多。这是一个很粗

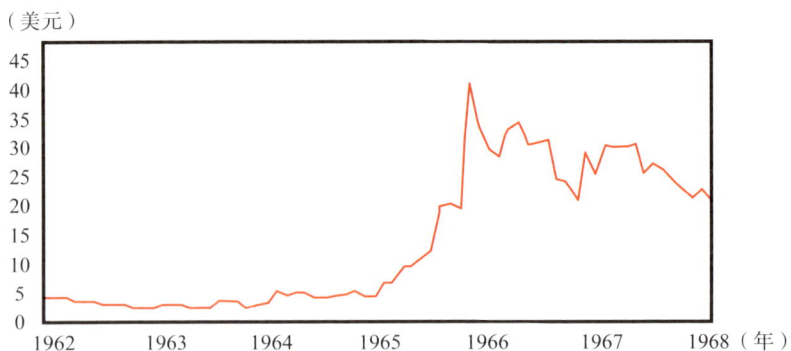

东北航空股价

浅的策略,但我的钱因此增长了两倍。其实当时东北航空快要破产了,另一家公司收购了它。我很走运,不过当时的我并不知道这一点。我只是觉得在股市里赚钱很容易,于是我上瘾了。

当时,每期《财富》杂志上都有一张很小的可以撕下来的赠券,把赠券寄给杂志社后,你就能得到免费的《财富》世界500强的年度报告。我要了所有企业的报告。我现在还记得,邮递员很不情愿地把那些报告全部拖到了我家门口,然后我仔细地阅读每一份报告。我就是以这样的方式开始打造一座投资图书馆的。随着股市持续攀升,第二次世界大战和大萧条看起来就像是遥远的往事,而投资似乎很简单——随便买只股票看着它涨就是了。当时的流行认知是,股市肯定会不停地上涨,因为如何管理经济已经发展成了一门科学。毕竟,在之前的10年里,股价已经平均上涨了近3倍,而且一些股票的涨幅比这还要大得多。

因此,"成本平均策略"(每个月向股市投入金额基本相同的钱,不管这笔钱能买到多少股份)是当时大多数人采取的策略。当然,能选中最好的股票更好,所以这也是包括我在内的所有人努力的方向。可以选择的股票成千上万,全都清晰地列在报纸的最后几页上。

我喜欢买卖股票,也喜欢和朋友一起玩儿。小时候我和左邻右舍玩儿,十几岁时用伪造的身份证件进酒吧玩儿,现在则和朋友一起参加音乐节或者去潜水。我一直是一个独立的思考者,为赢得奖赏而甘愿冒险——不仅是在市场上,而是在几乎所有方面。同时,与失败比起来,我对乏味和平庸的恐惧要严重得多。对我而言,很好的事要比糟糕的事好,而糟糕的事要比平庸的事好,因为糟糕的事至少给生活增加了滋味。在高中毕业纪念册上,我的朋友为我挑选了梭罗的一句名言:"如果一个人和同伴的步调不一致,也许因为他听到的是不同的鼓点。让他跟着他听到的音乐前行吧,不管节奏是迟缓还是激越。"

1966年,我从高中毕业,那一年股市依然一片繁荣,我赚着钱,享受着美好生活,和我最好的朋友菲尔逃课去冲浪,做着喜好玩乐的高中男孩通常做的各种事情。当然,当时的我并不知道,那一年是股市的顶点。在那之后,几乎所有我曾经对股市的认识都被证明是错误的。

2 跨越门槛
（1967—1979年）

——

我进入这个时期时带着基于自身经历以及受周围人影响而形成的偏见。1966年，资产价格反映了投资者对未来的乐观情绪。但在1967—1979年，各种不良经济冲击导致资产价格出人意料地大幅下跌。不仅经济和市场变差，社会情绪也恶化了。经历这些让我认识到，尽管几乎所有人都会认为未来和当下大同小异，但未来通常会和当下大相径庭。而1967年时的我并不知道这一点。我相信股价最终会反弹，所以即使股市走低，始终亏钱，我还是不停地买进，直到我最终弄明白出了什么差错，以及应该如何应对。我逐渐认识到，股价反映了人们的预期，所以当实际结果比预期好时，股价上涨；当实际结果比预期差时，股价下跌。而大多数人会因为近期的经验而产生偏见。

那年秋天，我开始在长岛大学C. W. 波斯特校区就读。我进校时有试读期，因为我高中时的平均成绩是C。但和高中不同的是，我喜欢大学，因为我能学习我感兴趣的东西，而不是强塞给我的东西，于是我开始取得好分数。我还喜欢离开家，独立生活。

学习冥想对我也有帮助。1968年披头士乐队访问印度，在玛哈瑞诗·玛哈士的静修所学习了"超觉冥想"，我对此很好奇，于是我也开始学习。我很喜欢冥想。在我的一生中，冥想对我帮助很大，因为冥想让我拥有平静的开放思维，让我可以更清晰、更有创造性地思考。

我在大学里主修金融学，因为我喜欢市场，而且这个专业对外语没有要求。这让我可以学习我感兴趣的东西，无论是在课堂上还是在课外。我从一位很有趣的同学那里学到了很多关于大宗商品期货的知识。他是一名越战老兵，比我大很多。大宗商品对我很有吸引力，因为大宗商品交易的保证金要求很低，这意味着我能利用我手中有限的钱去投资。如果我能按计划做出成功的决策，我就能借到更多钱，然后赚更多钱。当时，股票期货、债券期货、货币期货还没有出现。大宗商品期货严格局限于真正的大宗商品，像玉米、大豆、牛、猪肉等。所以，我开始在这些市场上交易，并学着了解它们。

我上大学时，正值自由恋爱、尝试致幻毒品、拒斥传统权威的时代。经历这个时代对我以及同时代的很多人产生了持久的影响。例如，这个时代深刻影响了史蒂夫·乔布斯，一个我后来敬仰，并与之惺惺相惜的人。和我一样，他学习冥想，不愿意被人牵着鼻子走，喜欢发挥想象力，打造出新奇的好东西。我们所处的时代教会我们质疑传统的做事方式。乔布斯在苹果标志性的"1984"和"向疯狂者致敬"的广告里极好地展示了这种态度。

对美国整体而言，那是一段艰难的岁月。随着征兵规模扩大，以及被装在裹尸袋里运回国的年轻人激增，越战分裂了美国。当时，美国实行了一种根据生日抽签来决定征兵顺序的做法。我记得是在和朋友打桌球时通过广播听到了这个抽签的消息。人们曾猜测大约前160个被抽中的日子，对应生日的人会被征募，但他们一口气读了所有366个日子。我的生日是第48个被抽到的。

我当时还没有聪明到为参战而感到害怕的程度，因为我幼稚地觉得不会有坏事情发生在我身上。但我确实不想参战，因为我的生活正在高歌猛进，为战争而搁置两年，那感觉会像永久一样。而我父亲坚决反对越战，强烈反对我入伍，尽管他曾参加过第二次世界大战和朝鲜战争，并相信那两场战争是正当的。他找了个大夫为我检查身体，发现我患有低血糖症，这使我免于被征募。当我回想这件事时，我明白我是因为一个技术性原因而免于服兵役的，事实上是我父亲帮助我躲避了兵役。现在我对此有一种五味杂陈的感觉：对于未能为国家尽一份力，我感到愧疚；但令我稍感宽慰的是，战争给许多其他人造成的伤害性后果，没有发生在我身上。同时我感激我的父亲，他是出于对我的爱而采取行动保护我的。假设我今天遇到相同的情况，我不知道我会怎么做。

随着美国政治和经济的恶化，美国民众的情绪变得低落。1968年1月的"春节攻势"[1]似乎让人觉得美国正在输掉这场战争。同年，林登·约翰逊总统决定不再竞选第二任期，理查德·尼克松当选美国总统，开启了一段更艰难的岁月。与此同时，法国总统夏尔·戴高乐把法国国库中的美元全都拿出来兑换黄金，因为他担心美国会通过印钞筹集越战经费。通过将这些新闻和市场走向结合起来观察，我开始看到整个图景，并开始理解政治与经济之间的因果关系。

---

1. 一场由越南民主共和国军队发动的奇袭式的联合攻势，同时攻打了越南共和国的100多个城市和村镇。

我的历程

大约在 1970 年或 1971 年时，我注意到黄金开始在国际市场上升值。在那之前，像大多数人一样，我不怎么关注汇率，因为自我出生以来，汇率体系一直保持稳定。但随着汇率事件越来越多地出现在新闻里，这引起了我的注意。我了解到，其他国家的货币是和美元挂钩的，而美元是和黄金挂钩的；美国人不能拥有黄金（不过当时的我不清楚为什么），但其他国家的央行可以把它们持有的美元纸钞换成黄金，以确保它们不会因美国过度印钞而受损。我听到，对于人们对美元的担忧、对黄金的兴奋，美国政府官员嗤之以鼻。官员们向我们保证，美元是稳健的，黄金只不过是一种过时的金属。他们说，是投机者在推动金价上涨，一旦事情尘埃落定，他们将引火自焚。那时，我依然认为政府官员是诚实的。

1971 年春，我以几乎完美的 GPA（平均学分绩点）从大学毕业，接着被哈佛商学院录取。这一年夏天，在我开始进入哈佛商学院学习之前，我在纽约股票交易所得到了一份大厅交易员的差事。到盛夏时，美元问题发展到临界点。据相关报道，欧洲人已经不愿接受美国游客的美元了。全球货币体系正在走向崩溃，但当时的我还不能清晰地看到这一点。

接着，1971 年 8 月 15 日，周日，尼克松总统出现在电视里，宣布美国不再遵守允许以美元自由兑换黄金的承诺，这导致美元大跌。由于此前政府官员承诺不会让美元贬值，因此尼克松的话使我感到惊愕。他没有直面美元面临的贬值压力背后的根本性问题，而是继续指责投机者。尼克松精心组织话语，使之听起来像是他在采取行动支撑美元汇率，而事实上他的行动起到的效果恰好相反。"让美元自由浮动"——正像尼克松所做的那样，然后任由美元汇率像一块石头一样下沉，这在我看来很像是一个谎言。从那时到现在的几十年里，我不断目睹，就在决策者即将让货币贬值的前夕，他们还在信誓旦旦地承诺不会这么做。于是我学会了，当政府决策者向你承诺他们不会允许货币贬值发生时，不要相信他们。他们越是坚决地做出这样的承诺，局势也许就越严重，因而货币贬值即将发生的概率也越大。

当我听尼克松讲话时，我在想这些事态发展意味着什么。根据我们一直以来的理解，纸币是一种能够随时兑换黄金的东西，但情况再也不是这样了。这肯定不是什么好事。在我看来很清楚的是，肯尼迪曾经代表的让人憧憬未来的时代正在土崩瓦解。

周一早晨，我步入纽约股票交易所的大厅，想着会看到一片喧嚣的场景。的确是一片喧嚣，但不是我原本想象的那样：股市并没有下跌，而是上涨了约4%，一天上涨了这么多很不寻常。

为了把事情弄明白，在那个夏天剩下的时间里，我用心研究过去的几次货币贬值。我知道了，当时发生的一切事情，即美元与黄金脱钩并贬值，以及接下来的股市大涨，以前都发生过，而且符合逻辑的因果关系使这样的事态发展成为必然。我明白了，我之所以未能预见到这样的情况，是因为我对自我出生以来未曾发生过的而之前发生过很多次的事情感到惊奇。这个现实传递给我这样的信息："你最好弄明白其他时间、其他地点、其他人身上发生的事，因为如果你不这么做，你就不知道这些事情会不会发生在你身上，而且一旦发生在你身上，你将不知道如何应对。"

那年秋天入学哈佛大学商学院时，对于能与来自世界各地的绝顶聪明的人做同学，我感到很兴奋。我的期望值很高，而真实体验更是超乎预料。我与来自世界各地的人一起生活，我们一起在令人兴奋、多元化的环境中举行聚会。没有教师在黑板前告诉我们什么东西要记住，也没有考试测试我们有没有记住。相反，教师给我们的都是真实的案例，让我们进行阅读与分析。然后我们分成小组自由讨论，假如我们处在和案例中的人相同的情况下，我们会怎么做。这正是我喜欢的教学方式！

同时，由于金本位终结后政府大量印钞，美国经济和股市一片繁荣。1972 年，买股票再次流行起来，当时流行的是"漂亮 50 股"。这 50 只股票的收益增速很快、很稳定，被广泛认定为稳赚不赔的买卖。

虽然股市很火，但我对做大宗商品交易更感兴趣。于是，在第二年春天，我请求美林证券的大宗商品主管给我一份暑期工作。他感到奇怪，因为来自哈佛大学商学院的人通常不会对大宗商品感兴趣，当时的大宗商品交易被视为华尔街证券经纪业的一个默默无闻的副产品。据我所知，截至当时，从来没有哈佛大学商学院的学生在任何地方从事过大宗商品期货交易。大多数华尔街公司甚至没有大宗商品期货部，而美林证券的大宗商品期货部很小，隐藏在一条偏僻的街道上，里边配备的是简朴的金属办公桌。

几个月之后，当我回到哈佛大学商学院开始第二学年时，第一次石油危机爆发，油价在几个月里涨了 3 倍。美国经济增长放缓，大宗商品价格暴涨，股市也在 1973 年下跌。我又被打了个措手不及。但回头来看，我可以看到，相关的多米诺骨牌是以符合逻辑的顺序倒下的。

在这个案例中，20 世纪 60 年代靠借债支持的过度开支一直延续到20世纪70年代初。美联储曾通过宽松信贷政策为这样的过度开支提供资金，但美元不再以黄金为后盾后，美国必须用贬值的纸币偿还欠下的债务，这导致它事实上违约。随着印钞量的不断增加，美元币值自然大幅下跌。这为更宽松的信贷创造了条件，进而导致了更多的开支。金本位制崩溃后，通胀率上升，导致大宗商品价格变得更高。作为回应，1973年，美联储收紧了货币政策（通常在通胀率过高、增速过快时，各国央行都会这么做）。这进而导致了大萧条以来最严重的股价下跌和经济恶化。"漂亮50股"受冲击尤为严重，股价暴跌。

教训是什么？当所有人想法都一样（例如都相信买入"漂亮50股"稳赚不赔）时，这一情况几乎必然会反映在价格中，而把赌注押在这上面，就有可能犯错。我还学到了，所有行为（如宽松的货币和信贷）都会产生与该行为大致相称的后果（在这个例子中是更高的通胀率），这会引起一个大体相同的反向反应（货币和信贷的收紧），以及市场的反转。

这只是个开始，后来我看到类似的事情不断发生，这让我发现，几乎所有的事情都是"情景再现"：以前，几乎所有事情都以符合逻辑的因果关系不断发生过。当然，准确地判断出哪些事情正在重演，并理解背后的因果关系，对于当时的我依然是困难的。尽管回头来看，几乎所有事情都是必然的和符合逻辑的，但在事情的发展过程中看，就绝不是这么清晰明了了。

因为人们都是什么火追什么，不火的不追，所以1973年之后，投资股票不再受欢迎了，大宗商品交易流行了起来。由于有在大宗商品领域的从业经历和哈佛大学工商管理硕士的学历，我成了抢手货。拥有百年历史的中型证券公司多米尼克聘请我做大宗商品业务主管,年薪为2.5万美元,这在当年哈佛大学商学院毕业生的起薪中排在接近最高的位置。我的新老板给我找了一个比我年长、经验更丰富的搭档,他在大宗商品代理交易方面有很多经验,我们受命创立一个大宗商品部门。这份工作本是我不能胜任的,但我当时太骄傲了,没有认识到这一点。假如我能将这份工作继续做下去,我也许能得到很多令人痛苦的教训,但没等我们大展拳脚,行情不佳的股市就导致多米尼克倒闭了。

当美国经济陷入困境时,"水门事件"丑闻主宰了媒体头条,而我再次看到了政治和经济是如何交织在一起的,通常是经济因素先起作用。这场恶性循环导致人们变得悲观,于是他们卖掉自己的股票,股价继续下跌。情况并不会变得特别糟糕,但当时所有人都担心会这样。这恰好是我在1966年市场触顶时看到的情况的镜像,而且和当时一样,人们的共识是错误的。当人们极度悲观时,他们就廉价甩卖,价格通常会变得非常低,与此同时政府不得不采取行动改善经济形势。毫不意外的是,美联储放松了货币政策,股价在1974年12月触底。

当时我还是单身,生活在纽约。我和来自哈佛大学商学院的朋友聚会,和很多人约会,过得很快乐。当时我的室友正在和一名古巴女子约会,他安排我与他女友的一个朋友"盲约"。这是一个很特别的女子,来自西班牙,名叫芭芭拉,几乎不会说英语。这并不是问题,因为我们以各种不同的方式沟通。在接近两年的时间里她不断带给我惊喜,后来我们就住在一起,结婚,生了4个儿子,共度美好生活。至今她仍在给我惊喜,但她是我的家人,所以对她的介绍到此为止。

在我从事证券经纪工作的同时,我也在用自己的账户做交易。尽管我赚钱的次数比赔钱的次数多得多,但我现在只能回忆起那些失败的交易。我至今仍记得一场重大失败:当时我持有猪腩期货,连续几天,猪腩期货市场都是跌停——意思是价格已经跌得过低,不得不停止交易。我后来把这段经历对我的影响告诉了《对冲基金奇才》的作者杰克·施瓦格:

> 当时我们有一块巨大的大宗商品交易板,每当价格变动时就会发出咔嗒声。于是每天早上开市时,我都会看到并听到市场价格下跌了200点(这是每天的下跌上限),然后就在那个价格上保持不动。于是我就知道我已经损失了那么多钱,而进一步的潜在损失尚不确定。那是刻骨铭心的经历……这段经历让我意识到了风险控制的重要性,因为我再也不想经历那种痛苦了。这段经历增强了我对犯错误的恐惧感,让我懂得了必须确保任何一次押注,甚至赌注组合,都不能使自己的损失超过可以接受的限度。在交易中,你必须既有防御心又有进攻心。如果没有进攻心,你就赚不到钱;而如果没有防御心,你的钱就保不住。我相信,任何在交易中赚到钱的人,都必然经历过可怕的痛苦。交易就像跟电打交道,你可能被电击。在做这桩猪腩期货交易及其他交易时,我感受到了电击,以及与之相伴的恐惧。

在多米尼克关闭其零售业务部门后,我转到了一家更大、更成功的证券公司。在我任职于该公司的短暂时间里,它收购了多家其他公司，并数次易名，最终成为希尔森公司，不过在此过程中，桑迪·韦尔一直是该公司的负责人。

希尔森公司让我负责其期货对冲业务，既包括大宗商品期货也包括金融期货。我负责帮助那些经营中存在价格风险的客户利用期货管理这些风险。我逐渐成了熟悉谷物和牲畜交易市场的专家，因为这些交易的缘故，我经常会去得克萨斯州西部和加利福尼亚州的农业区。和我打交道的希尔森公司的经纪人、牲畜生产商和谷物交易商都很不错，他们把我带进了他们的世界，带我去播放乡村音乐的酒吧，猎鸽子、烧烤。我们一起工作，并一起欢娱。我和他们拥有一段共同的生活，这样的生活延续了好几年——尽管我只在希尔森公司工作了一年多。

我很喜欢这份工作和我的同事，但我和希尔森公司格格不入。我太野性了。在加利福尼亚谷物与饲料联合会的年度大会上，我开了一个现在看起来很蠢的玩笑：我雇了一名脱衣舞女，让她在我演讲时脱掉外衣。我还在我老板的脸上打了一拳。毫无疑问，我被解雇了。

但该公司的经纪人、他们的客户，甚至那些解雇了我的人，都很喜欢我，并且愿意继续得到我的建议。更让我高兴的是，他们愿意为此向我付费。于是在 1975 年，我创办了桥水。

创办桥水

事实上，我是在"重启"桥水。在我从哈佛大学商学院毕业、去多米尼克大宗商品部门工作后不久，我就和一位同样来自哈佛商学院的朋友创办了一家小公司。我们与身在其他国家的一些伙伴合作，心不在焉地试图从美国向其他国家出售大宗商品。我们称它为"桥水"，这是因为我们的业务是"在不同的水域之间架起桥梁"，而且这个名称听起来很响亮。到1975年时，这家大宗商品公司几乎已经名存实亡了，但因为它已经登记在册，所以我就把它利用了起来。

我利用了自己的两居室公寓。我曾和一位哈佛大学商学院的朋友同租这间公寓，在他搬走后，我就把他的卧室变成了一间办公室。我与另一位经常一起打橄榄球的朋友合作，我们还雇了一位很棒的年轻姑娘做我们的助理。这就是最初的桥水。

我把主要精力用来追踪市场动态，并设身处地地为我的客户展示，假如我是他们，我会如何处理市场风险。当然，我还在继续用自己的账户做交易。努力和朋友一起帮助客户打败市场，要比拥有一份真正的工作有意思得多。我知道，只要能满足我基本的生活花费，我就会快乐。

1977年，我和芭芭拉决定要个孩子，于是我们结婚了。我们在曼哈顿租了一套赤褐色砂石墙的房子，搬了进去，我也把公司搬到了那里。当时苏联人购进了很多谷物，希望得到我的建议，于是我带着芭芭拉去了一趟苏联，既是度蜜月，也是出差。我们于新年前夜抵达莫斯科，在漫天雪花中从灰暗的机场乘坐公共汽车，我们经过圣巴西尔大教堂，加入一场盛大的聚会，那里有很多非常友好、喜欢玩乐的苏联人。

我的工作一直能把我带到各种充满异国情调的场所，让我遇到有意思的人。如果我能从这些旅行中赚到钱的话，那不过是锦上添花。

设计机器化的市场模型

我真的一头扎进了牲畜、肉类、粮食和油料种子市场中。我喜欢这些东西,因为它们是有形的,与股票相比,人们对其价值的认识比较不容易出现扭曲。由于"更傻的人"不断买卖股票,因此股票的价格可以一直保持在太高或太低的水平上,但牲畜最终要被宰杀,变成柜台上的肉,在那里其定价将取决于消费者愿意出多高的价格。我可以想象这些产品从生产到最终出售的过程,并看到潜在的关系。因为牲畜吃粮食(主要是谷物)和豆粕,又因为谷物和豆类的种植面积存在竞争关系,所以这两个市场是密切相关的。我了解几乎一切能想到的、与这两个市场有关的事情,例如:这两种主要作物的计划种植面积与通常产量分别是多少;如何根据作物生产季节不同时段的降雨量估测产量;如何预测收成规模、运输成本,以及不同体重、不同饲养地点和不同增重率的牲畜的存栏量;如何预测净肉率、零售利润率、消费者对于不同部位的肉的偏好,以及每个季节的屠宰数量。

这并不是学术性学习:在这方面有实践经验的人告诉我农业经营的过程,我把他们告诉我的东西组织成模型,然后使用这些模型考察随着时间的推移这些不同部分之间的互动关系。

例如,如果我知道牛、鸡和猪的饲养数量是多少,它们吃多少谷物,它们的增重率是多少,我就能预测出有多少肉将在何时上市出售,以及有多少谷物和豆粕在何时被消费。类似地,我考察谷物和豆类在所有种植业领域的种植面积分别是多少,进行回归分析,发现降雨量如何影响每个领域的产量,然后就可以应用天气预报和降雨量数据预测谷物和豆类的产出时间与数量。对我而言,整个过程像是一部有着符合逻辑的因果关系的美丽机器。通过理解这些关系，我就能得出用来建立模型的决策规则（或者说原则）。

这些早期的模型和我们现在使用的模型相去甚远。这些模型是我随手画的草图，我用当时可以利用的科技分析它们，将其转化为计算机程序。最初的时候，我在我的手持惠普 HP-67 计算器上做回归分析，用有色铅笔手动绘图，并在笔记本上记下所有的交易。个人计算机出现后，我就可以把数字输入计算机，看计算机自动把数字转化为图片，然后观察电子数据表中呈现的情况。弄清楚牛、鸡和猪的肉量在各自的不同生产阶段中如何增长，这些肉类如何为争取肉类消费者的金钱而竞争，肉类消费者将如何花钱以及为什么这样花钱，肉类包装商和零售商的利润率将如何影响自身的行为（例如它们将在广告中推广哪个部位的肉）之后，这部机器就能计算出牛、鸡和猪的价格，我就能对这些价格下注了。

虽然这些早期的模型很初级，但我喜欢构建和改进它们，它们也是帮我赚钱的好工具。我使用的这种定价方式和我在经济学课堂上学到的不同，在课堂上，供给和需求都是用出售的商品数量进行衡量的。我发现，用付出的金额（而不是购买的商品数量）衡量需求，考察买家和卖家分别是谁以及他们为什么买卖，是一种实用得多的方式。我将在有关经济与投资原则的书中解释这一做法。

我之所以能够发现其他人错过的经济与市场变动，这一不同的做法是主要原因之一。从那时起，当我观察任何市场时，不管是大宗商品、股票、债券还是外汇市场，我都能发现并理解其中的一些失衡之处，这些失衡是那些用传统方式定义供给和需求（将其视为彼此相等的单位）的人觉察不到的。

把复杂的系统设想为机器,发现其内部的因果关系,把处理这些因果关系的原则写下来,将其输入计算机,从而让计算机为我"决策",所有这些后来都成了标准做法。

不要把我的意思领会错了。我的做法远远称不上完美。我清楚地记得,一次"绝对不会赔"的押注,让我个人损失了约10万美元,相当于我当时大部分的个人财富净值。更令人痛苦的是,这个押注也给我的客户带来了损失。不断真切显现的最痛苦的教训是,没有任何东西是确定的:总是存在会给你造成重大损失的风险,即使在看起来最安全的押注中也是如此,所以,你最好总是假设自己没有看到全部。这个教训在很多方面改变了我做决定的方式,在本书中我将反复提到这些改变,而且我的成功在很大程度上要归于它们。但在犯下许多其他错误之后,我才彻底改变了我的行为方式。

发展业务

尽管赚钱很好,但拥有有意义的工作和人际关系要比赚钱好得多。对我而言,有意义的工作是指一项我能全身心投入的使命;有意义的人际关系是指我既深深地关心对方,对方也深深地关心我。

想想吧,把赚钱作为你的目标是没有意义的,因为金钱并没有固有的价值,金钱的价值来自它能买到的东西,但金钱并不能买到一切。更聪明的做法是,首先确定你真正想要什么,你真正的目标是什么,然后想想你为了得到这些目标需要做什么。金钱只是你需要的东西之一,但当你已经拥有了实现你真正想要的东西所需的金钱时,金钱就不再是你唯一需要的东西,也肯定不是最重要的东西。

当思考你真正想要的东西时,最好思考它们的相对价值,以便合理权衡。就我个人来说，我需要有意义的工作和有意义的人际关系，它们对我的重要性相等，而我对金钱的价值评价较低——只要我的钱足够满足我的基本需求就行了。在考虑有意义的人际关系与金钱相比的重要性时，很明显，人际关系更重要，因为一种有意义的人际关系是无价的，我用再多的金钱也买不到比这更有价值的东西。因此，对我而言，从过去到现在，有意义的工作和有意义的人际关系都是我的主要目标，我做的一切事情都是为了实现这两个目标。赚钱只是其附带结果。

20世纪70年代末，我开始把我对市场的观察通过电报发给客户。这些《每日观察》（"谷物和油料种子""牲畜和肉类""经济和金融市场"）的缘起很简单：尽管我们的首要业务是管理风险敞口，但我们的客户也给我打电话，请教我对市场的看法。接这些电话很费时间，所以我认定，更有效的方式是每天把我的想法写下来，以便其他人理解我的逻辑，并帮着一起改进它。这是一项很好的自律措施，因为这迫使我每天都进行研究和反思。这也成为我们企业的一个主要沟通渠道。《每日观察》已经持续了将近40年，累计近1万篇。今天，世界各地的客户和决策者都在阅读、思考和讨论它。目前，我依然在和桥水的其他人一起写《每日观察》，并期待一直写下去，直到人们不愿再读它，或者我离世。

除了向客户提供这些观察和建议外，我还开始通过代理他们的交易管理他们的风险敞口。我得到的回报有时是每个月一笔固定费用，有时是从利润中分成。在此期间，麦当劳和雷恩加工是我为其提供咨询服务的客户，当时前者买入大量牛肉，而后者是美国最大的鸡肉生产商。我帮它们赚了很多钱，尤其是雷恩加工，它通过在谷物和豆类市场上进行投机交易赚到的钱，比通过养鸡和卖鸡赚到的钱还多。

当时麦当劳已经设计出一款新产品——麦乐鸡，但它犹豫要不要将其上市，因为它担心鸡肉价格可能上涨，从而挤压它的利润率。雷恩加工等鸡肉生产商不愿意以固定价格向麦当劳出售鸡肉，因为它担心自己的生产成本会上升，利润会受挤压。

当我思考这个问题时，脑子里出现的一个念头是，从经济学角度出发，可以把一只鸡看作一部简单的机器，该机器包含一只小鸡和它的饲料。鸡肉生产商最需要担心的、波动最剧烈的成本，是饲料的成本。我向雷恩加工展示，如何利用一种谷物期货和豆粕期货的组合锁定成本，这样一来，它就能向麦当劳提出一个固定报价。在大大降低自身价格的风险之后，麦当劳在1983年推出麦乐鸡。对于帮助它们干成这件事，我感觉非常好。

我在牲畜和肉类市场上发现了类似的价格关系。例如，我向牲畜饲养者展示，他们可以如何通过对冲在自己的成本项目（育肥用牛、谷物和豆粕）和6个月后出售的产品（育好的牛）之间设定良好的价格关系，从而锁定强劲的利润率。我研究出了一种方法：出售不同部位的鲜肉时，约定在未来以固定的、远低于冻肉的价格交付，但依然能产生巨大的利润。我的客户深深地明白，他们所从事的业务的"机器"是如何运行的，而我正好了解市场的运行方式，这二者的结合，对于我们双方都有好处，同时让市场在整体上变得更有效率。我设想出这些复杂机器的能力，让我们与那些瞎蒙的人相比拥有了竞争优势，并最终改变了这些产业的运行方式。而且，一如往常，和我喜欢的人共事是莫大的快乐。

原　则

　　1978年3月26日，我妻子生下了我们的第一个儿子德温。要一个孩子是我迄今做过的最艰难的决定，因为当时的我显然不知道养孩子将是一种什么样的经历，而且这个决定是不可撤回的。但事实证明这是我做出的最好的决定。虽然在本书中我不会过多展示我的家庭生活，但我是那种把家庭和事业看得同等重要的人，而且我把二者联系在一起。举个例子来说明这二者是如何在我的头脑里紧密交织在一起的：我给儿子起名"德温"，而"德温"是人类所知的最早的牛种之一，也是最早输入美国的牛种之一，并以繁殖率高著称。

3 我的低谷
（1979—1982 年）

1950—1980年，市场大潮平稳涨落，债务、通胀率与增长率也随之涨落。宏观市场波动的幅度一次比一次大，尤其是在1971年金本位制结束之后。20世纪70年代发生了3次这样的宏观波动。第一次发生于1971年，是美元贬值的结果。第二次发生于1974—1975年，通胀率上升到了第二次世界大战以来的最高水平。美联储收紧了货币供应，利率攀升到创纪录的高水平，从而造成了20世纪30年代以来最严重的股市下跌和经济下滑。第三次是最大的一次宏观波动，发生于1979—1982年，也是自1929—1932年以来最大规模的经济/市场涨落之一：利率和通胀率先是猛涨，然后暴跌；股票、债券、大宗商品和外汇经历了有史以来最动荡的时期之一——失业率达到了大萧条以来的最高水平。无论是对全球经济、各个市场，还是我本人而言，这都是一段极为动荡的时期。

1978—1980年（与1970—1971年和1974—1975年一样），不同市场开始出现相同的变化趋势，因为它们更多地受货币供应与信贷增长速度波动的影响，而不是受各自内部供求平衡变化的影响。伊朗巴列维王朝被推翻后，石油危机爆发，加剧了这些宏观变化。石油市场的这种波动性催生了史上最早的石油期货合同，这给了我交易的机会（当时利率期货和外汇期货市场也都已经存在了，而我对这些市场均有所涉猎）。

因为所有市场都由这些因素驱动，所以我一头扎进对宏观经济和历史数据（尤其是利率数据和外汇数据）的研究中，以增进我对发生作用的"机器"的认识。当1978年通胀率开始上升时，我觉察到美联储可能采取行动收紧货币供应。到1979年，通胀已明显失控，吉米·卡特总统任命保罗·沃尔克为美联储主席。几个月后，沃尔克宣布美联储将把货币供应增速限定为5.5%。根据我当时的计算，5.5%的货币增速将打破恶性通胀，但也将扼制经济和各个市场，并有可能造成一场灾难性的债务危机。

白银过山车

感恩节前不久，我在达拉斯的石油俱乐部与邦克·亨特会面，当时他是全球第一富翁。几年前，我的一位客户和朋友，在石油和牲畜方面生意做得很大的得州人巴德·迪拉德介绍了我们认识。我经常与亨特讨论经济和市场问题，尤其是通胀。就在我们这次会面几周之前，伊朗武装人员攻击了美国驻伊朗大使馆，劫持了52名美国人。当时美国人排很长的队购买天然气，市场波动剧烈。显然，空气中弥漫着一种危机感：整个国家困惑、沮丧、愤怒。

和我差不多，亨特也看到了债务危机和通胀风险。在之前的几年里，他一直想把自己的财富从纸币上转移，于是他一直在购买大宗商品，尤其是白银。他最初是以约1.29美元/盎司的价格买入白银，以对冲通胀风险。随着通胀率和银价上升，他不断买入白银，直到他已基本接近白银市场的顶点。那时，白银的交易价格约为10美元。我告诉他，我觉得可能是时候退出了，因为美联储已采取更保守的态度，准备将短期利率提高到长期利率之上（这种情况又名为"收益率曲线倒挂"）。每当发生这种情况时，对冲通胀的资产价格都会下跌，经济都会下滑。但亨特当时在做石油交易，而他接触的中东石油生产商仍然担忧美元贬值。他们告诉亨特，他们也将买入白银，作为对冲通胀的资产，于是亨特在对银价会继续上升的预期中继续买入白银。我则退出了。

1979年12月8日，我和芭芭拉有了第二个儿子保罗。一切都在飞快地变化，但我喜欢这种快节奏。

到1980年年初，银价已上涨到接近50美元，一直都是富翁的亨特更是富得流油。虽然在银价上涨到10美元的过程中，我曾赚了很多钱，但我还是后悔自己错过了向50美元狂奔的银价。但至少，通过退出，我确保了自己没有赔。每个投资者在职业生涯中都有焦虑的时刻，你对未来的期待与真正发生的情况不符，你不知道自己面临的是巨大的机会还是灾难性的错误。因为我有很强的"看对但及早收手"的倾向，所以我更愿意相信这样做是对的。这种做法的确是对的，但错过了40美元的银价涨幅，对我而言是不可原谅的。

最终在1980年3月，银价的暴跌开始了，一直跌到11美元以下。这给亨特造成了毁灭性打击，在他破产的同时，几乎整个美国经济也下滑了。[1] 美联储不得不出手干预，以控制连锁反应。所有这些让我牢牢记住了一个永不磨灭的教训：时机就是一切。我很宽慰自己提前退出了白银市场，但看到全球首富（也是一个我惺惺相惜的人）破产实在是一件令人心碎的事。但与即将到来的事情相比，这还不算什么。

扩大团队

这一年稍晚的时候，一个很不错的家伙保罗·科尔曼加入了桥水。此前我们在做牲畜和牛肉交易时成为好朋友，我欣赏他的才智和价值观，所以我说服他相信，我们能够联手征服那个世界。科尔曼从俄克拉何马州的盖蒙带来了他迷人的妻子和孩子，我们两家变得亲如一家。我们以一种随性的、不拘小节的方式经营着桥水。因为这座公寓里我用来工作的办公区域通常一片狼藉，桌子上经常摆满了前一天晚上边吃饭边工作时剩下的鸡骨头和其他杂物，所以我们所有的会见客户活动都在哈佛俱乐部进行。科尔曼会在我那凌乱的房间里藏一件干净的蓝色牛津布衬衫和一条领带，以便我穿去开会。1981年，我们两家决定在一种更具乡村气氛的环境中生活，所以我们搬到了康涅狄格州的威尔顿，在那里经营桥水。

我和科尔曼的工作方式是挑战彼此的想法，努力找到最好的解决方案。我们一直是来回交锋，而且很喜欢这么做，尤其是在有很多事情需要弄清楚的时候。我们经常就市场以及市场背后的力量辩论到深夜，在上床睡觉之前把数据输入计算机，第二天早上查看计算机得出了什么结果。

---

1. 亨特无力履行自己的义务，尤其无法满足经纪公司对他的保证金要求，最终导致连锁违约。

我的大萧条预警

1979—1981 年，美国经济的状况比 2007—2008 年金融危机期间还要差，市场变得更加动荡。事实上，一些人会说这是迄今为止最动荡的一段时期。下图显示了 1940—2010 年收益率和黄金价格的波动性。

美国 3 个月期国库券收益率

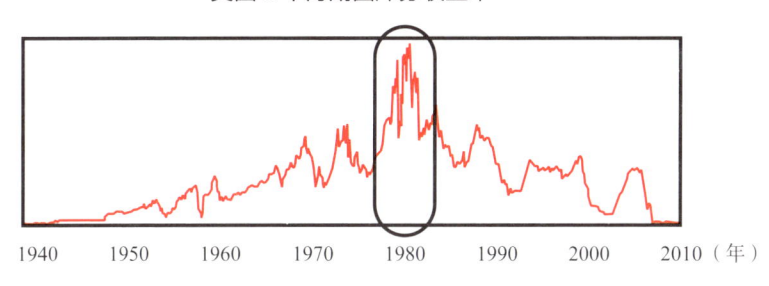

10 年期债券收益率

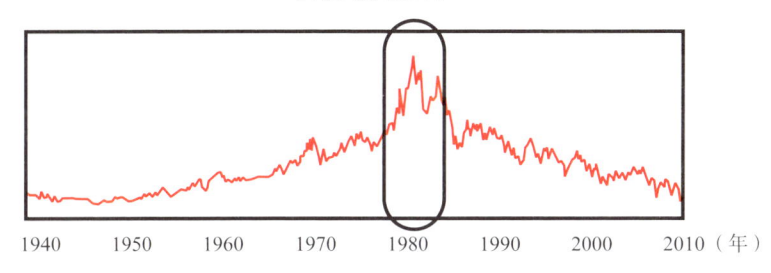

黄金价格

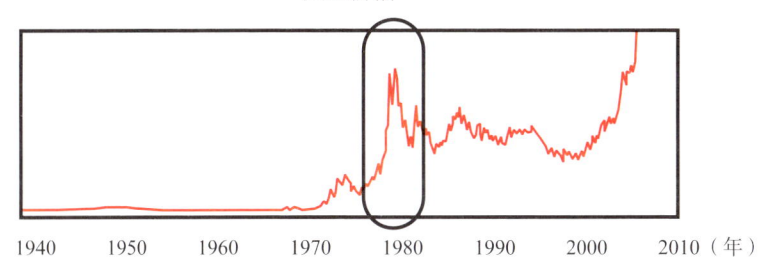

我们从图中可以看出，1979—1982 年的情况是史无前例的。这是过去 100 年里最具有转折意义的时代之一。全球的政治钟摆摆向了右侧，使玛格丽特·撒切尔、罗纳德·里根和赫尔穆特·科尔走上政治舞台。"自由主义"不再意味着支持进步，而是变成了"付钱让人不工作"。

正如我当时察觉到的那样，美联储处在两难境地。他们有两种选择：通过印钞缓解债务问题，让经济保持增长（印钞已经使通胀率在 1981 年达到了 10%，导致人们抛售债券，买入对冲通胀的资产）；或者采取极为严厉的紧缩政策，彻底打垮通胀（这将让债务人损失惨重，因为当时的债务已经达到了大萧条以来的最高水平）。问题变得越来越明显：通胀水平不断升高，而经济活力不断减弱。这两者似乎都发展到了危急关头。债务增速继续远远高于收入增速，而借债者需要收入来还债，同时美国的银行大量向新兴国家放贷，规模远远超过了它们的资本金。1981 年 3 月，我写了一篇《每日观察》，题为《下一场萧条已经显现》，末尾的结论为："我们债务的庞大规模意味着这场萧条将和 20 世纪 30 年代的那场一样严重，或者更糟。"

这个观点极具争议性。对大多数人而言，"萧条"是一个吓人的字眼，只有怪异和耸人听闻的人才会使用，而慎思明辨的人是不会郑重宣扬这个词的。但我当时已经研究过可追溯到 1800 年的债务和经济萧条问题，进行了自己的计算，并确信一场以新兴国家为先导的债务危机将会爆发。我必须和我的客户分享我的思考。因为我的观点极具争议性，所以我请求其他人推演我的逻辑，并向我指出哪里不严谨。谁都没能找到我逻辑中的任何缺陷，但他们都不愿赞同我的观点。

因为我相信只有两种可能，或者是通胀加速，或者是一场通缩性的萧条，所以我同时持有黄金（它在通胀加速的情况下表现很好）和债券（它在通缩性萧条的情况下表现很好）。截至当时，黄金和债券一直在朝反方向变化，变化方向取决于通胀预期是上升还是下降。持有这些资产似乎比持有其他资产安全得多，例如会在通胀环境下贬值的现金，以及会在萧条发生时暴跌的股票。

最初，市场的变化对我不利。但我在白银和其他领域的交易经验告诉我，我对时机的选择存在滞后性，于是我相信我只是提前行动了，我所期待的情况很快就会发生。没过多久，1981年秋，美联储的紧缩政策产生了毁灭性的结果，我在债券上的押注开始取得回报，而我之前提出的怪异观点看起来已经开始变得正确了。1982年2月，美联储暂时性地增加流动性，以避免发生"钱荒"。1982年6月，随着争抢流动性的竞争加剧，美联储以印钞作为回应，使流动性达到了保罗·沃尔克被任命为美联储主席以来的最高水平。但这依然没有产生足够的效果。

人生最惨重失利

1982年8月，墨西哥对其债务违约。那时，几乎所有人都清楚地看到，很多其他国家也会步其后尘。这件事非同小可，因为美国银行正在向像墨西哥一样高风险的其他国家提供贷款，总额约为其资本金总和的250%。美国的商业贷款活动逐渐陷于停顿。

因为我是少数预见到这一情况的人，我开始得到很多关注。美国国会就这场危机举行了听证会，并邀请我去做证。11月，我成为《路易斯·鲁凯泽华尔街一周》的特约嘉宾,这是从事市场交易工作的人必看的节目。在这两个场合,我都自信地宣称,我们正在走向一场萧条,并解释了原因。

在墨西哥违约之后,作为对经济崩溃和债务违约的回应,美联储增加了货币供给。这使得股市出现了创纪录的涨幅。尽管这让我感到意外,但我将这一现象解读为市场对美联储行动的条件反射式反应。毕竟,在1929年,股市上涨15%之后,就出现了史上最大规模的崩盘。1982年10月,我在一份备忘录中写下了我对事态的诊断。我认为,美联储的努力失效,经济走向崩溃的概率是75%;美联储的行动一开始成功刺激经济,但最终仍然失败的概率是20%;美联储提供了足够的刺激来挽救经济,但最终触发恶性通胀的概率是5%。为了通过对冲规避最不利的可能性,我开始买入黄金和国债期货,作为对欧洲美元的对冲,这是一种押注于信贷问题加剧的风险控制方式。

但我大错特错了。在经历了一段延迟期后,美国经济对美联储的努力做出了回应,以一种无通胀的方式复兴。换言之,在通胀率下降的同时经济增长加速。股市开始了一轮大牛市。在接下来的18年里,美国经济经历了一段史上最繁荣的无通胀增长时期。

怎么会发生这样的事?最终,我找到了原因。随着资金大举撤出那些借债国,回流美国,一切都改变了。这使美元升值,给美国经济造成了通缩压力,从而使美联储可以在不加剧通胀的情况下降息。这驱动了一场经济繁荣。银行得到了保护,一是因为美联储借给它们现金,二是因为债权国委员会以及国际货币基金组织、国际清算银行等国际金融重整机构做出了安排,使债务国能够以举借新债的方式履行还债义务。这相当于所有人都可以假定一切良好，然后在许多年的时间里逐渐把那些不良债务减记。

我在这段时期的经历，就好像不断被球棒打到自己的头。犯下如此大的错误，尤其是在众目睽睽之下，是极具羞辱性的，也让我几乎失去了我在桥水创造的一切。我发现之前的我是一个自以为是的笨蛋，顽固地相信一个大错特错的观点。

这就是我从业8年之后的情况，毫无成就可言。尽管我对的时候比错的时候多得多，但我还是一下子回到了原点。

那段时间，我损失的钱太多了，以致我付不起与我共事的人的工资。我不得不让他们一个接一个地离开，桥水只剩下两名职员——我和科尔曼。接着科尔曼也不得不离开了，在所有人的泪水中，科尔曼一家收拾行装回到了俄克拉何马州。于是桥水只剩下了一名职员——我自己。

失去我如此关心的人，我为自己而工作的梦想差点儿就要毁掉，这对我来说都是毁灭性的。为了实现收支平衡，我甚至不得不向我父亲借了4 000美元，直到我卖掉了第二辆车。我走到了一个分岔路口：我是不是应该打起领带在华尔街找一份差事？那不是我想要的生活。但我有一个妻子和两个尚且年幼的孩子要养活。我意识到，我正面临着一生中最重大的转折点之一，而我的选择将对我和家人的未来产生巨大的影响。

找到一种方法，克服我顽固难治的投资问题

通过市场交易赚钱是很困难的。对此，才华横溢的交易者和投资家伯纳德·巴鲁克形象地说道："只有你已经做好准备放弃其他

一切东西,像医科学生研究解剖一样仔细地研究市场的整个历史和背景,并研究所有主要上市公司——如果你能做到上述的一切,同时你还拥有赌博者的镇定、洞察者的第六感和狮子的勇气,你才有可能抓住一丝机会。"

回头来看,导致我崩盘的那些错误明显得令人难堪。第一,我离谱地过度自信,并放纵自己被情绪左右。我(再次)学到,无论我知道多少东西,无论我多么勤奋,我都不能自信地给出绝对的言论,就像我在《路易斯·鲁凯泽华尔街一周》节目中所说的那样:"软着陆将不会发生。我可以绝对肯定地这么说,因为我知道市场是怎么运作的。"直到今天,我都为当初的自以为是感到震惊和难堪。

第二,我再次领会到了研究历史的价值。归根结底,当时发生的不过是"旧事重演"。我当时应该意识到,以一国货币计价的债务,可以在该国政府的帮助下被成功重组,而且,当各国央行同时提供刺激时(它们在大萧条达到谷底的1932年3月这么做过,而且在1982年又这么做了),通胀和通缩能够互相对冲。像1971年时一样,我未能意识到历史的教训。对这一点的认识,引导我努力理解过去100年里所有主要经济体与市场发生的所有活动,并总结出经过仔细验证的永恒和普适的决策原则。

第三,这次事件提醒我注意,把握市场的时机是多么困难。我对市场平衡水平的长期估计并不是足够可靠的押注对象。从我下注到我的估计变成现实(如果真的会发生的话),其间会发生太多事情。

凝视着这些失败,我明白了,如果我不想带着再次遭遇重大挫折的高概率继续前行的话,我就必须客观地看待自己,并做出改变。我在追求自己的目标时总会表现出一种天然的进攻性,我要学习一种更好的方式来处理这种进攻性，这可以成为我实现改变的出发点。

想象一下，为了拥有美好的生活，你必须穿越一片危险的丛林。你可以安全地留在原地，过着普通的生活；你也可以冒险穿越丛林，过上绝妙的生活。你将如何对待这一选择？花点儿时间想想这件事，因为无论其形式如何，这是我们所有人都必须做出的一个选择。

即使在我一败涂地之后，我也明白，我必须追求这种伴随着种种风险的精彩生活，因此我的问题是如何"穿越这片危险的丛林"而不在途中被杀死。回头来看，我的一败涂地是在我身上发生过的最好的事情之一，因为它让我变得谦逊，而我正需要谦逊来平衡我的进攻性。我学到了一种很好的恐惧犯错的意识，这把我的思维定式从认为"我是对的"变成了问自己"我怎么知道我是对的"。我清楚地看到，回答这个问题的最好方式是找到其他的独立思考者，他们与我肩负共同的使命，但对问题的看法与我不同。通过以一种经过深思熟虑的辩论方式与他们交流，我就能理解他们的推理，并让他们对我的推理进行压力测试。我们都可以通过这种方式降低自己犯错的可能性。

换言之，我的目标只是让自己正确——我并不关心正确的答案是不是来源于我。所以我学会了让自己保持极度开明的心态，允许其他人指出我可能疏忽的东西。我发现，我能够成功的唯一途径为：

1. 找到与我观点不同的最聪明的人，以便自己能够努力理解他们的推理。
2. 知道自己在什么时候不能有明确的意见，不急于下结论。
3. 逐步归纳永恒和普适的原则，对其进行测试，将其系统化。

4.通过平衡风险来保持较大的回报,并降低下行波动。

这么做将显著提高我相对于风险的收益,而且相同的原则也适用于生活的其他领域。最重要的是,这一经历引导我把桥水打造成了一个创意择优的机构。它不是一个专制机构,由我领导,其他人跟从;也不是一个民主机构,每个人都有平等的投票权;而是一个创意择优的机构,鼓励经过深思熟虑的意见不一致,根据不同人的相对长处分析和权衡他们的观点。

使人们相互对立的观点公开化,并对其进行分析,让我对人们的思考方式有了很多的了解。我逐渐发现,人们的最大缺点与其最大优点互为正反面。例如,一些人倾向于过度冒险,而其他人的风险规避性过强;一些人过度关注细节,而其他人的思维过于宏观。大多数人都是在某个方面过度,而在另一方面不足。通常,当我们遵循自己的自然秉性做事时,我们可能考虑不到自身的弱点,这将导致我们走向失败。最重要的是失败之后怎么做。成功的人改变他们的做法,这使他们能够继续利用自己的优势,弥补自身的不足,而不成功的人不会这样做。在后文中,我将描述改变的具体策略,但在这里需要注意的重要一点是,只有当你能承认甚至接受自身的弱点时,你才能做出对自身有益的改变。

后来我发现,我遇到的大多数极为成功的人都曾经历过类似的惨痛失败,这让他们得到了教训,正是这些教训最终帮助他们走向成功。史蒂夫·乔布斯在回顾1985年其被苹果解雇的经历时说:"那是一剂苦药,但我猜患者需要它。有时,生活会给你当头一棒。不要失去信念。我确信让我不断向前的唯一动力,是我喜欢我做的事。"

我发现，要追求卓越，你就必须挑战自己的极限，而挑战自己的极限可能会使你一蹶不振，这将造成很大的痛苦。你会觉得自己已经失败了，但这不一定是失败，除非你自己放弃。信不信由你，但之后你的痛苦将会逐渐消散，你在未来将会迎来很多其他机会，尽管当时的你也许看不清这些机会。你能做的最重要的事情是总结这些失败提供的教训，学会保持谦逊和极度开明的心态，从而增加成功的概率，然后继续挑战自己的极限。

我最后的这个教训也许是最重要的一个教训，因为在我的一生中，这个教训一次次地适用。最初，我似乎面临着一个"要么全得、要么全失"的选择：我或者冒很大的风险追求高回报（并有可能在此过程中一败涂地）；或者降低自己的风险，满足于取得较低的回报。但我想要的是既承受低风险也享受高回报，在探索的过程中，我学会了在面对两个你都需要但看起来又相互矛盾的东西时，你需要耐心地做出选择。通过这种方式，你将摸索出如何尽最大可能让二者兼得。几乎总是存在着一条你还没有发现的有利的道路，所以你需要不断找下去，直到找到它，而不是满足于最初对你显而易见的那种选择。

尽管这个过程很艰难，但我最终找到了一条鱼与熊掌兼得的道路。我称它为"投资的圣杯"，这也正是桥水成功背后的秘密。

4 我的试炼之路
（1983—1994 年）

在我一败涂地后，我几乎破产，甚至筹不到足够的钱买一张飞机票去得克萨斯州拜访一个潜在客户，尽管我可能从中赚到的服务费是票价的很多倍。于是我没有成行。不过，我逐渐培养新客户，赚到收入，并组建了一支新团队。随着时间的推移，我的顺境大幅增加，而我的逆境既是可以容忍的，又是具有教育意义的。我从来不认为我所做的是建立（或者重新建立）一家公司，我只是想争取得到玩我的投资游戏所需要的东西。

计算机是我得到的价值最高的东西之一，因为计算机对我的思考有很大帮助作用。没有计算机，桥水绝不可能取得后来的成功。

最早的微计算机（后来被称为个人计算机）在20世纪70年代后期上市，而我一直像计量经济学家一样使用计算机，把统计学和计算能力应用于经济数据，以分析经济机器的运行状况。我在1981年12月发表的一篇文章中写到，我相信（我至今依然相信）"理论上……假如有这么一台计算机，能存储世界上所有的事实，同时拥有完美的程序，能以数学方式表达世界所有不同部分之间的所有关系，我们就能完美地预见未来"。

但我距离能够这么做还很远。尽管我拥有的早期系统能够对不同商品的价格最终在什么点达到平衡状态做出有价值的深入分析，但它们未能帮助我总结出强有力的交易策略，它们只能向我显示一个具体的押注最终可能取得回报。例如，我可以通过我的分析最终得出一个观点：某种大宗商品的价格可能是 75 美分左右。如果它现在的价格是 60 美分，我就知道买入对我有利，但我无法预测它的价格在升至 75 美分之前会不会先跌到 50 美分，所以我无法预知何时买入、何时卖出才是合理的。虽然在很少的情况下，系统可能大错特错，我可能会损失很多钱，但这个"很少"对我而言已经够频繁了。

那段时间我经常引用一句话："靠水晶球谋生的人注定要吃碎在地上的玻璃。" 1979—1982 年，我已经吃了足够多的碎玻璃，也懂得了最重要的事情并不是预知未来，而是知道在每一个时间点上如何针对可获得的信息做出合理的回应。为了做到这一点，我必须拥有大量的经济和市场数据，以便进行分析——而我当时确实拥有这些数据。

从很早的时候起，每当我在市场上开始一笔交易，我都会把自己用来做决策的标准写下来。然后，每当我结束一笔交易，我都会回顾一下这些标准的效果怎么样。有一天我想到，如果我把这些标准转化成公式（现在更时髦的叫法是"算法"），然后用这些公式计算历史数据，我就能检测，假如把我的这些公式运用到历史交易中，效果会怎么样。在实践中，我是这么操作的：与往常一样，我从自己的直觉开始,但我会用合乎逻辑的方式将这些直觉表达为决策标准,然后用一种系统化的方式描述这些标准,就我在每个特定情境下会如何操作绘出一幅思维导图。然后我会用这些系统处理历史数据,观察我的决策在过去的表现如何,进而根据具体结果合理地改进这些决策规则。

我们利用能够得到的最久远的历史数据(通常超过一个世纪)检测这些系统,范围涉及所有有数据记录的国家,这让我可以很好地透视经济/市场机器在历史上是如何运行的,以及如何对其押注。这样做让我得到了教益,并引导我改进我的标准,使之成为永恒和普适的标准。一旦仔细审查完这些关系,我就能把现实中不断得到的数据输入这些系统,然后计算机就会处理这些数据,做出决策,就跟我在头脑中做的一样。

桥水最初的利率、股票、外汇和贵金属系统就是这么产生的。接着我们把这些系统合并为一个系统,以管理我们的投资组合。我们的这个系统可以对经济的主要症状进行心电图解析,当经济症状变化时,我们就改变自己的投资组合。然而,我并不是盲从计算机的建议,而是在计算机工作的同时自己也进行分析,然后对二者的结果进行对比。当计算机的决定与我不同时,我会检查原因。大多数时候是因为我忽略了某些东西。在这些情况下,是计算机教育了我。但有时我会思考一些新的、我们的系统会忽略的标准,这时是我在教育计算机。我与计算机互相帮助。不久之后,拥有强大处理能力的计算机就比我高效得多了。这很不错,因为这就像是一位国际象棋大师在帮助我对弈,只不过这位大师所依据的一系列标准是我理解的(而且相信其是符合逻辑的),因此,我们没有理由在任何时候出现根本性的分歧。

在同时"思考"很多因素方面,计算机比我的大脑有效多了,而且计算机做起来更精确、更快、更不易受情绪干扰。并且,因为计算机的记忆力高超,所以随着桥水的发展,它能更好地把我的知识和公司同事的知识积累起来。我和合作伙伴不是就结论进行争论,而是就我们不同的决策标准进行争论。然后我们通过客观地检验这些标准解决我们之间的分歧。在那个年代,计算机飞速增长的处理能力,就像是诸神不断赐予我们的一件件宝物。我记得当时电器连锁店 RadioShack 推出过一款价格不高的掌上弈棋机,我们给每个客户都送了一台,上面附了一句话:"来自桥水的系统化方法。"这款小小的弈棋机里的游戏共分 9 级,它在第 2 级就能轻易打败我。把这款弈棋机送给我的每一个客户是一件很好玩的事,因为这样他们就能看到要打败计算机化的决策程序是多么困难。

当然,我们也可以选择把系统推倒重来,但我们这么做的时候不到 2%,通常是在发生没有计入程序的异常事件时,例如导致世界贸易中心倒塌的"9·11"事件,撤出资金。虽然计算机在很多方面比我们的大脑棒得多,但我们拥有的想象力、理解力和逻辑能力是它不具备的。正因如此,我们的大脑与计算机的合作才是绝配。

这些决策系统比我原来使用的那些预测系统好得多,主要原因是它们能够纳入我们对事态发展的即时反应,让我们可以处理更大范围的可能性。这些系统还能包含择时规则。在 1987 年 1 月发表的一篇题为《赚钱还是做预测》的文章中,我解释道:

> 说实话,预测的价值并不是很高,而且大多数做预测的人

并没有在市场上赚到钱……原因是没有什么是确定的,而且当一个人把所有影响未来的不同事物的可能性叠加起来,以便做出预测时,他会得出一系列发生概率不同的可能性,而不会得出一个可能性很高的结果……我们相信市场变动反映经济变动,而经济变动反映在经济数据中。通过研究经济数据和市场变动的关系,我们已经归纳出精确的规则用来确认经济／市场环境中发生的重要变化,进而决定我们的投资组合。换言之,我们并不是预测经济环境中发生的变化,然后根据这些预测调整投资组合,而是在变化发生时捕捉它们,不断调整我们的投资对象,以使投资始终集中在当时表现最好的市场上。

在构建这些系统的过去30年里,我们又纳入了许多其他类型的规则,用来引导我们交易的各个方面。现在,当实时数据发布时,我们的计算机能够分析来自1亿多个数据组的信息,然后以在我看来合乎逻辑的方式向其他计算机发出详细的指令。假如没有这些系统,我很可能已经破产了,或者因要从事如此繁重的工作而被压力逼死了。假如没有这些系统,我们肯定不可能在市场上做得这么好。你将在后文中看到,我现在正在研发类似的帮助我们做出管理决策的系统。我相信,要改进你的决策,你能做的最有价值的事情之一,是深入思考你的决策原则,同时以文字和计算机算法的形式把这些原则写下来,在条件允许的情况下进行返回测试,并以实时的方式,在用你的头脑进行决策的同时运用这些原则。

但上面写到的这些内容有些超前了,让我们回头看看1983年的情况。

复兴桥水

到 1983 年年底，桥水共有 6 名职员。截至那时，我没有做任何营销。我们得到的业务都源于口碑，以及阅读我的《每日观察》、看到我在公开场合出现的人。但很明显，对于我们的研究，需求越来越多，而我也意识到，我可以出售这些研究，从而补充我们的咨询费和交易收入。于是我雇用了第 7 名职员罗布·弗里德，他曾做过上门推销《圣经》的工作。于是我们拖着一台幻灯机和一大堆幻灯片上路，四处推销一项月收费 3 000 美元的打包研究服务，内容包括我的《每日观察》、每周电话会议、双周刊和季度刊的研究报告，以及季度会议。在接下来的一年里，弗里德拉来了许多机构客户和机构投资管理者客户，包括通用电气、拱石托管基金、世界银行、布兰迪公司、卢米斯-塞勒斯公司、远见资产管理公司、辛格公司、洛斯公司、通用电话电子公司和威灵顿管理公司。

那时，我们的业务包括 3 个主要领域：付费咨询服务、管理企业风险从而获得奖励费，以及出售打包研究服务。我们与各种存在市场风险敞口的企业、金融机构、政府机构合作，如银行、多元化国际企业、大宗商品生产商、食品生产商、公用事业机构等。例如，如果一家在不同国家运营的跨国公司面临外汇风险敞口，我们就会制订一项计划帮助它应对这些风险。

我的做法是全身心投入对一家企业运营状况的研究，直到我感觉我提交给他们的策略和假设我亲自运营这家企业所用的策略一样。我会把每个公司分成多个独立的逻辑部分，然后想出一项使用各种金融工具，尤其是衍生工具来管理每个部分的计划。最重要的部分是区分核心业务产生的利润，以及价格变化造成的投机性利润与亏损。我们将通过这么做向客户们展示,一种"风险中性"的仓位将是什么样的,也就是说,在企业对市场没有判断的情况下,应当持有何种合适的对冲仓位。我会建议它们,只有在它们愿意从事投机交易时,才可以偏离这个仓位,而且它们必须以慎重的方式,并在全面知晓投机可能对自身核心业务产生何种影响的情况下,才可以进行投机。对大多数与我们合作的企业客户而言,这个思路令它们眼前一亮。这能让它们看清楚并掌控形势,同时带给它们更好的运营效果。有时企业客户希望我们代理它们进行投机交易,而我们会要求一定的利润分成。

确立一个"风险中性"的基准仓位,在进行慎重的冒险时偏离这个仓位,这种做法是一种投资管理方式的起源。后来我们将这种投资管理方式称为"阿尔法叠加",在这种方式中,消极("贝塔")和积极("阿尔法")的风险敞口是区分开来的。来自某一市场(如股票市场)的回报本身称为该市场的"贝塔",与别人竞争而冒险押注所产生的回报称为"阿尔法"。例如,一些人的回报高于股市平均水平,而另一些人的回报低于股市平均水平,我们就说他们分别有正面和负面的"阿尔法"。我们用阿尔法叠加的方法提供了一种不受潜在市场表现影响的押注方式。利用这种方式对待市场让我明白,成为一个成功的投资者的要诀之一,是只对你有高度信心的投资对象进行冒险押注,并对这些对象进行充分的分散投资。

艾伦·邦德是我们在20世纪80年代中期服务过的一个客户。他是一个大胆的企业家,是澳大利亚最富有的人之一。作为一个靠自己的努力获得成功的人,邦德成为第一个在美洲杯帆船赛上夺冠的非美国人,当时该赛事已有132年的历史。他因此成名。像邦克·亨特一样，邦德最终押下了错误的赌注，被迫宣布破产。在他和他的团队取得成功的过程中，我向他们提供建议，在他倒下的过程中，我也一直伴随，因此我近距离目睹了这场悲剧的发生过程。邦德的情况是一个经典案例：混淆了经营和投机，而选择对冲的时机又太晚。

邦德借入美元购买资产，如澳大利亚的酿酒厂。他这么做是因为美国的利率低于澳大利亚的利率。尽管他没有意识到，但其实他是在赌最终用来还债的美元不会升值。20世纪80年代中期，美元真的对澳元升值了，而邦德从啤酒销售中赚得的澳元收入不足以偿还他的债务，于是他的团队请我提供建议。我计算了在进行外汇对冲的情况下邦德公司的财务状况将会如何，发现这么做的结果肯定是毁灭性的亏损，所以我建议他们等待。当澳元汇率上涨时，我建议他们开始做对冲，但他们没有做，因为他们相信自己面临的汇率问题已经消失了。不久之后，澳元汇率急剧下跌到新低，他们又请求我参加一场紧急会议。但这时几乎不管他们怎么做，结果都将是毁灭性的亏损，所以他们再次什么也不做，而这一次澳元汇率没有再上涨。目睹世界上最富有、最有成就的人之一失去了一切，给我留下了深刻的印象。

我们还开展了与市场有关的一次性咨询项目。1985年，我和我的好朋友、了不起的交易者保罗·都铎·琼斯合作，设计了一项美元期货合同（一项跟踪美元相对于一篮子外汇的价格变化的可交易指数）。这项合同在纽约棉花交易所上市交易，直至今天。我还和纽约期货交易所合作，帮助设计和推销它的CRB期货合同（一项跟踪一篮子大宗期货价格变化的可交易指数）。

与大多数从事市场交易工作的人不同的是，我从来不愿仅仅因为投资产品会卖得好就去设计它们，尤其是常规投资产品。我想要的只是进行市场交易，建立人际关系，设身处地为我们的客户服务。但我也喜欢设计崭新的东西，尤其是当这些东西很了不起、很有革命性的时候。到20世纪80年代中期时，我能够清楚地看到以下情况：首先，我们在利率和货币市场上做得很不错，而购买我们研究的机构投资管理者也在利用这些研究赚钱；其次，我们正在成功地管理企业的利率与货币风险敞口。随着这两方面业务的顺利开展，我开始设想我们自己也能成为成功的机构投资管理者。所以我去游说世界银行养老基金的运营者，其中最重要的是希尔达·奥乔亚，当时世界银行的CIO（首席投资官）。尽管当时我们并没有管理任何资产，也没有这方面的从业经历，但她授权我们管理一个500万美元的美国债券账户。

这对我们来说是一个巨大的转折点，因为我们今天所知的桥水就奠基于此。我们为世界银行采取的运营策略是在持有现金和持有20年期美国国债券之间转换，因为这些仓位让我们可以对利率的变化方向进行杠杆化押注。当我们的系统显示利率所承受的压力会导致利率下降时，我们就持有20年期国债券；而当系统显示利率会上升时，我们就继续持有现金。我们干得很不错，不久之后，其他大型机构投资者也开始授权我们管理资金。我们接下来赢得的两个资金账户来自美孚石油和辛格公司，其他客户也接踵而至。我们逐渐成为全球表现最优秀的美国债券管理者。

在中国"关闭的大门"背后探险

提供咨询服务的一个好处是，它给了我旅行的机会。越是不寻常的地方，我发现的乐趣越多。在这种好奇心的驱使下，我在1984年来到北京。在我此前的人生中，我看过的唯一的中国景象是挥舞着"红宝书"的人群，因此，有机会到这个当时依然几乎国门紧闭的国家看看，是很有吸引力的。我得到邀请是因为我在香港有一个小的办公室，其主管是中国国际信托投资公司的顾问。当时，中国国际信托投资公司是中国唯一允许与外界交流的"窗口企业"。北京到处都有很棒的、极为好客的人，他们让我们了解到了中国传统——在喊"干杯"的同时一口喝下杯中的茅台酒，并盛情地款待了我们。我、我的妻子和另外几个人参加了这一次的中国之旅，由此开启了一段成果颇丰的30多年的历程，这段历程给我和我的家人都带来了深刻影响。

当时的中国还没有金融市场。最终由9家中国企业（包括中国国际信托投资公司）联合成立的、一个名为"中国证券市场研究设计中心"的小组开始建设金融市场。这个小组在1989年启动，他们最初是在一个很小的宾馆房间里运作，几乎没有任何资金。我现在还清晰地记得去他们的办公室要经过一个弯曲的金属楼梯，楼梯下有一个巨大的垃圾箱。我真的很敬重这些年轻人敢在这种时候冒这些风险，所以我向他们捐了一笔小钱，助他们一臂之力，并对能和他们分享我了解的东西而感到兴奋。这些人从无到有，建立起了中国的资本市场，以及政府的证券监管机构。

1994年，我成立了一家公司，名为"桥水中国合作伙伴"。我确信中国注定会在21世纪成为全球最大的经济体，可是当时几乎没有人在中国投资。但划算的交易总是能够达成。我能向我的机构投资客户介绍机会，从而带来钱；我也能把中国企业介绍给美国企业，从而提供专业知识，作为交换，我们能在这些企业中得到股份。从实质意义上说，我在中国建立了第一家总部在美国的私人股权企业。

我带着一小群机构投资者客户访问中国，从而创办了这家公司。这些机构投资者客户一共管理着 700 亿美元的资产。回到美国后，我们一致同意更进一步，在北京设立一家联合控股的商业银行。尽管我早就知道，进入一个此前几乎没有人涉足的地域，需要很多试验和学习很多东西，但我很快意识到，我严重低估了我们给自己设定的任务的复杂性，以及所需要的时间。我发现我总是需要在凌晨 3 点接电话，努力弄明白我们感兴趣的那些企业不可靠的财务报表和可疑的股权结构，而在天亮之后，我还需要处理桥水的各种工作。

在这样的情况持续了约一年之后，我明白同时运作桥水和"桥水中国合作伙伴"是不可能的，所以我关闭了这家公司。没有人赚钱也没有人赔钱，只是因为我对我看到的情况不放心，不足以让我做出任何投资决策。我相信如果我把全部时间都用到这方面的话，我们会取得很大的成功，但那样的话，桥水也不会是今天这个样子。尽管错过了这个好机会，但我并不后悔我的决定。我了解到，如果你以勤奋和有创造性的方式工作，你几乎可以得到你想要的任何东西，但你不可能同时得到所有东西。成熟意味着你可以放弃一些好的选择，从而追求更好的选择。

尽管我放弃了这个机会，但中国依然是我个人和家人生活的重要组成部分。我们喜欢中国，尤其是中国人。1995 年，我、我的妻子芭芭拉和我 11 岁的儿子麦修共同决定，麦修将在北京待一年，上一所全中文教学的学校，并和我们的朋友顾阿姨一起生活。顾阿姨曾与我们在美国一起生活过一段时间，麦修3岁时，我和芭芭拉带他去中国拜访过顾阿姨。当时中国的生活水准与麦修熟悉的康涅狄格州的情况大为不同。例如，顾阿姨和她丈夫的住所每周只有两次洗热水澡的机会，而麦修上的史家胡同小学直到冬天开始后很久才会供暖，所以学生在教室上课时都穿着棉袄。麦修不会说汉语，而他的同学没有一个会说英语。

所有这一切并不只是麦修面临的一场大冒险。这样做绝对是史无前例的，而且需要得到中国政府的特别许可。我为麦修感到兴奋，因为我知道他将会看到一个不同的世界，并开阔他的眼界。芭芭拉需要一些信心，并且几次咨询了一位儿童心理学家，以便打消疑虑。但她曾独自一人在世界各地生活，知道这样的经历对自己有多大的好处，于是她最终也接受了这个想法，尽管对于让儿子与我们分开生活，她没有我那么兴奋。这段艰难但改变了麦修一生的经历，对他的价值观和人生目标产生了深刻的影响。因为他爱上了中国（他说他从那一年起就成为中国的一部分），也因为他明白了同情心相对于物质财富的价值，所以当麦修只有16岁时，他就成立了一家慈善机构——中国关爱基金会，以帮助有特殊需求的中国孤儿。他运营这家机构12年（直至今天，但投入程度已大大降低），后来把主要精力转向重新构思如何在新兴市场国家发展计算技术，并通过他的公司"无穷"落实这一构思。我也从麦修那里学到很多，尤其是从事慈善活动的快乐，而且我们都学习到拥有很好的人际关系能够给人带来巨大的快乐。这些年来，我（以及桥水）也和中国很多了不起的人物建立起了富有意义的关系，而且我们帮助中国的金融机构从雏形组织发展为复杂的庞然大物。

原　则

　　桥水逐渐与不少国家的人和政府建立了关系，中国不是唯一的一个。新加坡、阿布扎比和澳大利亚的政府投资基金，俄罗斯和欧洲的决策者，都通过他们的代表与我们接洽。我拥有的经验、我掌握的看问题的视角、我能够提供的帮助，加在一起构成了一系列巨大的回报，和我从我的职业生涯中获得的其他类型的回报一样大。

　　我与新加坡人民以及该国机构的联系，也给我带来了惊喜。直至今天，李光耀一直是我最景仰的领导人，他把新加坡从一个蚊虫肆虐的默默无闻之地变成了一个现代经济体。这样说并不夸张，因为我还认识并景仰另外几位世界级的领导人。我一生中最兴奋的时刻之一就是和李光耀在我纽约的家中共进晚餐，那是在他2015年去世前不久。李光耀主动提出和我一起吃饭，以讨论世界经济形势。我邀请了美联储前主席保罗·沃尔克（也是我景仰的一个人）、美国财政部前部长鲍勃·鲁宾（他的丰富经历给了他很好的看问题的视角），以及查理·罗斯（他是我认识的最有好奇心和洞察力的人之一）。除了回答李光耀的问题之外，我们也询问了他对世界事务和世界领导人的看法。因为他几乎认识过去50年里所有的世界领导人，所以我们问李光耀，具有什么品质的领导人才是伟大的领导人，而不是糟糕的领导人，以及他对当时正在发挥领导作用的那些人的看法。李光耀认为安格拉·默克尔是西方世界最好的领导人，普京是全球最好的领导人之一。他解释说，评判一个领导人时必须结合相关背景，即他们遇到的具体情况，进而向我们说明了，领导俄罗斯是多么困难，以及他为什么认为普京在这方面做得不错。他还回忆了他与邓小平的独特关系，他认为邓小平是所有领导人中最好的。

　　我喜欢在有趣的地方认识有趣的人，并通过他们的眼睛看世界。

不管他们是富是穷，这样做都有益处。我在巴布亚新几内亚认识了那里的原住民，对我而言，学习从他们的视角看待生活，与从全球政治经济领导人、改变世界的企业家和最优秀的科学家那里学习看问题的视角具有同样的启发作用。我永远都忘不了我们在叙利亚的一座清真寺里遇到的那位盲眼圣哲，他向我解释了《古兰经》，以及他和真主的联系。类似这样的邂逅让我明白，人类的伟大和不同凡响并不取决于财富或者其他世俗的成功衡量标准。我还明白，在没有真正通过别人的视角看待事物之前就对别人下判断，会妨碍对他们所处环境的理解，而且这样做很不明智。我建议你保持足够的好奇心，始终愿意去理解那些看问题与你不一样的人是怎么形成他们看问题的方式的。你将会发现这很有趣，而且益处无穷，而你获得的更丰富的视角将帮助你决定你应当怎么做。

我的家庭和我的大家庭

我的家庭、由同事组成的大家庭以及我的工作，一直以来对我都极为重要。像其他任何人一样，兼顾工作和家庭，对我来说也是个巨大的挑战，更重要的是我希望两边都料理得很好，所以我总是尽可能地把二者结合。例如，我在出差时会带上孩子们。我最初带着大儿子德温去中国出差，后来带着麦修，招待我们的人始终非常友善，会给他们饼干和牛奶。在阿布扎比时的一段美好回忆是，我的客户兼朋友带着我和二儿子保罗去沙漠，用新宰的羊做烧烤。保罗身穿对方给他的传统长袍，我问他感觉如何，他说："席地而坐，身穿宽衣大袍，与亲切的人一起用手吃东西，还有比这更美好的事吗？"我们听了哈哈大笑。我还记得有一次，当时 10 岁左右的大儿子德温，在中国以1美元/条的价格购买了许多黑丝巾，然后在圣诞节前夕在一个购物中心以20美元/条的价格卖出。这仅仅是展现他商业天赋的第一个迹象。

到20世纪80年代中期，桥水已经发展到了10个人左右，于是我租了一栋巨大的旧农舍。桥水占据了一部分，我的家占据了其余部分。当时公司的气氛就像家庭一样，非常随意：所有人都在行驶道上停车，我们围着厨房的餐桌开会，我的孩子们在上厕所时会把门开着，和我共事的人在经过时会向他们招手。

最终，这个农场被挂牌出售，于是我买下了这块地产上的一座大农仓，并装修了一下。我、我的妻子，以及我们的孩子（最终我们有了4个孩子）住在这座大农仓中的一个小套间里。同时，我给那个尚未完工的干草仓装上了电力地暖，将其改造成一个办公室。我选择电力地暖是因为它装起来最便宜。那是一个举办聚会的好地方，那里也有足够的场地供我们踢足球、打排球、吃室外烧烤。圣诞节聚会时，全家人会和同事们各自带上拿手菜。几杯酒下肚，圣诞老人会出现，我们会坐在他的腿上拍照，再看看拍照过程中谁在淘气，而谁表现得很端庄。这样的夜晚总是以尽情跳舞结束。我们还有一年一度的"不拘小节日"，所有人都会穿得很随便。明白我的意思了吧：桥水是由相亲相爱的人组成的一个小集体，这些人工作时勤奋努力，玩耍时开心畅快。

鲍勃·普林斯于1986年加入桥水，当时他只有20多岁，到现在30多年过去了，我们两人作为联合CIO，依然是亲密的合作伙伴。从最初的时候起，我们俩就观点展开的所有辩论，都像是在"弹奏一曲美好的爵士乐"。我们至今仍然喜欢这么做，而且会一直这样做，直到死亡将我们分开。无论对客户还是同事而言，普林斯都是一位好老师。随着时间的推移，他变得就像我的兄弟一样，也是桥水最关键的建设者和支柱之一。

很快，桥水开始看起来像一家真正的公司了。我们因规模扩大而搬出了那个农仓，搬进了一个商业区里的一间小办公室。到20世纪80年代末，我们共有20个人。但即使在我们扩大规模的过程中，我也没有把任何与我共事的人看作雇员。我一直希望过上一种充满有意义的工作和有意义的人际关系的生活（也希望和拥有相同愿望的人做伴），对我而言，有意义的人际关系是指开放诚恳的关系，人们彼此坦诚相待。我从来都不看重更传统的、冷冰冰的人际关系，人们只是摆出一副礼貌的面孔，不说出心里真实的想法。

我认为所有的组织中基本上只有两种类型的人，一种是把工作视为一项使命的一部分，另一种是为薪水工作。我希望我周围的人都是和我有相同需求的人，即那些为了自己而把事情弄明白的人。我说话很坦诚，也希望我周围的人说话坦诚。我为追求我觉得最好的东西而奋斗，而我希望他们也一样。当我觉得谁做了什么蠢事时，我会直说，同时我也希望他们在我干了蠢事时直言相告。这样做将让我们所有人获益。在我看来，强大而富有创造力的人际关系就是这个样子的。以任何其他方式运行的组织都将是低效的、不符合伦理的。

经济与市场发生的更多剧烈动荡

剧烈的市场动荡塑造了我，以及我看待生活和投资的方式，而1987年和1988年这两年充满了这样的动荡。我们是少数几个在1987年10月19日"黑色星期五"之前做空股票的投资经理之一，那一天美国股市出现了历史上的最大单日跌幅。我们得到了很多关注，因为我们的业绩增长了22%，而大多数人的业绩都下滑了很多。媒体称我们是"十月英雄"。

很自然地，1988年到来后我感觉很不错。我在一个高度动荡的年代长大，而且学到了对付这种动荡的最好方式就是搏击弄潮、为我所用。我们使用我们的指数系统捕捉经济基本面的不断变化，同时用我们技术性的趋势跟踪过滤系统证实价格变化情况与指数系统显示的一致。当二者指向同一方向时，系统会发出一个强烈信号；当二者不一致时，信号就很微弱或者没有。但后来的事实证明，1988年几乎没有发生什么市场动荡，于是我们的技术性过滤系统给我们造成了很大损失，最终我们把1987年收益的一半多一点儿又弄丢了。这种滋味不好受，但这件事也给了我们一些重要的教训，并促使我和普林斯用更好的价值衡量与风险控制手段取代了技术性的趋势跟踪过滤系统。

直至那时，我们的系统完全是分立式的：当我们越过某个预先设定的门槛时，我们就会从完全的多头仓位转向完全的空头仓位（很像我们为世界银行服务时从债券转向现金）。但我和普林斯在看待形势时的确信程度并不总是相同，而且，当我们这么来回转换时，高昂的交易成本也会让我们吃不消。这让普林斯烦恼不已。我记得他总是围着办公楼一圈圈地跑步，让自己冷静下来。所以到1988年年底时，我们转而采用一个更具可变性的系统。这个系统让我们可以根据我们的信心程度决定自己押注的规模。从那时到现在，普林斯对我们的系统做出的这些改进，以及其他改进，不断地取得回报。

并不是桥水每个人的看法都与我和普林斯一样。公司里的一些人怀疑系统化运作是否可行，尤其是当系统的表现效果不佳时，就像通常的人类决策一样，这种情况经常出现。我向一些同事说了很多道理，才说服他们继续信任这种方式。尽管我无法让他们确信，但他们也改变不了我的想法，因为他们无法向我展示，为什么我们这种把自己的逻辑清晰地详述、测试和系统化的做法，与一种系统化程度较低的决策方式相比，不是一种更好的选择。

所有了不起的投资者和投资策略都是有弱点的。在弱点呈现时就对其失去信心是一种常见的错误，就像在其有效时对其过于迷恋一样。因为大多数人都有情绪化倾向，不会严格遵守逻辑，所以他们通常会对短期结果反应过度：情况不好时他们放弃，并以过低的价格脱手；好的时候他们又以过高的价格买进。我发现这个道理不仅对投资适用，对人和事物的关系同样适用：明智的人在经历各种沉浮时都始终盯紧稳健的基本面；而轻浮的人跟着感觉走，做出情绪化的反应，对于热门的东西一拥而上，不热的时候又马上放弃。

桥水的下一个立足点

20世纪80年代结束时，桥水仍然是一家很小的公司，只有24名职员。1988年，普林斯介绍我认识了吉赛尔·瓦格纳。在后来的20年里，我和她合作管理桥水的非投资事务。丹·伯恩斯坦和罗斯·沃勒分别在1988年和1989年加入，当时他俩都刚从达特茅斯大学毕业。在当时以及此后的很长时间里，我都倾向于聘用没有多少经验，但聪明、坚定、一心致力于把桥水运营好的毕业生。

与经验相比，我更看重个性、创造力和常识感。我想这与我的经历和信念有关：我在从学校毕业两年后就创办了桥水；我相信拥有把事情探究明白的能力，要比拥有如何做某件事的具体知识更重要。在我看来，年轻人正在创造令人兴奋的鲜活的新东西。用老办法做事的老人没有吸引力。不过我必须补充说明，把责任交给羽翼未丰的年轻人并不总是能产生很好的效果。你即将在后文中读到一些痛苦教训，这些教训让我明白低估经验的价值也可能是一个错误。

从世界银行最初授权我们管理的 500 万美元起家，到这时，我们已经在为各种客户管理 1.8 亿美元的投资，但我们依然要努力在机构投资业务领域夺得更大的一席之地。当柯达公司养老基金部门的 CIO 拉斯蒂·奥尔森找我们解决一个投资问题时，我们马上抓住了这个机会。奥尔森是一个非凡的创新者，品格卓越，1954 年进入柯达，于 1972 年主管其养老基金。他在养老基金业广受尊重，被视为行业领袖。我们一直在向他发送我们的报告。1990 年，他给我们发传真，请我们对他担忧的一件重要事情发表意见。柯达的资产组合过多集中于股权投资，奥尔森担心，假如他掌管的资产的价值剧烈下滑，将会发生什么样的事。在此之前，他已经在努力寻找一种方法对冲这一风险，同时不会导致预期回报降低。

奥尔森的传真在一个周五下午到达，我们马上行动起来。得到一位如此有名望、有创新性的客户，将给我们带来很大的改变。我们知道，我们能为柯达提供独特的优质服务，因为我们对债券和金融工程很熟悉，而且我们拥有业内无与伦比的历史性视角。我和鲍勃·普林斯、丹·伯恩斯坦在那个周末连续工作，分析柯达的资产组合，以及奥尔森考虑采取的策略。然后我们给他写了一份很长的备忘录，说明了我们的想法。

和我在 20 世纪 70 年代解构鸡肉生产商的业务，以及后来解构许多其他公司的业务的做法一样，我们把柯达的养老基金分成不同的组成部分，以便更好地理解这部"机器"。我们提出的解决方案利用了一系列资产组合工程理念，这些理念后来成为桥水独特的理财方式的核心。奥尔森邀请我和普林斯去罗切斯特，然后我们就带着管理1亿美元账户的任务回家了。这改变了一切，不仅给我们带来了很大名望，还为我们提供了一个可靠的收入来源，而当时我们正需要这笔收入。

发现"投资的圣杯"

从早期的失败经历中，我懂得了不管我在进行押注时多么有信心，我依然可能是错的，而要降低风险又不降低收益，合理的多样化是关键。如果我能打造一个充满高质量回报流[1]，并适度多样化（意思是相互补充、相互平衡）的资产组合，我就能向客户提供一个总的资产组合收益，这比他们能从其他来源得到的收益要稳定得多、可靠得多。

几十年以前，诺贝尔经济学奖得主哈里·马科维茨构建了一个被广泛应用的模型，你可以把一组资产以及它们的预期回报、风险和相关性（显示这些资产在过去的表现有多高的相似度）输入该模型，然后确定一个由这些资产组成的"最优组合"。但这个模型无法告诉你改变其中任何变量所产生的渐进变化效果如何，以及如何处理这些假设的不确定性。那时我极其忧虑，如果我的假设是错的

---

1. 我说的"回报流"是指因为执行一个特定决策规则而获得的收益，可以将其想象为一张图上的多条曲线，这些曲线反映了随着时间的推移一项投资的价值改变，以及或者让其继续升值或者将其出售的决定。

怎么办，所以我希望以一种很简单的方式理解多样化。我找到了布莱恩·戈尔德，一名刚从达特茅斯大学毕业的数学系学生，他于1990年加入桥水。我请他制作了一张图，这张图显示了假如我渐进地增加具有不同相关性的投资，一个资产组合的波动性将如何减弱，其质量（以相对于风险的收益规模来衡量）将如何提升。我将在"经济与投资原则"中更详细地解释。

这张简单的图带给我的震撼，可能就像爱因斯坦在发现 $E=mc^2$ 时的感觉一样：我发现如果我拥有 15~20 个良好的、互不相关的回报流，我就能大大降低我的风险，同时又不减少我的预期收益。这简单明了，但如果这个在纸面上行得通的理论在实践中的效果也很好的话，那将是一个重大突破。我称之为"投资的圣杯"，因为它指出了赚大钱的方法。这是我们学习过程中的又一个关键时刻。

我们发现的这些原则适用于所有的经营活动。无论经营宾馆、科技公司还是任何其他东西，你的业务都会产生回报流。拥有几个良好的、互不相关的回报流要比只有一个好，而且，知道如何结合不同的回报流要比能够选出好的回报流更有效果（不过显然你必须二者都做）。当时（而且直至现在），大多数投资经理没有明白这一点。他们管理单一资产类别的投资：股权管理者管理股权，债券管理者管理债券，等等。他们的客户给他们钱，是希望他们在收获此类资产的总体收益（例如标准普尔 500 指数）之外，还能通过押注、高估和低估特定资产的价值（例如买入比特定指数中更多的微软股票）取得一些额外收益。但同一资产类别内部的具体资产通常约有 60% 是相互联系的，这意味着在一半以上的情况下，这些资产的价值是一起上升或下跌的。如下图显示，如果一个股权投资经理把1 000只存在60%相关性的股票纳入自己的资产组合，那么与只选择5只股票的情况相比，多样性并没有高多少。如果以下图指出的方式平衡我们的押注，我们将轻松击败那些选择了相关性较高的资产组合的人。

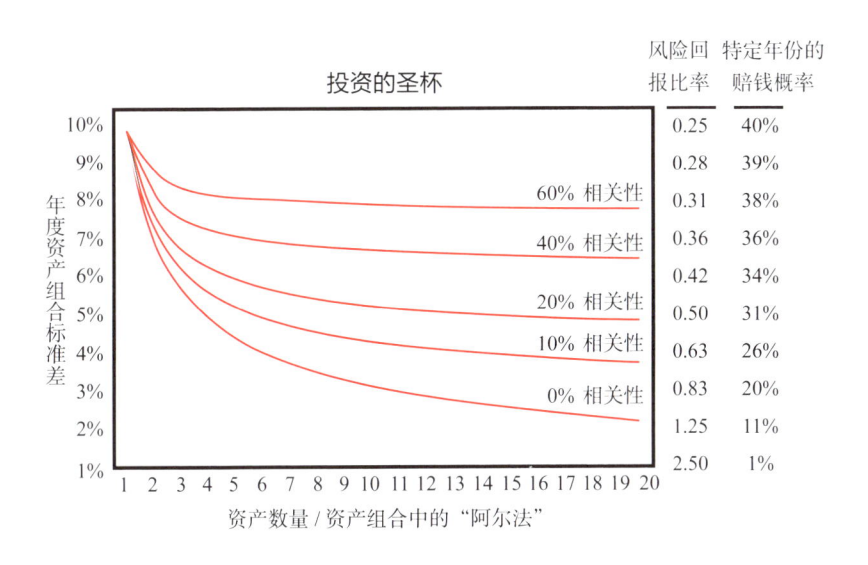

投资的圣杯

资产数量/资产组合中的"阿尔法"	风险回报比率	特定年份的赔钱概率
（年度资产组合标准差）	0.25	40%
60% 相关性	0.28	39%
	0.31	38%
40% 相关性	0.36	36%
	0.42	34%
20% 相关性	0.50	31%
10% 相关性	0.63	26%
0% 相关性	0.83	20%
	1.25	11%
	2.50	1%

由于我的做法是系统性地记录我的投资原则，以及这些原则预计可能产生的收益，因此我积累了很多互不相关的回报流。事实上，我掌握着约1 000个回报流。因为我们的交易涉及许多不同的资产类别，同时在每一类里，我们都会调适和检验许多基本交易规则，所以我们有很多高质量的回报流可供选择；而一个普通的投资经理只会跟踪少量的资产，而且可能不会以系统化的方式交易，与我们相比，他的选择就要少得多。

我和普林斯、伯恩斯坦合作，从浩繁的原始信息中总结出了最好的决策规则。规则得出后，我们就在长时间框架里对其进行返回测试，利用系统模拟，将这些规则放在过去的环境中，看看它们的共同表现将会如何。

　　结果让我们感到震撼。理论上，这种新方法将让我们的单位风险收益增长3~5倍，而我们可以根据可容忍的风险规模调节我们想要的收益规模。换言之，我们会比别人赚得多得多，同时降低因失败而出局（我以前就几乎出局）的风险。我称此为"杀手体系"，因为它既可能为我们和客户创造可以"杀死"别人的收益，也可能因我们忽略某些重要因素而"杀死"我们。

　　这一做法的成功教会了我一个原则，后来我把它应用到生活的所有方面：要拥有很多优势，而又不暴露于不可接受的劣势之下，最稳妥的方式是做出一系列良好的、互不相关的押注，彼此平衡，相互补充。

　　虽然对这一新做法很兴奋，但我们还是谨慎推进。我们最初只给了这一系统10%的权重，在我们表现最好的20个月里，该系统在19个月里赚了钱。在我们的信心变得更大之后，我决定去找我精选的一些熟识的投资者，说服他们给我100万美元的试验账户，从而运用这一策略来做投资。我知道，请求这些机构投资者投入这样相对不多的钱，将让他们难以拒绝。最初我称这一新产品为"精华5%"，因为它由我们决策规则中最好的5%组成，后来我将其改名为"纯粹阿尔法"，以表示它只包含阿尔法。因为"纯粹阿尔法"不包含任何贝塔，所以它没有随任何市场沉浮而变化的倾向。它的回报只取决于我们能在多大程度上超越竞争者。

通过我们全新的"阿尔法叠加"方法，投资者不仅可以得到他们选择的资产类别（无论是标准普尔 500 指数、债券指数还是大宗商品）带来的收益，还能得到我们在所有类型的资产中挑选和押注产生的收益。尽管这一做法史无前例，但我们还是细致地向投资者讲解了我们的逻辑，说明它为什么事实上比传统方法安全得多。我们还向他们说明，累积性表现的预计范围如何，围绕总体表现的预计浮动范围将会有多大，如下图所示。在我们的客户看来，这好像是一架从没试飞过的飞机模型，但从构造上看要比任何其他飞机都好得多。有没有敢于登上这架飞机的人？

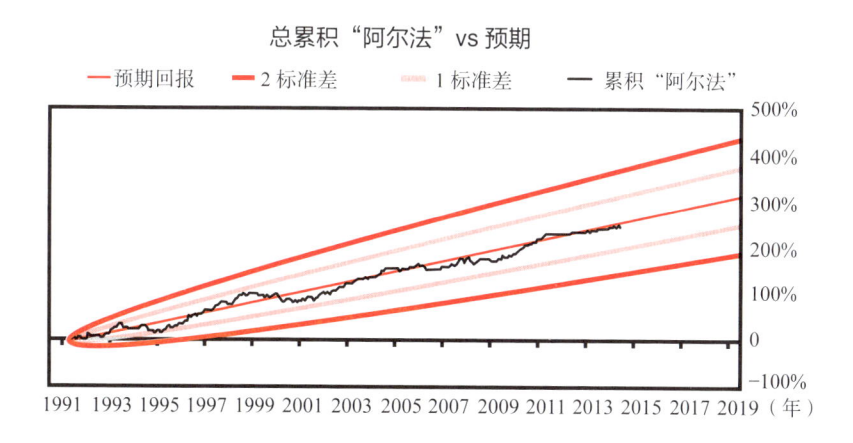

总累积"阿尔法"vs 预期

一些客户理解了这套理论，积极改变规则；其他客户或者不理解，或者他们代理的组织拒绝尝试最新的东西。坦率地说，他们中的任何人愿意尝试，都令我们惊喜。到现在，在超过 26 年的时间里，这种新飞机的飞行效果一如预期，在其中的 23 年里取得收益（其余 3 年只有小幅亏损），而且为我们的客户创造了对冲基金业历史上最高的总收益。"纯粹阿尔法"背后的投资管理理念最终改变了对冲基金业，但从提出理念到被普遍接受，一群敬业的合作伙伴进行了很多年的学习，而且付出了艰辛的劳动。

把我们的"杀手系统"国际化

"纯粹阿尔法"是我们所知的最好的积极理财方式，但我们也知道，要管理足够多的机构投资者的钱，必须接受一个现实，即只有一部分有创意的客户愿意尝试这一做法。所以，尽管我们努力说服客户接受我们的方法，但20世纪90年代末到21世纪初，"纯粹阿尔法"管理下的资产只占我们管理总资产的10%左右。

尽管我们不能用纯债券账户交易股票和大宗商品，但在该领域，我们也应用了自己发现的资产组合原则，并用"纯粹阿尔法"为债券客户创造了低风险的高回报。这包括交易外国政府债券、新兴市场债券、通胀挂钩债券、公司债券，以及海外投资带来的外汇风险敞口。在我们最不受限制的债券投资组合中，我们会进行约50种不同类型的押注，比传统债券管理者多得多。这样做给了我们很大优势，并让我们年复一年地跻身投资管理表现最佳榜单。

"纯粹阿尔法"只是我们带给客户的第一个创造性设计。1991年，我们成为第一家为机构投资者服务的货币外包管理人。当时，机构投资者正在把更大比例的资产投入全球股权与债券市场。国际投资增添了有价值的多样性，但也带来了缺乏管理的外汇风险敞口。这是一个大问题，因为外汇敞口只是导致了风险的增加，却没有带来预期收益的增加。我们做货币交易已有很多年，并在投资组合设计方面形成了专长，所以我们能为解决这一问题提供最佳选择。最终，我们成为全球最大的积极货币管理者。

我们还创造了几种其他的新型、有效的理财方式。在运用每种方式时，我们都会用一张图向客户清晰地展示业绩预期，图上有一条累积利润曲线，以及围绕这条线的预期变化。我们能这么做是因为，我们可以基于系统化的决策程序，在大量不同条件下对决策的表现进行压力测试。

把我们从错误中总结的教训系统化

当然，我们也在不断犯错误，但错误都在我们的预期范围之内。而我们会尽最大可能利用我们的错误，因为我们养成了习惯，把错误看作学习和改进的机会。我们印象最深刻的教训之一发生在20世纪90年代初，当时负责交易的沃勒忘了把一位客户的钱投入交易，还是保持现金状态。等到这个错误被发现时，已经造成了几十万美元的损失。

这是一个可怕的、代价高昂的失误，而我不能做出太激烈的反应，比如把沃勒炒了以儆效尤，告诉大家我们不能容忍错误。因为错误总是免不了的，所以这么做只会促使其他人隐藏错误，而这将导致更大、代价更高的错误。我坚信，我们应当把问题和分歧摆到桌面上，从而总结应当怎么做才能改进。于是我和沃勒合作编写了一份交易部门的"错误日志"。从那时起，任何时候出现任何性质的不良结果（如一项交易没有执行、我们支付的交易费显著高于预期等），交易员都会记录下来，然后我们采取补救行动。随着我们不断跟踪和解决这些问题，我们的交易执行机制不断完善。

用一套程序确保问题会摆在桌面上，同时确保问题根源会得到剖析，这样才能实现持续的改进。

基于这一理由，我坚持在桥水采用问题日志。我的规则很简单：如果事情出了岔子，你就必须写入日志，写明其严重程度，并写清楚谁为此负责。如果一个错误发生，记入日志，你就没事；如果没有记，你就会有大麻烦。通过这种方法，问题会被呈送到管理者面前，这比管理者不得不把问题找出来要好得多。错误日志（现在我们称其为问题日志）是我们的第一项管理工具。后来我明白了，管理工具在促使人们采用正确的行为方式方面发挥着重要作用，这一认识引导我创造了不少其他工具，后文将详述。

这种把问题和分歧摆到桌面上的文化造成了很多不适和冲突，尤其是在深入探讨人们的弱点时。不久之后，矛盾就爆发了。

我"顽固难治"的人事管理问题

1993年的一个冬日，普林斯、瓦格纳和伯恩斯坦提议带我出去吃饭，议题是"就达利欧如何影响员工和公司士气，给他一个反馈"。他们先给我发了一份备忘录，大意是我的运作方式正在对公司里的每个人产生负面影响。他们是这么写的：

达利欧在哪些方面做得好？

他非常聪明而且有创意。他理解市场和资金管理。他热情，活力四射。他奉行很高的标准，并以这样的高标准要求周围的人。他善意地促进团队合作，培养群体归属感，为员工提供灵活的工作环境，给员工很好的报酬。

达利欧在哪些方面做得不够好？

达利欧有时对待员工的方式会让他们感觉自己不能胜任工作、可有可无、被羞辱、不堪重负、被蔑视、被压迫，或者产生其他不好的感觉。在达利欧有压力时，这种情况出现的概率会升高。在这些时候，达利欧的言辞和行为会造成别人对他的敌意，并给别人留下持久的印象。由此带来的影响是，人们的工作动力减弱而不是增强。这会使工作效率和工作环境的质量降低。这一影响波及的不只是单个员工。我们这家公司很小，人际交往很开放，这意味着当一个人被打击、被糟糕对待、没有得到足够的尊重时，所有人都会受影响。本公司未来的成功高度取决于达利欧在人事管理方面能否像在投资管理方面做得一样好。如果他在人事管理方面做得不好，就会妨碍公司发展，我们所有人都会受影响。

啊，这让我感到痛苦和惊讶。我从来没有想到我会给别人带来这样的影响，而这些人是我的大家庭的成员。我不想让他们觉得不能胜任工作、可有可无、被羞辱、不堪重负、被蔑视、被压迫，或者产生其他不好的感觉。他们为什么不直言相告？我哪里做错了？我的标准太高了吗？桥水要持续成为一家万里挑一的公司，我们之中就必须要有卓越的人，同时以极高的标准要求别人。我是不是要求太高了？

那时的我仿佛站在一个岔路口。我必须从两种看上去都极为重要但彼此不相容的选项中做出抉择：（1）对他人保持极度的真诚，包括努力把我们的问题和弱点摆上桌面，以便我们直截了当地处理；（2）拥有快乐而满意的员工。而这又让我想起了，当面对两种你都需要但看起来矛盾的选择时，你需要耐心思考如何尽最大可能兼顾二者。几乎总有一条道路是存在的，但你还没有找到，所以你应该努力寻找直到找到，而不是凑合着接受那个看起来明显的选择。

我的第一步是确保我知道问题到底出在哪里以及如何解决。于是我询问普林斯、瓦格纳和伯恩斯坦，情况究竟是怎样的。我发现，他们以及许多了解我的其他人，并不像另一些人那样强烈地觉得被我打击，因为他们知道我的心意是好的。如果他们不知道，他们可能早就辞职了，因为正像他们说的，如果我要他们无怨无悔地忍受我发脾气的话，我仅仅付给他们钱是不够的。

他们知道，我希望他们和桥水都尽善尽美，而为了实现这一点，我需要对他们极度真诚，也需要他们对我极度真诚。这不仅是因为这样做能够创造更好的成果，也是因为我相信坦诚相待是根本的相处之道。我们都认为，这样的相处方式是必需的，但既然这种做法会让一些人感觉不愉快，我们就需要做出一些改变。

和我关系密切的人理解我，不讨厌我，有时甚至是喜欢我，而那些与我联系不太密切的人被我的直率冒犯。很明显，我需要加深对别人的理解，别人也需要加深对我的理解。之后我意识到，在人际关系中，人们应当把各自的相处原则说得极为清楚，这至关重要。

以此为起点，我们开始书面记录我们的原则，这种做法持续了几十年，最终形成了"工作原则"。这些原则既是我们一致同意的相处规范，也是我对我们如何处理不断出现的新情况的思考。因为大多数情况都是以略微不同的形式不断出现的，所以这些原则被持续改进。就我们一致同意的相处规范而言，最重要的一条是，我们需要做3件事：

1. 把我们的真实想法摆在桌面上；
2. 存在经过深思熟虑的分歧时，愿意在相互了解的过程中更改观点；
3. 当分歧依然存在时，拥有一种大家一致同意的决策方式（如投票或者拥有清晰的权威），从而能够不带怨气地把分歧留在身后。

我相信任何组织或任何人际关系要保持得好，这些都是必需的。我还相信一个集体决策体系要想有效，该体系的使用者必须相信它是公平的。

把我们的工作原则写下来，并一致遵守，就像遵守我们的投资原则一样，这对我们彼此理解至关重要。尤其是因为，为我们带来独树一帜的好业绩的独特运作方式（极度探寻真相和极度透明），对一些人来说是反直觉的，在情感上难以接受。

我想理解我们如何通过这种坦率的做法实现有意义的工作和有意义的人际关系，于是在其后的几十年里，我与神经科学家、心理学家、教育工作者交流。我学到了很多东西，总结如下：每个人的大脑都有两部分——层次较高的逻辑部分与层次较低的情绪部分。我称此为"两个你"。它们会争夺对一个人的控制权。管理这一冲突的方式，是我们行为最重要的驱动因素。普林斯、瓦格纳和伯恩斯坦提出的问题背后最大的原因，就是这一冲突。大脑的逻辑部分可以轻易理解"了解自身弱点是一件好事"（因为这是克服弱点的第一步），但大脑的情绪部分通常讨厌这么做。

5 终极恩惠
（1995—2010 年）

1995 年，桥水已拥有 42 名职员，管理着 41 亿美元的资产，这是我从未梦想过的，尤其是考虑到 12 年前桥水曾经缩小到只剩我一个人。尽管情况变得好多了，更加稳定了，但我们做的事基本未变：与市场博弈，独立和有创意地思考如何押注，犯错误，把错误摆上桌面分析，找出根本原因，设计出新的更好的做事方法，系统化地落实这些更新，犯下新的错误，如此循环。[1] 凭借这种循环往复、不断演进的做法，我们持续改进我从 1982 年开始建立的投资体系。当时我们展示了，一些用计算机工作的聪明人能够击败大型的、设施完备的、已经确立市场地位的大公司。而现在我们自己正在成为设施完备的、已经确立市场地位的大公司。

随着系统里的决策规则和数据变得越来越复杂，我们聘用了年轻的程序员，他们能更好地把指示转化为代码，我们还聘用了聪明的大学毕业生，帮助我们进行投资研究。这些新的"神奇小子"中

---

1. 我称这种做法为"5 步流程"，将在后文详细叙述。

的一位，格雷格·詹森，在1996年以大学实习生的身份加入桥水。因为他表现突出，所以我挑选他做我的研究助理。在此后的几十年里，他做出了很多贡献，先是和我、鲍勃·普林斯兼任联合CIO，然后和我兼任联合CEO（首席执行官）。他也逐渐把我视为教父。

我们还投资于功能越来越强大的计算机。[1] 这些机器运行系统解放了我们，使我们不必再盯着市场的每日变动，可以从更高的层面思考问题，从而创造出新颖的、有创意的联系，为我们的客户进行创新。

发现通胀挂钩债券

在这段时间，我与戴维·怀特吃过一次饭，他掌管着洛克菲勒基金会的钱。怀特问及我会怎么管理该基金会的投资组合，从而创造比美国通胀率高5%的回报。我告诉他，杠杆化的外国通胀挂钩债券，加上与美元对冲的该国货币，这样的投资组合应该能实现这个效果。（必须是外国债券，因为当时美国没有通胀挂钩债券，而且它需要与美元对冲以便消除汇率风险。）

后来在回想这件事时，我意识到我们可以创造一种全新的、极为不同的资产类别，于是我和丹·伯恩斯坦开始更深入地研究这样一种资产组合。根据我们的分析，这种全新的资产类别的效果会比我们预想的更好。事实上，其效果将是独特的，因为我们可以通过设计，使其拥有与股权投资相同但风险更低的预期回报率，并长期与债券和股权投资保持负相关性。我们向客户展示了这一研究成果，

---

1. 我将在"生活原则"部分的"学习如何有效决策"中更详细地阐述如何使用计算机化的决策体系。

他们很喜欢。不久之后，我们就成为唯一的全球性的通胀挂钩债券管理者。1996年，美国财政部副部长拉里·萨默斯开始考虑美国是否应该发行本国的通胀挂钩债券，而由于只有我们管理着这种债券的资产组合，他把我们作为专家召去咨询。

于是我和伯恩斯坦前往华盛顿会见萨默斯和其他财政部官员，以及很多华尔街著名企业的代表。我们迟到了（准时不是我的长项），通往财政部大会议室的门紧关着。我不愿让这阻挡我，于是我一直敲门，直到有人开了门。那是一个大房间，中间有一张桌子，旁边是媒体旁听席。桌子旁的空位只剩一个了，上面摆着伯恩斯坦的名牌。只允许派一个代表，我们曾商定由伯恩斯坦担任，因为他已经做了很多准备工作。我忘了这一点，于是走到媒体席上抓起一把椅子，把它搬到伯恩斯坦旁边，也坐在了桌子旁。伯恩斯坦形容说，这场会议大体与我们在20世纪90年代遇到的情况一样：我们必须奋力搏杀，争取机会。拉里·萨默斯后来说，他从我们这儿得到的建议，对于构建这个市场是最重要的。当财政部后来引入这种债券时，他们遵循了我们建议的结构。

发现"风险平价"

到20世纪90年代中期，我有了足够的钱为我的家庭设立一个信托，所以我开始思考，为了将财富传承给多代人，最好的资产配置组合应当是什么样子。在我做投资者的岁月里，我看到了各种各样的经济与市场环境，以及财富被创造和毁灭的各种途径。我知道什么能带来资产收益，但我也知道不管持有什么类型的资产，总有一天它会失去大部分价值。这些资产包括现金，现金是长期投资产品里最差的一种，因为它会因通胀和税收因素而不断贬值。我还明白，预见导致这些损失的波动是很难的。我毕生都在做这件事，也和其他人一样估错市场。当我不在时，我不敢保证其他人能把预估做好。通胀不停涨落，兴衰不断交替，找到在所有经济环境里都做得好的投资者就像大海捞针，即使找到了，他们也不是不老之身，所以这不是可行的办法。我不希望等我死后，我创造的、用来保护家人的财富尽付东流。这意味着，我必须创造一种能在所有经济环境中表现良好的资产组合。

我知道经济环境的哪种变化能引起资产类别的变化，我也知道这些相关关系在几百年里基本保持不变。只有两个重大因素需要担忧：增长率和通胀率。这两者可以升也可以降，所以我发现，如果找到4种不同的投资策略，每一种适用于一个特定环境（增长率上升加通胀率上升，增长率上升加通胀率下降，以此类推），我就能创造一种资产配置组合，它足够均衡，可以在长期里表现良好，同时又不会遭受不可接受的损失。因为投资策略总是保持不变，所以几乎任何人都能使用。于是，在普林斯和伯恩斯坦的帮助下，我创造了一种资产配置组合，在以后的100多年的时间里，我都可以放心地把我的信托资金投入其中。我称其为"全天候资产组合"，因为它适用于所有环境。

1996—2003年，我是投资于该组合的唯一"客户"，因为我们没有把它当作一种产品出售。但在2003年，一个老客户，威瑞森无线通信的养老基金主管告诉我们，他正在寻找一种适用于所有环境的投资方法。在威瑞森投资这个组合以后，其他客户接踵而来，12年之后，我们已经管理着近800亿美元的资金。这是另一个重塑全行业的新概念。看到它的成功之后，其他投资管理者也纷纷推出了自己版本的投资组合。现在这种模式统称为"风险平价"投资。

继续做一个出色的精品店，还是发展成一个大机构

随着我们的员工和企业文化创造了这些重塑全行业的投资产品，桥水真正地起飞了。截至2000年，我们管理的资金超过了320亿美元，是我们5年之前管理资金的近8倍。人员数量翻番，于是我们搬出了位于商场区的办公室，搬进了一个更大的办公场所，其位于索格塔克河畔的一个自然保护区里。尽管我们持续发展，但一切并不都是一帆风顺的。在拓展这个企业的同时管理投资，我需要同时做两份具有挑战性的工作，培养两种不同类型的技巧，同时还要做个好父亲、好丈夫、好朋友。这些角色提出的要求不断变化，所以我需要的技术和能力也在变化。

多数人以为，发展一家大型企业伴随的挑战，大于发展较小企业伴随的挑战。但事实并不是这样。从一个5人组织发展为60人的组织，从一个60人的组织发展为700人的组织，从一个700人的组织发展为1 500人的组织，挑战性是一样的。回头来看，我不能说在我们经历的任何阶段，挑战的困难程度有过变化。它们只是性质不同。例如，当我一个人时，我的挑战是几乎一切都要亲力亲为；当我学到更多东西、赚到足够的钱聘请其他人时，我的挑战是管理他们。类似地，与市场和经济波动博弈的挑战也是不断变化的。我原来没想到但现在很清楚的是，尽管一个人会越做越好，但如果他想更上一层楼的话，难度并不会降低，比如一个奥运会选手会发现，他面对的运动难度和一个新手面对的一样大。

不久之后我们就面临着另一个重要抉择：我们要成为什么样的企业？我们应该继续扩大规模，还是停留于现有的规模水平？

到 2003 年，我已经认定，我们需要把桥水发展成一个真正的大机构，而不是继续做一个精品店规模的投资管理机构。这么做将在许多方面让我们变得更好：更好的科技，更好的安全掌控，更丰富的人才资源——这些都将让我们变得更稳定、更持久。这意味着聘用更多技术、基础设施等领域的人员，以及更多的 HR（人力资源）和 IT（信息技术）部门的员工来培训和支持新员工。

瓦格纳强烈主张我们不应该扩大。她认为引入大量新人将威胁我们的企业文化，同时我们需要花费大量时间和精力去招聘、培训、管理他们，这将冲淡我们的工作重点。尽管我赞同她的观点，但我不想安于现状。我对待这个分岔路口情境的方式和对待其他类似情境一样：我们能不能鱼和熊掌兼得，只不过是对我们创造力和性格的检验。例如，我可以设想各种方式，利用技术帮助我们招聘大部分所需的新员工。在慎重权衡了这些问题之后，我们决定扩大。

充实原则

自普林斯、瓦格纳和伯恩斯坦在 20 世纪 90 年代将那份"达利欧的反馈备忘录"提交给我以来，我就像记下我的投资原则一样，更清晰地记下并分享我的工作原则。最开始的方式是和全公司分享我总结的哲学语句和邮件。接着，每当发生什么新情况需要我做出决策时，我就思考一下我做出该决策的标准，然后将其作为一项原则写下来，这样大家就能看到具体情况、我对待这些情况的原则，以及我的行动之间的联系。于是我们开始越来越多地把所有事情都看作"类似情境的重现",例如聘用、解雇、确定薪酬、对待不诚实行为等,而这些情境有着各自的应对原则。通过把原则明确地写下来,我就能让大家一起思考、改进并遵守原则,从而培养一种创意择优的做法。

原则的数量最开始很少,后来逐渐增多。到21世纪第一个十年的中期,桥水开始快速扩大,迎来了许多新的管理者,他们努力了解和适应我们独特的企业文化,并越来越多地向我请教。还有一些桥水以外的人开始问我,他们如何创建自己的创意择优。于是在2006年,我草拟了一张表,列出了约60条"工作原则",将其分发给桥水的管理者们,以便他们自己评估、讨论和理解这些原则。我在开头的备忘录里写道:"这是一个草稿,但我写出来是为了让大家提建议。"

由此开启了一段持续改进的过程,我们遇到了很多新情况,从中总结出应对原则,然后和桥水的其他领导者、管理者一起制定这些原则。随着时间的推移,我遇到了在管理企业的过程中可能遇到的几乎任何事情,也总结出了几百条几乎覆盖一切的原则。就像我们的投资原则一样,这些原则成为某种"决策库"。你将在"工作原则"中看到的内容就是以这些原则为基础的。

但仅仅是编写和教大家学会我们的原则是不够的,我们还必须遵循。随着桥水变得越来越大,遵循原则的方式也在不断演进。在桥水发展的早期,所有人都互相认识,所以极度透明很容易实现:大家可以随意参加各种会议,不拘礼节地彼此沟通。但随着我们不断扩大,这在事实上变得不可能了,变成了一个真正的问题。如果大家不能了解一切,怎么能有成效地落实创意择优呢?没有了透明性,人们会曲解各种事情,使之符合自身利益,有时甚至会秘密地这样做。问题将会被隐藏,而不是被摆上桌面、得到解决。要拥有真正的创意择优，就必须透明，以便人们自己找到真相。

为了确保这一点，我要求对几乎所有的会议都录音，让所有人都能了解会议内容，只有极少数的例外，比如会议讨论内容是个人健康等私密问题，或者是关于某笔交易、某项决策规则的独家信息。最初，我把未经剪辑的管理层会议录音发给全公司，但这对职员的时间来说是个沉重的压力。所以我后来组建了一个小团队剪辑录音，集中选出最重要的片段，而且我们逐步增加问题，从而制作可用于培训的"虚拟现实"案例研究。[1] 这些录音带逐渐成为针对新员工的"新兵训练营"的一部分，也是一扇窗口，透过它人们可以看到层出不穷的新情况，以及相关的应对原则。

基于如此的开放性，我们可以就各自的行为及其理由展开一些非常坦率的讨论，通过讨论，我们能加深对彼此不同思维方式的理解。这能展示大家五花八门的思维方式，对所有人都很有启发。至少，现在我能够更好地理解曾经把我气得半死的那个人了。而且我认识到，如果管理者不知道员工不同的思维方式，他就不知道员工将如何处理不同的情况，这就像一个工程领队不知道他的设备将如何工作一样。在这一深刻认识的引导下，我们开始探索如何通过心理测试了解人们不同的思维方式。

发现心理测试

在我的孩子们还很小时，我让一位聪明的心理学家苏·昆兰对他们进行测试。事实证明她的评估很精确，为孩子们的未来发展提

---

1. 随着数字科技的进步，我们不断更新记录和分发这些内容的方法。

供了一个很好的路线图。因为这项测试很成功，所以我和昆兰以及其他人合作，试图找出最好的测试方法，对我的同事进行测试。2006年，我第一次做了MBTI（迈尔斯-布里格斯类型指标）测试，并发现它对我的倾向描述得很准确。

MBTI测试结果描述的很多差异，例如喜欢关注宏观概念的"直觉型人格"和更关注具体事实与细节的"感觉型人格"，对理解桥水内部的冲突和分歧很有用。我开始寻找能够帮助我们加深对彼此理解的心理测试。一开始进展得很慢，主要是因为我找到的大部分心理学家都对探索差异表现出惊人的不情愿。但最终我找到了几个不错的人，尤其是心理学家鲍勃·艾兴格，他给我介绍了其他许多很有用的心理测试。

2008年年初，我让桥水的大多数管理者做了MBTI测试。结果让我吃惊，我不相信一些人真的使用测试结果所描述的方式进行思考，但当我请他们以1~5的数字来给测试结果的准确性打分时，80%以上的人打了4分或5分。

创建"棒球卡"

在采用了MBTI测试和其他心理测试之后，我还是发现，我们难以把看到的结果和制造这些结果的人联系起来，从而对人有充足的了解。同样的人还是不断参加同样的会议，以同样的方式做事，得到同样的结果，而不试图理解为什么。（我最近看到的一份研究报告显示，存在一种认知偏好：人们总是会忽视显示一个人在某件事上做得比另一个人好的证据，而认为两个人做得同样好。我们当时看到的就是这种情况。）例如，缺乏创造力的人被安排去做需要创造性的工作，而不关注细节的人被安排去做细节导向的工作，等等。我们需要找到一种方法，把显示不同人个性的数据做得更加清晰、准确，于是我开始为员工制作棒球卡，列出他们的"指标"。我的想法是，这些卡可以传阅，可以作为安排任务时的参考。就像你不会安排一个在防守方面表现得很好但打击率仅为0.16的外野手作为第三棒出场一样，你也不会安排一个拥有宏观思维的人去做需要关注细节的工作。

一开始，这个想法遇到了很多抵制。人们担心这些棒球卡会不准确，制作起来太费时间，即使制成了也只会是对不同人特点的不公正的僵化表述。但逐渐地，对于这种开放地探究不同人个性的做法，所有人的态度都出现了180度的大转弯。大多数人发现，向所有人公开展示这些信息，更能起到解放作用而不是抑制作用，因为当这种做法常规化以后，人们就会像家庭成员一样彼此坦诚相待，在工作中舒适地做真实的自己。

因为这种运作方法很不寻常，所以一些行为心理学家到桥水对其进行评估。我强烈建议你们阅读他们做出的非常正面的评价。[1]哈佛大学心理学家鲍勃·基根称桥水"以一种形式证明了，追求商业卓越和寻求个人价值的实现，不一定是相互排斥的，而是可以相辅相成的"。

我还必须说明，我当时的个人生活环境也引导我关注心理学和神经学。尽管在大多数时候，我在本书中不会谈及我家庭成员的生活，以保护他们的隐私，但我想告诉你们一个关于我儿子保罗的故

---

1. 你们会在文中发现对罗伯特·基根、爱德华·赫斯、亚当·格兰特的著作的引述。

事，因为这个故事与本书的叙述有关，而且他也不避讳谈论这件事。

从纽约大学的帝势电影学院毕业后，保罗去了洛杉矶工作。到了洛杉矶之后，他要找一个公寓，所以暂时住在酒店里。有一天他走到酒店前台，把人家的计算机给砸了。保罗被捕入狱，并遭到狱警痛打。最终，他被诊断患有双相障碍，被释放后交由我监管，并被一家医院的精神病房接收。

由此，我和保罗、芭芭拉开始了持续3年的反复折腾，保罗时而出现极度的躁狂，时而陷入极深的抑郁，我们在复杂的医疗系统里来回奔波，并与当时执业的一些最聪明、最有同情心的心理学家、精神病专家和神经科学家讨论。痛苦和迫切的压力最能激发人的学习动力，而我正在承受这样的压力。有时我觉得保罗好像正在悬崖边摇荡，快要跌下去了，而我只能用手抱着他。日子一天天过去，我不知道我还能不能坚持，他会不会从我的怀抱中滑落。我频繁和看护保罗的人交流，以便弄清楚他的状况，以及应该怎么办。由于保罗得到的帮助和他自己的优秀个性，他熬过了这一切，而且这段经历让他变得更优秀了，因为他培养出了一些他过去没有但很需要的优点。保罗曾经很野，深更半夜才回家，做事一团糟，吸大麻、喝酒，但他现在老老实实地吃药、冥想，早早上床睡觉，拒绝毒品和酒精。他曾经充满了创造力，但缺乏自律，而现在他两方面都做得很好。最终，他比过去更有创造力了，快乐地步入婚姻生活，养育了两个儿子，成为一个富有成就的电影制作人，并投身于帮助双相障碍患者的事业。

保罗在自己患有双相障碍这件事上极度透明，而他在自己患有此病的同时仍然在帮助其他人，这些都给我以启示。他饱受欢迎的

第一部剧情片《触火之恋》,让许多生活可能被双相障碍毁掉的人既看到了希望,也看到了他们未来的前行道路。我记得我曾观看过他拍摄的一个场景,该场景基于我和他的一次真实对话,当时他处在躁狂中,而我在努力和他讲理。我既能看到演员扮演的、处在最糟糕状态下的保罗,也能看到正在指导拍摄的、处在最良好状态下的真实的保罗。看着眼前的场景,我的脑海里闪过他的整个经历,从曾经的深渊最底层,直到浴火重生,成为站在我面前的这个坚强的英雄,一个致力于帮助其他人摆脱他曾经经历过的困难的人。

这段走出地狱的历程,让我对人们看待事物是如何不同以及为什么会产生这些不同,有了更深刻的理解。我了解到,我们的思维方式在很大程度上是由心理因素决定的,是可以改变的。例如,保罗躁狂和抑郁的交替,是因为他大脑中的多巴胺以及其他化学物质分泌不稳定,所以控制这些化学物质,控制影响其分泌的活动和刺激因素,就可以改变保罗的状态。我了解到,富有创造性的天才和疯子可能只有一步之隔,能给人带来洞察力的化学反应也能造成扭曲,而一个人被自己的大脑困住是件极其危险的事情。当保罗处在"疯狂"状态时,他总是相信自己不合逻辑的说法,无论这些说法在别人听来是多么奇怪。尽管这在双相障碍患者身上表现得更为极端,但我在几乎所有人身上都看到过类似的迹象。我还学到了,人们可以控制大脑的运行,以带来比过去好得多的结果。这些深刻见解帮助我更有效地和人打交道,我将在"理解人与人大不相同"中对此进行详细说明。

让桥水坚如磐石、利如刀刃

我在 2008 年 6 月的年度集体大会上说，在我看来，桥水一直都是"既很差又很好的"。5 年前，我们决定把桥水建成一个大机构。经历了 5 年的快速增长后，我们遇到了一系列新问题。这一点儿也不新鲜。从我创办桥水开始，我们就一直面临一定的问题，因为我们总是在大胆创新，犯下错误，并快速地改进。例如，在我们经营桥水期间，科技发生了飞速变化，我们使用的工具从计算尺变成电子表格软件，又变成先进的人工智能。在变化如此之多、如此之快的情况下，随着更好的新东西不断涌现，一心要让所有东西"刚刚好"似乎是没有意义的。所以我们以一种轻巧、灵活的方式打造我们使用的技术，这样做在当时是合理的，但也导致了许多迫切需要解决的麻烦。这种快速、灵活的做法迅速在公司内部推广开来，尤其是在随着我们的发展，几个部门已经不堪重负的情况下。保持先进一直是很有意思的，但我们在让自己坚如磐石方面面临着挑战，尤其是非投资部门。桥水需要通过多种途径实现更新，但这将是不容易的。

2008 年，我每周花大概 80 个小时的时间做我的两个全职工作（管理我们的投资以及管理公司），而在我看来，我在这两方面做得都不够好。我感觉，无论是我还是整个公司，都在从各方面都很优秀的状态倒退。一开始，我一直能够兼顾投资管理和经营管理。但现在公司的规模变大了，经营管理方面需要很多时间，而我拿不出这么多时间。我对自己所有的投资职责和经营职责进行了运行效率分析，结果表明，要在投资管理和经营管理两方面都保持卓越，满足我的期望，我需要每周花费约 165 个小时。这显然是不可能的。

我想尽量把工作委派给别人做，所以我询问其他人是不是也能很好地胜任我的工作，如果是的话，他们是谁。所有人都认为，我的大多数职责是不能稳妥地下放给别人的。显然，我做得不够好，没有及时找到和培训其他人来代行我的职责。

在我看来，一个管理者能够实现的最大成功就是能够组织其他人在没有你的情况下把事情做好。次好的情况是你自己能把事情做好，最糟糕的是连你自己都做不好。当我反思我的职责时，我能看到，尽管我和桥水取得了很多惊人的成就，但我并没有取得最高水平的成功。事实上，尽管桥水已经非常成功了，但我还在奋力争取实现次好的情况（自己把事情做好）。

当时桥水共有职员738人，部门主管14人。各部门主管由我以及我建立的一个管理委员会管理，因为我不相信在没有与其他人探讨的情况下，我自己能做出最好的判断。我规划了这样的工作报告体系：我既向管理委员会报告，也负责监督委员会各成员的公司管理工作。我希望他们也负起确保公司在各方面表现卓越的职责，而我愿意为他们服务，帮助他们实现这个目标。

2008年5月，我给管理委员会的5名成员写了一封电子邮件，并抄送全公司。我告诉他们："我要更进一步地让你们知道，我已经达到了我的极限，同时我的工作质量以及工作与生活的平衡，都在受到不可接受的损害。"

2008年金融与经济危机

那时，我已认识到阵线拉得过长，无法应付如潮水般涌来的新情况，尤其是在投资领域，而事实证明我们进入了一个历史性的大动荡期。

我经常被不同类型的事件打得措手不及,这些事件我从未经历过,但曾发生在其他时候或其他地方,如1971年的美元贬值和20世纪80年代初的债务危机,所以,我总结了一系列永恒和普适的经济和市场原则。换言之,我知道我们需要理解所有重要的经济和市场变动,而不只是我经历过的变动,并确保所遵守的原则在过去的所有时期、所有其他国家都适用。

所以,早在21世纪初,我们就在系统里纳入了一个"萧条测量仪",以确定如果一系列特定情况开始出现,它们以某种方式预示着发生债务危机和萧条的风险增加,那么我们应当采取什么样的行动。2007年,测量仪显示一场债务泡沫即将发展到崩溃点,因为偿债成本的增速正在超过预期现金流的增速。因为各国利率已接近于零,所以我知道,各国央行将难以像在以前几场衰退中那样,采取足够力度的宽松货币政策扭转经济下滑趋势。在历史上的经济萧条之前,类似的一系列现象都出现过。

我的思维和直觉都闪回到我在1979—1982年的经历。30年来,我积累了更多知识,也变得谨慎多了。尽管我觉得经济的变化方向很明显,但我不敢保证我是对的。我记得,我曾在1982年估计美国的债务崩溃将会使经济陷入萧条,那时看起来也很明显,但后来的事实证明我犯了多么可悲的错误。

那段经历也促使我对债务危机及其对市场的影响进行了更深入的探索。其间,我都在一边交易一边研究,包括20世纪80年代的拉美债务危机、20世纪90年代的日本债务危机、1998年的长期资本管理公司倒闭危机、2000年网络经济泡沫的破裂,以及2001年世界贸易中心和五角大楼遭到攻击后引发的危机。在我的桥水队友的帮助下，我拿起历史书和旧报纸，逐日研究大萧条和德国魏玛共和国时期发生的事件，比较当时发生的情况和现在的情况。这一研究进一步证实了我最严峻的担忧：在我看来势必会发生的情况是，大量的个人、企业和银行将面临严重的债务问题，同时就像1930—1932年的情况一样，美联储将无法通过降息缓解债务危机的冲击。

我担心我可能是错的，于是我找其他聪明人给我的观点挑毛病。我还想请重要的决策者复审我的思考，一方面对这些思考进行压力测试，另一方面提醒他们我预见到的情况，于是我去华盛顿找美国财政部和白宫的人谈。尽管他们的态度礼貌，但在他们看来，我说的情况是耸人听闻的，尤其是因为所有外在的迹象都显示经济一片繁荣。绝大多数人没有深入考察我们的推理和计算就将其否定了，只有一个例外：副总统迪克·切尼的国内政策副助理拉姆森·贝特法哈德。他审读了我们的所有数据，并感到担忧。

因为我们看到的情况环环相扣，而且找不到任何能驳倒我们观点的人，所以我们开始这样配置客户的资产组合：假定我们的估计是正确的，我们将以某种方式对冲我们的仓位，使之保持足够的盈利可能和有限的损失可能；万一我们的估计是错误的，我们还有一套补救方案可用。尽管我们已经做了充足的准备，但我们认为预判错误和预判正确的可能性一样大。毕竟，假如全球经济急遽下滑，那些缺乏保障的人都会受到严重冲击，这对所有人来说都很可怕。

像1982年一样，当情况恶化、事态日趋朝着我们预计的情况发展时，决策者开始更加重视我们的观点。贝特法哈德邀请我去白宫同他会面。纽约联储主席蒂姆·盖特纳也要求见我。我带着鲍勃·普林斯、格雷格和年轻的分析师鲍勃·埃利奥特参加与盖特纳的一场午餐会。我们在他面前分析了数据,他的脸真的变白了。他问我这些数据是从哪里得来的,我说都是公开的,我们只是将其汇总,并从一个独特的角度进行了审视。

在与盖特纳会面两天后,贝尔斯登公司倒闭。这并未引起市场和大多数人的太大担忧,尽管这预示着即将发生的一切。直到6个月后的2008年9月,雷曼兄弟倒闭时,所有其他人才看清了事态。那时,多米诺骨牌已经开始飞快地倒下。尽管无法控制所有损失,但决策者,尤其是美联储主席本·伯南克采取了明智的应对措施,实现了"一场和谐的去杠杆化"(即以一种方式在降低债务负担的同时保持经济增长和低通胀)。[1]

长话短说,在这段时期里我们为客户很好地保驾护航,预测到了市场的变化方向,避免了损失。2008年,我们的旗舰基金业绩增长超过14%,而很多投资者的损失超过30%。我们曾担心判断错误,所以对押注进行了对冲,而不是自以为是地投入更多筹码,假设我们没有这么做的话,收益还会更高。但我不后悔,因为我从过去的经历中学到,这么押注是不明智的。尽管如果我们没有放那么多精力在对冲上,收益会更高,但假如我们从一开始就以这种态度对待投资的话,我们肯定不可能存活下来,也不可能保持长久的成功,赢得今天的地位。

2008年债务危机和1982年债务危机类似,以前也发生过很多类

---

[1] 财政部长汉克·保尔森的行动,尤其是将政府资金注入具有系统重要性的银行,也是很关键的。

似的事，以后还会发生更多。我喜欢对自己的惨痛错误进行反思，并珍视由此总结出的原则的价值。大约25年以后，或者不知道什么时候，下一场大危机还会发生，假如这些原则没有被妥善编写成代码装进我们的计算机里的话，它就可能让我们措手不及，造成很多痛苦。

帮助决策者

我们的经济和市场原则与大多数人的大相径庭，所以带来了不同的结果。我将在"经济与投资原则"中解释这些差异，而不是在此详述。

就像美联储前主席艾伦·格林斯潘说的："在我们最需要模型的时候，模型失败了……在（雷曼兄弟倒闭）3天之前，摩根大通认为美国经济会加速增长，而他们的模型失败了。美联储的模型失败了。国际货币基金组织的模型也失败了……于是这一切让我自问，这是怎么回事？"纽约联储主席比尔·达德利进一步说明了这个问题："我认为，宏观经济学家看待经济前景、经济增长和通胀的方式存在根本性的问题……看一下主要的宏观模型，它们通常不涉及财政部门。它们不承认财政部门可能会从根本上崩溃，导致货币政策的刺激完全失效。所以我认为，这场危机的教训是，我们需要做更多的工作，确保金融人士与宏观经济学人士保持对话，构建更稳健的模型。"他是对的。我们这些"金融人士"看问题的方式和经济学家大相径庭。由于我们的成功，决策者更多地向我们请教，这让我和美国甚至全世界的高层经济决策者的联系大大增加。为了尊重我们谈话的隐私性，在此不便透露太多，我只是想说明，这些决策者对于桥水非传统的看待经济与市场的方式的接受程度大大提升了，而对于未能预示和避免危机的传统经济学思维更持怀疑态度了。

我们之间大多数的交流是单方面的。我通常会回答他们的问题，而不会以让他们难堪的方式提问，避免让他们因担心泄露机密信息而不愿回答。我与这些领导者会谈时不会对他们下判断，也不关心他们所持的具体意识形态。我就像一个医生一样和他们交流，只想创造最有益的效果。

他们想得到我的帮助，是因为我作为投资者的全球宏观经济视角与他们作为决策者的视角大为不同。我们都是自身所处环境的产物。投资者独立思考，预测尚未发生的事情，使用真金白银冒险投资。而决策者所处的环境鼓励形成共识而非表达分歧，培养他们针对已经发生的事情做出反应，训练他们的谈判能力而非冒险投资能力。关于自身决策的质量，投资者能得到持续的反馈，而决策者无法得到这种反馈，所以难以区分好的决策者和不好的决策者。他们还要扮演政治家的角色。即使最精明能干的决策者也必须不断地把注意力从他们眼前正在处理的问题上转移，以对抗其他决策者提出的反对意见，而且他们面对的政治体系经常功能失调。

长期而言，任何政治体系都不如经济机器强大（无能的政治家会被替换，无效的政治体系将会改变），但在此时此刻，这二者之间的互动才是经济周期的驱动因素，而这种互动经常表现不佳。

获得优异回报

我们在2010年的收益是史上最高的：两个"纯粹阿尔法"基金的收益率分别接近45%和28%，"全天候资产组合"的收益率接近18%。这样的业绩几乎无人能比，因为我们设计的处理和分析信息的系统表现非常优异。比起光用我们的大脑，这些系统要有效得多。没有它们的话，我们将不得不用古老和费力的方式管理资金：努力在自己的头脑里权衡所有市场和影响市场的因素，然后形成一个投资组合。那样的话，我们将不得不聘请和管理一大堆不同的投资经理，而由于我们不能盲目地信任他们，我们又得努力弄清楚每个人是如何决策的，这意味着要观察他们的操作及其理由，从而对他们的表现形成合理预期，还要处理不同人的个性差异问题。我为什么要这么做？在我看来，这种投资方式和组织管理方式是过时的，就像参照地图而不是用GPS（全球定位系统）一样。当然，构建我们的体系也不容易，我们为此花费了30多年。

管理的资金太多有可能损害业绩，原因是太大的规模会影响市场走向，导致建仓和平仓的成本很高。在2010年实现超过40%的收益率后，我们不得不考虑向客户退回很多资金，尽管他们其实希望将更多的钱交由我们管理。我们一直谨慎地让自己不要变得过大，以免竭泽而渔。

客户不想让我们退回资金，而是想让我们使资金增值。所以我们必须面对一个难题：如何在不损害业绩的情况下让产能最大化。这是我们没有遇到过的情况，因为我们从来没有管理过那么多资金。我们很快发现，如果把做法稍微调整一下，设立一个新的基金，让它像"纯粹阿尔法"一样管理资金，但只投资于流动性最强的市场，这样一来，我们的预期收益就将保持不变，而预期风险（即市场波动性）只会稍微上升。

我们把这一新思路植入我们的计算机，对其进行返回测试，以观察其在所有国家、所有时期表现如何，然后向客户详细解释，以便他们深入理解背后的逻辑。尽管我喜欢人工智能并一直从中受益，但我相信，只有人才能发现这样的做法，然后让计算机运行它。正是由于这个原因，我相信正确的人彼此合作并与计算机合作，才是成功的关键。

2010年年底，我们启动了"纯粹阿尔法主要市场"，客户向其投入了150亿美元。从那时起，这一产品的收益率一直与预期一致，即约等于"纯粹阿尔法"的收益率（事实上要更好，但只是好一点点）。我们的客户很高兴。事实上，这一新产品太受欢迎了，以至于到2011年，我们也不得不让它停止接受新投资。

从幕后走到台前

成功是一把双刃剑。在我们预见到金融危机、我和桥水开始得到我们不想要的公众关注后，我意识到了这一点。我们不同寻常的业绩、不同寻常的看待经济和市场的方式、不同寻常的文化，使我们得到了持续关注。我希望保持不受关注的状态，所以避免和媒体打交道。但这并没有阻止媒体报道我和桥水，而其报道方式通常是哗众取宠的，不是把我描述成一个身怀绝技的投资界超级英雄，就是一个异端组织的领袖，有时二者兼有。

因为成功而得到大量关注不是一件好事。澳大利亚人称此为"高罂粟综合征"：田地里最高的罂粟最有可能被摘头。我不喜欢被如此关注，尤其不喜欢桥水被错误地描述为一个异端组织，因为我觉得这不利于我们招募优秀人才。同时我意识到，因为我们没有让媒体看到桥水的真实运行状况，所以这些耸人听闻的描述也不可避免。

于是我在2010年年底决定公开我的"原则"，这本手册明确地阐述了我们在做的事情及其理由。我把"原则"放在我们的网站上，以便让桥水以外的人免费阅读和理解。

这不是一个容易做出的决定，但事实证明这个决定很不错。大多数读者理解了我的意思，许多桥水以外的人也从阅读中获益。超过300万人下载了这些原则，有的人甚至自费将其译成他们自己的语言。我收到了大量感谢信，对方说，阅读这些原则改变了他们的生活。

未雨绸缪，让没有我的桥水继续保持成功

从年少时起，我就开始边做边学。我热切地追求我想要的东西，并努力在尽量长的时间里存活下来，以便从我的错误中学习并改进。如果我的改进速度够快，使我做的任何事情都能持续平稳发展，我就能在此基础上使之尽善尽美。我对自己查明真相的能力一直很有信心，而且随着时间的推移，这样做的必要性使我越来越善于查明真相。因此，我喜欢聘用和我类似的人：全身心地研究挑战，搞清楚如何应对挑战，然后付诸实践。我认为，如果他们有个性、常识和创造性，而且有动力争取实现我们共同的使命，那么，只要我允许他们自由地弄清楚如何做出正确的决策，他们就会发现成功的途径。我知道，对他们进行微观管理、限制他们，是行不通的，因为我和他们都不喜欢这样。如果我只发号施令的话，就不能使他们发挥自己的作用。而且，我不喜欢和那些需要我下命令的人合作。

但从20世纪90年代起，我开始认识到大多数人都有一定的情绪障碍，不愿坦率地面对自身的问题和弱点。他们不愿直面扑朔迷离的形势和艰难的挑战，在遇到这些情况时，人们通常会觉得不舒服。兼具常识、创造性和主动寻求改变等个性的人，简直是凤毛麟

角。几乎所有人都需要他人帮助才能达到这个境界。于是我写下我的这些原则及其背后的逻辑,并与别人分享。我希望认同这些原则的人能利用它们,不认同的人能公开地争论。我估计,随着时间的推移,对于如何应对特定的情况,我们都能形成共识。

尽管桥水内部的几乎所有人都能很快地在思想上赞同这些原则,但要把这种认识转化为实际的行动,很多人还是需要努力的。这是因为他们的习惯和情绪障碍依然比理性要强。我们的培训和虚拟现实录音带起到了很大的帮助作用,但依然不够。

不管我们下多大功夫挑选新人,培训他们在创意择优的环境中工作,也总是有很多人达不到要求。我的做法是经过聘用、培训、测试后,很快地决定是解雇还是升迁,这样我们就能快速地确定优秀的新人,淘汰平庸的新人。我们不断重复这个过程,直到真正优秀者的比例很高,足以满足我们的需求。

但要实现这样的效果,我们需要职员坚守高标准,毫不犹豫地淘汰不称职的人。许多新职员(以及一些更资深的职员)还是不愿深入考察不同人的能力和个性,而这会把事情弄糟。学会快刀斩乱麻也是不容易的。

当然,大多数来到桥水的人是冒险型的,也知道自己来到了一家什么样的企业。他们知道自己表现不称职的可能性高于正常情况,但依然坦然接受这一风险,因为相对于被淘汰的消极面而言,成功的积极面是巨大的。最坏的情况不过是他们对自身有了更多了解,拥有了一段有意思的经历,然后可以去尝试其他工作;最好的情况则是他们加入了一个卓越团队,取得卓越成就。

新入职者通常会经历一段18~24个月的调适期,之后才会真正适应桥水企业文化的精髓——探寻真相和透明，尤其是承认自身的错误并学会对待错误的正确方法。但有些人一直都不能适应。有人告诉我，加入桥水有点儿像加入一个思想上的"海豹突击队"。还有人说，就像是在自我探索学校里上学。完成考验的人说，调适期很艰难但也充满了快乐，因为自己实现了卓越，也建立了不一般的人际关系。而无法适应或不愿适应的人必须被淘汰，这是让桥水保持优异的关键。

在很长的时间里，建立这种文化并使其保持高标准，是由我负责的。但到2010年时，我已经60岁了，经营桥水已经35年了。尽管我希望在未来10年左右仍然保持良好的状态，但我也准备把精力投入到其他事情上去。尽管我一直都喜欢在市场上冲浪，但我想花更多时间与家人和朋友相处，为决策者提供帮助，追逐一些不断增长的热情（如海洋探索和慈善事业）及任何我感兴趣的东西。我的计划是卸任CEO，同时作为顾问帮助我的继任者，并继续做我的投资管理工作，而我因不再做管理工作而省下的时间，可以让我在仍然力所能及的时候，尽力体会生命的美好。

像任何组织一样，桥水成功的关键是人和文化。管理企业的人每天都要面对各种重要抉择。他们如何抉择将决定企业的个性、企业与外界关系的质量，以及企业的成果。当我负责拍板时，大部分重要决策由我负责。现在这些决策将由其他人负责。尽管他们拥有稳健而深厚的企业文化和共同认可的原则，而且这些文化和原则几十年来一直卓有成效，但一切都要由实践检验。

6 回报恩惠
（2011—2015年）

在我看来，人生由3个阶段组成：在第一个阶段，我们依赖其他人，我们学习；在第二个阶段，其他人依赖我们，我们工作；在第三个阶段，当其他人不再依赖我们、我们也不必再工作时，我们就可以自由地体验生活了。

我开始从第二个阶段向第三个阶段转型。在理性和感性两方面，让我更有热情的事情都不再是自己取得成功，而是让我关心的人在没有我的情况下取得成功。

我在桥水有两项工作是需要逐渐卸下的，一是作为CEO负责公司管理，二是作为CIO负责投资管理。我不会停止在市场上冲浪，因为我从12岁开始就喜欢这项运动，我将一直玩儿下去，直到离世。但我不希望这两项工作都必须由我来做，因为这会给桥水带来一种"必须依赖核心人物"的风险。

我和我的同伴都明白，在一个由创始人领导、具有独特文化的组织里，领导层从第一代向第二代转型是困难的，尤其是在这名领导人已经任职很长时间的情况下。2008年比尔·盖茨从微软的

CEO角色转型就是最近的一个例子，此外还有很多。

我苦苦思考的最重要的问题是，我是应该彻底退出管理工作，还是作为一名顾问继续参与。一方面，我觉得彻底退出是个好主意，因为这将让新领导层在没有我注视的情况下，自由地发现取得成功的途径。我的朋友催促我这么做："宣布胜利"，收拾行囊，转向其他方面。但我不敢确信这场转型会顺利，因为我没有经历过这样的事情。我做事的方式是试错：犯错，找出错误原因，总结出新的原则，最终成功。而我觉得应该以同样的态度对待这场转型。我还认为，把我背负的沉重工作一下子丢给那些接替我CEO职务的人，是不公正的。我知道智者李光耀——新加坡的建国者和41年的领导者，在卸下领导职务后变成了一位资政，而且我看到了这样做效果很好。基于所有这些原因，我决定继续做一名顾问。这意味着，我或者一言不发，或者最后发言，但随时可以提供建议。我的同伴们都觉得这个想法不错。

我们一致决定应该尽早开始，这样我的继任者就能积累经验，我们还能在必要时调整转型进程。因为对于这样的转型我们所知不多，所以我们很清楚，必须保持谨慎。我们估计，成功的转型将花费几年时间，也许是两三年，也许是10年之久。因为已经共事了许多年，所以我们很乐观，觉得最终的所用时间将是较短的那种情况。

2011年1月1日，我向全公司宣布我将卸任CEO，格雷格·詹森和戴维·麦考密克将接替我。7月1日，我让詹森、麦考密克及管理委员会的其他成员承担起所有的管理职责。同时，我们向所有客户解释了"至多为时10年的转型计划"。

原则

认识"塑造者"

自然地,在接下来的约18个月里,新的管理团队艰难前行。我们分析原因,就像工程师分析一部机器为何达不到最佳的运行状态,以便对其进行重新设计,改善其表现。因为不同人的个性不同,创造的结果也不同,因此每当建立一支团队,我们都努力"设计"合理的人员和个性组合,以实现我们的目标。所以我们考察我的特性与其他人的不同之处,从而发现不足之处在哪里,我们把这种不足叫作"达利欧差距"。需要说明的是,我们寻找"达利欧差距"是因为我是那个要走的人,假如普林斯、麦考密克或詹森是要走的人,我们也会寻找别人和他们的差距。

詹森和麦考密克创建了一个日志,记录了我的不同职责,以及我和他们在履行这些职责方面的质量差异。所有人达成的共识是,这种差距表现为一种被我们称为"塑造"的东西。

要理解我所说的"塑造"和"塑造者",可以想想史蒂夫·乔布斯,他也许是我们这个时代最伟大、最有偶像意义的塑造者,这表现为他塑造的东西规模很大也很成功。一个塑造者通常会在别人的质疑和反对之下提出独特的和有价值的愿景,并以美好的方式将其实现。乔布斯利用有着美好设计的产品,给计算、音乐、通信、动画和摄影领域带来了革命性改变,打造了全球最大最成功的企业。商界的伟大塑造者还有埃隆·马斯克(特斯拉、太空探索技术公司和太阳能公司 SolarCity)、杰夫·贝佐斯(亚马逊)和里德·哈斯廷斯(网飞)。在慈善领域,我能想到的塑造者有穆罕默德·尤努斯(格莱珉银行)、杰弗里·卡纳达(儿童关爱机构"哈莱姆儿童地带")和温迪·科普(非营利机构"为美国而教")。政界的塑造者有温斯顿·丘吉尔、小马丁·路德·金博士、李光耀、邓小平。比尔·盖茨和安德鲁·卡内基既是商界也是慈善界的塑造者。迈克·布隆伯格是商界、慈善界和政界的塑造者。爱因斯坦、弗洛伊德、达尔文和牛顿是科学界伟大的塑造者。基督、穆罕默德和佛陀是宗教塑造者。他们都有原创性的愿景，并成功实现了这些愿景。

这些人都是最大的塑造者，而我发现塑造者有大有小。你们可能都认识一些塑造者，可能是你们当地的商业、非营利机构或社区的领导者，即那些驱动变革并创建了持久性组织的人。我的目标是确定桥水未来的塑造者，一方面帮助那些接替我的人做好 CEO 的工作，另一方面从外面发现塑造者并将其带进桥水。

我开始思考一个塑造者应具备哪些素质。几个月之后，2011 年 10 月 5 日，史蒂夫·乔布斯去世。我在《每日观察》中写到了他，我很少利用这个平台探讨与投资无关的内容。我这么做是因为我敬仰他，一个能以激动人心的美妙方式思考和行动的人。不久后，沃尔特·艾萨克森出版了他写的乔布斯传记。我发现我和乔布斯有不少共同点，尤其是看到被引用的乔布斯的话时。又过了不久，投资界著名刊物 *CIO* 发表了一篇题为《瑞·达利欧是投资界的史蒂夫·乔布斯吗？》的文章。此文指出了不少我们的共同点，比如我和乔布斯都是白手起家（他是从车库，我是从公寓的第二间卧室），都创造出了重塑整个业界的创新产品，都形成了独一无二的管理风格。桥水经常被称为"投资界的苹果"，但说实话，我认为我和桥水都无法与乔布斯和苹果比肩。

艾萨克森的书和这篇文章指出我们在背景、目标、塑造方式等方面的其他相似之处，例如：我们都是叛逆、独立的思考者，为了创新和卓越而不懈努力；我们都是冥想者，希望"在宇宙中留下印记"；我们都以待人严苛而闻名。当然，我们也有重大的差别。我多么希望乔布斯在生前分享过他用来实现自身目标的原则。

我不只是对乔布斯及其原则感兴趣，我希望知道所有塑造者的品质和原则，以便更好地理解他们之间的共性与差异，总结出一个标准的塑造者的典型样貌。我一直在用这样的方式理解一切，例如，我曾对历史上的经济衰退进行过详尽的研究，从而可以对典型的经济衰退进行不受时间局限的描绘，进而理解不同经济衰退之间的差异。我用这种方式对待所有的经济与市场变化，并倾向于让其适用于几乎一切事物，因为它有助于我理解事物的运行方式。所以我尝试用这种方式理解塑造者也是合理的。

于是，我开始和艾萨克森探讨乔布斯以及其他塑造者的品质，先是在他办公室里私聊，然后是在桥水举办的一场公开论坛上聊。因为艾萨克森也写过另两位伟大塑造者阿尔伯特·爱因斯坦和本·富兰克林的传记，所以我读了这两本书，请他讲述这两个人的故事，以便总结出他们的共同特征。

然后我和我认识的、已被证明是塑造者的人交谈，如比尔·盖茨、埃隆·马斯克、里德·哈斯廷斯、穆罕默德·尤努斯、杰弗里·卡纳达、杰克·多西（推特）、戴维·凯利（艾迪欧公司）等。他们都曾构想出了不起的概念，建立组织实现这些概念，并在很长时间里反复这么做。我请他们每人做一个小时的自我评估，以便发现他们的价值观、能力和行为方式。尽管这些评估并非十全十美，但也是无比珍贵的。（事实上，我一直在调整和改进这些评估，使之能给我们的招聘和管理带来帮助。）塑造者对这些标准化问题的回答，使我得到了关于他们共性与差异的客观的、可以用统计方式衡量的证据。

结果是他们有很多共性。他们都是独立的思考者，不会让任何东西或任何人妨碍自己大胆追求目标。对于事情应该怎么做，他们在头脑里有十分坚定的规划，同时又始终愿意在现实中检验这些头脑规划、调整做法，从而使规划效果变得更好。他们都极为坚韧，因为相对于他们在追求梦想的过程中经历的痛苦而言，他们实现梦想的决心更强烈。也许最有意思的是，他们关于未来的视野要比多数人宽广，或者他们自己就有这样的视野，或者他们善于从能看到更多东西的人那里学习。他们都能同时看到大图景和小细节（以及中间的层次），并能将在不同层次上总结的观点综合起来，而大多数人通常是见此不见彼。创造性、系统性、现实性在他们身上合而为一。他们既是坚决的又是开明的。最重要的是，他们对自己的事业充满热情，对表现一般的手下不能容忍，同时想给世界带来巨大的、有益的影响。

以埃隆·马斯克为例。在他刚刚推出特斯拉汽车并首次向我展示自己的车时，他既详细解释了开门用的车钥匙，也深入说明了他的宏大理念——关于特斯拉在运输业宽广未来中即将扮演的角色，以及这对世界有多么重要。然后我问他是怎么想到要创办太空探索技术公司的，他的回答令我震惊。

他答道："在很长一段时间里，我一直觉得发生一场全行星规模的灾变是不可避免的，如瘟疫或者陨石撞地球，这就要求人类另找一个地方重新开始，比如火星。一天，我浏览美国航空航天局的网站，想看看他们的火星计划搞得怎么样了，但我发现，他们甚至都没有尽快登陆火星的计划。"

他继续说："在与合作伙伴卖掉贝宝后,我赚到了1.8亿美元,这时我突然想到,假如我用9 000万美元从苏联买一些洲际弹道导弹,然后送一颗去火星,我就能激发人们探索火星的热情。"

我问他在火箭学方面有没有背景,他说没有。"我刚开始读这方面的书。"他说。这就是塑造者典型的思考和行为方式。

有时,极为强烈的追求目标的决心会使塑造者显得粗率或者不关心他人,这也反映在了他们的测试结果中。他们眼中没有完美。现实和理想之间的差距在他们看来既是悲剧,也是永不枯竭的动力之源。没有人能妨碍他们追求目标。在这份自我评估中,他们都在"顾及他人"这一项上打了低分。但这并不代表他们真的不关心他人。

以穆罕默德·尤努斯为例。作为一位伟大的慈善家,他将毕生精力用于帮助他人的事业。他是小额信贷、小微金融理念的先驱,因而获得诺贝尔和平奖。他还赢得了国会金质奖章、总统自由奖章、甘地和平奖等。但他对"顾及他人"一项的打分也较低。杰弗里·卡纳达花了自己成年以来的大部分时间照顾纽约哈莱姆区周围100个街区的所有残障儿童,而他对"顾及他人"一项的打分也较低。比尔·盖茨花费大部分财富和精力拯救生命、改善生活,但他对该项的打分也较低。显然尤努斯、卡纳达和盖茨都深深地关怀他人,但他们都在自我测试中对该项打了低分。这是为什么?在和他们交谈并让他们再次看待那些问题的过程中,原因变得清晰起来:每当面对是实现自己的目标还是取悦他人(或不让他人失望)时,他们都会选择实现自己的目标。

通过这个调查过程,我发现塑造者有着截然不同的类型。最重要的区别是，他们的塑造是以发明还是管理的形式出现，还是二者兼有。例如，爱因斯坦通过发明进行塑造，他不用管理，而杰克·韦尔奇（通用电气）和路易斯·郭士纳（国际商业机器公司）是优秀的管理者和领导者，他们不必像爱因斯坦那么善于创造。乔布斯、马斯克、盖茨、贝佐斯这样的人最罕见，他们既能设想出各种发明，也能管理大型机构，让这些设想变成现实。

很多人看起来很像塑造者，他们提出了好点子，并将其发展到一定程度后卖掉从而赚很多钱，但并不会持久地塑造。硅谷有很多这样的人，也许他们应该被称为"发明者"。我还发现有些卓越的组织领导人并不是典型的塑造者，也就是说，他们没有提出原创性想法并落实，只是进入已有的组织并将其领导得很好。只有真正的塑造者才能一直从成功走向成功，并将成功保持几十年，而这正是我想让桥水引入的人。

对塑造者的审视以及对我自身品质的反思，让我明白了人要变得特别成功需要看到很多东西，但任何人都看不到全景，只是有的人看到的多一点儿。自身视野宽阔，又能与其他聪明人良好沟通，了解他们不同的有益视角，这样的人才会做得最好。

对于因我退出管理层而进行的桥水转型，这一认识起到了重要作用。在过去，我会遇到问题，找出原因，以自己的方式克服问题；而现在，和我想法不同的人会做出不同的诊断，设计不同的解决方案。我作为顾问的工作是帮助他们在这方面取得成功。

这次尝试提醒我，世界上有很多人，但人的类型有限；有很多情况，但情况的类型有限。所以让合适的人应对合适的情况，是解决问题的关键。

因为近年来盖茨离开了微软，乔布斯因去世离开了苹果，所以我密切关注这两家公司，以帮助桥水做好准备，在没有我的情况下继续兴盛。显然桥水和这两家公司的最显著区别是桥水的文化：我们以创意择优的理念探寻极度真相、极度透明，让问题和缺点摆上桌面，以便直截了当地应对。

把我们的创意择优系统化

我对人的研究越多，就越明显地看到，人分为不同类型，而类型大体相同的人在相同类型的情况下，会创造出相同类型的结果。换言之，了解了人的个性，我们就能对其形成合理的预期。所以我以前所未有的动力继续搜集很多关于人的数据，绘制出他们的个人画像，以帮助桥水更好地将人和职责匹配。以证据为基础推进这项工作，将强化创意择优，让不同人的工作与其优点合理搭配。

尽管这一切在我看来是清晰且合理的，但落实要困难得多。在转型开始约一年后，我发现很多新管理者（以及一些更资深的管理者）仍然不能逐渐发现不同人的行为模式（换言之，他们无法把人的类型与他们创造的结果联系起来）。他们不愿努力探究不同人的个性，而这会让事情变得更加困难。

但接着我取得了一次突破，缘起是我发现我们在做出管理决策方面面临的挑战在投资决策方面并不存在。我发现，利用大数据分析工具以及其他算法，计算机能比我们任何人都更有效地把人和成果联系起来，就像计算机能够帮助我们认清市场一样。计算机系统也没有需要克服的个人偏见和情绪障碍，所以计算机得出的由数据驱动的结论不会让分析对象觉得受到冒犯。事实上，他们可以考察这些数据和算法，自己做出评价，愿意时也可以提出修改建议。我们就像是科学家，努力开发测试方式和算法，对自身进行客观分析。

2012年11月10日，我在一封电子邮件中与管理委员会分享了我的想法。这封邮件的主题是"出路：把良好的管理系统化"，邮件内容如下：

> 现在，在我看来很明显的是，桥水的投资管理部分将会继续表现良好，而大多数其他部分将不会表现得同样好（假如我们不改变运作方式的话）。主要原因在于，投资管理方面的决策程序已经非常系统化了，所以人们通常不会把事情搞砸（因为他们主要遵循系统指令），而桥水其他部门对人及其决策质量的依赖度要高得多。
>
> 想想看，假如桥水的投资决策方式和管理决策方式一样（取决于我们聘用的人以及他们如何以各自的方式共同决策），投资决策将会如何。那将是一团糟。
>
> 投资决策程序之所以表现良好，是因为一小群创造这些系统的投资管理者看到了系统的结论和系统的逻辑，而我们只是做出自己的结论，依靠自己探索逻辑……机器做了大部分工作，我们以高质量的方式与其沟通……（同时）我们不需要依赖那些可能常犯错误的人。
>
> 想想看，管理方面是多么不同。在这方面，尽管我们有原则，但我们没有决策系统。
>
> 换言之，我认为投资决策程序是有效的，这是因为投资原则已被纳入决策规则，决策通过规则做出，然后人们遵行；而

管理决策程序不够有效，这是因为管理原则并没有被纳入决策规则，人们无法依据其做出管理决策。

事情不一定非得这样。（在其他人的帮助下）我建立了投资体系，也了解到了投资和管理两方面的决策，并很自信地认为，二者可以是一样的，问题只在于我们能不能尽快使其一致，以及如何操作。

我正在和詹森（以及其他人）合作建立这些管理体系，就像以前和詹森以及其他人（普林斯等）建立投资体系一样。你们能看到我们的成果，如棒球卡、集点器、痛苦按钮、测试、工作细则等。因为我在这方面的时间有限，所以我们必须快速行动。同时我们将不得不打一场殊死之战，短兵相接，淘汰那些不称职的人，引入或重用卓越的人。

像算法一样决策的一个好处是，这可以让人们把注意力集中在因果关系上，并以此培养真正的创意择优。当所有人都能看到算法使用的标准并参与其制定时，他们就会一致认同，这个系统是公正的，并放心地让计算机考察证据，正确地对人做出评估，给他们分配合理的职权。算法本质上就是在连续性基础上运行的原则。

尽管要让我们的管理系统达到投资系统那样的自动运行水平还需要很多努力，但我们已经探索出的一些工具，尤其是集点器（一款实时搜集个人信息的 App，将在"工作原则"中详述），已经给我们的工作方式带来了不可思议的改变。

所有这些工具都强化了好习惯、好思维。好习惯源于以一种遵守原则的方式不断思考，就像学习说一种语言一样。好思维源于探求原则背后的逻辑。

这一切的最终目标是帮助那些我关心的人在没有我的情况下获得更大的成功,这变得越来越紧迫了,因为生命的里程碑一直在提醒我,我已处于生命的哪个阶段。例如,2013年5月31日,随着克里斯托弗·达利欧的出生,我成了祖父;2013年夏,我经历了一场严重的健康恐慌,虽然最后没什么大碍,但这提醒我自己也会失去生命。同时,我依然喜欢在市场上博弈,我计划一直持续到生命的最后一刻,这让我更急于加快我的生命从第二个阶段到第三个阶段的转型。

预见欧洲债务危机

从2010年开始,我和桥水的同事就看到欧洲正在出现一场债务危机。我们考察了有多少债券需要被出售,以及对一系列国家来说,多少债券会被购买,然后认定,许多南欧国家的债券可能会出现卖不出去的情况。由此带来的危机可能和2008—2009年的危机一样严重,甚至更糟。

就像在1980年和2008年一样,虽然我们的计算明确显示会发生一场债务危机,但我知道自己可能是错的。假如我是对的,这就不是小事,所以我想和顶级决策者讨论自己观察到的情况,一方面提醒他们,另一方面看他们的看法是否不同,能否纠正我。像2008年在华盛顿的遭遇一样,我遇到的情况是他们不给出合理解释,只是反对。只不过这一次是在欧洲。当时的经济形势很稳定,尽管我知道不能相信经济会一直稳定,但大多数与我对话的人不愿听我的推理。我记得在风暴来临之前的平静期里,我曾和国际货币基金组织的总裁会谈。他质疑我的看上去离奇的结论,而且没有兴趣审读我的数据。

就像2008年之前的美国决策者一样,对于自己没有经历过的事情,欧洲人并不感到害怕。因为当时情况良好,而我描述的景象比他们在一生中经历的任何事情都要糟糕,所以他们觉得我的话不可信。关于债权人和债务人都是什么样的人,这些人的放债和借债能力将会如何随着市场环境的变化而变化,他们也缺乏细致的理解。他们对市场和经济的运行方式的理解过于简单化,像学术界人士的理解一样。例如,在他们看来,投资者就是一种叫作"市场"的东西,但事实上投资者是各种不同角色的混杂,他们的买卖行为都有特殊的理由。当市场表现不佳时,决策者希望能做些事增强市场信心,他们以为只要建立了信心,资金就会到来,问题就会消失。他们没有看到的是,具体的买家不管有没有信心,都没有足够的资金来购买所有需要出售的债券。

就像所有人体的运行方式基本相同一样,各国经济机器的运行方式也基本相同。就像人感染疾病没有国籍差异一样,经济疾病也不会因国家不同而改变。所以,由于决策者一开始持怀疑态度,我采取了这样的谈话方式:考察当前案例的病理学。我诊断他们正在遭遇的经济疾病,然后通过援引之前的类似案例,向他们展示这些症状将如何发展。然后我解释,在这种疾病的不同发展阶段,最好的疗法是什么。围绕各种因素的联系和相关证据,我们进行了高质量的商讨。

尽管我成功地帮助决策者看到了各种因素的联系,但他们所处的政治决策系统是功能失效的。他们不仅必须决定作为单个的国家应该怎么做,而且欧元区的19个成员国必须彼此达成一致才能行动，在很多情况下需要无一国反对。在很多问题上，他们没有清晰的分歧解决机制，这是一个大问题，因为需要采取的应对措施（印钞）遭到了德国经济保守派的反对。因此，在危机正在向临界点恶化的情况下，欧洲各国领导人还在旷日持久的闭门会谈中撕扯。这样的权力斗争考验着所有相关者的神经。这些决策者为了他们所代表的民众的利益，忍受了很多恶劣行为，这是我不可能尽述的。

例如，2011年1月，我与路易斯·德·金多斯会面。几周之前，他刚被西班牙新总统任命为经济与竞争力大臣。我了解他，也敬仰他的直率、智慧，以及为本国福祉而牺牲自我的英勇意志。那时的西班牙刚刚经历政府更迭，其银行业濒临崩溃。很快，西班牙的新决策者就不得不与国际货币基金组织、欧盟和欧洲央行（并称为"三驾马车"）的代表讨价还价。他们与对方会谈到凌晨，最终被要求签订一项贷款协议，该协议事实上是将西班牙银行体系的控制权转交给"三驾马车"，以换取该国迫切需要的资金支持。

我和德·金多斯大臣的会谈，是在第一轮也是最艰难的一轮谈判的次日清晨。他双眼充血，但思维很敏锐，耐心而坦率地回答了我提出的所有难以回答的问题，并就西班牙应当如何改革分享了他的想法。在接下来的几年里，面对相当多的反对，他和西班牙政府一直在推进这些有争议的改革措施。他一直没有得到应该得到的赞誉，但他不在乎。因为看到自己创造的结果，他就满足了。在我看来，这正是英雄所为。

随着时间的推移，欧洲各债务国陷入了更深的萧条。这促使欧洲央行行长马里奥·德拉吉在2012年9月做出了购买债券的大胆决定。这一行动避免了迫在眉睫的债务危机，拯救了欧元，后来还给欧洲央行带来了一大笔收入。但在那些陷入萧条的国家,此举未能立竿见影地刺激信贷和经济增长。欧洲央行的任务是让通胀率保持在2%左右,但通胀率低于目标值,而且一直下降。尽管为了解决这一问题,欧洲央行以有吸引力的条件向银行提出放贷要约,但银行接受这些要约的积极性不够,所以难以带来改变。我认为,除非欧洲央行通过购买更多债券"印钞",并向经济体系注入货币,否则事态只会继续恶化。在我看来,走向量化宽松是显而易见的必要选择,于是我拜访了德拉吉和欧洲央行理事会,以表达我的担忧。

我在会谈中告诉他们,为什么这一做法不会产生刺激通胀的效果(因为消费支出和通胀的驱动因素是消费支出水平,而消费支出是货币与信贷之和,不仅仅是货币量)。我集中说明了经济机器的运行机制,因为我觉得,如果我们能就此达成一致(最重要的是如何购买债券才能使货币在经济体系中流动),就能对这一举措对通胀和经济增速的影响达成一致。在那次会议以及所有类似的会议上,我都分享了我们的计算,以及我认为重要的因果关系,以便我们能一起评估我的这些结论有没有道理。

采取这一行动的主要障碍之一,是并不存在覆盖整个欧元区的单一债券市场,而欧洲央行像大多数央行一样,不能优待某个区域或国家。鉴于这些局限,我和他们分享了我的理论:欧洲央行可以成比例地从各成员国购买债券,这样就能在不违反自身规则的情况下实施量化宽松,尽管德国不需要也不想要这样的购买所能带来的宽松。(德国经济表现相对良好,而且通胀忧虑开始抬头。)

在这18个月里,我会见了几位欧洲顶级经济决策者,其中最重要的也许是德国财政部长沃尔夫冈·朔伊布勒,一个我眼中极善于思考、特别大公无私的人。我还看到了德国以及整个欧洲政治的运行方式。[1] 在催促力度逐渐加大后，欧洲央行将不得不做最符合欧洲利益的事，即我所建议的印钞和购买债券。这么做与欧洲央行的职权相符，而南欧债务国也对此投赞成票，于是我觉得，德国将是被否决的一方，并面临是否离开欧元区的抉择，而德国最终不会这么做，因为德国领导人一直致力于维护欧元区以及德国的成员国身份。

德拉吉最终在2015年1月宣布采取这一行动。这产生了巨大的效果，也创造了一个先例，将允许欧洲央行未来在必要时进行更多次的量化宽松。市场反应很积极：在德拉吉宣布当天，欧洲股市上涨了1.5%，欧洲各主要经济体的政府债券收益率下降，欧元对美元贬值2%（这有助于刺激经济）。在接下来的几个月里，市场保持同样的趋势，激活了欧洲各经济体，支持了经济增速的提升，并扭转了通胀的下降趋势。

欧洲央行的决定显然是正确的，原因也相对容易理解。但看到此举当初引起了多大的争议后，我突然想到，世界需要一种对经济机器运行机制的简单解释，因为如果所有人都理解基本机制的话，经济决策者就能以快得多的方式做正确的事情，对于未来的焦虑也会变少。这促使我制作了一段30分钟的视频——"经济机器是如何运行的"，并在2013年发布。除了解释经济运行机制外，它还提供了一个模板，帮助人们评估本国经济状况，并指导他们在危机期间应该怎么做，应该有什么样的预期。这段视频产生的效果远远超

---

1. 德国政治和其他国家的一样，有相互对立、相互斗争的政治势力，决策既依靠权力也依靠协商。因此人们需要知道谁拥有什么样的权力，谁愿意就什么事情进行协商。德国的不同之处是它很注意法律方面的技术细节。

出我的预想，8 种语言版本的观看人数超过了 500 万。许多决策者私下告诉我，视频也有助于他们自己对经济的理解、处理与选民的关系，以及找到更好的前进道路。我对此感到很满足。

在和许多国家决策者打交道的过程中，我对国际关系的真实运行状况有了不少了解。这与大多数人想象的大相径庭。与大多数人认为的合理的个人行为方式相比，国家的行为方式更为自私，考虑更不周到。当国家彼此谈判时，它们通常表现得像是国际象棋比赛的对手，或者街市上交易的商人，让自身利益最大化是唯一的目标。聪明的领导人知晓本国的弱点，利用别国的弱点，并预测其他国家的领导人也会这么做。

大多数人没有与本国及他国的领导层直接打过交道，他们基于从媒体那里了解到的情况形成自己的观点，因而变得非常天真，并持有不合理的偏执观点。这是因为与冷静客观的分析相比，戏剧化的故事和传言能够吸引更多的读者和观众。而且，在一些情况下，"新闻工作者"也有自己的意识形态需要推动。因此，大多数通过媒体棱镜看世界的人喜欢区分好人和坏人，而不是看各方的既得利益和相对权势，以及这些因素如何相互作用。例如，如果报道告诉人们本国是多么道德，敌国是多么不道德，人们就倾向于接受，而在大多数时候，这些国家只不过是利益不同，并努力将其利益最大化。人们能够期待的最好的行为来自这样的领导人：他们能够权衡合作带来的利益，拥有足够长远的视野，从而能看到自己今年送出的礼物也许会在未来带来收益。

上述既得利益之间的冲突不仅发生在国际层面，各国内部也存在这种龌龊的冲突。尽管大多数决策者以为他们是真诚的，在以符合所有人最大利益的方式行事，但真正能这么做的人简直是凤毛麟角。更常见的情况是，他们的行为是为了支持自身选民的利益。例如，高收入者的代表会说高税率会遏制经济增长，而低收入者的代表的说法刚好相反。让所有人都努力客观看待事物的全貌已是很不容易，更不用说以符合整体利益的方式行事了。

尽管如此，我还是尊重大多数与我打交道的决策者，并为他们的糟糕处境感到遗憾。他们中的大多数都是很有原则的人，但被迫在不讲原则的环境中工作。即使在最好的环境中，决策者的工作也是充满挑战的，而在危机期间，他们几乎不可能合理决策。政治是可怕的，而媒体的扭曲甚至公然的假新闻会让事情变得更糟。我遇到的很多决策者，如德拉吉、德·金多斯、朔伊布勒、伯南克、盖特纳和萨默斯等，都是真正的英雄，因为他们把他人以及承担的使命置于自我之上。但不幸的是，大多数决策者在踏入职业生涯时是理想主义者，离开时已经幻灭。

我很幸运地受教于一些这样的英雄，并希望我也给了他们帮助，其中一位就是中国的王岐山，几十年来他一直是一支了不起的推动进步的力量。受本书篇幅所限，我不能在此详细地描述他是什么样的人，以及他走向中国最高领导层之路。简言之，王岐山是一位历史学家、一位境界很高的思想者、一位很务实的人。他极有智慧又极为务实，我认识的这样的人很少。几十年来，他是中国经济最重要的塑造者之一，也负责根除腐败的工作，他是公认的极为严肃、办事值得信赖的人。

我每次去中国，都会和王岐山交谈60~90分钟。我们讨论世界形势、当前形势与数千年的人类历史的关系，以及不变的人性。我们还讨论许多其他话题，从物理学到人工智能。我们都极为感兴趣的是，为什么几乎所有事情都是反复发生的，这些模式背后的驱动因素，以及在应对这些事情时哪些原则有效、哪些无效。

我送给王岐山一本约瑟夫·坎贝尔的伟大著作《千面英雄》，因为他是一位典型的英雄，我想这本书也许对他有用。我还送给他另外两本书，一本是威尔·杜兰特和他妻子艾丽尔合写的《历史的教训》，这本104页的书提炼了贯穿历史的主要力量；另一本是富有洞察力的理查德·道金斯写的《基因之河》，它解释了进化的机制。王岐山送给我一本格奥尔基·普列汉诺夫的经典著作《论个人在历史上的作用问题》。这几本书都展示了，同样的事情是如何在历史上反复发生的。

我和王岐山的大多数交谈都是在原则层面进行的。他看到了历史的韵律，并把我们讨论的具体问题放在整体框架中看待。我记得有一次他对我说，难以完成的目标对英雄具有吸引力，有能力的人居安思危。安然无忧的是愚人。假如冲突能在变得尖锐之前被解决的话，世界上就不会有英雄了。他的建议对我规划桥水的未来起到了帮助作用。例如，当我就权力制衡这个问题询问他时，他以尤利乌斯·恺撒推翻罗马元老院和共和国为例，说明确保任何人的权力都不能凌驾于制度之上是多么重要。当我着手改进桥水的治理模式时，我把他的建议铭记于心。

每次和王岐山交谈，我都觉得自己更接近于破解藏在宇宙法则背后的统一密码。他用自己的永恒视角更清晰地考察当下和可能的未来。

与这样的人在一起，尤其是想到我也有可能帮到他们，感觉妙不可言。

回报恩惠

约瑟夫·坎贝尔的《千面英雄》是我送给王岐山以及我认识的许多其他英雄的一本书。这本书是我儿子保罗在 2014 年介绍给我的。尽管我在将近 30 年之前曾在电视上见到过坎贝尔，并且印象深刻，但我没读过他的书。在这本书里，坎贝尔考察了不同文化里出现的许多"英雄"，包括现实中和神话中的英雄，并叙述了他们典型的生命历程。坎贝尔对英雄如何成为英雄的描述，与我对塑造者的思考相符。这本书还让我深刻地洞察了我认识的那些英雄，以及我自己的生命模式。

在坎贝尔看来，"英雄"是一个完美的、总会把事做对的人。远非如此，英雄的特征是能"在常规的成就范畴之外发现、实现（或做到）一些事情"，并"把生命奉献给高于自身或自身之外的东西"。我一生中遇到了很多这样的人。坎贝尔的著作最有意思的部分是讲述英雄如何走上这条道路。英雄并不是一开始就是英雄，他们是通过一系列环环相扣的步骤成为英雄的。下页图展示了英雄的典型历程。

他们通常最初在一个平凡的世界过着平凡的生活，然后被一个"冒险召唤"感召。这引导他们走上一条"试炼之路"，那里充满了战斗、诱惑、胜利和失败。一路上他们得到别人的帮助，通常是那些走得更远、成为导师的人，尽管一些走得不够远的人也能以不同方式提供帮助。他们还会遇到盟友和敌人，并学会如何战斗，通常是以非常规的方式战斗。他们一路上会遇到各种诱惑，并和长辈、晚辈发生冲突，也会实现和解。因为有实现目标的伟大决心，所以他们能克服对战斗的恐惧。考验和教育他们的战斗以及别人赠送的礼物（如建议）都能让他们获得"特殊力量"（即技能）。随着时间

原　则

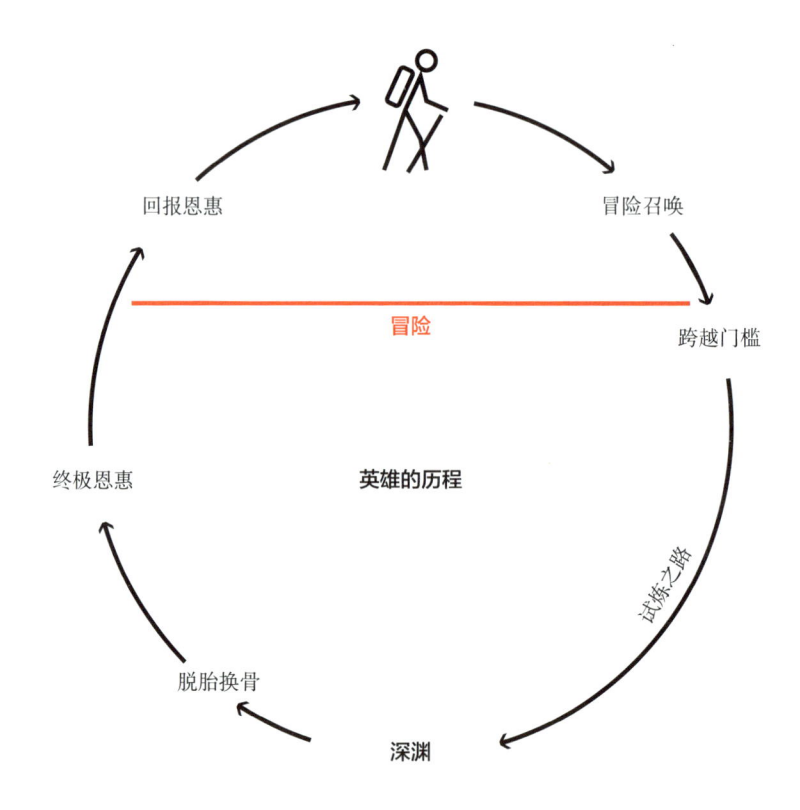

英雄的历程

- 冒险召唤
- 跨越门槛
- 试炼之路
- 深渊
- 脱胎换骨
- 终极恩惠
- 回报恩惠

冒险

资料来源：约瑟夫·坎贝尔，《千面英雄》（New World Library 出版公司出版），经约瑟夫·坎贝尔基金会（2008）授权使用。

的推移，他们既取得成功也遭遇失败，但随着他们变得更强，持之以恒地追求更多东西，他们的成功越来越多，失败越来越少，而这会带给他们越来越大、越来越具有挑战性的战斗。

英雄总是会至少经历一次极大的失败（坎贝尔称之为"深渊"或"被鲸鱼吃进肚子"），这将考验他们有没有韧性东山再起，以更大的决心和更多的智慧继续战斗。如果能做到这些，那么他们将经历一次变革（"脱胎换骨"）。他们将体验到恐惧，而恐惧在保护他们的同时又不会使他们失去推动自身向前的进取精神。胜利终将带来回报。尽管英雄在战斗中并不知道，但他们最大的回报就是坎贝尔所说的"恩惠"，即英雄在其历程中悟出的成功秘诀。

到了晚年，赢得更多战斗、取得更多回报，通常已不是最能让英雄兴奋的事了，他们更关注如何把经验传授给他人，也就是坎贝尔所说的"回报恩惠"。当回报完成后，英雄就可以自由地生活，然后自由地死去，或者对我来说，就是从生命的第二个阶段向第三个阶段转型。（在第三个阶段里，英雄可以自由地享受生活，直到生命终止。）

在阅读坎贝尔著作的过程中，我发现英雄像塑造者一样可大可小，他们是真实的人，而且我们都认识一些英雄。我还发现，英雄并不像人们通常所说的那样一帆风顺，他们也会经历很多挫折，即使在胜利之后，许多英雄也会遭到攻击、侮辱，或者被杀害。事实上，做英雄也许并不是一个理性的选择。但我能看到且认识一种会选择英雄之路并一直走下去的特定类型的人。

尽管坎贝尔对英雄历程的描述概括了我的人生旅途，以及许多我所说的塑造者的人生旅途，但我不会把自己称为"英雄"，也肯定不会把自己与坎贝尔描述的那些英雄相提并论。[1]但了解英雄的历程确实帮助我无比清晰地认识到，我在自己的历程中已走到哪一步，以及接下来要怎么做。坎贝尔书中"回报恩惠"这一部分让我感觉我与坎贝尔似乎心有灵犀，好像坎贝尔精确地知道我正在应对什么问题一样。带着这本书给我的启迪，我能看到我的生命将在相对较短的时间里结束，而我将留给世界的东西可能是更重要、更持久的，会影响很多人，而不仅仅是桥水的同事和我的家人。这让我更清楚，我需要使可能在我去世后帮到别人的东西流传下去，其中最重要的是本书阐述的原则，此外还有我的金钱。

就像俗话说的，"你不能把一切都带走"，我现在需要思考谁应该得到什么，这不只是因为我年事已高，以及我需要花很多时间把这件事做好，也是出于我的直觉。随着时间的推移，我关心的人和事物的范围不断扩大，年轻时只有我自己，成为父亲后我关心自己和家人，变得更成熟后我关心自己所处的社群，现在我关心这个社群之外的人，以及整个社会。

努力做慈善

我首次接触"慈善"[2]是在20世纪90年代末，快50岁的时候。

---

1. 我想明确指出，我不认为"英雄"或者"塑造者"是更好的人，行走在更好的人生道路上。如果一个人不愿走这样的道路，也是完全可以理解的。我认为最重要的是一个人要知晓自己的本性，并以与之相符的方式行事。
2. 我觉得"慈善"这个词不能准确概括我们做的事。我们帮助自己关心的人摆脱困境，这是由于我们能从中得到快乐，就像帮助朋友得到的快乐一样。在我看来，"慈善"这个词显得过于正式。例如，一些人判断慈善的方式是看它是否符合税法对慈善事业的规定。而我们在做慈善时只关注那些我们乐于帮助的人和事。

当时麦修 16 岁，会说普通话，在一家中国孤儿院做义工。在那里，他了解到一次费用为 500 美元的外科手术可以拯救一些人的生命，或者大幅改善其生活。我和朋友出钱让他提供帮助。接着，我的朋友保罗·都铎·琼斯教会了麦修如何创建 501(c)(3) 基金。2000 年，还是中学生的麦修创建了中国关爱基金会。麦修带着家人去孤儿院走访，让我们和这些有特殊需求的儿童有了亲密接触，并喜欢上他们。我们还看到麦修痛苦地权衡，因为钱不够救活所有人，所以要做出取舍。想想看，我们可以选择晚上出去狂欢一次，也可以选择拯救一个儿童的生命。这其实是我们经常面对的抉择。这段经历让我们更多地涉足慈善领域，所以在 2003 年，我们创建了自己的基金，以组织化的方式提供支持。我们希望将慈善作为一项家庭活动一起来做，事实证明这样做效果极好。

搞清楚如何以最好的方式把钱捐出去，和搞清楚如何赚钱一样复杂。尽管与刚开始时相比，我们目前在这方面的认识要深入得多，但我们还是觉得难以做出最好的决定，于是我和家人依然在边做边学。我将举几个例子说明我们一直在考虑的问题，以及对问题的认识是如何变化的。第一个问题：应该把多少钱留给家人，把多少钱捐给那些关系较疏远但有更迫切需求的人和事业。

早在我有很多钱之前，我就决定，我只希望我的儿子们有足够的钱享受优质的医疗和教育，并有一笔启动资金支持自己的职业生涯。我自己白手起家的人生历程影响了我的看法。这段经历教会我要奋力拼搏，并让我变得坚强。我希望自己爱的人也是这样。所以，当我赚到很多钱后，我决定把其中一些捐赠给别人。

随着我们在很多领域的慈善工作中积累了经验，我认识到，花钱如流水，我们不可能拥有足够的钱去处理自己关心的一切事情。此外，我的第一个孙子出生后，我开始思考要将财产传承给多少辈的后代以保护他们。在和处境类似的人交谈时我发现，即使最富的人也觉得钱不够，不足以做所有自己想做的事。于是我研究了其他家庭是如何解决这个问题的：多少留给家人，多少捐出去，捐献速度有多快。尽管我们家还没有就这些问题做出明确决定，但我知道，我个人愿意把自己一半以上的钱捐给其他人。

另一个大问题是，我们应该为哪些事业捐款。芭芭拉一直热衷于帮助康涅狄格州最穷困的公立学校的学生，尤其是那些"无参与和无记录"的学生。[1] 她资助的一项研究显示，22%的中学生处在这两种情况之中，这极其令人担忧，因为其中的大多数人成年后可能生活痛苦，成为社会的负担，而不是热情的贡献者。芭芭拉和这些孩子以及他们的教师有很多直接联系，所以她理解他们的需求。当她知道1万个这样的学生没有冬大衣时，她觉得有必要去提供帮助。她告诉我的情况让我吃惊。在这样一个"充满机遇的国度"，怎么会出现如此缺衣少食的情况？我的所有家人都认为，作为最基本人权之一的机会平等，意味着教育机会也要平等，而美国的教育机会严重不平等。通过投资以外的途径改善教育状况，可能会产生巨大的经济成本（以犯罪和被捕入狱的形式体现）和社会成本。尽管充满了提供帮助的动力，我们也发现，鉴于问题非常严重，单靠我们很难产生多少显著效果。

我热爱大自然，尤其是海洋。海洋是全球最重要的资产，占地

---

1. "无参与"是指上学但不认真学习，"无记录"是指既没有上学又被登记系统遗漏。

球表面的 72% 以及地球生命可存活面积的 99%。我满怀热情地支持探索海洋的科学家以及展示美妙海洋环境的媒体。我正在履行一项使命，向大家说明，海洋探索比天空探索更重要、更振奋人心，以争取更多人支持海洋事业，并使海洋得到更合理的管理。更让我开心的是，我儿子马克是野生生物影片制作人，和我一样对自然充满热情，所以我们一道追求这一梦想。

麦修的热情是把廉价而有效的计算技术引入发展中国家，以扩大、改善教育与医疗。保罗热衷于心理健康事业，他的妻子正在为抵御气候变化而战斗。与慈善相比，德温现在更专注于自己的职业，但他妻子很关心动物福利。我们家仍在支持有特殊需求的中国儿童，并资助中国公益学院，该学院把最好的慈善经验教给中国的公益从业者。我们还支持针对压力下的儿童和有创伤后应激障碍的退伍军人进行的冥想教学、尖端心脏学研究、小微金融及其他社会事业，等等。

我们把捐助视为投资，希望确保这些钱能够产生高慈善回报。因此我们需要全力解决的另一个大问题是如何衡量这些回报。衡量企业经营效率要简单得多，用收入减去成本就行了。鉴于衡量的困难性，我们养成了优先支持可持续性社会事业的习惯。不过，我还看到许多慈善投资能同时产生经济和社会回报，而我们的社会错过了这些投资机会，这令我很痛苦。

我们考虑的另一个问题是，我们的慈善机构要做多大、应该实行什么样的管理机制，以确保慈善决策的高质量。面对这些问题，我的做法和"工作原则"里写的一样：为我们的决策确立正式的原则和政策。例如，由于我们收到了雪片般的求助信，无暇应对，我规定了一项政策：不回复主动投来的请求，以便职员拥有充足的时间精心打理我们想聚焦的领域。我们不断改进所有的原则和政策，我也梦想着要为慈善工作制定正式的决策程序，不过现在我还腾不出手来做这件事。

你们也许已经猜到了，我们还向最可敬、最有经验的人征求意见。我们参与了比尔·盖茨、梅琳达·盖茨和沃伦·巴菲特发起的"捐助承诺"计划，他们以及我们在该计划中遇到的其他人都给了我们很多启发。穆罕默德·尤努斯、保罗·琼斯、杰夫·斯科尔、"奥米迪亚网络"（以公益创投为主业的慈善投资集团）的人、TED（美国一家私有非营利机构）的人，也都给予了我们很大帮助。我们学到的最重要的东西是，尽管做慈善有很多错误方式，但并非只有一种正确方式。

把我这一生赚到的钱捐出去，并且把这件事做好，是快乐，是挑战，也是我在这个生命阶段应该做的事。

桥水40周年

2015年6月，桥水创立40周年，我们举行了一场大聚会来庆祝这个了不起的里程碑。我们有充足的理由庆祝，因为以大多数标准衡量，我们是本行业最成功的公司。[1] 40年来自始至终参与桥水发展历程的关键人物都在会上进行了发言。每个人都讲述了他们眼里桥水的发展过程：一些东西逐渐发生变化，另一些保持不变，而

---

1. 2015年1月，我们推出了10多年来第一款新产品，一个名为"最优资产组合"的基金。它结合了"阿尔法"和"贝塔"，极为适合接近零利率的全球宏观环境。这是一项巨大的成功，其规模是对冲基金业历史上最大的。

最重要的是我们的文化——我们通过极度求真和彼此间的极度透明，追求工作与人际关系两方面的卓越。他们回忆了我们如何以独特的方式不断尝试新东西，经历失败，从失败中吸取教训，改进，再次尝试，反复进行，从而形成良性的正向循环。轮到我发言时，我想表达的是，我一直在努力给予桥水人什么，以及在未来没有我的时候，我希望他们拥有什么：

一个社区，在这里，你们始终既有权利也有义务去理解事物；一个进程，让你们在分歧中进步，即真正的、运转良好的创意择优。我希望你们思考而不是跟从，同时要认识到自己可能是错的，自己也有缺点；我希望帮助你们尽可能得到最好的答案，尽管你们可能并不相信这是最好的答案。我想给你们极度开放和创意择优的思想，这将让你们不会师心自用，而是接触世界上最明智的人，以帮助你们为自己、为社会做出最好的决定。我想帮助你们所有人好好拼搏，不断进步，实现生命的最大价值。

尽管还有很多重要的工作要做，但那时我觉得，公司给我的逐渐退出送上了一份美好的礼物。而未来的一年有多困难，我当时还不知道。

7 最后的一年和最大的挑战（2016—2017年）

早在40周年纪念日之前，我们就都清楚，转型的进展并不像我们希望的那么顺利，而在纪念日之后的几个月里，我们的问题集中爆发了出来，让我们措手不及。尽管桥水的投资部门已达到史上最好水平，但技术、人力等其他部门都在退步。

我已经不是CEO了，所以管理公司也不是我的事。作为总裁，我的工作是监督CEO们，确保他们把公司管理好。而当时的两位CEO格雷格·詹森和艾琳·马瑞已明显不堪重负。我们都认为公司管理不善，但对于如何改善，我们有分歧。这样的分歧并不意外，因为我们总是希望所有人独立思考，为他们认为的最好做法辩护。因此，我们有原则和解决分歧的程序。

我们连续几周交换意见。接着，主要各方将其意见提交给管理委员会和利益相关者委员会（实质上就是桥水的董事会），委员们考虑这些不同意见，最后投票表决。这一程序产生的最重要的决定于2016年3月宣布：詹森将不再兼任CEO，以便他把所有精力集中于联合 CIO 的工作（另两位 CIO 是我和普林斯），而我将暂时和马瑞成为联合 CEO。在此期间，我们将落实必需的结构性改革措施，以使桥水在未来没有我的情况下继续良好运转。

尽管当我第一次卸任 CEO 让其他人接替时，我们都不希望以后会发生这样的事，但这并不完全是出人意料的。一段时间以来，我们的困境很明显，而且我们尝试过不同的解决办法。我们都清楚，领导层转型从来都不容易，而我们的习惯做法一直是尝试、失败、分析原因、改变做法和再次尝试。我们一直都是这么做的。而现在，桥水到了改变领导层的时刻。

但这场失败也是很痛苦的，尤其是对我和詹森而言。我发现，我曾想让詹森同时做 CEO 和 CIO 的工作，但这对他来说是沉重的负担。这是我经营桥水期间做出的最后悔的一个决定，因为这既伤害了我和詹森，也伤害了公司。我不仅是詹森的导师，而且在近 20 年的时间里，他就像是我的儿子。他想负起经营大任，我也这么期待。同时，耸人听闻和不准确的媒体报道又向我们的伤口上撒了一把盐，尤其使詹森更加痛苦。一篇篇的报道把此事描述成两个巨头之间的生死决战，但真实的情况是，一群热爱桥水的人以一种创意择优的方式解决分歧。在詹森的英雄历程中，这是他跌入"深渊"的经历，而对我以及桥水的许多其他领导人来说也是这样。我这么说，不仅仅因为此事让我们痛苦，还因为它引导我们走向一场转型，带来了很大改善。

詹森比我小 25 岁。我经常回忆我在他的年纪时是什么水平，在此期间学到了多少东西。我知道詹森会继续以他自己的方式取得不凡的成功。我很高兴这件事让我们俩变得坚强，尤其值得高兴的是，我们确定和解决问题的系统像过去一样有效。尽管我们持有不同的观点，但这件事证实了我的信念，我们集体认同的创意择优能带来比任何单个人决策更好的结果。这样的机制，加上深厚的人际关系，使我们团结在一起。

我再次看到，我不知道的东西比我知道的多得多，比如在这件事上，我不知道如何逐步退出自己一直扮演的创始人-领导者角色。于是我向一些我认识的专家请教。我们得到的最好的建议也许来自管理专家吉姆·科林斯。他告诉我们："要想成功转型，你只需要做两件事——让能胜任的人做CEO，同时拥有一套有效的治理机制，从而在CEO无法胜任的情况下替换他。"这正是我没有做到的，而我现在有了第二次机会。所以我开始以前所未有的方式思考治理问题。

简单来说，治理就是一套制衡机制，确保不管谁在什么时候做领导人，组织都会无比坚强有力。因为我是企业的创始人，所以我已在没有正式制衡规则的情况下经营了桥水35年。（不过我已经建立了一个非正式的治理机制，其规定我需要向管理委员会报告，从而对我的决策进行制衡。）

尽管这个非正式机制对我是有用的，但在没有我的情况下，它不可能有效。显然，我们必须建立一套新的治理机制，以确保无论谁领导企业，桥水都会保持独特的风格和不掺水分的高标准，该机制还必须很有弹性，在必要时可以更换公司管理层。我在其他人的帮助下继续做这项工作，直到现在。

我已经认识到，我们不能错误地认为在一个职位上成功的人必定能在另一个职位上成功，及对一个人有效的做事方式必定对另一个人有效。这艰难的一年也让我对身边的人有了很多了解，尤其是戴维·麦考密克和艾琳·马瑞。像很多其他人一样，他们都展现出了为我们的共同使命而奋斗的决心。也有一些不应该的失败发生了，但由于我们独特的试错与吸取教训的文化，这是在意料之中的。由于我们已进行了一些变革，因此我得以在一年后的 2017 年 4 月卸下临时联合 CEO 的职务。

当我在 2017 年写下这些文字时，我认为今年是我从人生第二个阶段向第三个阶段转型的最后一年。我将在今年传授完我一路走来学到的知识，接下来就像约瑟夫·坎贝尔描述的那样，我将自由地生活，自由地老去。但现在我不考虑老去那部分，只是考虑如何自由地生活，而且对此感到兴奋。

8 从更高的层面回顾

在回顾我的个人经历时，想想我的看法是如何改变的，是件很有意思的事。

最初的时候，我遇到的每一个转折，无论是在市场上还是在生活中，都显得非常巨大而且充满戏剧性，就像某种独特的生死攸关的经历，迅速朝我涌来。

积累了更多经验以后，我开始把每次遭遇视为"类似情境的重现"，我能以更平静、更严谨的方式应对，就像一位生物学家在丛林里遇到一只可怕的动物时一样：首先确定它的种属，利用已有的知识预测它的行为，然后合理地做出反应。当我面对遇到过的某类情况时，我就利用在此前类似经历中总结的原则。但当我遇到从未见过的事情时，我会大吃一惊。在研究所有这些痛苦的首次体验时，我意识到，尽管我没经历过这些事，但其中的大多数都有其他人在其他时间、其他地方经历过。这一认识让我对历史抱有一种健康的尊重感，渴望对现实的机理形成普遍性的理解，并希望总结出永恒、普适的应对问题的原则。

看到同样的事情反复发生，我开始把现实视为一部华丽的永动机，一些原因引起一些结果，这些结果又成为原因，循环往复。我意识到尽管现实不完美，但至少我们要直面它，因此我在现实中遇到任何问题或挫折时，都不会抱怨，而是通过更具建设性的方式找到有效的应对方法。我逐渐明白，我的遭遇是对我的个性和创造力的考验。我逐渐领悟到，在一个如此伟大的系统里，我不过是渺小的匆匆过客，因此知道如何与这个系统良好互动，对我和系统都是有益的。

在形成这个视角的过程中，我开始以一种截然不同的方式体会痛苦的时刻。我不会感觉沮丧或透不过气，而是把痛苦视为大自然的提醒，即告诉我有一些重要的东西需要我去学习。体验痛苦，然后探索大自然希望通过痛苦给我什么教益，开始成为我的一项游戏。这项游戏我做得越多就越擅长，也就越不会对这些情况感到痛苦，思考、总结出原则、利用原则获得回报的过程也变得越来越有收获。我学会了喜爱自己的痛苦，我想这是一种健康的视角，就像学会喜爱锻炼身体一样（这一点我目前还做不到）。

年轻时，我仰慕那些极为成功的人，觉得他们因为具有非凡的特质而成功。当我认识这样的人后，我发现他们都像我、像所有人一样会犯错误，会为自己的弱点挣扎，我也不再觉得他们与众不同、特别伟大。他们并不比其他人更快乐，他们的挣扎与一般人一样多，甚至更多。就算在实现最不可思议的梦想之后，他们依然会体验到更多痛苦，而不是自豪。我显然也是这样。尽管我在几十年前就实现了自己曾经以为最难以企及的梦想，但直到今天我还在苦拼。我逐渐认识到，成功的满足感并不来自实现目标，而是来自努力奋斗。

要想理解我的意思，可以想象你最大的目标，不管是什么：赚很多钱、赢得奥斯卡奖、经营一家了不起的机构，或者成为运动明星。再想象一下你的目标突然实现了：一开始你会感到快乐，但不会很久，你将很快发现，你需要为另一些东西而奋斗。看看那些很早就实现了梦想的人，如童星、彩票中奖者、很早就达到职业巅峰的运动员。假如他们没有对另一些更大的、更值得追求的东西产生热情的话，他们通常最终不会快乐。生活总有顺境和逆境，努力拼搏并不只会让你的顺境变得更好，还会让你的逆境变得不那么糟糕。我至今仍在苦拼，我将这么做下去直到离世，因为就算我想躲避，痛苦也会找上我。

由于所有这些拼搏与学习，我已经做了自己想做的一切事，去了自己想去的一切地方，遇到了自己想遇到的一切人，得到了自己想拥有的一切，经历了一段迷人的职业生涯，而最有收获的是，建立了许多美妙的人际关系。我经历了生活中的一切，从一文不名到财富不菲，从寂寂无名到功成名就，所以我知道其中的差别。尽管我是自下而上而不是自上而下地（这是更好的，或许也影响了我的看法）经历这一切，但我的判断是，拥有很多东西、身处顶层的人，得到的边际收益并不像多数人认为的那么大。拥有最基本的东西，如一张舒适的床、良好的人际关系、美食、美好的性生活等，是最重要的，而这些东西并不会因你拥有金钱的多寡而发生明显变化。你在顶层遇到的人并不一定比在中下层遇到的更特殊。

拥有更多东西所产生的边际收益会很快下降。事实上，得到适量的东西比得到太多的东西更好，因为后者会伴随着沉重的负担。身处顶层会给你更大的选择空间，但也对你提出了更多要求。在综合判断下，成为名人也许不如默默无闻。尽管一个人可以给其他人带来很多有益影响，但相对来看，这种影响又可以小到忽略不计。由于上述种种原因，我不能说一种充满成就的紧张人生就一定比充满享受的轻松人生更好，但是我敢说，坚强比软弱好，而拼搏让人坚强。性格使然，我不会改变自己的生活，但我无法告诉你什么样的生活对你而言是最好的。你需要自己选择。我看到的情况是，发现自己的性格，过着与性格相适应的生活，才是最幸福的。

既然让我自己成功的愿望已经让位于帮助他人成功的愿望，这就成为我现在的拼搏目标。我现在能清楚地看到，我的目标、你的目标、所有其他事物的目标都会演变，都会以某种微小的方式为进化做贡献。最初我没有这种意识，只是追逐自己想要的东西。但一路走来，我不断进化，而现在我和你们分享这些原则，以便帮助你们进化。我认识到，传递知识就像传递基因，其意义超过了单个的人，因为人死了，基因还会延续下去。因此，我把我所学到的关于如何正确拼搏的道理传递给你们，以便帮助你们成功，或者至少，帮助你们从每一次的努力中收获最大的成效。

良好的原则是应对

现实的有效方法。

为了总结出自己的原则，

我花了很多时间思考。

我将分享

原则背后的思考，

而不是简单地告诉你

我的原则。

我 认为一切事情都是由于反复出现、不断演进的因果关系而发生的。在大爆炸发生时，宇宙所有的法则和力量都被创造、被推进，随着时间的推移相互发生作用，就像一系列复杂的、环环相扣的机器：星系的构造、地理和生态系统的构造、我们的经济和市场，以及每个人。我们每个人都是一部机器，它又由不同的机器组成，如我们的循环系统、神经系统等，这些机器创造了我们的思想、梦想、情感，以及每个人特性的所有其他方面。所有这些机器一起进化，创造了我们每天遇到的现实。

● **考察影响你的那些事物的规律，从而理解其背后的因果关系，并学习有效应对这些事物的原则。**

通过这样做，你将开始理解每个"再现的情境"背后的机理，并逐渐绘出一个应对该情境的"意境地图"。随着你对这些关系的理解不断加深，你就能看到隐藏在扑面而来的复杂事物中的实质。

你将明白你面对的事物属于哪种类型，并自然而然地运用正确的原则帮助自己渡过难关。接着，现实会向你发出强烈的信号，或者回报你或者惩罚你，以体现你的原则的运用效果，这样你就能学着相应地调整这些原则。

我们能不能妥善应对我们遇到的现实，最重要的决定因素是有没有良好的应对原则。我的意思不是说所有人遇到的情况都相同。显然，不同地方的不同的人面临着不同的挑战。尽管如此，我们遇到的大多数现实情况都可以归入这样或那样的类别，而这些类别的数目并不是特别多。如果你每次都能记下你遇到的是哪种情况（如一个孩子出生、失去一份工作、出现一次与他人的分歧），并将其列出来，其总数可能只有几百个，而其中只有一小部分对你而言是独特的。你试一下就能亲自判断我说的对不对，而且你也会开始列出你需要思考并确立原则的事情。

无论我取得了什么成功，都是因为我遵循了这些原则，而不是因为我本人有什么特别之处，所以遵循这些原则的任何人都有可能创造大体相同的结果。尽管如此，我不想让你盲从我的（或任何人的）原则。我建议你深入思考所有你从不同来源获得的原则，并总结出自己的一套原则，以便你在现实中遇到某种情境时，都能利用这些原则。

"生活原则"和"工作原则"都将以纲目的形式列出，分为3个层次，所以你可以依据自己的时间和兴趣，或者一扫而过，或者深入阅读。

1 高层次原则，也是每一条的标题，以单个数字表示。

1.1 中层次原则包含在每一条中，由两个数字表示，前一个代表它所属的高层次原则，后一个代表它在该条中出现的次序。

a. 分原则处在中层次原则之下，以字母表示。

　　3 个层次的原则的后面都有解释。为了方便你们快速浏览，我已经在"生活原则"的结尾和"工作原则"的开头加入了各项原则的概要。我建议你们先阅读高层次原则及其解释，以及中层次原则和分原则的标题。"生活原则"是希望读者完整阅读的，而"工作原则"更多地想为读者提供一些参考。

第二部分

生活原则

1 拥抱现实，应对现实

世界上最重要的事情是理解现实如何运行，以及如何应对现实。面对这一过程的心态至关重要。我发现对人很有帮助的做法是，把生活想象为一场游戏，我面临的每个问题都是需要破解的谜。我通过解谜获得一块宝石，即一项原则，它能帮助我在未来避免同样的问题。不断收集这样的宝石能够提高我的决策水平，这样我就能进入更高一级的游戏，游戏变得更难，涉及的利益也变得越来越多。

我在游戏过程中会产生各种情绪，这些情绪可能帮助我也可能伤害我。如果我能调和我的情绪与逻辑，只有在二者相符时才行动，我就能做出更好的决策。

了解现实如何运行，构想我要创造的东西，将其实现，是让我非常兴奋的事情。努力争取伟大的目标很容易让我失败，因而我必须不断学习并想出新的主意才能继续前进。我发现，沉浸在快速学习的反馈循环中是件令人兴奋的事情，就像冲浪者热爱冲浪一样，尽管这有时会使你跌倒。不要理解错了，我至今依然害怕跌倒，依然觉得跌倒很痛苦。但我会思考这种痛苦，并明白我将克服这些挫折，而且我学到的东西将主要来自对挫折的反思。[1] 就像长跑者忍耐痛苦去体验"跑步者的愉悦感"一样，我已经基本上走出了为犯错而痛苦的阶段，而是享受从犯错中学习的愉悦。我相信通过练习你也能改变自己的习惯，体验同样的"从犯错中学习的愉悦"。

1.1 做一个超级现实的人

理解现实，接受现实，处理现实问题，既是务实的，也是美妙的。我已经是一个超级现实的人，所以我学会了欣赏所有现实的美好，包括严酷的现实，并开始鄙视不现实的理想主义。

不要理解错了：我相信实现梦想的重要性。在我看来，生命中最美好的事情就是实现梦想。追求梦想让生活有了韵味。我要强调的是，创造伟大事物的人不是空想者，而是彻底地扎根于现实。做一个超级现实的人将帮助你明智地选择自己的梦想并实现它。我发现下面这句话几乎永远是对的：

a. 梦想＋现实＋决心＝成功的生活。取得成功、推动进步的人对现实背后的因果关系有着深刻的理解，并利用原则实现自己的愿望。反过来也成立：没有深深扎根于现实的理想主义者会制造问题，而不是推动进步。

成功的生活是什么样的？我们都有内心深处的需求，所以每个

---

[1]. 我确信，自己定期练习了近50年的"超觉冥想"帮助我拥有了这份镇定，而我需要以这种镇定对待我遇到的挑战。

人都要决定对自己而言什么是成功。你想成为宇宙的主宰还是成天吃零食看电视，还是想追求别的东西，我并不关心。我真的不关心。一些人想改变世界，而另一些人只想与世无争地简单生活、享受生活。二者没有好坏之分。每个人都需要判断自己最珍视的是什么，并选择实现它的路径。

下图以极为简单化的方式展示了你需要思考的抉择。花点儿时间思考一下，你处在下面这张图的哪个位置。你觉得自己处在什么位置？

$$\longleftrightarrow$$

享受生活　　　　　　　　改变世界

问题不只是对这两方面你分别追求多少，而是你如何努力工作以尽量实现二者兼得。这两方面我都很想要，所以我愉悦地努力工作，以争取二者兼得，并且发现它们很可能是一回事，而且相辅相成。我逐渐明白，从生活中获取尽可能多的东西，并不只是一个要为此而工作得更辛苦的问题。这更多的是一个有效工作的问题，因为有效工作能把我的能力提升几百倍。我并不关心你想要什么，或者你愿意为此付出多少辛劳。这是你应该决定的事。我只是试图向你传授，是什么帮助我最好地利用了每一小时，并从每次努力中获取了最大的收获。

最重要的是，我认识到以下颠扑不破的真理。

1.2 真相（或者更精确地说，对现实的准确理解）是任何良好结果的根本依据

当真相与愿望不符时，大多数人抗拒真相。这很糟糕，因为好东西会自己照顾自己，而理解和应对不好的东西才是更重要的。

你同意吗？如果你不同意，以下内容就将对你无益。如果你同意，我们就继续阐述。

1.3 做到头脑极度开放、极度透明

任何人都不是生来就知道真相是什么。我们要么自己发现真相，要么相信、追随其他人。关键在于知道哪种做法将带来更好的结果。[1]
我相信：

a. 对快速学习和有效改变而言，头脑极度开放、极度透明是价值无限的。学习过程是一个实时反馈循环：我们做决定，看到结果，然后根据结果改进对现实的理解。做到头脑极度开放能够提升这些反馈循环的效率，因为这能让你和其他人无比清晰地看到你在做什么、为什么这么做，而不会产生误解。你的头脑越开放，你就越不会自欺，其他人也就越会给你诚实的反馈。如果他们是"可信"的

---

[1] 不要以为你总是为自己做决策的最佳人选，因为很多时候你不是。尽管我们要自己弄清楚要什么，但其他人也许更知道如何实现它，因为在一些方面，可能其他人强而我们弱，而且其他人可能拥有更具相关性的知识和经验。例如，你在生病时，最好听从医生的意见而不是自行其是。在后文中，我们将探讨人们思维方式的不同，以及我们应当如何基于对自身思维方式的理解来决定哪一部分决策自己做，哪一部分决策让别人代做。知道什么时候不自行做决定，是你可以养成的最重要的技能之一。

人（知道什么样的人是"可信"[1]的也很重要），你就会从他们那里受益良多。

做到极度透明、头脑极度开放，可以加快这一学习进程。这也可能很难，因为极度透明而不是有所遮掩，可能会招致批评。惧怕这一点是很自然的。但如果你不能坦然地让自己做到极度透明，你就学不到东西。

b. 不要担心其他人的看法，使之成为你的障碍。你必须以自己认为最好的独特的方式行事，这样做肯定会有反馈，你必须开明地思考这些反馈。

学着做到极度透明，就像学习如何公开发言一样：一开始你会难堪，但你练得越多，你就越能应付自如。我就是这样。例如，我现在依然本能地觉得，我像在本书中这样极度透明是不舒服的，因为我在公开展示我的个人情况，这会引人注意，也会招致批评。但我还是这么做了，因为我知道这样做是最好的，而如果我让恐惧阻碍自己，我将对自己不满意。换言之，我在很长时间里都体会到极度透明的好处，所以现在若不这么做，我反而会不舒服。

除了让我能自由做自己之外，这样做还会让我和其他人相互理解，与彼此不理解相比，这更有效而且更让人快乐。想想看，如果人们不是隐藏看法，而是公开分享看法，这将减少多少误解，世界的运转将会变得多么高效，我们将会多么接近真相。我指的不是每个人内心的秘密，而是人们对彼此和现实的看法。你们已经看到，我已经亲身体验到，这种极度探寻真相、极度透明如何大大改善了

---

[1] 我将在后面的章节中更详细地解释"可信度"的概念，但现在可以简述一下：可信者的特征是，能不断取得成就，而且能就如何做到这一点提供很好的解释。

我的决策和人际关系。所以每当我面对抉择时，我的直觉都是保持透明。我以此作为行事原则，并且建议你们也这么做。

c. 拥抱极度求真和极度透明将带来更有意义的工作和更有意义的人际关系。我在观察了成千上万个尝试了这种做法的人之后总结出的经验是，只要多练习，绝大多数人会感觉这样做很有收获，很快乐，换其他做法反而不舒服。

这需要练习和改变人的习惯。我发现大多数习惯的改变通常需要约 18 个月，这也一样。

1.4 观察自然，学习现实规律

大自然向我们展示了所有的现实规律。这些规律不是人创造的，但通过理解规律，我们能利用规律促进自身的进化，实现我们的目标。例如，人类能飞行，能在全世界发送手机信号，这些能力来自理解和应用已有的现实规律——物理规律或自然世界的法则。

我花费大部分时间考察给我带来最直接影响的现实——经济、市场、与我打交道的人背后的驱动因素。同时，我也花时间考察自然，即观察、阅读思考自然的运作原理，并与这方面最好的一些专家交谈。我发现，考察人类和自然之间有哪些共同和不同的规律，既有趣也很有价值。这给我看待生活的态度带来了很大影响。

首先，我发现大脑的进化让我们能够思考现实的运行方式，这是件很美妙的事。人类最独特的能力是，只有人类能从更高的维度看待现实，并总结出对现实的理解。其他物种都是遵循本能生活，只有人类能够超越自身，在当时所处的环境和时间（包括他生前和出生后的时间）中看待自身。例如，我们可以思考，大自然的"飞行机器""游泳机器"以及无数其他从极微小的到极庞大的"机器"，是如何相互作用，组成一个有序运转、逐渐进化的整体的。这是因为人类的大脑进化出了复杂得多的大脑皮质，从而拥有抽象思考、逻辑思考的能力。

由于拥有高层次的思考能力，人类在各物种中独一无二，但也只有人会出现混淆的情况。其他物种的生活简单直接得多，不会像人一样苦苦思索什么是好，什么是坏。与其他动物不同，大多数人努力调和自身的情感、本能（来自人类大脑与动物相似的部分）与理性（来自人类大脑更发达的部分）。这一冲突导致人混淆了事实和自己想要的事实。我们来看看这一两难处境，以尝试理解现实的规律。

人在尝试理解任何东西（经济、市场、天气等）时，都可以从两种视角出发：

1. 自上而下：努力找到这些东西背后的唯一驱动法则或规律。例如，在理解市场时，人可以研究影响所有经济和市场的普适法则，如供求关系；在理解物种时，人可以集中了解基因密码是如何对所有物种发生作用的。

2. 自下而上：研究每种具体情况及其背后的法则或规律。例如，小麦市场独特的法则或规律，或者使鸭子区别于其他物种的基因序列。

自上而下地观察事物，是在宏观普适法则背景之下理解我们自身和现实规律的最佳途径。这不是说自下而上的角度没有价值。事实上，要想准确理解世界，这两种角度你都需要。采用自下而上的视角观察每种具体情况，我们可以看到具体情况与理论是否相符，即是否符合我们认为存在的法则。如果相符，我们的理解就是对的。

当自上而下地观察自然时，我们会发现我们所说的人性其实很大一部分是动物性。这是因为人的大脑是数百万年的基因进化的结果，而其他物种的大脑也经历了类似的进化。因为人和其他动物有共同的祖先，并且受共同的规律支配，所以二者存在类似的特征和局限。例如，男人和女人的繁殖过程、用两只眼睛进行深度感知，以及许多其他系统，是动物王国里的许多其他物种都具有的。类似地，人类大脑有一些"动物"部分，在进化意义上要比人类本身古老得多。这些共同规律是最高层次的规律。假如人类只是观察自身的话，是不会清楚地看到它们的。

如果你只通过观察一个物种（如鸭子）尝试理解普适规律的话，你就会失败。同样地，如果你只通过观察人类理解普适规律，那么你也会失败。人类只是约1 000万个物种里的1个。复杂的力量让原子不断组合、分离，形成无数的事物，人类只是沧海一粟。但大多数人就像蚂蚁一样，只专注于自身及所在的蚁丘。他们以为宇宙围绕着人转，不关注对所有物种都适用的规律。

为了弄清楚现实的普适规律和对待它们的原则，我发现有益的做法是，努力从自然的角度观察事物。尽管与其他物种相比，人类非常聪明，但与整个自然相比，我们的智慧就像是生长在山岩上的苔藓。我们没有能力设计和制造一只蚊子，更不用说宇宙中所有的物种和大多数其他东西了。所以我的出发点是，自然比我更聪明，我努力让自然教我认识现实规律。

a. 不要固守你对事物"应该"是什么样的看法，这将使你无法了解真实的情况。重要的是，不要让偏见阻碍我们保持客观。要想取得好结果，我们需要冷静而不是情绪化。

当我看到一些我（或人类）认为错误的自然事物时，我会先假定我是错的，然后努力弄明白，为什么说自然如此运行是合理的。这让我认识到很多东西，改变了我对以下问题的看法：（1）什么是好什么是坏；（2）我的人生目标是什么；（3）当面对最重要的抉择时我该怎么做。为了说明原因，我举一个简单的例子。

多年前我去非洲时，看到一群鬣狗扑倒了一只幼小的角马。这让我觉得反胃。我很同情那只角马，并且认为我看到的景象很糟糕。但问题是，这件事是真的很糟糕，还是因为我有偏见所以认为它很糟糕，而事实上它好极了？这让我陷入思索。假如我看到的事情没有发生，世界会变好还是变差？这个视角促使我考虑这件事后续、再后续的影响，于是我发现那样的话，世界将会变差。我现在认识到，自然会走向整体的最优化，而不是个体的最优化，但多数人只是根据事物对自身的影响判断好坏。我看到的情况是正在运行的自然进程，它能有效促进整个世界的改善，比人类发明的任何程序都有效得多。

多数人把对自己或者自己关心的人不利的事情叫作坏事情，而忽视了更大的好。群体也有这种倾向：一种宗教的信仰者会认为自己的信仰好，其他人的信仰不好，从而导致两方信徒相互残杀，而且都坚信自己在做对的事情。通常，人们彼此冲突的信念或利益会妨碍他们从对方的视角看事情。这不好，也不理性。尽管我能理解，人们喜欢对自己有利的东西，不喜欢对自己不利的东西，但只是根据事物对个人的影响就将其判定为绝对的好或绝对的坏，这是不合理的。这么做是在假定个人的愿望比整体的好更重要。在我看来，自然似乎把"好"定义为对整体好的东西，并通过最优化进程实现这种"好"，这是更好的做法。所以我开始相信一条普遍法则：

b. 一个东西要"好"，就必须符合现实的规律，并促进整体的进化，这能带来最大的回报。例如，如果你发明了某种世界觉得有价值的东西，你几乎肯定会获得回报。反之，状况不佳、偏离进化进程的人、物种和事物通常会遭到现实的惩罚。[1]

在探寻所有事物的真相时，我开始相信：

c. 进化是宇宙中最强大的力量，是唯一永恒的东西，是一切的驱动力。[2] 从最小的亚原子粒子到整个银河系，一切都在进化。尽管所有东西似乎都会死亡或消失，但真相是，它们只是以进化的形式重新组合了。还记得吗？能量是不能被摧毁的，改变的只是其形态。所以，同样的东西一直在以不同形式分裂、重组。其背后的力量就是进化。

例如，每个生物的首要目标是做基因的容器，基因不断进化出生命。每个个体体内的基因都来自远古时代，基因在承载它的个体死去之后还会长存，并进化出越来越复杂的形式。[3]

---

1. 人们常因为很多东西和善体贴而认为它"好"，但这些东西无法带来人们想要的东西。自然会认为这些东西是"坏"的，而我会赞同自然。
2. 一切终将崩解，只有进化永存。包括我们每个人在内的一切，都是进化的工具。例如，虽然我们自视为不同的个体，但实质上我们都是基因的容器，这些基因已经存活了亿万年，并且还在不断地使用和抛弃我们的身体。
3. 关于进化，我推荐理查德·道金斯和爱德华·威尔逊的书。如果只能选一本的话，我选道金斯的《基因之河》。

在思考进化时，我意识到进化不仅仅以生命的形式存在，其传输机制也不仅仅是基因。科技、语言等，一切都在进化。例如，知识就像基因一样代代相传，不断进化。在很多代人的时间里，知识对人的总体影响和基因的影响一样大，甚至更大。

进化是好的，因为它是一个适应的过程，通常会推动事物的改善。产品、组织、人类的能力，所有东西都在以类似的方式逐渐进化。这只不过是一个要么适应、改进，要么死亡的过程。在我看来，这个进化过程看起来就像下页图。

进化由各种适应和创造组成，它们能够提供即时的好处，但这些好处的价值会不断降低。这一痛苦的降低过程可能引发新的适应、创造，把新的产品、组织和人类能力带到新的、更高的进化水平上（参见第 149 页的第一幅图），也可能引发衰落和死亡，就像第 149 页的第二幅图所示。

想想你知道的任何产品、组织或人，你就会知道这是真的。世界上到处都是曾经辉煌但逐渐衰落和毁灭的东西，只有极少数东西一直在重塑自身，不断达到伟大的新高度。所有机器最终都会崩坏、分解，机器的零件会被回收用来制造新的机器。我们人类也会经历这样的过程。有时这让我们悲伤，因为我们已经和我们的机器产生了感情，但如果从更高的层面来看的话，观察机器如何进化，其实是件很美妙的事。

从这个角度，我们可以看到完美是不存在的，它是一个目标，激发永不停息的进化过程。假如自然或任何东西是完美的，它就不会进化。生物、组织和个人总是高度不完美的，但都拥有改善的能力。所以，与其顽固地隐藏我们的缺点，假装自己是完美的，还不

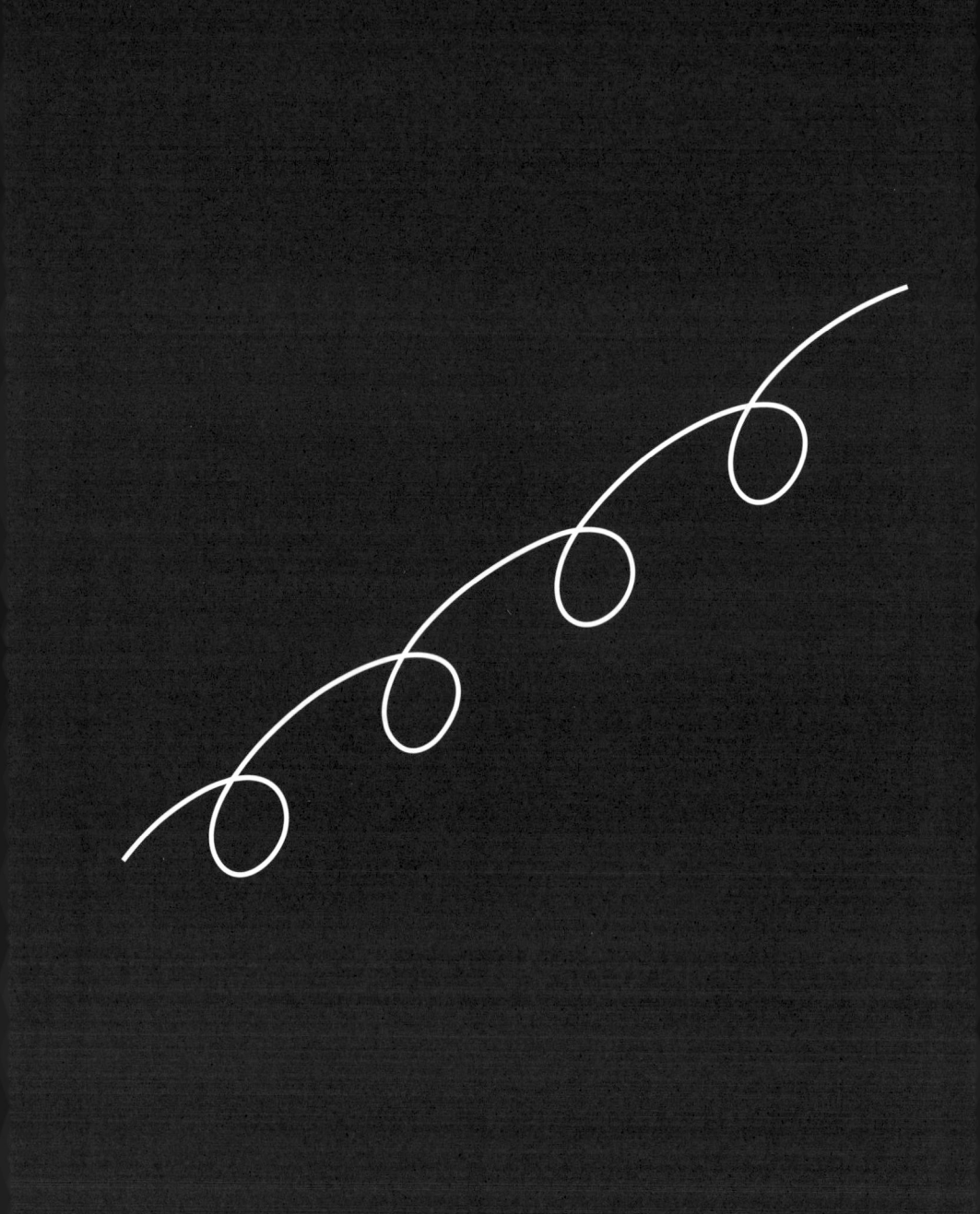

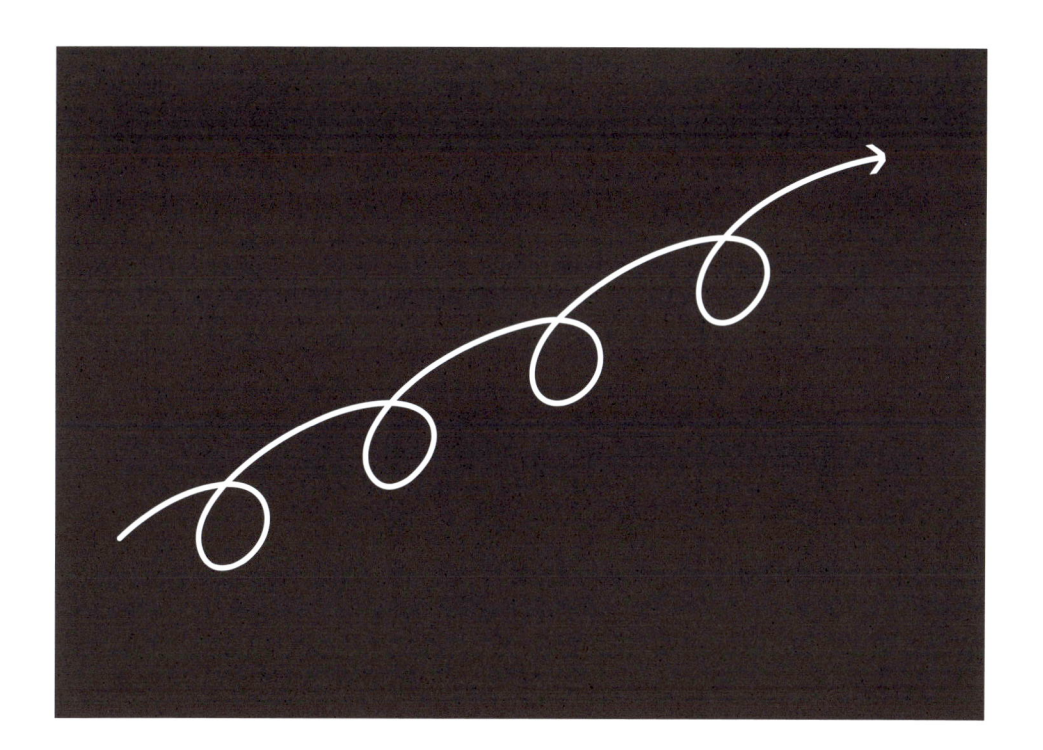

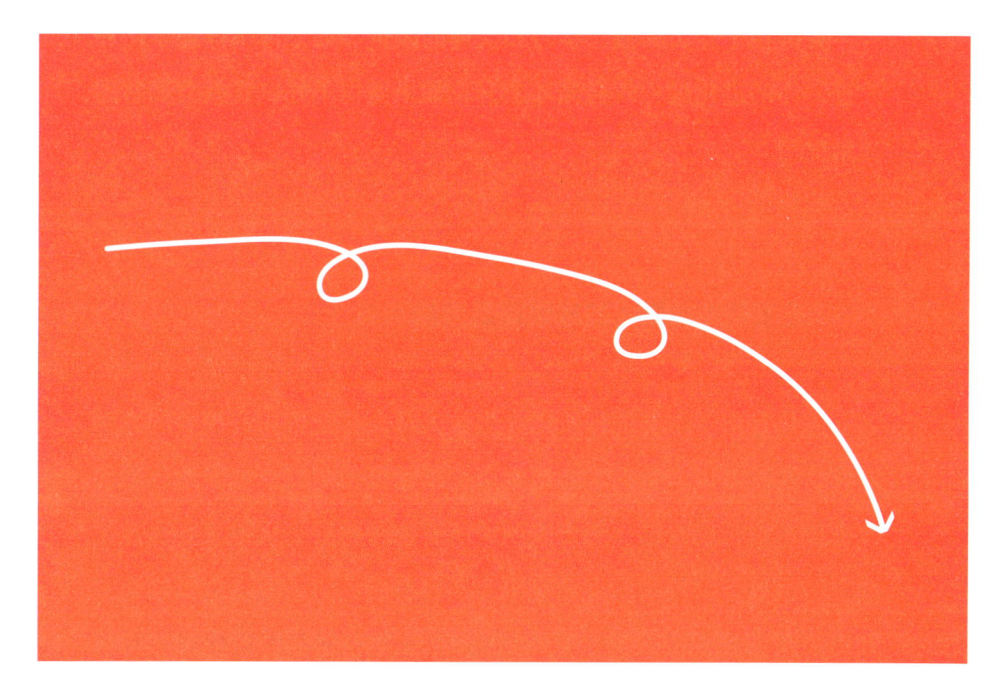

生活原则

如找出并应对我们的缺陷。你可以从自己犯的错误中获得教益，不断坚持，为成功做更好的准备，否则就将失败。

就像俗话说的：

d. 不进化就死亡。这个进化循环不仅适用于人，也适用于国家、企业、经济体，以及一切事物。整体会自动地自我修正，个体却不一定。例如，假如市场供给过多、浪费过多的话，价格就会下跌，企业就会破产，产能就会降低，直至供给下降到与需求相适应的水平，那时进化循环又会从相反的方向重新开始。与此类似，假如一个经济体的情况足够糟，经济管理者就会做出必需的政治改革和政策调整，否则他们将无法留任，只能把位子让出来，让继任者这样做。这些循环是连续的，是以符合逻辑的方式推进的，而且有自我强化倾向。

关键在于经历失败、学习和快速的改进。如果你不停地学习和改进，你的进化过程就会循环上升；如果做得不好，它就会如右图，甚至更糟。

我相信：

1.5 进化是生命最大的成就和最大的回报

进化是出于本能的，所以大多数人都会感觉到内心深处的这种动力，也就是说，我们本能地希望把事情做得更好，本能地创造和改进技术以帮助自己。历史表明，所有物种将要么灭绝，要么进化成别的物种，只是我们寿命有限，不容易看到这一点。但我们确实知道，我们所说的人类，只不过是约 20 万年前基因进化成一种新

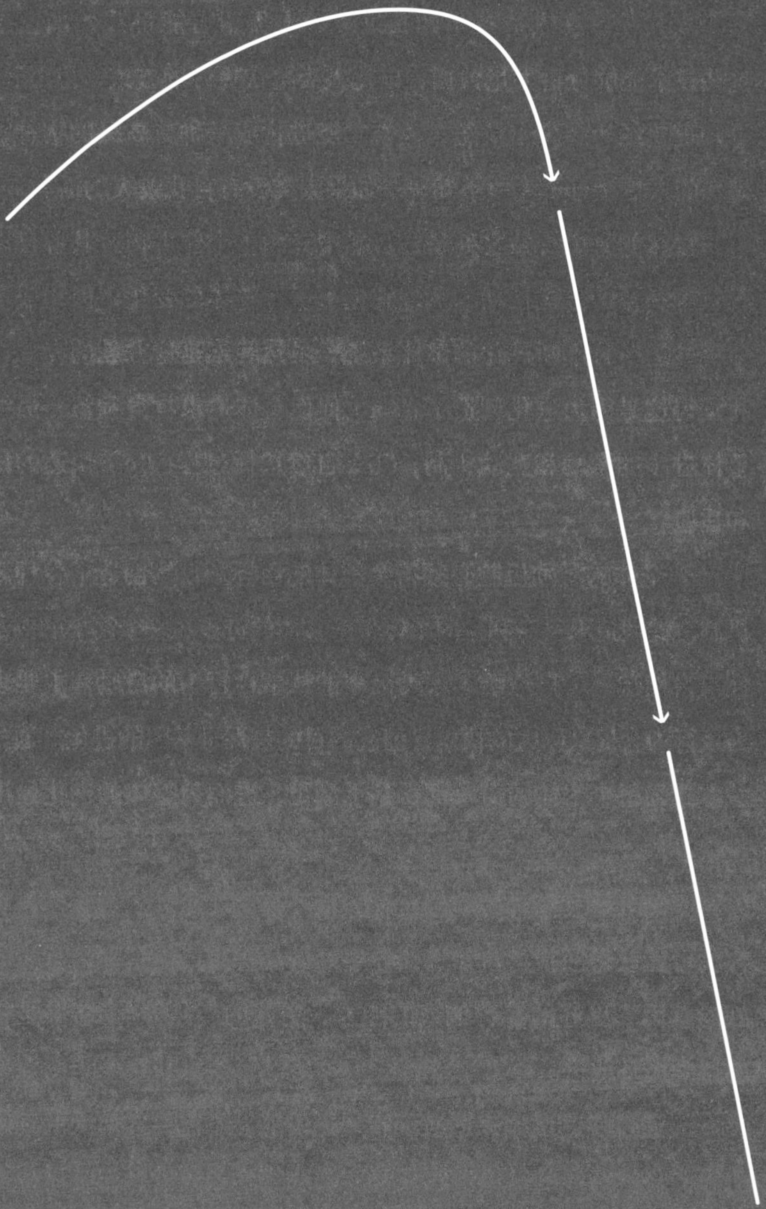

形式所带来的结果，而且人类要么灭绝，要么进化到更高级的状态。我个人相信，在人造技术的帮助下，人类很可能将开始加速进化，这些技术能够分析大量数据，以比人类更快更好的方式"思考"。我不知道要经历多少个世纪，人类才能进化成一种更高级的物种，比现在的人更接近于无所不知——如果人类没有自我毁灭的话。

自然的一个奇妙之处是，自然中充满了个体生物，其各自以符合自身利益的方式行动，不理解也不引导整体的变化，但构成了一个美妙运转且不断进化的整体系统。虽然我不是这方面的专家，但我觉得这是因为进化创造了：（a）促使个体追求自身利益、最终使整体进步的激励和互动机制；（b）自然选择过程；（c）快速的试验和适应。

a. 个体的激励机制必须符合群体的目标。自然创造了各种激励机制，促使追求自身利益的个体带来整体的进步。一个简单的例子是性与自然选择。自然给了人类极多的从事性行为的激励，主要表现为该行为会提供巨大的快乐，但它的目的是促进基因的进化。通过这一方式，每个个体的需求都得到了满足，进而为整体的进化做出了贡献。

b. 现实为了整体趋向最优化，而不是为了个体。为整体做贡献，你就可能获得回报。自然选择让更好的品种得以保留和传承（如更好的基因、更好的养育他人的能力、更好的产品等）。结果是整体的持续循环改进。

c. 通过快速试错来适应现实是无价的。不需要任何人的理解或引导，自然选择的试错过程就能实现改进。我们进行的学习也是这个道理。至少有3种学习能促进进化：以记忆为基础的学习（有意识地储存不断出现的信息，以便以后可以记起来）；潜意识的学习（从未进入意识的、我们从经验中习得的知识，但也会影响我们的决策）；与人类思考无关的"学习"，例如记录物种适应进程的基因的进化。我曾以为以记忆为基础的有意识的学习是最有力的，但我后来明白，试验和适应能带来更快的进步。要想明白自然是如何不依靠思考而改进的，只需看看（能思考的）人类与（连大脑都没有的）病毒斗智斗勇的过程。病毒就像是聪明的国际象棋对手。病毒飞快地进化（通过将不同种类病毒的遗传物质结合在一起），让全球卫生共同体里最聪明的人忙得不可开交，不断思索对付病毒的新办法。在当今这个时代，理解这一点尤为有用，因为今天的计算机可以运行大量展现进化过程的模拟程序，帮助我们看到哪些进化成功，哪些不成功。

我将在下一条讲述一种一直在帮助我快速进化的流程，我相信也能帮到你们。但我想先强调，在确定什么对你重要、你要追求什么时，你的视角是多么重要。

d. 意识到你既是一切又什么都不是，并决定你想成为什么样子。 个体的人既是一切又什么都不是，这是一个巨大的悖论。在我们自己看来，我们就是一切，例如，我们的生命终止了，对我们而言，全世界也就消失了。因此对大多数人（以及其他物种）而言，失去生命是最糟糕的事情，因此尽量拥有最好的生活就是无比重要的。但是，如果从自然的视角俯视自身，我们显然又是毫无分量的。现实是，今天的每个人都只是约 70 亿[1] 人类中的一员，而人类又只是地球上约

---

[1]. 据联合国数据，2022 年 11 月 15 日起，世界人口达 80 亿。——编者注

1 000万物种中的一个。地球只是银河系约1 000亿颗行星中的一颗，而全宇宙有约2万亿个星系。人的寿命只是人类历史的约1/40 000，而人类历史又只是地球历史的约1/50 000。换言之，我们渺小、短命得不可思议，无论取得什么样的成就，其影响都是微不足道的。同时，我们又本能地希望有意义，希望进化，而我们只能产生一丁点儿意义。所有这些一点点的意义加起来，才是宇宙进化的推动力。

问题是我们有多重要，以及如何进化。我们对其他人重要吗？（他们和我们一样，从宏大的视角来看也不重要。）我们是否在某种更大的、我们永远无法真正理解的意义上重要？还是说，我们重不重要这个问题根本不重要，所以我们应该忘掉它，及时行乐？

e. 你的未来取决于你的视角。你在一生中取得什么样的成就，将取决于你如何看待事物，以及你关心什么人、什么东西（你的家庭、社区、国家、人类、整个生态系统等）。你必须决定，你将在多大程度上把他人的利益置于自身利益之上，以及你将以这样的方式对待哪些人。这是因为你将不断遇到迫使你做出上述抉择的情况。

也许这样的抉择不符合你的口味，似乎需要更加广博的知识储备，但无论是有意识的还是下意识的，你都将做出这样的抉择，而且这些抉择将是很重要的。

就个人而言，我现在发现，拥抱现实、从自然的视角俯视自身、做宇宙整体微不足道的一小部分，是件很美妙的事。我本能的和有意识的目标都只是进化，利用自己的生命和特性，以某种微弱的方式为进化做贡献。同时，我最喜欢的东西（我的工作和人际关系）是我的驱动力。所以，我发现现实和自然的规律——包括我以及一切东西会如何分解、重组，都是美好的。尽管在情感上，对于将与我关心的东西最终分离，我很难接受。

1.6 了解自己的天性，选择一条最可能通往幸福和成功的道路

你可以决定追求任何目标，但必须了解自己的天性，知道自己是什么样的人。你的动力是什么？什么事情对你来说很无聊？你的优点和缺点是什么？人格评估和他人的反馈可以帮助你看清自己，但你也可以不断尝试，总结经验，从中学到很多东西。（至于我本人，经过几段传统的公司打工经历后，我知道自己更适合创业。）如果你没有把目标与自己的天性挂钩，很可能会遭遇挫折，无法实现自我价值。

a. 想明白你想从生活中得到什么，然后选择适当的道路加勤奋工作获得你想要的东西。你的生活质量最终取决于你的选择，因为工作是生活的重要组成部分，必须让工作服从于你的人生目标。对你来说，什么才是重要的事？完成一项使命？赚钱？生活稳定？追求刺激和不可预知性？对于这些问题，不同时期可能有不同的答案，但是你无法回避这些问题。设想各种不同的机会，看哪条道路更符合你对生活的期望。例如，考虑为别人打工还是自己创业。想象每条生活道路的样子，其是否与你本人相契合。在回答问题时，最好请教一些有成功经验或失败教训的过来人。

b. 同事和工作场所比工作本身更重要。同事和工作场所构成你的工作环境，而环境对你人格的影响超过对你工作的影响。你的工作和大多数职业未来都会发生变化，变化方式超出人们的想象。你今天选择的职业道路未来可能面目全非，你以后可能会转行，因

此不要太执着于一条道路。尽量接近那些品格、能力俱优的人，选择在符合你天性的地方工作。例如，如果你想过一种快节奏的、能获取前沿信息的生活，那就找一个快节奏的、能获取前沿信息的工作场所；如果你喜欢慢节奏的、享受型的生活，就选这类地方工作。找工作时，最重要的是这份工作能开阔你的视野，能让你提问、学习和发展，这样你就能慢慢了解这个世界，看清你自己和有价值的事物——最终在最适合你的事业上落脚。

c. **要想同时拥有生活所需的金钱和理想的工作，必须拿出创意和灵活性。**一个简单的生活常识是，想过上理想的生活，一方面要有足够的金钱来满足物质需求，另一方面还要有称心的工作来实现自我价值——要得到这一切，你必须先满足他人的需求。

1.7 清楚自身和亲人所处的生命阶段，回顾过去，规划未来

在人世间，大多数事情会反复发生，一个人的生命轨迹与他人相差无几，都遵循基本模式，经历几个不同阶段。普通人的寿命大约为80岁，分为3个阶段，中间有两个5~10年的间隔。虽然每个生命都是独特的，但多数人的生活轨迹大同小异。即使你的生活道路异于常人，你仍可以思考你的人生旅程，从中学到很多东西。

我把人生分为3个阶段，如第158页、第159页图所示。第一阶段是受教育和依靠他人的阶段；你每天上学，在父母的呵护下成长。第二阶段是工作和养家的阶段；你努力追求事业成功和家庭幸福，维持工作与生活的平衡。到第三阶段，你从所有奔波中解脱出来，无忧无虑，尽情享受生活，最后心无挂碍地逝去。到第三阶段

时，你会渴望奉献毕生所学，帮助他人获得成功。（我现在就处于第三阶段，也是我写作本书和从事其他事情的动力。）

当你明白生命的轨迹并思考即将发生的变化时，你就能展望未来 5~10 年，预想到你和家人的样子将不同于现在。你会发现，10 年后，你的子女（也许比你小 25~40 岁）将离家独立生活，你的父母（比你年长 25~40 岁）会进入晚年或已经去世，而你将步入职业生涯最困难的时期。在清楚你和家人的未来后，你可以设想如何尽可能好地度过这 10 年。在筹划下一个 10 年时，越详细越好（如仔细规划你所需的时间、资金及其用途）。

1.8 理解自然提供的现实教训

我发现，理解自然和进化的规律，在很多方面对我有好处。最重要的是，这会帮助我更有效地应对自己遇到的现实，做出艰难的抉择。当我开始从理解现实规律的视角看待现实，而不是认为现实不对时，我发现几乎所有起初看起来"不好"的东西，如雨天、缺点甚至死亡，都是由于我对自己想拥有的东西持有先入为主之见。我逐渐意识到，我产生这些最初的反应，是因为我没有把事物放到大背景下看待，即现实的构造是让整体实现最优，而不是尽力实现我的愿望。

a. 把你的进化最大化。 我在前文中提到，人独特的逻辑思维、抽象思维、从更高层次思考的能力，是在大脑皮质的构造中完成的。人类大脑的这些部分比动物更发达，让我们可以反思自身，引导自己的进化。因为我们能进行有意识的、以记忆为基础的学习，所以我们能比任何物种都更快、更深入地进化，不仅一代代地进化，而

原则

人生轨迹

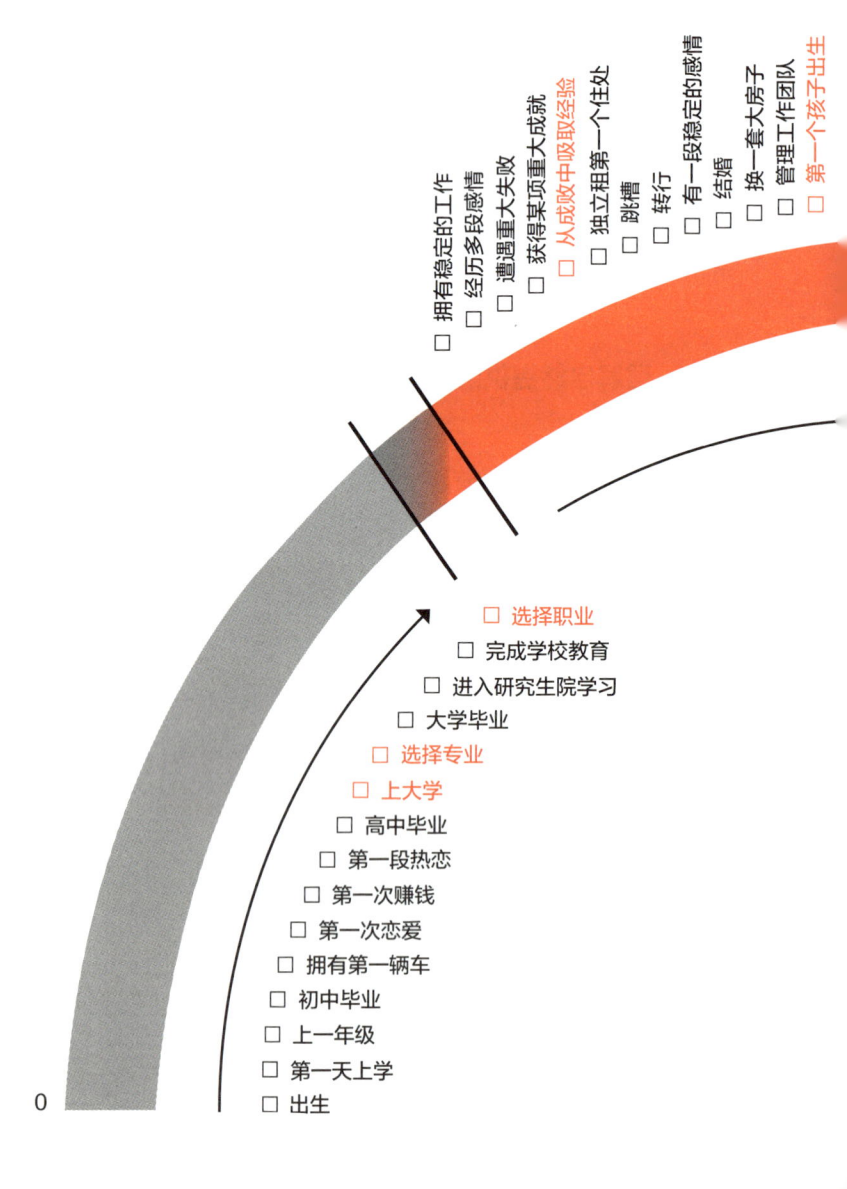

- ☐ 拥有稳定的工作
- ☐ 经历多段感情
- ☐ 遭遇重大失败
- ☐ 获得某项重大成就
- ☐ 从成败中吸取经验
- ☐ 独立相第一个住处
- ☐ 跳槽
- ☐ 转行
- ☐ 有一段稳定的感情
- ☐ 结婚
- ☐ 换一套大房子
- ☐ 管理工作团队
- ☐ 第一个孩子出生

- ☐ 选择职业
- ☐ 完成学校教育
- ☐ 进入研究生院学习
- ☐ 大学毕业
- ☐ 选择专业
- ☐ 上大学
- ☐ 高中毕业
- ☐ 第一段热恋
- ☐ 第一次赚钱
- ☐ 第一次恋爱
- ☐ 拥有第一辆车
- ☐ 初中毕业
- ☐ 上一年级
- ☐ 第一天上学
- ☐ 出生

0

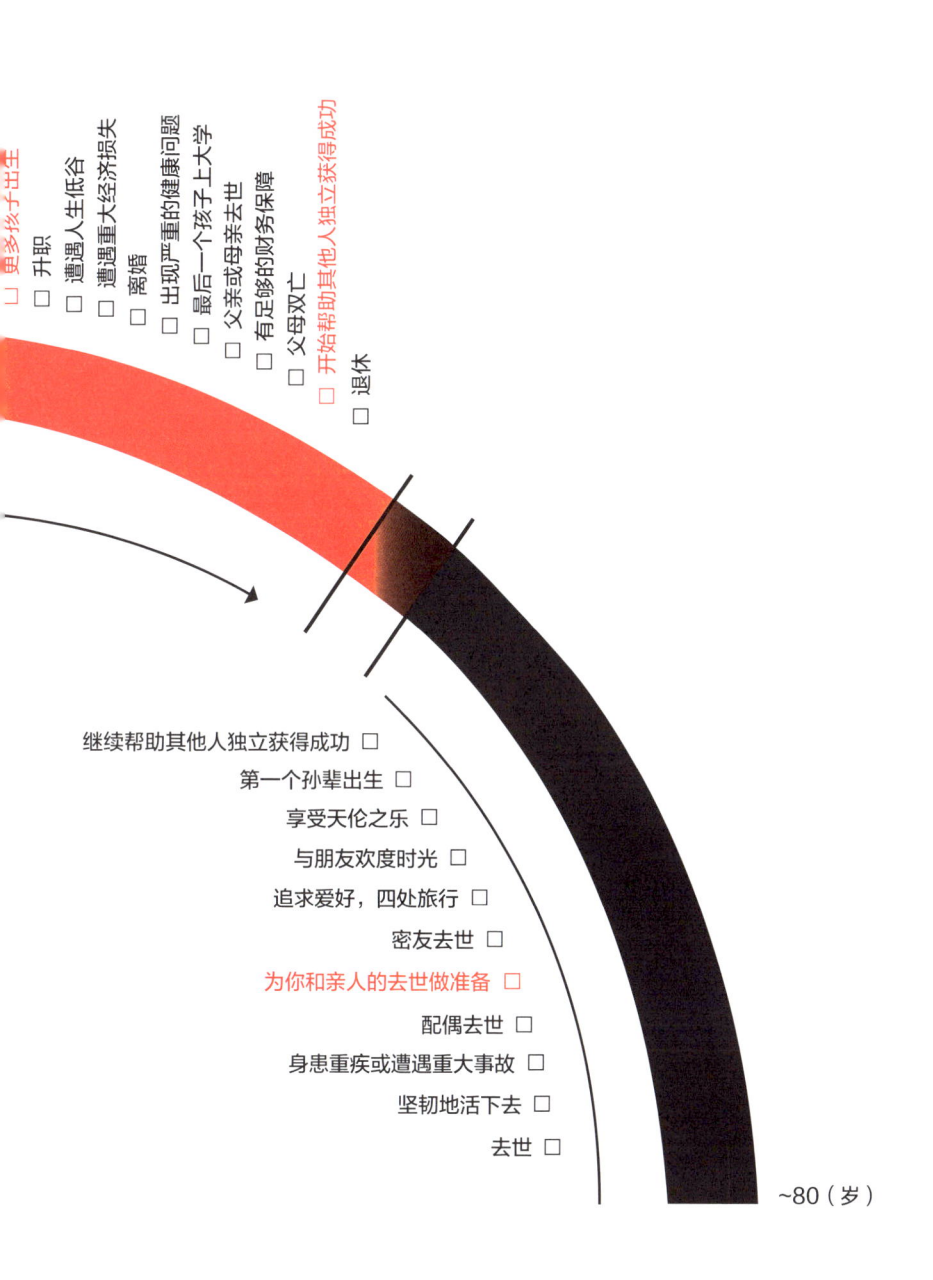

生活原则

- 更多孩子出生
- 升职
- 遭遇人生低谷
- 遭遇重大经济损失
- 离婚
- 出现严重的健康问题
- 最后一个孩子上大学
- 父亲或母亲去世
- 父母双亡
- 有足够的财务保障
- 开始帮助其他人独立获得成功
- 退休

继续帮助其他人独立获得成功 ☐
第一个孙辈出生 ☐
享受天伦之乐 ☐
与朋友欢度时光 ☐
追求爱好，四处旅行 ☐
密友去世 ☐
为你和亲人的去世做准备 ☐
配偶去世 ☐
身患重疾或遭遇重大事故 ☐
坚韧地活下去 ☐
去世 ☐

~80（岁）

且在自己的一生中进化。

这种持续追求学习和改进的动力，让人类天生因进步而感到快乐，因快速进步而感到兴奋。尽管大多数人觉得他们是在追求能让自己快乐的东西（玩具、大房子、金钱、地位等），但这些只能带来小的满足，远远无法与进步能给大多数人带来的长期满足感相比。[1]在得到我们追求的东西后，我们的满足感通常不会延续。这些东西只是诱饵。追逐诱饵要求我们必须进化，而且对所有人来说，重要的是进化，而不是回报本身。这意味着对大多数人而言，成功就是以尽可能高效的方式拼搏和进化，即迅速认识自身和所处环境，然后通过改变实现进步。

这是收益递减规律的自然结果。[2]想想赚钱这件事。一旦钱赚得太多，人从赚钱中得到的边际收益就会很少或者没有，这会对人产生负面影响，这和任何形式的过量是一个道理，如暴饮暴食。如果拥有健康的心智，人们就会开始探索新东西，或者更深入地探索旧东西，并在这个过程中变得更强大。如弗洛伊德所说，"爱与工作是人性的基石"。

工作不一定是一份职业，不过我认为如果是职业的话，通常要好一些。工作可以是任何会使人进步的长期挑战。你也许已经猜到了，我相信，对有意义的工作的需求，与人天生的进步渴望相关。而人际关系是人与他人的自然联系，它会使人对他人和整个社会有意义。

b. 记住"没有痛苦就没有收获"。 我们天生想进化，而我们追

---

1. 当然，我们经常对同样的东西感到满足，如人际关系、职业生涯等，但在这些情况下，我们之所以满足，通常是因为能从这些东西自身的不断变化中得到新的享受。
2. 任何东西在从太少变成太多的过程中，边际收益都会递减。

逐的其他东西尽管美好，却不能维持我们的快乐，这一认识帮助我聚焦于我的目标：不断进化，为整体进化贡献绵薄之力。虽然我们不喜欢痛苦，但自然的一切创造都有目的，所以自然让我们痛苦是有意图的。那么意图是什么？痛苦让我们清醒，帮助我们进步。

  c. 自然的一项根本法则是，为了赢得力量，人必须努力突破极限，而这是痛苦的。正像卡尔·荣格所说，"人需要困难，这对健康来说是必需的"。但多数人本能地躲避痛苦。不论是锻炼身体还是历练头脑，人都会躲避痛苦，如举重、沮丧、思想挣扎、尴尬、耻辱。当人面对自身存在缺陷这个严酷现实时，这一点就体现得更明显了。

1.9 痛苦 + 反思 = 进步

  人避免不了痛苦，尤其是在追求雄心勃勃的目标时。信不信由你，如果以正确的态度对待痛苦，感到痛苦就是你的幸运，因为这将提示你寻找解决方案以便继续前进。如果你能养成一种习惯，面对精神痛苦时能够自动地反思痛苦而不是躲避痛苦，你将能够快速学习和进化。[1] 直面你的问题、错误和弱点导致的痛苦现实，会大幅提高你的效率，我相信，只要你看到了这种方法的好处，你就不

---

1. 你拥有独特的思考能力，你能观察自身、周围的世界、自己和世界的关系，这意味着你能深刻思考，权衡微妙的东西，从而学习进步，做出明智的抉择。另一种通常有益的做法是，询问其他可信的人，你痛苦的根本原因是什么，以进一步深化你的思考，尤其是这样的人：他们的看法与你的刚好相反，但和你一样有兴趣发现真相，而不只是关心自己的对错。如果你能深入反思你的问题，这些问题就几乎总是会缩小或消失，因为与不直面问题相比，这样做几乎总是能找到更好的解决问题的办法。

会再用别的方法了。你只需要养成习惯。

大多数人在痛苦时不愿反思，而一旦痛苦消失，他们的注意力就会转移，所以他们难以通过反思得到教益。如果你在痛苦时就能好好反思（这个要求也许太高），这非常好。如果你能记得在痛苦消失后反思，这也很有价值。（我设计了一个"痛苦按钮"App，它可以帮助人们这么做，我将在附录中讲述它。）

你面临的挑战将考验你，强化你。如果你没有经历过失败，就说明你没有努力突破极限，而如果你不努力突破极限，你就不能最大限度地挖掘自己的潜能。努力突破极限有时失败、有时成功，但都能带来好处。虽然这种做法不一定适合所有人，但假如适合你的话，你会对此产生依赖，那将是一种美妙的体验。生活不可避免地会带给你这样的考验，而你愿不愿意以退为进、从失败中获益，取决于你自己。

如果你选择在这条常常很痛苦的个人进化之路上拼搏，你将自然而然地不断"更上一层楼"。当你达到更高一层的境界时，你就会发现，你原来只是因为境界低才觉得之前包围着你的那些纷至沓来的东西令人头疼，但其实并没有那么糟。生活中的大多数东西都不过是"同类情况的重演"。你的层次越高，你就越能有效地应对现实，塑造符合你目标的结果。而曾经看起来复杂得不可思议的东西，也会变得简单。

a. 迎接而非躲避痛苦。如果你不是放任自己，而是养成习惯，总是在一定程度的痛苦中工作，你将更快地进化。事情就是这样。

每当你遇到痛苦的东西时，你就处在生活中一个潜在的重要节点：你可以选择健康并痛苦的事实，也可以选择不健康但舒适的幻觉。妙处在于，如果你选择了健康之路，痛苦将很快变成快乐。痛苦就是信号！就像不锻炼的人开始锻炼，养成享受痛苦的习惯，从痛苦中学习，将让人"步入新境界"。

我所说的"步入新境界"是指，你将喜欢上以下3点：

- 找到、接受并学会如何应对你的弱点；
- 更喜欢周围的人对你坦诚，而不是隐瞒对你的负面看法；
- 展现真实的自我，而不是强行把弱点伪装成优势。

b. 接受严厉的爱。在我的生活里，我想给他人尤其是我爱的人最好的东西是，应对现实以实现愿望的能力。为了实现增强他们能力的目标，我经常会否定他们的"愿望"，因为这样做将给予他们拼搏的机会，以便他们增强自己的力量，依靠自己实现愿望。这在情感上会让人难以接受，尽管他们在理智上明白，他们需要通过困难体验增强能力，如果我只是给他们东西，就会削弱他们，最终导致他们需要更多的帮助。[1]

当然，大多数人都希望自己没有缺点。我们接受的各种教育和现实经历让我们对自身的缺点感到难堪，并试图掩盖缺点。但能够真实展现自我的人是最快乐的。如果你能以开放的心态看待自身缺点，那么这将解放你，帮助你更好地应对缺点。我建议你不要为自

---

1. 需要说清楚的是，我不是说帮助别人不对。我认为正确的帮助方式是给他们必要的机会和训练，增强他们的能力，从而使他们可以更好地利用得到的机会。俗话说，"自助者天助之"。但这并不容易，尤其是对你关爱的人这么做。要有效地帮助人们从痛苦经验中学习，你必须反复、清楚地解释你这样做的理由，及其背后隐藏的对他们的关怀。如"我的历程"部分所述，我之所以要阐述我的原则，这也是一个重要的原因。

己的缺点感到羞愧，要明白任何人都有缺点。把缺点摆上桌面将帮助你戒掉坏习惯，养成好习惯，获得真正的能力，拥有充足的理由保持乐观。

这一创造性适应与提升的进化过程，即不断寻找、实现和追求更大胆的目标，适用于个人与社会如何前进的问题。它同样适用于逆境，而逆境是不可避免的。你一生中必定会经历某个一败涂地的时刻。你可能工作失败、家庭失败、失去亲人、遭遇严重事故、生病，或者发现你想象的生活永远遥不可及。总会有某些厄运找上你。那时，你将深陷痛苦，可能觉得失去了继续前行的力量。然而，你几乎总是有这样的力量——你最终能否成功，取决于你能否认识到这个事实，尽管可能当时看起来不是这样。

正是由于这个原因，许多经历挫折的人，在成功适应挫折后变得和以前一样快乐，甚至更快乐，尽管当初的挫折似乎是毁灭性的。你的生活质量如何，将取决于你在这些痛苦时刻做出的抉择。一个人的适应能力越强越好。[1] 无论你想实现什么样的生活愿望，你的适应能力、在个人进化之路上快速有效前进的能力，将决定你能否成功和幸福。如果你做得好，你就能改变自己的心理反应模式，使痛苦成为某种你渴望的东西。

1.10 考虑后续与再后续的结果

在认识到自然进化带来的更高层面的结果后，我发现如果人们

---

1. 观察到形势的改变而不断适应的能力更多是一种认识和分析能力，而不是快速学习和处理的能力。

过度重视决策的直接结果而忽视后续和再后续的结果，他们就很难实现目标。这是因为直接结果和后续结果的值得追求性通常是相反的，这会造成决策的重大错误。例如，锻炼的直接结果是痛苦和花费时间，通常被视为不值得追求的，但后续结果是更健康和更具吸引力的形象，这是值得追求的。类似地，好吃的食物往往对你身体不好，反之亦然。

直接结果经常是诱惑，导致我们失去真正想要的东西，直接结果有时也是障碍。这就好像自然正在对我们进行分类：自然扔给我们各种暗藏玄机、结果有好有坏的选择，而那些决策时只考虑直接结果的人会受到惩罚。

而有的人选择自己真正想要的东西，顶住诱惑，克服可能妨碍自己实现目标的痛苦，这样的人拥有成功人生的可能性要大得多。

1.11 接受结果

大部分时候，生活让你做许多决策，给你许多从错误中恢复过来的机会，所以只要你处理得好，就能拥有美妙的生活。当然，有时某些我们无法控制的因素会严重影响我们的生活质量，例如生下来所处的环境、事故与疾病等。但大多数时候，只要以正确的方式应对，最差的情况也能被扭转。例如，我的一个朋友在跳进泳池时撞到了头，导致四肢瘫痪。但他以正确的方式对待这件事，变得和其他人一样快乐，因为快乐可以通过多种途径获得。

我的观点很简单：不管在生活中遇到什么情况，如果你能负起责任，进行良好的决策，而不是抱怨你无法控制的东西，你将更有可能成功并找到幸福。心理学家称此为拥有"内控点",各种研究不断显示,拥有"内控点"的人比其他人做得更好。

所以不要为喜不喜欢自己的处境担忧。生活根本不关心你喜欢什么。你必须根据自己的愿望找到实现愿望的途径,然后鼓起勇气坚持下去。我将在下一条中向你们展示 5 步流程,它曾帮助我了解现实和进化。

1.12 从更高的层次俯视机器

人类拥有独特的从更高层次俯视的能力,这不仅适用于理解现实和现实背后的因果关系,也适用于俯视自身和周围的人。我把这种超越自己和其他人的处境并客观地俯视处境的能力,称为"更高层次的思考"。更高层次的思考能让你研究和影响生活中的各种因果关系,并利用这些因果关系得到想要的结果。

a. 把自己想象成一部在大机器里运转的小机器,并明白你有能力改变你的机器,以获得更好的结果。你有你的目标。我把你用来实现目标的方式称为你的机器。它包括设计(必须做的事)和人(由谁来做这些必须做的事)。人包括你和帮助你的人。例如,想象你的目标是军事目标:从敌人手中夺过一个山头。你设计的机器可能包含 2 名侦察兵、2 名狙击手、4 名步兵等。尽管合理的设计必不可少,但这只是战斗的一半。同样重要的是让合适的人来执行这些任务。为了完成各自的任务,他们需要不同的特性:侦察兵必须跑得快,狙击手必须射得准。这样这部机器才能创造出你追求的结果。

b. 通过比较你获得的结果和你的目标,你就能确定如何改进你的机器。这一评估和改进的过程，与我之前描述的进化过程一模一样。这意味着要看看如何改进或改变设计或人员，以实现你的目标。用图形来展示，这个过程就是一个反馈循环，参见下图。

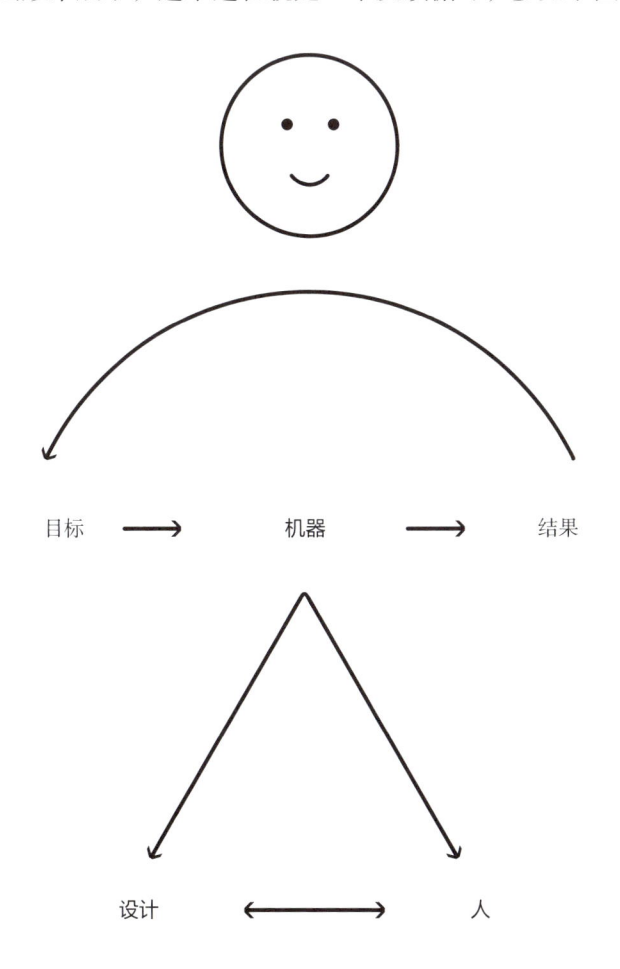

目标 → 机器 → 结果

设计 ↔ 人

c. 区别作为机器设计者的你和作为机器中工作者的你。对人来说最难做的事情之一是客观地在自身所处环境（即机器）中看待自身，从而成为机器的设计者和管理者。大多数人一直都把自己看作机器中的工作者。如果你能够看到这两种角色之间的区别，并且看到成为自身生活的良好设计者与管理者要比成为机器中的工作者重要得多，你就走上了正确的道路。要取得成功，作为设计者和管理者的你必须客观看待作为工作者的你，不高看自己，也不让自己承担不应该承担的任务。大多数人都是凭情感行动，只看眼前，而没有从上述战略性的视角出发。他们的生活中充满了没有方向性的情感体验，随波逐流。如果你想在晚年回顾一生时觉得实现了人生愿望的话，你就不应该这样做。

d. 大多数人犯下的最大错误是不客观看待自己以及其他人，这导致他们一次次地栽在自己或其他人的弱点上。这么做的人不会成功，因为他们固执己见。如果能克服这种倾向，他们就能充分发挥自己的潜能。

所以更高层次的思考是成功的关键。

e. 成功的人能超越自身，客观看待事物并管理事物，以塑造改变。他们能接受其他人的观点，而不是固执己见。他们能客观看待自身（包括自己的长处和短处）和其他人，从而可以让正确的人扮演恰当的角色，以实现他们的目标。如果你学会了这么做，你会发现几乎没有你无法获得的成绩。你只需要学习如何面对自身所处的现实，并把你能利用的所有资源用到极致。例如，假如作为设计者和管理者的你发现，作为工作者的你某件事情做不好，你就应该解雇这个作为工作者的你，找到一个好的替代者，而在此过程中你必须一直作为自身生活的设计者和管理者。如果你发现自己不擅长做什么，你不应该为此难过，而是应该为发现这一点感到高兴，因为知晓这一点并妥善应对，将提升你实现自身愿望的可能性。

如果你发现自己不能把所有事都做到最好，并为此难过的话，你就太幼稚了。没有人能把一切都做好。你会让爱因斯坦加入你的篮球队吗？如果爱因斯坦运球和投篮做得不好，你会看不起他吗？他应该为此感到羞耻吗？想想爱因斯坦会在多少领域无法胜任，再想想即使在那个他独步全球的领域，他付出了多少努力才变得如此优秀。

看别人如何苦拼，让别人看你如何苦拼，会引发各种自我情绪，如同情、怜悯、难堪、愤怒、戒备等。你需要克服这一切，不再把苦拼视为负面的东西。人一生中最好的机会大多数来自苦拼的经历。苦拼是对人的创造性和个性的考验，你应该从这些考验中挖掘出最大的价值。

面对自身弱点，你有4种选择：

1. 你可以否认弱点（这是大多数人的做法）。
2. 你可以承认弱点并应对弱点，努力把弱点转化为优势（能不能成功取决于你的自我改变能力）。
3. 你可以承认弱点并找到绕过弱点的方法。
4. 你可以改变你的目标。

你如何选择对你的人生走向至关重要。第一种是最不好的选择，否认只会导致你不断地栽在自己的弱点上，不断经受痛苦，而不会有其他结果。第二种选择，承认弱点的同时努力把弱点转化为优势，若能成功的话，这也许是最好的做法。但有些事情你永远也不会擅长，改变也需要花费很多时间和精力。如果要用一个标准来判断你是否应该沿着这条路走下去，那么最好的标准是看你要做的事是否符合自己的特性（即你天然具有的各种能力）。第三种选择，承认弱点的同时努力想办法绕过去，是最容易、通常也最可行的道路，但这是走的人最少的路。第四种选择，改变自己的目标，也是一种不错的选择，但这需要你有很大的灵活性，能够克服自己的各种先入之见，努力找到和你匹配的目标并享受新的过程。

f. 在你不擅长的领域请教擅长的人，这是一个你无论如何都应该培养的出色技能，这将帮助你建立起安全护栏，避免自己做错事。所有成功的人都善于这么做。

g. 因为客观看待自身很困难，所以你需要依赖其他人的意见，以及全部证据。我知道自己的一生也充满了错误，也得到了许多很好的反馈意见。凭借着从更高的层次俯视所有这些证据，我才得以改正我的错误，追求我的目标。尽管我已经这样做了很久，但我依然明白我无法客观地看待自己，所以我至今仍然很依赖其他人的意见。

h. 如果你的头脑足够开放，你也足够有决心，那么你几乎可以实现任何愿望。所以可以肯定的是，我不会劝阻你追求自己设定的目标。同时，我建议你思考你追求的目标是否符合你的特性。不管你的特性是什么，总是有很多条道路适合你，所以不要固守一条道路。如果一条特定的道路走不通，你只需要找到另一条符合自己特性的好道路。（在后面的"理解人与人大不相同"中，你将学到很多关于如何识别自身特性的知识。）

但大多数人缺乏勇气克服自身弱点，也缺乏勇气做出这一改变所要求的不容易做出的抉择。归根结底，这可以总结为以下 5 项抉择：

1. 不要混淆你的愿望和事实。
2. 不要为自身形象担心,只需关心能不能实现你的目标。
3. 不要过于重视直接结果而忽视后续、再后续的结果。
4. 不要让痛苦妨碍进步。
5. 不要把不好的结果归于任何人,从自己身上找原因。

不好

**拒绝直面
"严酷的现实"**

好

直面
"严酷的现实"

不好

担心自己的形象

好

关心如何实现目标

不好

只根据直接结果做决策

好

根据直接结果、后续结果和再后续结果做决策

不好
让痛苦阻碍自己进步

好
理解如何管理痛苦以取得进步

不好
不自己负起责任，
也不会从其他人那里找原因

好
从自己和其他人那里找原因，
负起责任

2 用 5 步流程实现你的人生愿望

在我看来,个人进化过程(即我在上一条描述的循环)通过5个不同的步骤发生。如果你能把那5件事都做好,你几乎肯定可以成功。这5步大概为:

1. 有明确的目标。
2. 找到阻碍你实现这些目标的问题,并且不容忍问题。
3. 准确诊断问题,找到问题的根源。
4. 规划可以解决问题的方案。
5. 做一切必要的事来践行这些方案,获得成果。

这5步加起来构成一个循环,如下页图所示。现在我们来更细致地考察这一流程。

首先,你要选择你追求什么,即你的目标。对目标的选择将决定你的方向。当你追求目标时,你将遇到问题,一些问题将迫使你直面自己的缺点。如何应对由此带来的痛苦,取决于你自己。要想

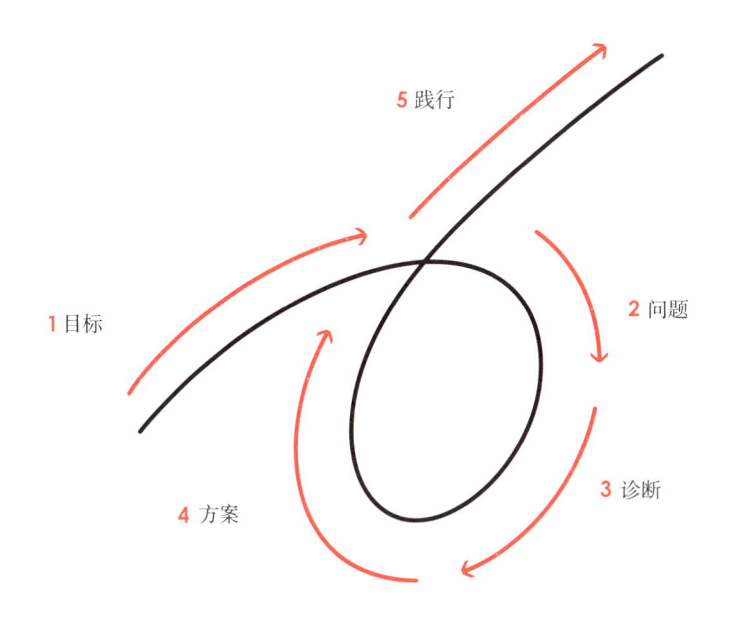

```
        5 践行

1 目标           2 问题


                 3 诊断
      4 方案
```

实现目标，你必须沉着冷静，以便准确地诊断你的问题，进而规划一个方案来解决问题，然后做一切必要的事来践行方案，获得成果。接着，你考察自己取得的这些新成果，并重复上述过程。为了快速进化，你必须迅速、持续地这么做，不断设定更高的目标。

你要成功就必须做好每一步，而且必须按顺序一步步来。例如，设定目标的时候就只设定目标，不要想如何实现目标或者出错了怎么办。当你诊断问题的时候，不要想你将如何解决问题，只是诊断。混淆这两个步骤会导致不理想的结果，因为这会妨碍你发现真正的问题。这个过程是层层递进的：认真做好每一步，你将获得必需的信息，以便进行到下一步并将其做好。

你必须以清醒、理性的方式来推进这个过程，从更高的层面俯视自身，做到一丝不苟的诚实。如果你被自己的情绪压倒，就退后一步，暂时停下来，直到恢复清醒思考的能力。必要时，向冷静、善于思考的人请教。

为了帮助自己保持专注和高效，你可以假设自己的人生是一场武术比赛或一场游戏，目标是克服一个挑战，达成一个目标。一旦你接受了游戏规则，对于不断出现的挫折导致的不舒服，你就会感到习惯。你永远都无法把所有的事情都做得完美：错误是不可避免的，是生活的一部分，你需要认识和接受这一点。好消息是你犯的每个错误都能教给你一些东西，所以学无止境。你将很快认识到，各种各样的借口，如"这太难""这看起来不公平"，甚至"我不可能做到"，都是没有价值的，而你坚持下去就会有收获。

那么，假如你不具备成功所需的所有技能，怎么办？不要为此担心，因为所有人都这样。你只需知道什么时候需要这些技能，你能从哪里学到这些技能。经过练习，当你在游戏过程中面对逆境的时候，你终将拥有不可阻挡的冷静和自信，连你都将不敢相信自己实现目标的能力。

现在来看看每一步应该怎么走。

2.1 有明确的目标

a. 排列优先顺序：尽管你几乎可以得到你想要的任何东西，但你不可能得到你想要的所有东西。生活就像一个巨大的餐盘，里面装着各种你意想不到的美食。选择一个目标通常意味着放弃你想要的一些东西，以得到另一些你更想要或更需要的东西。有的人还没有起步，在这一步上就失败了。他们害怕为了更好的东西而放弃好东西，试图同时追求太多目标，最终却几乎一个都不能实现。不要因为选择太多而感到沮丧，无所适从。除了能让自己快乐的东西之外，你还可以拥有很多东西。做出自己的选择并持守它。

b. 不要混淆目标和欲望。合理的目标是你真正需要实现的东西，欲望则是你想要但会阻止你实现目标的东西。欲望通常是直接结果。例如，你的目标也许是身材健美，而你的欲望是吃好吃但不健康的食物。不要误会我的意思，假如你想成为一个整天吃零食、看电视的人，那也可以。你的目标你自己定。但如果你不想成为那样的人，最好不要打开那包薯片。

c. 调和你的目标和欲望，以明确你在生活中真正想要的东西。以激情为例。没有激情的生活枯燥乏味，你不会愿意过，但关键在于如何处理自己的激情。是让激情消耗你，驱使你做出不理性的行为，还是你驾驭激情，从而得到动力来追求你真正的目标？如果你把欲望和目标这两个层面都处理好，最终就能感觉很充实。

d. 不要把成功的装饰误认为成功本身。有追求成就的方向感是很重要的。有的人痴迷于一双1 200美元的鞋或一辆时髦的汽车，这样的人很少会感到快乐，因为他们不知道自己真正想要的是什么，不知道什么能满足自己。

e. 永远不要因为你觉得某个目标无法实现就否决它。你要放心大胆地去做。总有一条最好的道路，你要做的是找到它，鼓起勇气沿着它前进。你所认为的可以实现只是根据眼前认识做的判断。一旦开始追求目标，你会学到很多，尤其是在和他人沟通的情况下，你从未预想过的道路会呈现。当然，也有一些不可能或近乎不可能的事，例如让一个身材矮小的人在一个职业篮球队成为主力，或者让一个 70 岁的人在 4 分钟以内跑 1 英里[1]。

f. 谨记伟大的期望创造伟大的能力。如果你把目标只限定为明知自己能实现的东西，你的自我要求就太低了。

g. 如果你拥有灵活性并自我归责，那么几乎没有什么能阻止你成功。灵活性能让你接受现实（或者有见识的人）给你的教益。自我归责很重要，因为如果你真的相信未能实现某个目标是你自己的失败，那你就会把这一失败视为一个提醒，它说明相对于你的任务而言，你的创造性、灵活性和坚定性还不够。这样会大大提高你寻找方法的积极性。

h. 把握时机，站上事业的潮头。有时你在朝着一个方向前进时，可能感觉还有其他目标、梦想值得探索。在这种情况下，我能给出的最好建议是，生活就像冲浪，当你赶上一波潮头时，抓住机会站上去并往前冲，直至其逐渐回落。不断比较你当前的赛道和其他值得探索的可能性——看准时机，搭上一波最大的浪潮。

i. 知道如何对待挫折和知道如何前进一样重要。有时你知道你正在不可避免地走向一场大挫折。生活中总会遇到这样的挑战，有的挑战在当时看来似乎具有毁灭性。在逆境中，你的目标应该是守住自己的成绩，尽量减少损失，或者直面不可挽回的损失。你的任务是始终做出尽可能好的选择，并清楚如果这么做，你就会得到回报。

---

1. 1 英里 ≈ 1.61 千米。——编者注

2.2 找出问题，并且不容忍问题

a. 把令人痛苦的问题视为考验你的潜在进步机会。尽管你一开始不这么觉得，但你遇到的每个问题都是一个机会。因此，你必须把问题摆上桌面。大多数人不喜欢这么做，尤其是当问题会暴露他们或他们所在意的人的缺点时，但成功人士知道自己必须这么做。

b. 不要逃避问题，因为问题根植于看起来并不美好的残酷现实。思考难以解决的问题也许会让你焦虑，但不思考（因此不尝试解决）肯定会让你更焦虑。当问题的原因是自身缺乏某种天赋或技能时，大多数人会感到羞愧。要克服这种羞愧。再强调也不为过的是，承认你的弱点并不是向弱点投降，而是克服弱点的第一步。你感受到的痛苦是"成长的痛苦"，它将考验你的个性，在你忍痛前行时给你回报。

c. 要精准地找到问题所在。你应该找准问题，因为不同的问题有不同的解决方案。如果问题的原因是技能不足，那么你也许应当增加练习；如果问题的原因是某种固有的弱点，那么你也许需要寻求他人的帮助，或者改变你扮演的角色。比如，如果你不擅长会计事务，就聘请一个会计。如果问题的原因是某个其他人的弱点，那么必要时就用擅长的人替换他。事情就是这样。

d. 不要把问题的某个原因误认为问题本身。"我无法得到充足的睡眠"不是一个问题，而是一个问题的潜在原因（或者可能是问题的结果）。为了清晰地思考，你应该先确认不良的结果是什么，比如"我的工作表现很差劲"。这个问题也许是睡眠不足造成的，也许是别的因素造成的，但为了确定这一点，你必须清楚地知道问题是什么。

e. 区分大问题和小问题。你的时间和精力有限，确保你正将其用于探寻大问题，即一旦解决便能带来最大回报的问题。但同时，留出足够多的时间来探寻小问题，以确保这些小问题不是更大问题的征兆。

f. 找出一个问题之后，不要容忍问题。容忍问题的结果和找不到问题一样。不管你出于什么原因容忍问题，如你认为问题无法解决、你不怎么在乎问题是否解决、你无法付出足够的精力解决问题，只要你没有战胜问题的意志，你就处于毫无希望的境地。你必须养成一种对任何性质的恶习都绝不容忍的习惯，无论其程度是重还是轻。

2.3 诊断问题，找到问题的根源

a. 先把问题是什么弄明白，再决定怎么做。一瞬间就确定一个严峻的问题并提出解决方案，这是一种常见的错误。战略思考既需要诊断也需要规划。一次良好的诊断通常需要15~60分钟，具体时间取决于诊断的效率和问题的复杂性。你需要与合适的人交流，一起分析证据，以确定根本原因。像原则一样，根本原因也不断在看似不同的情境中出现，找到并处理根本原因也会不断带来回报。

b. 区分直接原因和根本原因。直接原因通常是导致问题的行动（或不行动），所以通常用动词描述（我因为没有查列车时刻表而错过了火车）。根本原因是更深层的原因，通常用形容词描述（我因为健忘而没有查列车时刻表）。只有消除根本原因才能真正解决问题，为此你必须区分症状和疾病本身。

c. 认识到了解人（包括你自己）的特性，有助于对其形成合理预期。如果你想让周围的人都拥有你想要的特性，就必须克服自己的犹豫不决，对人做出评估。这也适用于你自己。人总是难以识别并承认自身的弱点，有时这是因为没有自知之明，但更常见的原因是，自尊心起了阻碍作用。很有可能你周围的人出于不想伤害你，也不愿指出你的错误。你和他们都需要克服这些问题。最大限度地发挥自身潜力的人和其他人最大的区别是，他们愿意客观看待自身和其他人，并知道阻碍他们实现目标的根本原因是什么。

2.4 规划方案

a. 前进之前先回顾。回顾一下在你到达现在所处的位置之前，你经历过什么（或做过什么），然后设想为了实现你的目标，你和其他人未来应该怎么做。

b. 把你的问题看作一部机器产生的一系列结果。通过俯视你的机器并思考如何改变这部机器以创造更好的结果，来从事更高层次的思考。

c. 谨记实现你的目标通常有很多途径。你只需要找出一条有效途径。

d. 把你的方案设想为一个电影剧本，然后循序渐进地思考由谁来做什么事。先草拟一个大概的方案（如"招聘到人才"），然后改进。你应当从总体框架出发，一步步落实到具体任务和预计的时间线（如"在未来两周里选好能找到人才的猎头"）。无疑，在你推进的过程中，成本、时间、人员等方面的现实问题都会浮现，这将促使你进一步完善方案，直到机器里的所有齿轮都啮合良好、流畅运转。

e. 把你的方案写下来，让所有人都能看到，并对照方案执行。你在方案中应当巨细靡遗地写明谁在何时完成什么任务。任务、方案和目标是不同的，不要将其混淆。谨记，任务是方案和目标之间的纽带。

f. 要明白，规划一个好方案不一定需要很多时间。草拟和完善一个方案，可以用短短几个小时，也可以用几天甚至几周，但这个过程是必不可少的，因为它决定了你要做什么才能有效。太多人犯的错误是，一心想着执行，所以几乎不花时间来规划。谨记：规划先于行动！

2.5 坚定地从头至尾执行方案

a. 规划做得再好，不执行也无济于事。你需要坚定地执行方案，这需要严格遵守方案的自律。你应当时刻谨记任务与其意在实现的目标之间的联系。当你觉得看不清它们之间的联系时，就暂停一下，问问自己为什么看不清。找不到原因，你就肯定会迷失自己的目标。

b. 良好工作习惯的重要性常被大大低估。成功执行方案的人都拥有合理排序的应做事项列表，并会确保每一项都有井然有序的标记。

c. 建立清晰的衡量标准来确保你在严格执行方案。理想的做法是让其他人客观评估并报告你的进度。如果你未能实现目标，这就是另一个需要诊断和解决的问题。很多成功的、有创造力的人都不善于执行，他们因和高度可信赖的任务执行者建立互助互利的关系而取得了成功。

成功的诀窍就是这些!

谨记,这 5 步中的每一步都源自你的价值观。你的价值观决定了你想要什么,即你的目标。同时谨记,这 5 步是层层递进的。每完成一步,你都会获得一定的信息,很可能有助于你改进其他步骤。这 5 步都完成后,你可以设定一个新目标,再做一遍。如果这个流程行之有效,那么你的目标会变得比你的规划慢,你的规划会变得比你的任务慢。

最后还有一件重要的事:你必须善于综合分析,善于塑造。前 3 步——设定目标、找出问题、诊断问题,都是综合分析(意思是既明白你的目标也知晓现实进度)。规划解决方案和确保方案落实是塑造。

2.6 谨记:如果你找到了解决方案,弱点就是不重要的

你几乎肯定不可能把每一步都做好,因为每一步都要求不同类型的思维,而几乎没有人能擅长运用所有思维。例如,设定目标(如确定你希望自己的生活是什么样子)需要你擅长更高层次的思考,如设想未来、优先排序;找出并且不容忍问题,需要你明察秋毫,擅长综合分析,始终保持高标准;诊断问题需要你理性思考,能够看到多种可能性,并愿意与其他人进行高质量的交流;规划方案需要你拥有想象力和现实感;执行方案需要你自律,有良好的工作习惯,拥有结果导向的思维。你认识的哪个人拥有所有上述品质?也许没人拥有。但要实现真正的成功就必须好好做完上述这 5 步。那

么你应该怎么做？最重要的是要谦逊，这样你就能从其他人那里得到你所需要的东西！

每个人都有弱点。人们犯错误的类型通常能揭示他们的弱点在哪里。通往成功的第一步是知道你的弱点在哪里，并洞察和应对这些弱点。

a. 考察你犯错误的类型，并识别你通常在5步流程中的哪一步上做得不好。你还需要请其他人就此表达意见，因为所有人都无法彻底客观地看待自己。

b. 每个人都至少有一个最大的弱点阻碍其成功，找到你的这个弱点并处理它。把你最大的弱点写下来（如找出问题、规划解决方案、执行落实），并写下其原因（如你被情绪左右，你无法预见各种合理的可能性）。尽管包括你在内的大多数人面临的重大障碍不止一个，但如果你能消除或者想办法规避这个最大的弱点，你将大大改善你的人生。只要你认真对待，你几乎肯定能成功处理这个最大的弱点。

你可以自己把它处理掉，也可以找人帮你更好地处理。成功有两条路：（1）自己拥有成功所需的要素；（2）从其他人那里得到成功所需的要素。第二条路需要你谦逊。谦逊和你自己有能力一样重要，甚至比你有能力更重要。谦逊和能力兼有是最好的。下面的内容可能会让你觉得有帮助。

2.7 理解你和其他人的"意境地图"与谦逊性

有的人很擅长自己把问题和解决办法搞明白，这样的人拥有良好的"意境地图"。也许他们通过学习掌握了这种能力，也许他们天生就富有理性和常识。无论是哪种情况，他们自己找到解决方案的能力更强。同时，还有一些人比其他人更谦逊，头脑更开放。如果谦逊能引导你找到比自己想出来的更好的解决办法的话，就可以说谦逊比拥有良好的"意境地图"价值更大。既头脑开放又拥有良好"意境地图"的人是最强大的。

为了说明这个简单的概念，我们可以画一个坐标系，Y 轴代表一个人的"意境地图"（换句话说就是认知能力），X 轴代表一个人谦逊和头脑开放的程度，从 1 到 10 依次增强，如下图所示。

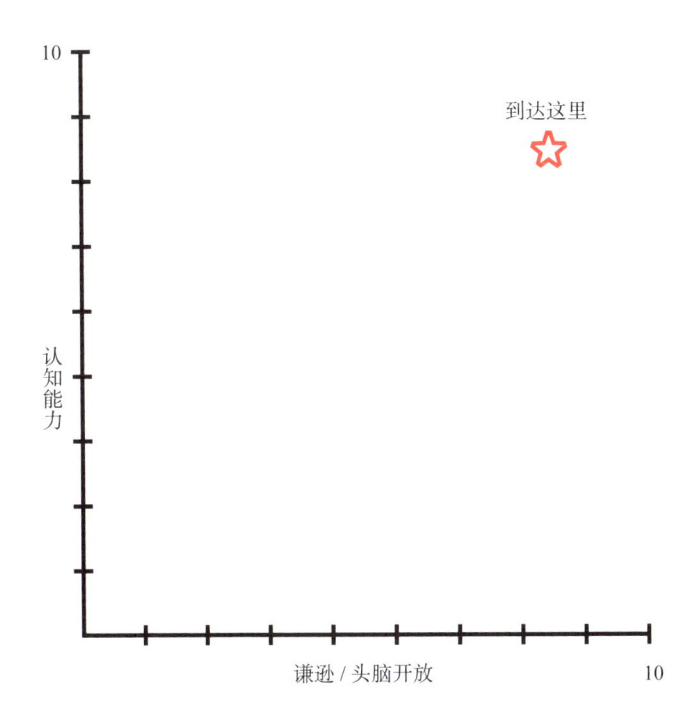

到达这里

认知能力

谦逊 / 头脑开放

所有人一开始都位于左下方,"意境地图"不好,头脑也不开放,而大多数人一生都会悲剧性地、顽固地留在那个位置。你可以沿着 Y 轴进步(通过学习如何更好地做事),也可以沿着 X 轴进步。这两种方式都能提升你的认知和解决问题的能力。如果你的"意境地图"好而头脑不够开放,那么这也不错,但不能说太好,你仍将错过很多有价值的东西。类似地,若你头脑很开放而"意境地图"不好,你或许将难以选择正确的人来请教,难以选择正确的观点来借鉴。既有良好的"意境地图"又有开放的头脑的人,总是可以击败不是两者皆有的人。

现在花点儿时间来想想你应该走哪条路来提升自己的能力。你觉得自己处在这个坐标系的什么位置?问问别人他们觉得你在什么位置。

一旦你明白自己的短板在哪里,并变得头脑开放从而可以得到其他人的帮助,你就会发现,你几乎没有实现不了的东西。

在通常情况下,大多数人都做不到这一点。在下面的章节中,我将分析原因,并阐述如何纠正这个问题。

3 做到头脑极度开放

这也许是全书最重要的一条，因为它将阐述如何克服影响大多数人实现人生愿望的两大障碍。这两大障碍因人类大脑的运行方式而存在，所以几乎每个人都会遭遇它们。

3.1 认识你的两大障碍

影响合理决策的两个最大的障碍是你的自我意识和思维盲点。这两个障碍让你难以客观地看到你和你所处环境的真相，难以通过最大限度地利用他人的帮助来做出最佳决策。如果你能理解人类大脑这部"机器"是如何运行的，就能明白这两个障碍为何存在，以及如何改变你的行为，从而让你自己更快乐、更高效、更擅长和他人交流。

a. 理解你的自我意识障碍。我说的"自我意识障碍"是指你潜意识里的防卫机制，它使你难以接受自己的错误和弱点。你有一些根植于内心最深处的需求和恐惧，例如需要被爱，害怕失去别人的爱；需要生存，害怕死亡；需要让自己有意义，害怕自己无意义。这些需求都源自你大脑里的一些原始部分，如杏仁核。这些原始部分都是颞叶里的构造，而颞叶处理情绪。因为你大脑的这些区域是你感知不到的，所以你几乎不可能理解它们需要什么，它们如何控制你。这些区域会简单化地处理事物，做出本能的反应。这些区域渴望赞誉，把批评视为一种攻击，尽管大脑更高级的部分能够理解，建设性的批评对你有利。这些区域使你产生戒备心理，尤其是在涉及对你的完美性进行评价的时候。

更高级的意识源于你的大脑皮质，更具体地说是在叫作"前额叶皮质"的部分。这是你的大脑里最具有人类特征的部分。相对于大脑的其余部分，人类的前额叶皮质比大多数其他物种的大。你会通过这一部分清醒地感知到自己在做决策（称为大脑的"执行功能"），在应用逻辑和推理。

b. **"两个你"在争夺对你的控制权。**这就像化身博士一会儿是杰基尔博士，一会儿是海德先生一样，只不过较高层次的你意识不到较低层次的你。这一冲突是无所不在的。如果你足够仔细地观察，你确实能看到人脑两个不同部分争吵的情况。例如，当一个人"对自己感到愤怒"时，他的前额叶皮质在和杏仁核（或者大脑其他较低层次的部分[1]）争吵。当一个人问："我怎么放任自己把这一整块蛋糕都吃了？"答案是"因为较低层次的你战胜了深思熟虑的较高层次的你"。

---

1. 大脑是一个内部连接高度紧密的器官，有很多不同的构造，负责产生我们的思想、感觉和行动。我在讲述这些情况时采用了一些通俗说法，如情绪性的"战还是逃"的反应只由杏仁核产生，尽管精确的神经解剖学更为复杂。我将在下一条更详细地说明这个问题。

一旦你理解了"有逻辑和有意识的你"与"情绪化和潜意识的你"是如何交战的，你就可以设想，你的"两个你"是如何同也有"两个自我"的其他人打交道的。这很复杂。较低层次的自我就像经过训练的斗犬，始终保持战斗意识，而较高层次的自我想把事情搞明白。这很容易让人感到困惑，因为不管是你还是与你打交道的人，通常根本就不知道自己大脑里有这些较低层次的"野兽"，更不用说这些"野兽"在试图绑架所有人的行为了。

我们来看看当有人和你意见不同并要求你解释你的想法时，会发生什么样的事。因为你的大脑构造让你把这样的做法视为攻击，所以你会变得愤怒，尽管你更合理的反应应该是对另一方的观点产生兴趣，尤其是当这些观点显得很明智的时候。当你试图解释自己的愤怒行为时，这些解释令人无法理解。这是因为，在你愤怒时，是较低层次的你在通过较高层次的你说话，深植于你内心的各种隐蔽动因在控制你，导致你无法理性地解释"你"的行为。

连最聪颖的人也会表现出这样的行为，这很令人遗憾。要有效行事，你就绝不能允许"想要自己正确"的需求压倒"找出真相"的需求。如果你对自己掌握的知识和擅长的事情过于自豪，你学到的东西就会变少，决策质量就会变低，也将难以充分发挥自己的潜力。

c. 理解你的思维盲点障碍。 除了自我意识障碍之外，你（以及其他所有人）还有思维盲点，即你的思维方式有时会阻碍你准确看待事物。就像人类的辨音辨色能力有差异一样，我们认识和理解事物的能力也有差异。我们以自己的方式看待事物。例如，一些人就是能看到大图景但看不到小细节，另一些人就是能看到小细节但看不到大图景；一些人习惯线性思维，另一些人习惯发散思维，等等。

所以很自然，人们无法理解自己看不到的东西。没有识别规律和综合分析能力的人，不知道识别规律和综合分析是怎么回事，就像一个色盲不知道能辨色是怎么回事一样。与人类身体功能的差别相比，人类大脑功能的差别并没有那么明显。色盲最终会发现自己是色盲，但大多数人从来都不知道或不理解是他们的思维方式导致他们看不到一些东西。让问题变得更复杂的是，尽管人都有思维盲点，但我们不愿意看到这个事实。当你指出某个人的心理弱点时，对方的反应通常像你指出了他的身体缺陷一样。

如果你跟大多数人一样，那么你就不会明白其他人看待事物的方式，也不善于探求其他人的想法，因为你一心只想着告诉对方自己认为正确的想法。换句话说，你是一个头脑封闭的人，有太多先入之见。头脑封闭的代价极为高昂：当其他人向你展示各种美妙的可能性和可怕的威胁时，你会视而不见；当其他人提出可能是建设性甚至能救命的批评时，你也不能领会。

这两大障碍造成的最终结果是，出现意见分歧的各方始终坚信自己是对的，而且往往以对彼此生气而告终。这是不理性的，也会导致人们无法做出最优决策。人们觉得，当两个人得出相反的结论时，必有一个是错的。你不想那个错的人是你，这有什么不对吗？

这种无法从其他人的想法中获益的现象，不只出现在产生分歧的时候，当人们遇到难解的问题时也会出现。大多数人在试图弄明白某件事时是在自己的脑子里思索，而不是参考所有他们能得到的好想法。结果是他们不断地跑向自己看到的东西，不断地在自己的盲点上撞墙，直到失败迫使他们适应和进化。适应和进化有3种途径：（1）训练自己的头脑以反直觉的方式思考（例如有创造力的人通过自律和练习变得更有条理）；（2）利用辅助机制（例如程序化的提醒器）；（3）在自己的短板上，依靠擅长者的帮助。

想法的不同不一定导致分裂，也可能产生相辅相成的效果。例如，有创造力的人通常持发散思维，这可能导致他们难以信靠，而线性思维者往往更值得信赖；一些人更情绪化，另一些人更理性；等等。在任何复杂的计划中，缺少拥有互补性能力的人的帮助，任何人都无法成功。

亚里士多德把悲剧定义为，人的致命缺陷导致的可怕结果。而假如人能弥补缺陷的话，这本可带来美好的结果。在我看来，自我意识和思维盲点这两大障碍就是人的致命缺陷，导致聪颖勤奋的人无法发挥自身的全部潜力。

你想知道如何克服这两大障碍吗？你能做到，任何人都能做到。我告诉你方法。

3.2　奉行头脑极度开放

如果你知道自己有盲点，你就能找到一种解决办法，但假如你不知道，你将持续不断地栽在相同的问题上。换言之，如果你能承认自己有盲点，并以开放的心态接受其他人可能在某件事上比你看得更准，他们试图指出的威胁或机会确实存在，那么你就更有可能做出良好的决策。

头脑极度开放的基础是一种真诚的担忧：你在决策时看到的情况也许并不是最符合事实的情况。头脑极度开放是一种能力：有效地探析各种不同的观点和不同的可能性，而不是让你的自我意识或思维盲点阻碍你。这需要你克服对自己始终正确的渴望，愉悦地探求事实。奉行头脑极度开放的话，较低层次的你就无法控制你，而始终是较高层次的你在观察和考量所有不错的选择，做出最佳决策。如果你能获得这种能力（只要练习你就能），那么你将能更有效地应对各种现实情况，大大改善自己的生活。

大多数人不明白什么是"头脑极度开放"，他们只是把头脑开放理解为"承认自己可能是错的"，但依然顽固地坚持自己的任何观点，不寻求理解其他观点背后的理由。要做到头脑极度开放，你必须：

a. 诚恳地相信你也许并不知道最好的解决办法是什么，并认识到，与你知道的东西相比，能不能妥善处理"不知道"才是更重要的。大多数人做出糟糕的决策是因为他们确信自己是对的，不让自己看到确实存在的更好的选项。头脑极度开放的人知道，找到问题的所有答案很重要，但提出正确的问题并向其他聪明人请教也很重要。他们明白，如果你不在一种"不知道"的状态下探索一段时间，你就不可能做出很好的决策。这是因为，与任何人知道的任何东西相比，"不知道"区域里的东西要重要得多，令人兴奋得多。

b. 认识到决策应当分成两步：先分析所有相关信息，然后决定。大多数人不愿考虑与他们已经得出的结论不符的信息。当我问其原因时，常见的回答是"我想自己做决定"。这些人似乎以为，考虑对立观点会威胁他们自行做决定的能力。没有比这更荒谬的了。听听其他人的观点并加以考虑，绝不会削弱你独立思考、自主决策的自由，只会让你在决策时有更宽广的视角。

c. 不要担心自己的形象，只关心如何实现目标。人们通常在其实没有办法的时候试图证明自己有办法。人为什么会做这种毫无成效的事情？这一般是因为他们相信一种常见的荒谬观点：厉害的人知道所有答案，没有任何缺点。这种观点既不符合事实，也会阻碍他们成长。致力于做出最佳决策的人，很少坚信自己已经掌握了最好的答案。他们承认自己有缺陷和盲点，并总是试图了解更多，以克服缺陷和盲点。

d. 认识到你不能"只产出不吸纳"。大多数人的情况是，与"吸纳"（学习）相比，"产出"（表达想法和制造东西）的热情似乎要高得多。就算一个人的首要目标是"产出"，这也是一个错误，因为不"吸纳"的话，"产出"也不会好。

e. 认识到为了能够从他人的角度看待事物，你必须暂时悬置判断，只有设身处地，你才能合理评估另一种观点的价值。头脑开放不是指对自己不相信的东西无所谓，也不是顽固、不理性地坚持自己的观点，而是考虑其他人的理由。要做到头脑极度开放，你必须高度接受自己错了的可能性，可以鼓励其他人告诉你错在哪里。

f. 谨记，你是在寻找最好的答案，而不是你自己能得出的最好答案。最好的答案不一定是你想出来的，你也可以在其他人那里找到。如果你真的客观看待事物，你就必须承认，你总是拥有最好答案的可能性是很小的，而且就算你有最好的答案，在未经其他人考问之前，你也不能如此确信。所以，知道你自己不知道，这是无比重要的。自问一下：我是不是只从自己的视角看待这个问题？如果真是这样，你就应该知道，这种做法有极大的缺陷。

g. 搞清楚你是在争论还是在试图理解一个问题，并根据你和对方的可信度，想想哪种做法最合理。如果双方水平相当，争论就是合理的；如果一方在这方面明确比另一方更有知识，就应该让一方做老师，另一方做学生去请教。要做好这一点，你必须理解"可信度"这一概念。我定义的"可信"的人有两个特征：曾反复地在相关领域成功找到答案（至少成功过 3 次，拥有过硬履历）；在被问责的情况下能对自己的观点做出很好的解释。

假如在某个问题上有一个人可信，或者至少比你可信（例如当你和医生讨论你的健康状况的时候），而你和他的观点不同，你就应该清楚，你是在提问题，因为你是在试图理解对方的观点。相反，如果你显然是双方中更可信的人，你就应该礼貌地提醒对方这一点，并建议他向你提问题。

所有上述策略都可以归结为两个做法。如果你想成为头脑极度开放的人，你就应该掌握它们。

3.3 领会并感激：深思熟虑的意见分歧

当两个人的观点截然相反时，很可能有一个人是错的。搞明白是不是你错了，对你有好处。所以我认为，你必须领会并感激一种技艺：深思熟虑的意见分歧。在深思熟虑的意见分歧中，你的目标不是让对方相信你是对的，而是弄明白谁是对的，并决定该怎么做。在深思熟虑的意见分歧中，双方的动机都是真诚担忧错过重要观点。你们彼此要真正看到对方看到的东西，也就是说，你们的"更高层次的自我"努力探寻事实，这样的交流使双方受益匪浅，并能释放出巨大的未被发掘的潜力。

要做好这一点,你的沟通方式应该要让对方觉得,你只是在试图理解。[1]你应该提问而不是做出陈述,以平心静气的方式进行讨论,并鼓励对方也这么做。记住,你不是在争论,而是在开放地探求事实。你要保持理性,并期待对方也保持理性。如果你冷静,平等对待对方,尊重对方,效果就会好得多。相关的练习可以让你更擅长这么做。

在我看来,人们在发生分歧时变得愤怒是毫无意义的,因为大多数分歧与其说是威胁,不如说是学习的机会。在学到东西后改变想法的人是赢家,顽固拒绝学习的人是输家。这不是说你应该盲目接受其他人的结论。在我看来,你既要头脑开放也要坚定:你既应该考虑和思索各种相互冲突的可能性,也应根据了解到的情况,随时迅速地调整自己的想法,接受可能正确的东西。有的人能轻易做到这一点,其他人却不行。一种检验你做得好不好的方式是,把和你有分歧的人的观点,向对方复述一遍。如果他说你复述得对,就说明你做得很好。我还建议双方都遵守"两分钟法则",两分钟内不许打断对方,以便对方有时间把想法说清楚。

一些人担心这样做太费时间。通过了解分歧来解决问题确实颇费时间,但你把时间花在这上面才叫物有所值。关键是你要对花时间干什么、和谁花这时间进行排序。很多人都会和你产生分歧,但你不应该考虑所有人的观点。对任何人都头脑开放不一定有好处,你应该花时间和你能找到的最可信的人探讨观点。

---

[1] 一种方式是问对方这样的问题:"你更愿意我坦率表达想法和问题,还是把它们埋在心里?""我们是要尽力说服对方自己是对的,还是聆听彼此的观点,以尝试发现事实,并决定如何行动?""你是在和我争论还是在寻求理解我的观点?"

如果你们发现讨论陷入了僵局，就商定一个你们都尊重的人，让他帮着主持讨论。最没有成效的方式是你在自己脑子里试图把事情想明白（这是大多数人的倾向），或者在讨论收效已不断减少的情况下继续浪费时间。发生这样的情况时，你们应该转向更有成效的方式——达成相互理解，这不等于达成一致。例如，你们都同意保持分歧。

为什么人们通常不用上述方式来讨论？因为大多数人本能地不愿表达分歧。例如，如果两个人去到一家餐馆，一个人说他喜欢这家餐馆的菜，那么另一个人通常会说"我也喜欢"，或者什么也不说，尽管他心里不喜欢。不愿表达分歧的原因是，"较低层次的你"误以为分歧是冲突。所以做到头脑极度开放并不容易：你必须自学这种技艺，在交换意见时努力让你和对方都不出现这种反应。当年普林斯、瓦格纳和伯恩斯坦告诉我，我让别人感觉他们被轻视时，我就在努力掌握这种技艺。

观点错误并据其做出糟糕的决策，而不是奉行深思熟虑的意见分歧，这是人类的最大悲剧之一。如果人们能奉行深思熟虑的意见分歧，将很容易让所有领域的决策大大改善，包括公共政策、政治、医药、科学、慈善、人际关系等。

3.4 和可信的、愿意表达分歧的人一起审视你的观点

我既单独询问专家，也鼓励专家在我面前展现深思熟虑的意见分歧，而且我可以问问题。通过这么做，我既降低了自己犯错的可能性，也学到了很多东西。当我和专家有分歧，或者专家彼此之间

有分歧时，效果最为明显。拥有这种能力的聪明的人是最好的老师，比站在黑板前例行公事授课的教授要好得多。我经常把由此获得的知识总结为原则并不断改进，以应用于未来出现的类似情况。

有时问题太过复杂，我难以在有限的时间内理解，这时我会让在这方面知识更丰富、可信度更高的人帮我做决策，但我仍然会旁听他们以深思熟虑的方式发表不同意见。我发现大多数人不这么做，而是更喜欢自己做决定，即使是在他们没有在这方面做出相应判断所需能力的时候。他们这是在向较低层次的自我屈服。

这种审视多个可信者的观点的做法，能对你的生活产生深刻的影响。我知道在一件事上，这种做法对我构成了生与死的差别。2013年6月，我去约翰斯·霍普金斯医院做年度体检，医生说我出现了一种癌症前期症状，其称为巴雷特食管高级别异型增生。组织异型增生是癌症的早期症状，演变成食管癌的可能性相对较大，每年的发病率约为15%。食管癌是致命疾病，所以如果不接受治疗的话，我就很可能在3~5年里患上癌症并死去。对我这种情况的常规治疗方案是切除食管，但因为我的一些特殊病情，这种治疗方案不适合我。医生建议我先观望病情发展。

在接下来的几周里，我开始为最终的死亡做准备，但也奋力求生。我喜欢：

a. 为最坏的情况做准备，以尽量使其不那么糟糕。我感到很庆幸，因为这一病情预断给了我足够的时间来做安排，以确保我最关心的人在没有我的情况下依然安好，并在仅剩的时间里与他们一起体味生活。我可能还有时间和我刚刚出生的第一个孙子混熟，但我不敢保证有足够的时间。

但正如你所知，我不喜欢简单听从别人的意见，即使是专家的意见，相反，我喜欢和可信的人一起审视各种意见。于是我也让我的私人医生格莱泽安排我与另外 4 位研究这种病症的专家会面。

第一个见的是一家大型癌症医院的胸外科主任。她说我的病情正在快速恶化，而和第一位医生的说法不同的是，她说有一种手术可以治愈：切除我的食管和胃，然后将我的肠子接到我仅剩的一点儿食管上。她估计，我在手术台上死亡的概率是 10%，导致终身残疾的概率是 70%，但这样我继续活着的概率更大，所以她的建议显然值得认真考虑。很自然地，我希望她能和约翰斯·霍普金斯医院的那位医生谈谈，他曾建议我观望。于是当着她的面，我给那位医生打电话，以了解他们如何看待彼此的观点。结果让我眼前一亮。尽管与我单独会见时，他们对我说了完全不同的情况，但当他们通过电话交谈时，他们试图尽量缩小分歧，以给对方面子。他们重视的是职业礼貌，而不是畅所欲言，以寻求最好的解决办法。不过他们的观点仍有明显的分歧，听他们通话也加深了我对问题的理解。

次日我见了第三位医生。他是一位世界知名的专家，在另一家声誉卓著的医院从事研究工作。他告诉我，只要我每 3 个月去医院做一次内窥镜检查，我的情况就基本上不会给我带来任何问题。他解释说，这就像皮肤里边的皮肤癌，只要持续观察，一出现新的组织生长就切除，不使病情转移到血液循环里，我就没事。他说，按这种方法来监控的病人和切除食管的病人，最终的结果是一样的，简而言之就是不会因为患上癌症而死亡。他们的生活会保持正常，只是需要定期检查和诊断。

简单概括我在 48 小时里经历的一切：先是好像被判了死刑，然后出现了治疗的希望，实际上相当于把内脏掏出来，最后出现了一个简单的、只是稍微有些不方便的疗法，即观察有没有发生变异、在导致损害之前切除。最后这位医生说得对吗？

我和格莱泽医生又会见了两位世界级的专家，他们都表示，走这种检查程序就不会有任何事，于是我决定采取这种做法。在检查过程中，他们从我的食管上切下一些组织，送到实验室检测。几天后，恰好距我 64 岁生日还有一周的时候，我得到了结果。结果太令人震惊了：检查后发现，这些组织根本就没有任何高级别异型增生！

专家也会犯错误。我的观点很简单：保持头脑极度开放，和聪明人一起审视问题，这样做是有好处的。假如我没有努力征求其他意见的话，我的生活就会走上一条完全不同的道路。我想说的是，以开放心态与可信的人一起审视问题，你将大幅提升做出正确决策的概率。

3.5 识别你应当注意的头脑封闭和头脑开放的不同迹象

头脑开放的人和头脑封闭的人很容易区分，因为二者的行为大相径庭。以下是一些线索，可以帮你辨别自己或其他人是否头脑封闭：

1. **头脑封闭的人**不喜欢看到自己的观点被挑战。他们通常会因无法说服对方而感到沮丧，而不是好奇对方为何看法不同。

他们在把事情弄错时会产生坏情绪，更关心自己能不能被证明是正确的，而不是提出问题，了解其他人的观点。

头脑开放的人更想了解为什么会出现分歧。当其他人不赞同时他们不会发怒。他们明白自己总有可能是错的，值得花一点儿时间考虑对方的观点，以确定自己没有忽略一些因素或犯错。

2. 头脑封闭的人更喜欢做陈述而不是提问。尽管在特定情况下，可信度高的人有权做出陈述，但真正头脑开放的人，甚至是我认识的可信度最高的人，也经常会问很多问题。可信度低的人经常告诉我，他们的陈述其实是隐性的问题，只不过是被表述为低自信程度的陈述。尽管有时的确如此，但据我的经验，更多情况下不是。

头脑开放的人真诚地相信自己可能是错的，提出真诚的问题。他们还经常权衡自己的相对可信度，以确定自己应该主要扮演学生、老师还是对等者的角色。

3. 头脑封闭的人更关心是否被理解，而不是理解其他人。当对方不赞同时，他们通常会认定自己没有被理解，而不是想想自己是不是没有理解对方的观点。

头脑开放的人经常觉得有必要从对方的视角看待事物。

4. 头脑封闭的人会说类似这样的话："我可能错了……但这是我的观点。"这是我经常听到的一种典型暗示。这往往是一种敷衍性的表态，人们借此来固守自己的观点，还感觉自己是开明的。如果你的陈述以这样的方式开头——"我可能是错的"或"你不一定信我的话"，那么你最好接下来提一个问题，而不是做出一个断言。

头脑开放的人知道何时做陈述，何时提问。

5. **头脑封闭的人**阻挠其他人发言。如果在对话中一方看起来不给对方留说话空间的话，他就可能是在阻挠对方说话。应对这种阻挠的方法是实行我之前提到的"两分钟法则"。

头脑开放的人总是更喜欢倾听而不是发言。他们鼓励其他人表达观点。

6. **头脑封闭的人**难以同时持有两种想法。他们让自己的观点独大，挤掉别人的观点。

头脑开放的人会在考虑其他人的观点的同时保留自己深入思考的能力，他们可以同时思考两个或者更多相互冲突的概念，反复权衡其相对价值。

7. **头脑封闭的人**缺乏深刻的谦逊意识。谦逊通常来自人的失败经历，失败让人以一种开明心态积极了解自己不知道的东西。

头脑开放的人看待事物时，时刻在心底担忧自己可能是错的。

一旦你能区分头脑开放的人和头脑封闭的人，你就会发现，你希望自己周围都是头脑开放的人。这样做不仅能提高你的决策效率，还能让你学到很多东西。几个优秀决策者一起有效合作，效果要显著好于一个优秀的决策者单独工作。即使是最优秀的决策者，若是能得到其他优秀决策者的帮助，也能显著提高自己的决策质量。

3.6 理解你如何做到头脑极度开放

不管你现在有多么头脑开放，你总是可以学到一些东西。为了练习头脑开放，你可以：

a. 经常利用痛苦来引导自己进行高质量的思考。如果你过于坚持一个观点，当某个人或某件事挑战该观点时，你就经常会产生心理痛苦，尤其是当相关挑战涉及你的某种缺点的时候。这种心理痛苦是一个迹象，说明你可能是错的，你需要以高质量的方式思考这个问题。为此你需要先让自己冷静下来。这可能有些难：杏仁核会收缩，你也许会觉得它在踢你，你的身体会紧张，或者你的心中会涌起一种恼怒感。每当出现这些情绪时，你都需要注意，这些都是头脑封闭的迹象。意识到这些迹象后，你就可以将其作为线索来控制自己的行为，引导自己走向头脑开放。长期这样练习将增强你的能力，让"更高层次的你"始终处于控制地位。你练习得越多，你的能力就会变得越强。

b. 将头脑开放作为一种习惯。基本上，你养成什么样的习惯，就将有什么样的生活。如果你始终把愤怒感、挫败感作为提醒自己的迹象，从而冷静、慢下来，以深思熟虑的方式看待眼前的问题，逐渐地，你的负面情绪出现的频率就会大大下降，你就会直接成为我上文描述的那种头脑开放的人。

当然，马上让人做到这一点是很难的，因为你的各种"较低层次"的情绪非常强大。但好消息是这种"杏仁核绑架"[1] 通常不会持

---

1. "杏仁核绑架"这个术语是心理学家兼科学媒体人丹尼尔·戈尔曼在《情商》一书中首次提出的。

续很长时间，所以尽管你一时难以控制自己，但你还是可以有一段缓冲时间，给"较高层次的你"一些空间来进行高质量的反思。你也可以让你尊重的人来帮助自己。

c. **认识自己的思维盲点。**假如你是一个头脑封闭的人，又在自己有盲点的领域形成了一种观点，结果可能是致命的。所以，花点儿时间记录一下，你经常在哪些方面因为看不到别人看到的东西而做出糟糕的决策。你可以请其他人帮你，尤其是那些曾看到你所忽略的东西的人。你可以列一张单子，将其钉在墙上，仔细盯着看。每当你准备在这些方面自行做出决定（尤其是重大决定）的时候，你都要明白你是在大冒险，不会实现想要的结果。

d. 假如很多可信的人都说你正在做错事，只有你不这么看，你就要想想自己是不是看偏了。一定要客观！虽然也有可能你是对的，他们都错了，但你应该从吵架模式转换到"提问"模式，比一比你和其他人的可信度，在必要时同意让某个你们都尊重的中立第三方来打破僵局。

e. **冥想。**我经常练习"超验冥想"，并相信这让我变得更加头脑开放，能从更高的层面看问题，镇定自若，富有创造力。冥想能让人看到慢节奏的画面，所以即使面对混乱，我也能保持平静，就像一场街头斗殴中的忍者一样。我不是说必须通过冥想才能形成这种思维，只是分享我和许多人的体验，并建议你认真考虑尝试冥想。

f. **重视证据，并鼓励其他人也这么做。**大多数人并不仔细观察现实，通过客观审视证据来得出结论。他们基于隐藏的潜意识做决定，然后筛选证据，使之符合自己的这些欲望。你可以通过训练来意识到这种潜意识过程的发生，并引导自己，或者让其他人帮助自己学习如何依据证据行动。在准备决策时问问自己，能否说出是哪些明确的事实（即可信的人不会质疑的事实）让你形成这种观点。如果你不能，你就很有可能不是在依据证据行动。

g. **尽力帮助其他人也保持头脑开放。**平静理性地表达观点有助于避免对方产生"战还是逃"的动物性（杏仁核）反应。你要保持理性，并期待其他人也保持理性。请他们指出支撑自身观点的证据。谨记，这不是争执，而是开放地探寻事实。如果你能证明你正在考虑对方的观点，这将是有好处的。

h. **使用以证据为基础的决策工具。**这些原则的目的是帮助你控制较低层次的动物性自我，让更理性的、较高层次的决策头脑处于主导地位。

假如你能让大脑较低层次的部分停止工作，将一个决策计算机连到大脑，由其提供以逻辑为基础的指示，就像我们用桥水的投资系统做的那样，你觉得如何？假设这个基于计算机的决策机器的决策质量比你的好得多，因为它拥有更强的逻辑能力，能更快地处理更多的信息，在决策时不被情绪左右，你会这样做吗？为了应对职业生涯中的各种挑战，我已经打造了这样的工具，而且我相信，假如没有它们，我绝不可能这么成功。我毫不怀疑，未来这样的"机器思考"工具将继续发展，而聪明的决策者将学会用它们来思考问题。我建议你了解这些工具并考虑使用它们。

i. **知道什么时候应当停止为自己的观点辩护，信任自己的决策程序。**独立思考，努力为自己相信的观点辩护，都是很重要的，但总会在有些时候，更明智的做法是停止为自己的观点辩护，接受可信的其他人的观点。这会很难，但保持头脑开放，相信可信的其他人的共识比你的任何观点都更好，是一种更聪明的做法，最终对你也更好。假如你无法理解他们的观点，可能只不过是因为他们的思维方式恰好是你的盲点。如果所有的证据、所有可信者的观点都与你的观点相反，你还是按自己的意愿行动，你就是在危险地一意孤行。

事实是，尽管大多数人能变得头脑极度开放，但有一些人不能。就算在因不断误以为自己的决策正确而遭遇了很多痛苦之后，他们依然学不会。[1] 学不会头脑极度开放的人就不会经历从蛹到蝶的蜕变，大大提高自己的能力。我自己的谦逊就是惨痛失败教给我的，尤其是1982年的人生低谷。变得头脑开放不一定意味着失去决断能力，事实上，因为这样做能降低人的犯错概率，所以应当能增强人的自信心。我自1982年大失败以来的经历就是这样的，因此我才能以更小的风险获得更多的成功。

成为真正头脑开放的人需要时间。和所有真正的学习一样，这也主要是一个养成习惯的问题，反复多次练习之后就会变得像本能一样，不这样做反而无法忍受。如前所述，这通常需要约18个月，与人的一生相比，这个时间不算长。

你准备好迎接挑战了吗

在我看来，人一生最重要的抉择只有一个：你愿意努力探寻真相吗？你是否深信，找出真相对你的幸福至关重要？你是否真诚地

---

1. 其中一些情况可能是"邓宁-克鲁格效应"造成的，这是一种认知偏差，显示为能力低的人误以为自己更强。

渴望弄明白自己或其他人有没有犯下阻碍你实现目标的错误？如果对于上述问题，你的回答都是"不"，那么你肯定无法发挥自己的全部潜力。而如果你愿意迎接挑战，成为一个头脑极度开放的人，那么第一步就是客观看待自身。在"理解人与人大不相同"中，你将有机会这么做。

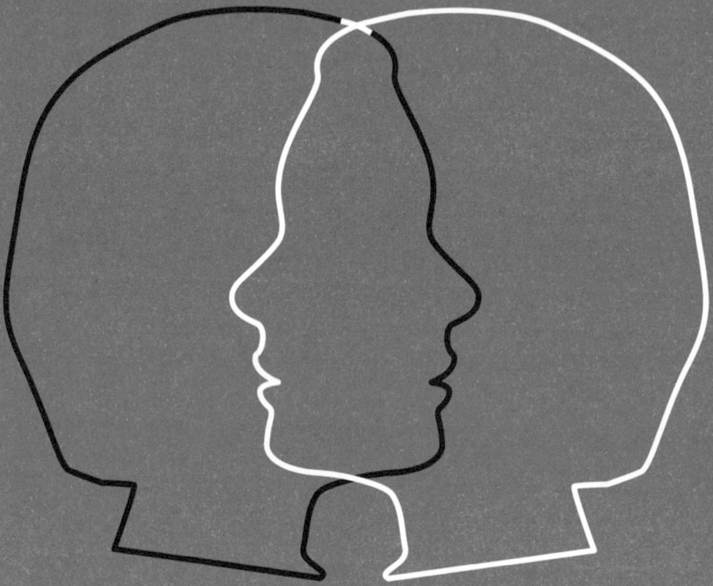

4 理解人与人大不相同

因为不同的人的大脑构造不同,所以我们体验现实的方式千差万别,而任何人的单一体验本质上都是存在扭曲的。我们应该承认和认真对待这一点。所以,如果你想知道事实以及怎么做的话,你就必须理解自己的大脑。

基于这一认识,我和许多心理学家、精神病学家、神经科学家、人格测试专家以及该领域其他可信的人交谈,并看了很多书。我发现,尽管对所有人来说都很明显的是,在常识、创造性、记忆力、综合分析能力、关注细节能力等方面,人和人天生就有擅长与不擅长的差别,但就连大多数科学家也不大愿意客观研究这些差别。尽管如此,这一研究依然很有必要,所以我几十年来一直在探索。

结果我学到了很多对自己有帮助的东西,我想这些东西也能帮到你。事实上,我学到的关于人类大脑的知识对我的成功帮助很大,这种帮助与我对经济和投资的理解所带来的帮助一样大。在本条中,我将分享一些我了解的奇妙之处。

我为什么开始研究神经科学

当我从商学院毕业两年后创立桥水时,我第一次进行人事管理。一开始我觉得只要聘用聪明的人就行了,例如顶级大学的顶级学生,他们肯定能胜任,但结果常常不能如我所愿。读书厉害的人通常不等于我需要的聪明人。

我想招聘的人是独立的思考者,有创造力,概念性强,常识性强。但我难以找到这样的人,就算找到了,我也惊奇地发现,他们的思维方式似乎大相径庭,就像大家说不同的语言一样。例如,"理念型"、不注意细节的人说一种语言,"细节型"的人说的是另一种语言。当时我们把这归结为"沟通问题",但差别远不止于此。这些差别让我们都很不适应,尤其是在我们试图一起追求伟大目标的时候。

我记得很多年前有一项雄心勃勃的研究计划,其试图对债券市场形成系统化的全球性理解。鲍勃·普林斯负责这件事,尽管我们在理念上都明白要做什么,但该计划就是无法推进并实现预定结果。我们曾和普林斯的团队开会,明确目标与实现途径,但在具体落实方面,他们毫无进展。问题在于,理念型的人大略地设想出要做什么,并希望细节型的人自己找到办法,当后者找不到办法时,前者就觉得后者毫无想象力,而后者觉得前者自己都没搞清楚。更糟糕的是,双方都不自知,都觉得对方和自己的思维方式是一样的。简言之,两方相争,我们陷入僵局,而所有人都觉得是别人的错,觉得对方盲目、顽固,或者只是愚蠢。

这些会议让所有人都感到痛苦。因为大家都不晓得自己的长处和短板,各说各话,毫无条理。我们讨论这个团队不能完成任务的原因，最终发现，普林斯给团队各个角色挑选的人跟他自己的长处、短板相似。尽管我们付出坦诚、开放的努力弄清了问题所在，这是一大进步，但是我们没有将此事记录下来，将其系统化地转化为合理的改革举措，所以后来还是同样的人一遍遍地犯同样的错误。

我们的思维方式和情绪反应不同，而且我们没有解决这个问题的方法，这大大降低了我们的效率，这不是很明显吗？我们应该怎么做，对此放任不管吗？

我相信你肯定跟人起过争执：人们观点不同，无法达成一致。意图良好的人也变得愤怒和情绪化，这令人沮丧，而且经常上升为人身攻击。大多数企业的解决方式是压制公开讨论，让最有权威的人发号施令。我不想看到桥水成为这样的企业。我知道，我们需要找到导致工作效率低下的更深层的原因，并将原因摆到桌面上来分析。

桥水目前有约 1 500 名员工，他们各司其职：分析全球市场，研发科技，为客户服务，管理医保及其他员工福利，提供法律意见，管理 IT 等设施，等等。这些工作都需要不同类型的人合作，萃取最好的主意，摒弃最差的主意。把不同的人组织起来，更好地发挥其长处，弥补其短板，就像指挥交响乐团一样，做得好就很漂亮，做不好就很糟糕。

尽管早在关注思维问题之前，我就听过"了解自身""做真实的自我"等基本信条，但在发现这些关于人类思维差异的知识之前，我一直都不知道怎么了解自我，了解后应该怎么做。我们对自身的认识越多，就越明白我们能改变什么和怎么改变，以及我们不能改变什么和在不能改变的情况下能做些什么。所以不管你要做什么，不管你是一个人做、在组织里做还是作为主导者做，你都需要理解你和其他人的思维方式。

4.1 明白你与其他人的思维方式能带来的力量

我在本书第一部分提到过，我第一次对人类思维方式不同有突破性认识，是在我的孩子们还小的时候，我让苏·昆兰博士给他们做测试。我觉得结果很不错，因为她不仅印证了我对他们思维方式的观察，而且预测了他们未来会怎么发展。例如，我的一个孩子算术学不好，但测试显示他的数学推理能力很好，所以她告诉他，如果他能撑过小学所要求的枯燥的机械记忆，他就会喜欢后面将学到的更高级的数学概念了，后来的确如此。这些发现让我看到了各种新的可能性。多年后，当我想了解员工和同事不同的思维方式时，我还会寻求她以及其他专家的帮助。

最初，专家们给我的意见有好的也有不好的。很多专家似乎更愿意让别人感觉良好（或者不觉得不好），而不是探寻事实。更令我吃惊的是，我发现大多数心理学家不怎么懂神经科学，大多数神经科学家也不怎么懂心理学，而且双方都不愿把人类大脑的生理差异与人类才能和行为的差异联系起来。但最终我找到了鲍勃·艾兴格博士，他让我发现了心理测试领域。利用MBTI等测试，我们对不同人的思维方式逐渐有了更为清晰、更以数据为基础的理解。

我们的分歧不是沟通不良造成的，相反，我们不同的思维方式导致了沟通不良。

在与专家交谈和自己观察的过程中，我认识到，我们的很多心理差异都是生理性的。就像我们的身体特征（高和矮、强壮和瘦弱）限制我们的肢体能力一样，我们的大脑也存在固有差异，其决定了我们的心理能力。和肢体一样，我们大脑的一些区域不会因外部因素而发生物质性变化（就像你在锻炼时全身骨骼不会发生变化一样），而其他区域可以通过练习来强化（我将稍后再谈大脑的可塑性）。

我儿子保罗与双相障碍搏斗 3 年的经历，让我明白了这一点。尽管他的行为很可怕，很令人沮丧，但我开始意识到，原因在于他大脑分泌的化学物质（具体而言，大脑间歇性地分泌羟色胺和多巴胺）。在我和他共度这段可怕的历程期间，我感到了愤怒和受挫，因为我试图和他讲道理，而他的思维不正常。我不得不时刻提醒自己，没有理由发怒，因为他扭曲的逻辑是生理状况造成的，而且我亲眼看到，基于这一认识而开展治疗的医生如何使他恢复理智和清醒。这段经历不仅让我学到很多关于大脑构造的知识，而且让我明白为什么有创造力的天才往往和疯子只有一步之遥。许多很有创造力的人都曾患有双相障碍，包括欧内斯特·海明威、贝多芬、柴可夫斯基、文森特·凡·高、杰克逊·波洛克、弗吉尼亚·伍尔夫、温斯顿·丘吉尔，以及心理学家凯·雷德菲尔德·杰米森（她在《躁郁之心》里坦率地描写了自己患双相障碍的经历）。我了解到，因为大脑这部"机器"的运转方式不同，所以人有千差万别，而且近 1/5 的美国人患有某种临床意义上的精神疾病。

一旦我明白问题是生理因素，我看许多事情就更清晰了。我过去经常对别人的决策感到愤怒和沮丧，但我逐渐明白，他们并不是有意识地采取这种看起来低效率的做法，只不过是依据自己看到的情况来做事，而那是由他们大脑的运行方式决定的。我还意识到，不光我觉得他们离谱，他们也觉得我离谱。唯一的理性相处方式是相互理解，从更高的层面看待我们自身，以便客观地理解事物。这么做不仅使我们的分歧变得不那么令人沮丧，还最大限度地发挥了各自的效率。

每个人都像由很多特征搭成的积木，每一块积木反映其大脑一个特定区域的运行方式。每个人的特性都是这些"积木"共同决定的。如果你了解了人的特性，你就可以很好地预测他们的行为。

a. 我们拥有各种天生特征，既可能帮助自己也可能伤害自己，取决于如何应用。大多数特征都是"双刃剑"，可能带来好处和坏处。特征越极端，它可能带来的好处或坏处就越极端。例如，一个有高度创造性和目标导向性的人擅长设想新主意，但可能会低估日常生活细节的价值，而后者也很重要。他也许过度投入地追求长期目标，因而鄙视那些关注日常生活细节的人。类似地，一个任务导向的人善于处理细节，但可能会低估创造性的价值，甚至可能会为了效率而压制创造性。这两个人也许能组成一个好团队，但也有可能难以充分利用各自的优势，因为不同的思维方式让他们难以看到对方思维的价值。

如果你不了解人们（包括你自己）的特性就对他们抱有期待，那么你肯定会遇到麻烦。我在这方面有惨痛经历：我曾多年与别人进行令人沮丧的沟通，期待别人完成他们根本无法完成的任务。我相信我也令对方很痛苦。我逐渐意识到，我需要系统化地捕捉和记录大家的差异，以便我们在分配任务时主动考虑这些差异。

这带来了我最有价值的管理工具之一——本书第一部分提到过的棒球卡。就像棒球卡记录球手相关信息、帮助球迷了解其长处和短处一样，我决定给桥水的所有人员编制棒球卡。

在设计桥水棒球卡的人员特征时，我结合了3个方面：我们已经在用来描述人的形容词，如"概念性强""可靠""有创造性""坚定"；人的行为，如"让其他人负起责任"和"坚持贯彻落实"；个性测试使用的术语，如"外向型""判断型"。卡片做好后，我设计了一套程序：大家彼此打分，在某一项（如"最具创造力"）上得分最高的人，在该项上给其他人打分的权重更高。在特定领域有可证明的成就记录的人会被视为在该领域更为可信，从而得到更高的决策权重。在用棒球卡记录了每个人的特征后，从未与他们共事过的人，就可以合理预期他们的行为。如果人发生了变化，他们的各项评分也会调整，而如果他们保持不变，我就可以更确信自己的预期。

当然，当我引入这一工具时，人们由于多种原因而感到怀疑或害怕。一些人担心卡上的描述不准确；一些人对自身弱点的公开感到不舒服，或者担心自己将被僵化对待，发展空间受限；一些人觉得这太复杂了，实行起来不现实。想想看，如果你被要求给所有同事硬打分，评价他们的创造力、决心或可靠性，那么你会是什么感觉。多数人一开始对此望而生畏。

但我依然明白，我们需要极度开放地记录和考虑大家的特性，如果我们理性地推动这个程序，事态的发展最终就会消除大家的顾虑。今天，几乎每个桥水职员都觉得棒球卡不可或缺，我们还设计了其他工具来支持我们理解人们的特性和在各领域的可信度。我将在"工作原则"部分进一步介绍这些工具。

我在前文中提到过，我们独特的运营方式和积累的庞大数据库，让我们得到了一些世界级的组织心理学家和研究者的关注。哈佛大学的鲍勃·基根、沃顿商学院的亚当·格兰特、弗吉尼亚大学的艾德·赫斯都对我们有很多描述,我也从他们那里学到很多。令我意想不到的是,我们的试错发现程序,让我们在"组织内部的个人发展"这个学术领域成为研究对象。基根在他《人人参与的文化》一书中写道:"从每次一对一会谈中探求真相的个人体验到融入科技元素的讨论程序……从问题管理和棒球卡到全公司范围内的每日进度汇报与案例研究,桥水建立了一个支持个人发展的生态系统。这个系统帮助桥水的所有人直面事实真相,知晓彼此的个性。"

我们的发现之旅恰好与一个神经科学研究异常繁荣的时代同时发生。随着脑成像技术的突飞猛进,"大数据"搜集与处理能力的快速提升,神经科学领域的进步大大加快。我相信,像所有即将实现大突破的科学领域一样,人类在这个领域的知识体系将迅速升级。无论如何,理解大脑这部"思维机器"的运行方式,始终是极为美妙和有益的。

以下是我已经学习到的一些知识:

人脑的复杂程度超出我们的想象。 据估计,人脑中有890亿个小"计算机"(称为神经元),其由数万亿根"电线"(称为轴突和化学突触)连接在一起。如戴维·伊格尔曼在他的杰作《隐藏的自我》中描述的:

> 人脑由数以千亿计的称为神经元和神经胶质的细胞组成。每个细胞都复杂得像一座城市……这些细胞(神经元)由一个极其复杂的网络连接在一起,用人类的语言根本无法形容,再新的数学理论也无法解释。通常每个神经元与周围的神经元之间有约1万个连接。而神经元有几百亿个,这就意味着,1立

方厘米的脑组织里的连接的数量，就和银河系里的恒星一样多。

新生儿的大脑里就包含了数亿年生物进化累积的成果。例如，弗吉尼亚大学的研究者提出，虽然很多人对蛇有本能的恐惧，但没有人对花朵有本能的恐惧。我们的大脑生来就知道蛇是危险的，花朵不危险。这是有原因的。

所有哺乳动物、鱼类、鸟类、两栖动物、爬行动物的脑都拥有同一套伟大的构造，是在近3亿年前形成的，且一直在进化。就像虽然汽车演变出了小轿车、运动型多用途汽车（SUV）、赛车等不同类型，但它们有许多共同的基本零件，所有脊椎动物的脑也都有一些类似的区域，执行类似的功能，只不过每个物种的脑又进化到很适应各自的需求。例如，鸟类拥有很发达的枕叶，因为它们需要从高空定位猎物（和捕食者）。我们人类自视为最高级的物种，这是因为我们过度强调了自身优势的重要性，而其他物种若强调各自的优势，也可以这么说，例如鸟类拥有飞行、视力优势和本能的地球磁场导航，大多数哺乳动物拥有嗅觉优势，还有一些动物似乎拥有异常强烈的性行为快感。

这一"所有脊椎动物共有的脑"的进化是自下而上进行的，也就是说，较低的区域是进化意义上最古老的，顶层区域是最新的。下页图显示，脑干控制着维系各种生物生命的潜意识过程，包括心跳、呼吸、神经系统，以及应激程度和机敏程度。脑干上面的小脑负责让肌肉对感觉做出反应，从而控制肢体的运动。再上面是大脑，包括基底神经节（控制习惯）、边缘系统的其他部分（控制情绪反应和一些动作）、大脑皮质（产生记忆、思想和意识）。大脑皮质最

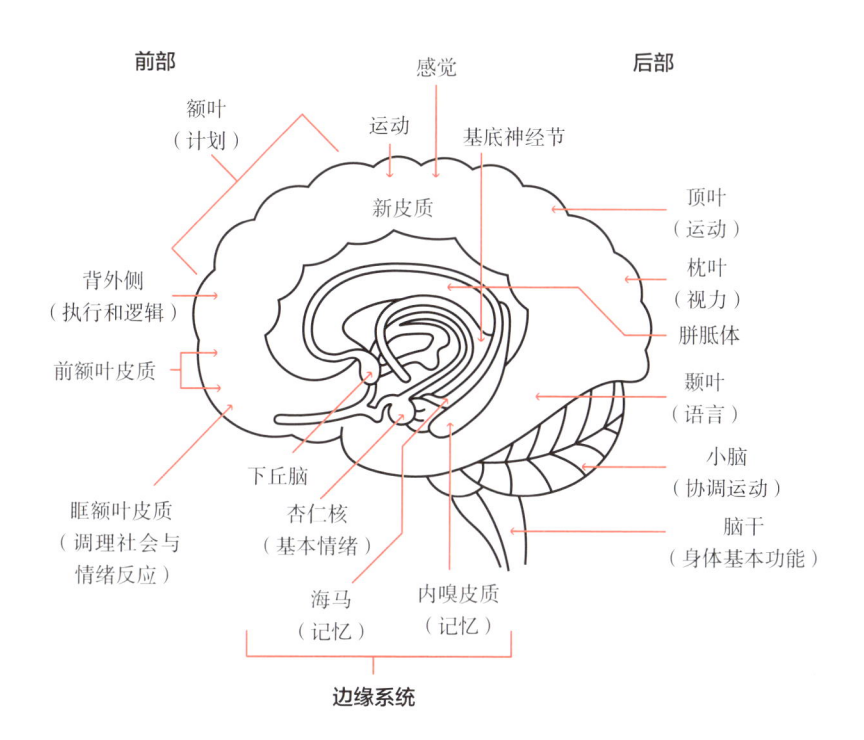

```
前部                感觉         后部
      额叶          运动
      （计划）        基底神经节
                                    顶叶
               新皮质                 （运动）
                                    枕叶
     背外侧                          （视力）
    （执行和逻辑）
                                    胼胝体
    前额叶皮质
                                    颞叶
                                   （语言）
                                    小脑
                                   （协调运动）
    眶额叶皮质                        脑干
   （调理社会与    下丘脑                （身体基本功能）
    情绪反应）    杏仁核
             （基本情绪）
              海马    内嗅皮质
             （记忆） （记忆）
                 边缘系统
```

新和最发达的部分，即看起来像一堆肠子的脑灰质褶皱，称为新皮质，人的学习、计划、想象等更高级的思想就是从这里产生的。正是因为有新皮质，所以人类的脑灰质比例显著高于其他物种。

4.2 有意义的工作和有意义的人际关系不仅是我们做出的美好选择，而且是我们的生理需求

神经科学家、心理学家和进化学家一致认为，人脑的构造先天地使人需要并享受社会合作。大脑对此有需求，如果我们拥有这些的话，大脑会发育得更好。从社会合作中获得的有意义的人际关系

使我们更快乐、更健康、更有创造力，社会合作也是有效工作所必需的。这是人类的决定性特征之一。[1]

列纳德·蒙洛迪诺在他的杰作《潜意识》中写道："我们通常以为人（区别于其他物种）的首要特征是智商，但真正的首要特征是社会智商。"他指出，人类拥有独特的能力，可以理解其他人的特性及其可能的行为方式。人脑天生就能发展这种能力，例如大多数4岁儿童能够读懂其他人的心理状态。人类这个物种能取得这么多的成就，这种理解和合作能力是首要因素。蒙洛迪诺写道："例如，制造一辆汽车需要成千上万人参与，他们有不同的技能，处在不同的地方，执行不同的工作任务。铁等金属必须被开采和加工；玻璃、橡胶和塑料必须从大量化学原料里被制造出来并加工成型；电池、散热器和无数其他零件必须被生产出来；电子系统和机械系统必须被设计出来；来自天涯海角的这些东西必须被汇聚到一家工厂里，汽车才能被组装出来。今天，即使是你清晨开车上班时喝的咖啡、吃的面包圈，也是世界各地的人工作的成果。"

普利策奖得主爱德华·威尔逊在《人类存在的意义》一书中猜测，在200万~100万年前，类人猿向现代智人进化期间，人类祖先的大脑就进化出了支持合作的功能，以支持狩猎等活动。这使人类祖先前额叶皮质里的记忆与思考中心变得比其他灵长类动物的更发达。随着群体变得比个体更强大，大脑不断进化出管理更大群体的能力，群体之间的竞争就变得比个体之间的竞争更重要，同时拥

---

1. 很多数据显示人际关系是最好的回报，是人的健康、快乐最重要的决定因素。如哈佛大学历时75年的"格兰特与格鲁克研究"（研究对象是来自不同社会经济背景的成年男性）主管罗伯特·瓦尔丁格所说："你可以拥有用不尽的财富、成功的事业、健康的身体，但如果没有充满爱的人际关系，你就不会快乐……美好生活的基础是良好的人际关系。"

有更多合作性个体的群体发展得更好。这一进化使得利他意识、伦理观、良知和尊严意识发展起来。威尔逊解释说，人类永远处在塑造人类的两极力量之间："一极是激发罪恶的个体选择，另一极是激发美德的群体选择。"

在任何组织里，个人利益与集体利益这两种力量哪一种胜出，取决于该组织的文化，文化又取决于塑造文化的人。但很明显，集体利益不仅对组织是最好的，对组织里的每个人也是最好的。我将在"工作原则"部分阐述，一起把蛋糕做大的回报大于追求个人利益的回报，这不仅体现在每个人得到的蛋糕的多少，还体现在人类天生追求的让我们更快乐、更健康的精神回报。

了解了人脑迄今为止的进化史之后，我们也许可以通过历史推测未来，设想未来的人脑进化。显然，人脑的进化已经从本能、自我关注转向了更抽象、更普遍的关注。例如，我在前文中描述的人脑进化，已经使我们拥有了从更高的整体层面看待自我和所处环境的能力（有些人的这种能力更强），甚至使一些人具备了更看重所在集体而非自我的能力。

在设想人类思维未来会如何发展时，考虑一下人类自身可能如何改变大脑的运行方式，也是很有意思的。显然人类已经在利用医药和科技这么做了。基于基因工程的进步，我们可以合理地预测，在未来，基因工程专家将能搭配组合不同物种的大脑特征，实现各种目的。例如，假如你想拥有极佳的视力，基因工程专家也许能影响人脑的发育，使之生长出更类似于鸟类的视叶。但因为这样的事情还比较遥远，所以我们还是回到现实问题：所有这些对人脑的认识将如何帮助我们更好地对待自身和彼此？

4.3 相信人世间最珍贵的事物不是别的，而是人与人之间的长久关系，这种信念是建立和维护良好关系的关键所在

这是因为，所有关系都难免有不愉快和分歧，有时这种问题还很严重。在发生大大小小的分歧时，维持关系的要诀是相信你们的关系胜过一切。正是出于这种信念和相互承诺，双方才愿意坐下来解决问题，共渡难关。和谐的关系需要双方做出承诺。如果双方都相信对方的真诚，也做出了真诚的努力，那么就可能重归于好。如果双方既不相信也没有行动，关系就没有好转的机会。在个人关系中，坚信并证明你们的情义超过一切，那就是真爱。

当然，双方相识之初，不可能把彼此放在首位，也没有相互承诺，因为关系还未经检验。正因如此，你需要拿出信心和行动，并观察对方是否也这样做。当然，如果双方的关系出现了严重问题，威胁到关系本身，信心就不管用了。因此，在面对分歧必须做出重大抉择时，你需要认真思考：是你们的关系更重要，还是自己的想法更重要？你的最终决定将会增强或削弱你们的关系。

a. 在评价双方关系时，仔细考量彼此最重要的价值观和原则是否相一致，把重要的放在前面，把次要的放在后面。在评价时，切记：（a）世间最美好的事莫过于人与人之间的和谐共处，特别是你最重要的关系；（b）如果不能克服分歧和不完美，就无法长期维持良好关系，因为你在所有关系中都难免会遇到不如意；（c）如果双方最重要的价值观和原则彼此不相容，那么任何关系都不会长久；（d）寻找最好的相处方式，需要双方做大量的尝试和努力。

4.4 维持良好关系的关键在于：（a）在相处方式上达成共识，尤其是表达和处理不同意见的方式；（b）彼此付出远多于索取

当发生争执时，双方须暂时放下争执，冷静商量出一个共同认可的相处原则，然后照此原则处理分歧。以后出现同样情况时：（a）坚持按商量好的原则办，或者（b）修改原则。而在不确定时，双方都退一步，不要刺激对方。毕竟，如果你让对方开心，那么对方也会让你开心，这样才有一个良好的关系。指责对方"你本该如何"是徒劳的。不停唠叨"你本该这样做、那样做"，而不学着换位思考，就会让关系慢慢破裂（除非你或对方乐意屈服）。

a. 双方关系中的最大问题，是一方或双方认为对方应该如何做，否则他们就生气。他们喜欢相互责备，不停地说"你应该如何做"。但是，没有什么规则要求谁应该做什么。有些人在小事上也常犯此类错误，比如"你应该给我打个电话""你应该守时""你应该先问问我"……凡此种种，令人无法忍受。下面是正确的做法。

b. 如果你的主动付出多于索取，你就会发现你的收获会超出你的想象。如果你乐于向他人付出，那么你获得的回报将更丰厚，你们的关系也会更长久。

4.5 理解大脑里的主要斗争，以及如何控制这些斗争，以实现"你"的愿望

以下几节探讨大脑如何以多种方式争夺对"你"的控制。我将

提到大脑的一些具体区域，神经生理学家认为它们负责特定类型的思考和情绪，不过真正的生理学要比这复杂得多，而且科学家也才刚刚开始理解这个问题。

a. 要明白，意识与潜意识在不断斗争。前文中我介绍了"两个你"的概念，并解释了较高层次的你可以俯视较低层次的你，以确保后者不破坏前者的愿望。尽管我经常在自己和其他人身上看到"两个你"在斗争，但直到我了解了它们为何存在之后，我才真正理解了它们。

和动物一样，我们决策的很多驱动因素都是潜在地发生的。人类做出很多关于如何行动的决定，但动物并不会"决定"飞行、捕食、睡眠与争斗，而只是遵循来自其大脑潜意识区域的指示。我们大脑里的潜意识区域也会向我们发出同样类型的指示，这种指示有时有合理的进化意义上的理由，有时也会损害我们。潜意识里的恐惧和欲望通过爱、恐惧、灵感等情绪，让我们产生各种意图和行为。这是生理性的。例如，爱意就是脑下垂体分泌的各种化学物质（如催产素）产生的。

尽管我一直认为符合逻辑的讨论是找到事实真相的最佳途径，但在学到了这些关于大脑的新知识后，我开始明白我们大脑很多区域的行为并不符合逻辑。例如我了解到，当人们提到自己的"情绪"（比如"我觉得你对待我不公正"）时，他们通常指的是源自大脑情绪性、潜意识区域的信号。我还明白了，尽管我们大脑的一些潜意识区域具有危险的动物性，但另一些潜意识区域比意识区域更聪明，反应更快。我们的灵感大爆发往往就是从潜意识区域"喷出"的。我们经历这些创造性突破的时刻，通常是在放松、不试图与它们所在的大脑区域（通常是新皮质）沟通的时候。当你说"我刚刚想到了什么事"时，你就是注意到了你的潜意识正在告诉意识一些东西。通过训练开启这个通信流是可能的。

许多人只看到意识而不知道将其与潜意识连接的好处。他们认为，想出更多东西的方式是不断往意识里塞东西，让它更勤奋地工作，但这样做往往适得其反。尽管看起来有些违反直觉，但清理你的头脑可能是取得进展的最佳途径。

知道了这一点，我现在明白了，为什么我通常在放松（如淋浴）时产生创意，以及冥想如何有助于打通这种联系。因为这是生理性的，所以我真的能感觉到，创造性的想法在从其他地方流入我的意识。弄明白这件事的感觉真是太好了。

但也要谨慎行事：我已经养成习惯，当我的潜意识给我想法和提示时，我不是马上按照其行动，而是先用我的理性意识去分析它们。我发现，这么做除了能让我分清哪些想法是有效的，我为什么会对这些想法产生特定的反应，还能让我的意识与潜意识之间的通信变得更多。把这一过程产生的结果写下来是有帮助的。事实上，我这本《原则》就是这么写出来的。

本条想告诉你的最重要的东西是什么？注意你的潜意识：为什么说它既能伤害你也能帮助你？如何清醒地思考潜意识产生的东西？也许在其他人的帮助下，你通过这么做会变得更快乐、更高效。

b. 要知道最常发生的斗争是情绪和思考的斗争。 情绪和理性思考之间的斗争是最大的斗争。情绪主要是由潜意识性的杏仁核控制的，而理性思考主要是由意识性的前额叶皮质控制的。如果你能理解这些斗争是如何发生的，你就能理解为什么说把你潜意识产生的东西和意识产生的东西相调和是非常重要的。

可恶的杏仁核是一个小小的杏仁状构造，深深地隐藏在大脑中，是大脑最强有力的区域之一。尽管你感觉不到它，但它控制着你的行为。它是如何运行的？当什么东西（可以是某种声音、某个场景，或者仅仅是某种直觉）让我们不快时，杏仁核就向身体发出准备战或逃的信号：心跳加速、血压升高、呼吸加快。在与人争论时，你经常可以注意到一种类似于恐惧时出现的生理反应（例如心跳加速、肌肉紧绷）。你的意识（源自前额叶皮质）在感受到这些信号后可以拒绝执行。这些"杏仁核绑架"现象通常来得快、去得也快，只对极少数人例外，如因经历某个或一系列可怕事件而出现创伤后应激障碍的人。知道了"杏仁核绑架"是怎么回事，你就会懂得，如果你放任自己做出本能反应的话，你就很可能会反应过度。你也可以安慰自己，因为你已经知道，你经历的任何精神痛苦不久后都会自动消失。

c. **调和你的情绪和思考**。对大多数人而言，生活就是大脑这两个部分永无止境的斗争。杏仁核产生的反应是一阵爆发，然后平息，而前额叶皮质产生的反应更为稳定和持久。有的人能引导个人进化，实现自己的目标，有的人则不能，他们之间最大的区别是，前者经常思考是什么导致"杏仁核绑架"。

d. **善择你的习惯**。在你大脑的各种工具里，习惯也许是最强有力的一个。习惯是由大脑中的基底神经节驱动的，那是一块高尔夫球大小的组织。基底神经节控制着你的行为，但它藏得很深，本能地运行，所以你意识不到它。

只要反复练习，你几乎可以养成任何习惯，产生自控力。好习惯让你实现"较高层次的自我"的愿望，而坏习惯是由"较低层次的自我"控制的，阻碍前者的实现。如果你明白大脑的这一部分是如何工作的，你就能养成一系列更好的习惯。例如，你可以养成一种习惯，让你觉得"必须"去健身房锻炼。

练出这种能力需要一些努力。第一步是认识到习惯是怎么产生的。习惯本质上是惯性，一种继续把你一直做的事情做下去（或者继续不做你一直不做的事情）的强烈倾向。研究显示，如果你能坚持某种行为约 18 个月，你就会形成一种几乎要永远做下去的强烈倾向。

在很长一段时间里，我没有意识到习惯对人行为的控制有多强。我在桥水看到过这种情况：有的人在抽象意义上赞同我们的原则，但难以践行。我还观察到，我的一些朋友和亲人想实现一些对他们有利的目标，行为上却总是另一回事。

后来我读了查尔斯·都希格的畅销书《习惯的力量》，它让我眼前一亮。我在此处的介绍有限，假如你很感兴趣的话，我建议你也读一下。都希格的核心观点是，分 3 步走的"习惯回路"能起到重要作用。第一步是信号，用都希格的话说，"用信号来告诉你的大脑进入自动运行模式，以及使用哪种习惯"。第二步是形成常规，"可以是肢体性、心理性或情感性的常规"。第三步是奖励，这能帮助你的大脑发现这个特定的回路是不是"值得记下来备用"。反复练习可以加强这个回路，直到逐渐变成自动反应。在驯兽师所说的"操作性条件反射"（一种使用正向强化法的训练方式）中，成功的关键就是形成这种期待和渴望。例如，驯狗者用声音（通常使用发声器）来强化狗的行为。每次发出这种声音，他们就给狗一个它想要的奖励（通常是食物），直到最终狗只要听到这种声音，就会出现某种行为。都希格说，对人类而言，奖励几乎可以是任何东西，

"从能够带来生理愉悦的食物或药物到精神性的回报，如赞扬或自我庆祝带来的自豪感"。

习惯能让你的大脑进入"自动导航模式"。用神经科学术语说，就是你让基底神经节从大脑皮质那里接管控制权，这样你想都不用想就能执行。

读都希格的书让我知道，如果真的想改变，那么你最好是决定养成哪些习惯，戒掉哪些习惯，然后执行。为了帮助你，我建议你写下自己最大的3个坏习惯。现在就写。然后从中选一个，下决心戒掉。你能做到吗？这将带来很大的改变。如果你能把3个坏习惯都戒掉，你的人生轨迹将大大改善。你也可以决定要养成哪些习惯，然后执行。

我养成的最有价值的习惯是利用痛苦来激发高质量的思考。如果你也能养成这种习惯，那么你将明白是什么造成了你的痛苦，你该如何对待痛苦，而这将大大提高你的效率。

e. 坚持友善地训练"较低层次的你"，以养成好的习惯。 我过去一直以为，较高层次的自我需要与较低层次的自我斗争来夺取控制权，但我逐渐明白，更有效的做法是训练潜意识的、情绪性的自我，就像让儿童听话一样。你需要坚持慈爱友善地训练它，让自己养成好习惯。

f. 理解左脑思维和右脑思维的差别。 你的大脑分为负责意识的上层和负责潜意识的下层，同时还分为左、右半球。[1] 你也许听说

---

[1] 一本关于这个问题的好书是丹尼尔·平克的《全新思维》，一篇关于这方面科学研究的好文章是《华尔街日报》刊登的罗伯特·李·霍茨的《漫游的心灵直通深刻认识》。尽管人脑的很多区域都分成左、右两边，但研究显示，只有较晚进化出来的大脑皮质（占脑体积的3/4）的左、右两边存在功能差别。

过有的人是左脑思维者,有的人是右脑思维者。这不只是一种说法:加州理工学院教授罗杰·斯佩里因这个发现而获得诺贝尔医学奖。简单来说:

1. 左脑按顺序推理,分析细节,并擅长线性分析。"左脑型"或"线性"思考者分析能力强,通常被形容为"明智"。
2. 右脑思考不同类别,识别主题,综合大局。富有"街头智慧"的"右脑型"或"发散"思维者,通常被形容为"机灵"。

下图概括了左脑和右脑思维类型的特征。

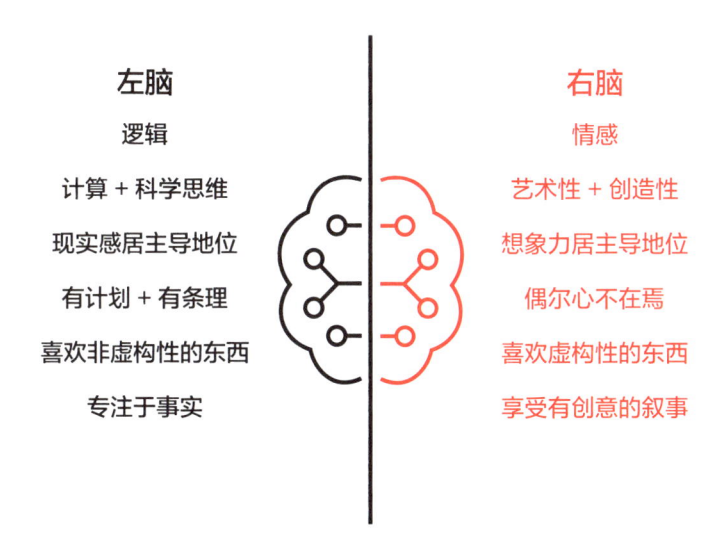

左脑	右脑
逻辑	情感
计算 + 科学思维	艺术性 + 创造性
现实感居主导地位	想象力居主导地位
有计划 + 有条理	偶尔心不在焉
喜欢非虚构性的东西	喜欢虚构性的东西
专注于事实	享受有创意的叙事

大多数人通常从一边大脑得到更多指令,并难以理解和他们不同的人。我们的经验显示,左脑思维者倾向于觉得右脑思维者"古怪""玄虚",而右脑思维者倾向于觉得左脑思维者"死板""狭隘"。

我发现，如果人们知道自己和其他人的倾向，认识到两种思维方式都很可贵，并相应地分配工作，就会产生很好的结果。

g. 理解大脑可以改变的程度。 这让我们面临一个重要问题：我们能改变吗？[1] 我们都可以学到新知识、新技能，那么我们也能学着改变思维倾向吗？答案是，完全可以。

大脑可塑性是指大脑的"软线路"可以在多大程度上改变。科学家曾在很长一段时间里认为，在经历一段童年的关键发育期后，人脑的大多数神经连接都会固定化，很难改变。但近年来的研究显示，从身体锻炼到学习冥想，很多种练习都能给人脑带来物理性和生理性变化，从而影响人的思维与记忆能力。威斯康星大学的研究人员对一些练习了 1 万多个小时冥想的佛教僧侣进行研究，发现他们大脑里的伽马波显著多于常人，而伽马波与认知和解决问题的能力有关。[2]

这并不意味着大脑具有无限的灵活性。如果你有某种思维偏好，你也许能训练自己换一种思维方式，并发现经过练习，难度会降低，但是你彻底改变潜在偏好的可能性很小。同样，你也许能训练自己的创造力，但如果你天生创造力不强，你在这方面能做的事情可能就很有限了。现实就是这样，所以我们应当接受现实，并学习如何应对现实。我们可以利用一些应对技巧，例如，经常忘记时间的有

---

[1]. 这是一个大问题。有不少学科就是专门研究这个问题的，而且目前没有权威答案，我的观点显然也不权威。但是我已经对大脑可塑性问题进行了相当深入的考察，因为对试图管理自身与其他人的人来说，了解什么东西可以改变是很重要的。我了解到的东西与自己的经验相符，而且我会把这些告诉你。

[2]. 哈佛大学附属麻省总医院的一项脑成像研究发现，经过为期 8 周的冥想课程后，大脑会发生物理变化。研究人员发现，大脑中与学习、记忆、自我意识、同情心和内省有关的区域的活动增多，杏仁核的活动减少。

创造力、缺乏条理的人，可以养成使用警钟的习惯；不善于某种思维方式的人，可以训练自己依靠更擅长者的思维方式。改变的最好方法是做心理练习。和体育锻炼一样，这也会痛苦，但如果你利用前文提到的"习惯回路"，给练习以回报，"重装"你的大脑，让它喜欢上学习和有益的改变，痛苦就会消失。

记住，大脑的一些区域会本能地坚信自我完美的幻觉，而接受你的弱点与这种本能相违背。你需要勤加练习才能降低这种本能的防御反应，同时你需要待在能促进开放思维的环境里。

你将在"工作原则"部分看到，我发明了不少工具和技巧来帮助人和机构克服这种抵制反应。我发现通常最有效的方式不是期盼自己或其他人改变，而是承认自己的弱点，然后用明确的预防机制来避免弱点导致错误。这通常能加快成功的速度，提高成功的概率。

4.6 认识自己和他人的特性

因为人天生就有思维偏向，所以自我评估（以及对其他人的评估）通常会很不准确。心理测试要可靠得多。在从招聘到员工离职的整个过程中，心理测试都能起到很大作用，把人的思维方式弄明白。传统招聘方式是面对面考察应聘者的背景和履历。尽管心理测试无法完全取代传统方式，但它的效能要强大得多。假如只能二选一的话，我会选择用心理测试招聘。幸运的是，我们不必二选一。

我们主要使用4种测试：MBTI、团队倾向简表、职场人格量表、分层系统理论。[1]但我们仍在不断试验（如"大五类人格"），

---

[1] 这一测试有助于发现人们在不同层级之间如何选择，会自然地走向哪一层。

所以测试组合肯定也会发生变化。无论是什么组合，这些测试都能反映职员的思维与行为偏好，同时向我们提供新的人格特征和术语，有助于把我们已经识别的特征与术语清晰化和扩展化。我将在下文叙述其中的一些。这些叙述基于我自己的经验和学习，在很多方面与心理测试机构使用的正式说法不同。[1]

a. 内向与外向。 内向者聚焦于内心世界，从思想、记忆和经验中汲取能量；外向者聚焦于外部，从与人相处中汲取能量。内向者与外向者的沟通方式也存在差异。如果你的某位朋友喜欢把想法"说个明白"（甚至在无人交流的情况下难以思考问题），他就可能是个外向者。内向者通常觉得这样的谈话很痛苦，更喜欢独立思考，想明白了才和别人交流。我发现，让他们以各自舒适的方式沟通很重要。例如，相比在群体中发言，内向者通常更喜欢书面沟通（如电子邮件），并倾向于不公开自己的批评性想法。

b. 直觉与感知。 一些人看到全局（森林），另一些人看到细节（树木）。在 MBTI 框架中，最能反映这两种方式的是从直觉到感知的序列。观察人的关注点可以发现他们的偏好。例如，在看书时，关注细节的感知者在看到像把 their（他们的）写成 there（那里）的错误时会很不舒服，但直觉者往往注意不到这种错误，这是因为他们关注全局，不重视细节。当然，要起草一份毫无拼写瑕疵的法律文件的话，最好是让感知者而不是直觉者来做。

c. 思考与感觉。 一些人的决策方式是，理性分析客观事实，考虑所有与具体情况相关的已知、可证明因素，富有逻辑性地决定如

---

[1]. 如果你想尝试一些测试并看看结果，可以访问 assessments.principles.com。

何行动。这是偏好思考者的特征，你会希望为你做诊断的医生是一个这样的人。偏好感觉者关注人与人之间的和谐，他们最好从事一些需要很多同理心、人际沟通、关系构建的工作，例如人力资源管理和客户服务。在桥水，在我们通过心理测试识别这些差异之前，两种人之间的对话是很令人沮丧的。而现在，当这些差异呈现出来时，我们一笑而过，因为我们了解这些差异，并明白这样的事很正常。

d. 计划与发觉。一些人喜欢以井然有序的方式生活，另一些人更喜欢灵活、随性。[1] 计划者（MBTI框架里的"判断者"）喜欢专注于计划并遵行，而发觉者喜欢关注周围发生的情况并加以适应。发觉者的工作方式是从外到内。他们观察情况，然后往前分析原因，寻找应对办法。他们还会看到可以对比、选择的多种可能性，经常因看到太多可能性而无所适从。而计划者的工作方式是从内到外，先想清楚目标，再想怎么做。计划者和发觉者往往难以相互理解。发觉者经常看到新情况就改变方向，而计划者会对此感到不舒服，他们决策时非常重视先例，并认为以前怎么做，现在就该怎么做。计划者也会让发觉者感到不舒服，觉得他们僵化，不善随机应变。

e. 创造者、推进者、改进者、贯彻者与变通者。识别了不同人的禀赋和思维偏好，你安排工作时就能让他们各展所长。在桥水，我们使用一种称为"团队倾向简表"的测试来合理安排工作。"团队倾向简表"识别的5种类型是创造者、推进者、改进者、贯彻者

---

1. 在MBTI框架中，这一序列被描述为"判断"与"发觉"，但我更喜欢用"计划"，因为"判断"具有别的含义。在MBTI框架中，"判断"的意思不是"武断"，"发觉"的意思也不是"敏感"。

和变通者。

- **创造者**提出新想法、新概念。他们喜欢非结构化、抽象的活动，喜欢创新和不走寻常路。
- **推进者**传递这些新想法并推进。他们喜欢感觉和人际关系，管理各种人的因素。他们非常善于激发工作热情。
- **改进者**挑战想法。他们分析计划以寻找缺陷，然后以很客观、符合逻辑的方式改进计划。他们喜欢事实和理论，以系统性的方式工作。
- **贯彻者**也可以叫作**执行者**。他们确保重要的工作得到执行，目标被实现。他们关注细节和结果。
- **变通者**是以上4种类型的结合。他们能根据特定需求调整自身，并能从各种各样的视角看待问题。

我把每次测试的结果同我心里对别人的印象做对比，有时我的印象被强化，有时我产生疑问。例如，当有人的MBTI测试结果显示为S（关注细节）和J（计划者），而"团队倾向简表"的测试结果是贯彻者时，他们就很有可能比右脑思维者和有想象力的人更关注细节，这意味着他们会更适合结构更明确、更清晰、更少模糊性的工作。

f. 关注任务与关注目标。一些人关注日常任务，另一些人关注目标及其实现途径。我发现这两者之间的差异与直觉型和感知型之间的差异很像。关注目标、"设想"能力最强的人能看到逐渐变化的大局，也更有可能做出有意义的改变，预估未来的事件。这些目标导向的人能从日常任务中跳出来，思考未来做什么、怎么做。他们最适合创造新东西（新组织、新计划等），管理频繁变化的组织。因为视野宽阔、能通观全局，所以他们通常会成为最能勾画未来蓝图的领导者。

而关注日常任务的人更善于管理没什么变化、按部就班的事务。任务导向的人倾向于参照已经存在的东西，做出渐进的改变。他们不会快速地偏离现状，在突发情况面前更可能措手不及。另外，他们通常非常可靠。尽管看起来他们的关注点比宏观思考者狭隘，但他们的角色同样重要。假如我不与善于处理细节的人合作，我肯定出不了这本书，也实现不了任何有价值的东西。

g. **职场人格量表**。我们使用的另一种心理测试是职场人格量表。它以美国劳工部的数据为基础，集中于一些关键特征或品质，如毅力、独立性、抗压能力、分析能力等，预测员工行为和工作适配性、满意度。这个测试帮助我们理解人们的价值观，以及如何权衡不同的价值观。例如，"成就导向"得分低、"关心他人"得分高的人可能不愿为了实现自己的目标而损害他人利益。而"遵循常规"得分低的人也许更有可能独立思考。

我们发现，可以用25~50种特征很好地描述一个人。每个特征的强度可以有高有低（像色调一样）。如果你知道了一个人的所有特征并将其综合在一起，就能基本上绘出他的全貌。我们的目标就是利用测试结果及其他信息来实现这一点。我们更倾向于与被考察者合作，因为这样可以更准确，同时对对方来说，能客观看待自身也是很有帮助的。

不同特征经常可以组成可识别的类型。想想看，你也许能想

原 则

到生活中反复遇到的多种类型的人：古怪而不切实际的"艺术家"、一丝不苟的"完美主义者"、决绝地追求目标的"赴汤蹈火者"、能凭空想出奇妙理论的"理想家"。我还总结出了一些类型，包括"塑造者""饶舌者""调试者""头脑开放的学习者""推进者""创造者""牧猫者""传播八卦者""忠诚的行动者""明智的法官"等。

需要说明的是，与通过测试得出的更丰满的描述相比，类型的用处较低。类型不精确，更像简单的漫画，但在组建团队时类型是有用的。每个人都比描述他的类型复杂，而且一个人可以符合多种类型。例如，一个"古怪的艺术家"也可能是一个"完美主义者"或"赴汤蹈火者"。我不会一个个描述，但要稍微详细地说说"塑造者"——最能代表我的类型。

h. 塑造者是能从构想一路走到构想实现的人。 我在第一部分写了很多关于"塑造者"的内容。我所说的"塑造者"是指这样的人：能提出独特的和有价值的愿景，并以美妙的方式实现愿景（通常是在他人的质疑之下）。塑造者既能看到全局，也能看到细节。在我看来，"塑造者"="理想家"+"务实思考者"+"坚毅者"。

我发现塑造者通常有一些共同特征：极富好奇心；有把事情弄清楚的强烈冲动；近乎叛逆地独立思考；需要宏大别致的梦想；务实并坚毅地排除万难、实现目标；了解自己和其他人的长处和短处，所以能协调团队来实现目标。也许更重要的是，他们能同时持有相互冲突的想法，并从不同角度来看待这些想法。他们通常喜欢和其他真正的聪明人一起探索，能在全局和细节之间自如地来回跳跃，并相信二者同样重要。

真正擅长这些思维方式从而能成为现实中的塑造者的人风毛麟角。不过，他们如果不和天生具有其他特征的人合作也无法成功，后者的思维方式和行动也是不可或缺的。

在任何生命历程中，了解人的特性都是必要的第一步。你做什么并不重要，只要你做的符合自己的个性和人生理想。我和一些全球最有钱、最有权势、最受尊崇的人打过交道，也和世界上一些最不起眼的角落里最穷、最弱势的人打过交道，我可以明确地说，在基本生活线之上，幸福水平和常规的成功标准之间没有任何联系。一个能从木工中得到内心满足的木匠，能轻松拥有和美国总统一样美好甚至比美国总统更好的生活。我希望你从本书学到的最重要的认识是，人人都有长处和短处，人人都能在生活中扮演重要角色。大自然塑造万事万物皆有目的。你最需要的勇气不是驱使你战胜别人的勇气，而是不管其他人对你有何冀望，你始终坚持做最真实的自我的勇气。

4.7 无论你要实现什么目标，让合适的人各司其职以支持你的目标，是成功的关键

无论在私人生活还是工作中，你和其他人合作的最好方式都是，把具有互补性特征的人搭配在一起，创建最适于完成任务的团队组合。

a. 管理你自己，并协调其他人实现你的目标。你最大的挑战是让深思熟虑的较高层次的自我管理情绪性的较低层次的自我。做到这一点的最佳途径是有意识地养成习惯，自动地做对自己有益的事。

在管理其他人方面，我能想到的例子是一个好乐队。乐队指挥是塑造者、引导者，他主要不是"做"（例如他不演奏乐器，尽管他了解很多关于乐器的知识），而是勾勒结果，并确保乐队所有成员一起发力实现目标。指挥要确保每个乐队成员知道自己的长处和短处，以及各自的职责。每个人不仅要发挥出自己最好的水平，还要通过合作实现"1+1 > 2"的效果。指挥最吃力不讨好的工作之一是开除总是不能好好演奏或合作的人。最重要的是，指挥要确保演奏效果和他想的一样。"音乐得是这样。"他说，"贝斯手，撑起整个格局。这里要连接得妙，这里要奏出神韵。"乐队的每个部分也有各自的领导者，如首席小提琴手等，他们也帮助把作曲者和指挥的设想表达出来。

这么看待事物对我帮助很大。例如我前文提到过的债券交易系统化计划，在形成这种新视角后，我们得以更好地看到现实与需求之间的距离。普林斯在思想上是我的好伙伴，我们一起理解需要解决的全局性问题，但他不擅长设想实现解决方案的程序，他也没有找到合适的人来共同完成该计划。他倾向于与和自己相似的人共事，所以他找的主要副手和他相似，善于在纸面上宏观规划，不善于具体安排实现规划的人、事项和日程。这名副手的测试结果是"变通者"，说明他能很好地朝普林斯要求的方向走，但缺乏辅助普林斯完成任务所必需的清晰、独立思维。

在试了几轮没有进展之后，我们利用了那些理解员工特性的新工具，并根据测试结果展开行动。我们促使普林斯换了一名新副手，她极其擅长在宏观规划和完成规划所需的具体项目之间进行协调。把她的棒球卡与上一个副手的做对比可以发现，她的独立、系统性思维能力极强，这对清晰展望如何实现普林斯的宏观想法至关重要。她安排了其他辅助者，包括一名项目经理。这名经理不太关注理念，但非常重视具体任务的细节和完成期限。在观察新组员的棒球卡时，我们可以很快发现，他们更多地展现出一些与计划性、扎实、及时执行相关的特征，而这些是普林斯的弱项。在这个新团队就位之后，我们的计划就开始一帆风顺了。之所以能做到这一点，是因为我们仔细考察了实现目标所需的所有"积木"，并找到了缺失的"积木"来弥补。

我们坦诚开放地了解员工特性的做法，对无数项目都有帮助，债券交易系统化计划只是其中之一。而且需要明确的是，对于人的思维方式如何不同这个问题，本条所述只触及皮毛。

在下一条，我将把你读到的所有内容综合起来，分析决策的基本要素。一些决策你应该自己做，一些则应该让更可信的人来做。利用自知之明区分这两种情况，是成功的关键，不管你追求什么。

5 学习如何有效决策

作为一个职业的决策者，我一直在研究如何有效决策，并不断在寻找能降低犯错概率、实现更好效果的决策规则与系统。

我了解到的最重要的东西之一是，大部分日常决策是潜意识过程，比通常认为的要复杂。例如，想想你在开车时，如何和前面的车保持安全距离。现在请你详细描述这个过程，以让从来没有开过车的人也能做得和你一样好，或者将其输入计算机，编写自动驾驶汽车的控制程序。我敢打赌，你做不到。

现在想想这个挑战：用系统化、可复制的方式把你的所有决策做好，同时还能以非常清晰准确的方式描述决策程序，从而让处在同样情况下的任何人都能做出同样的高质量决策。这正是我渴望做的事，而且我发现朝这方面努力价值无限，尽管我距离完美还很远。

尽管世界上并没有最好的决策方式，但存在一些有效决策的普通规则。

5.1 要认识到：（1）影响好决策的最大威胁是有害的情绪；（2）决策是一个两步流程（先了解后决定）

了解必须先于决定。如第一条所说，大脑能够储存不同类型的知识，有潜意识，能机械记忆，能养成习惯。但不管如何获取知识、在哪里储存知识，至关重要的是，你了解到的东西能够真实、丰富地反映相关现实，从而使你做出更好决策。所以在了解过程中保持头脑极度开放，向可信的人请教，始终是有帮助的。许多人在情绪上不愿意这么做，而这会妨碍他们了解现实，做出更好的决策。始终提醒自己，至少听一下某种相反的观点，永远都没有坏处。

决策过程分两步：先选择作为决策基础的知识，既包括相关事实（"是什么"），也包括你对事实背后的因果机制的宏观理解；然后根据这些知识来确定行动计划（"怎么做"），这需要你反复权衡不同的可能性，以设想如何实现符合你愿望的目标。为了做好第二步，你需要综合权衡直接结果、后续结果和再后续结果，而且做决定时不能只看到短期结果，还要看到长远结果。

很多糟糕的决定都源于决定者未能权衡后续和再后续结果。而当你最初做出的劣质决策印证了你的偏见时，决策的不良后果就会尤为致命。在提出疑问和探寻事实真相之前，永远不要看到一个选择就定下来，不管它看起来多么好。在过去，为了避免自己坠入这个陷阱，我习惯自问：我在了解相关情况吗？我已经掌握了决策所需的所有知识吗？经过一段练习后，你会自然地、心态开放地搜集所有相关信息，但你必须躲过不良决策的第一个陷阱，就是先在潜意识驱使下做一个决策，然后挑选与决策相符的数据。

那么，如何才能把了解做好呢？

把了解做好

对我而言，归根结底，对现实形成准确、完整的认识需要两件事：能够准确综合分析，知道如何综合考虑多个层级。

综合分析是把许多数据转化为一幅精准画面的过程。综合分析的质量将决定你的决策质量。所以，与你知道的善于综合分析的人一起审视你的观点，总是会有帮助的。就算你觉得自己的综合分析能力已经很强了，这样做也能让你提高。对于一位可信者的观点，任何理智的人都应该心存敬畏去思考，而不应轻易拒绝。

为了把综合分析做好，你必须：（1）综合分析眼前的形势；（2）综合分析变化中的形势；（3）高效地综合考虑各个层次。

5.2 综合分析眼前的形势

每一天你都要面对无数事情。暂且把这些事情称为"点"。为了做到高效，你必须能分清哪些"点"重要，哪些不重要。一些人毕生搜集各种零零碎碎的看法和观点，而不是只保留自己需要的。他们有"细节焦虑症"，担忧不重要的事情。

有时小东西也是重要的，比如，你汽车的发动机发出响声可能是因为一片塑料松了，也可能是因为正时皮带即将断裂。关键是要有更宏观的视角，这样才能对真正的风险程度做出快速准确的判断，而不会陷在细节中无法自拔。

谨记：

a. 你能做的最重要的决定之一是决定问谁。确保他们是可信的人，对情况的了解很全面。无论你想理解什么，找到负责这方面的人，问他们。请教不了解情况的人还不如找不到答案。

b. 不要听到什么信什么。观点很廉价，几乎所有人都愿意和你分享观点。许多人会把观点表述为事实。你要区分观点和事实。

c. 所有东西都是放在眼前看更大。在生活的所有方面，正在发生的事情似乎都很大，回头来看则不然。所以你应该跳出去以看到全局，有时候可以过一段时间再做决定。

d. 不要夸大新东西的好处。例如，在选择看什么电影、读什么书时，你倾向于时间证明的经典还是最新的轰动性作品？在我看来，选择最好而不是最新是更聪明的做法。

e. 不要过度分析细节。一个"点"只是来自一个时刻的一条数据，你综合分析的时候始终要看到大局。就像你需要区分大小、特定事件与总体规律一样，你也需要知道从每一个"点"中能得到多少知识，而不是高估其重要性。

5.3 综合分析变化中的形势

为了明白不同的点在一段时期内的相互关系，你必须搜集、分析和识别不同类型的信息，而这并不容易。例如，设想有一天发生了8个事件，结果有的好，有的坏。我们把这一天的情况画下来，如下页图所示，每种事件类型由一个字母表示，每个结果的质量由其高度表示。

为了综合分析这一天，你必须根据类型（以字母代表）和质量

（从低到高，越高越好）来将结果分类，这将需要对每个结果进行综合评估。（为了让这个例子更具体，可以设想你在经营一家冰激凌店，W 代表销售情况，X 代表客户体验评分，Y 代表媒体报道和评价，Z 代表员工积极性，等等。）始终记住，我们的例子是个相对简单的例子：一天只发生了 8 个事件。

从右图中你能看到，这一天的销售很棒（因为两个 W 都在顶部），但客户体验不好（见两个 X）。你可以想想原因是什么，比如一群人到来，所以销售情况很好，但也造成排长队。

善于这样看待事物的人可谓凤毛麟角，但就像大多数能力一样，随着时间而变化的综合分析能力部分是天生的，但就算不擅长，你也可以通过练习来提高这种能力。遵守以下原则，你将提高成功的可能性。

a. 始终记住改善事物的速度和水平，以及两者的关系。当你要确定某个事物可以接受的改善速度时，你要注意的是事物水平相对于改善速度的关系。我经常发现人们看不到这一点。他们说"事情正在改善"，但没有注意到事物的质量距离平均水平还有多远，以及其改善速度能否确保其在可接受的时间内超过平均水平。

现在看看一个月的工作日是什么情况。有点儿令人困惑吧？

好

结果的良好程度

不好

W	Y	W	Z	W
W	Z	Y	Y	Z
Z	Z	Y	W	Z
V	Y	V	Y	Y
Z	Y	Y	V	Z
X	Z	X	X	Y
Y	Z	Y	X	V
X	X	X	Z	W

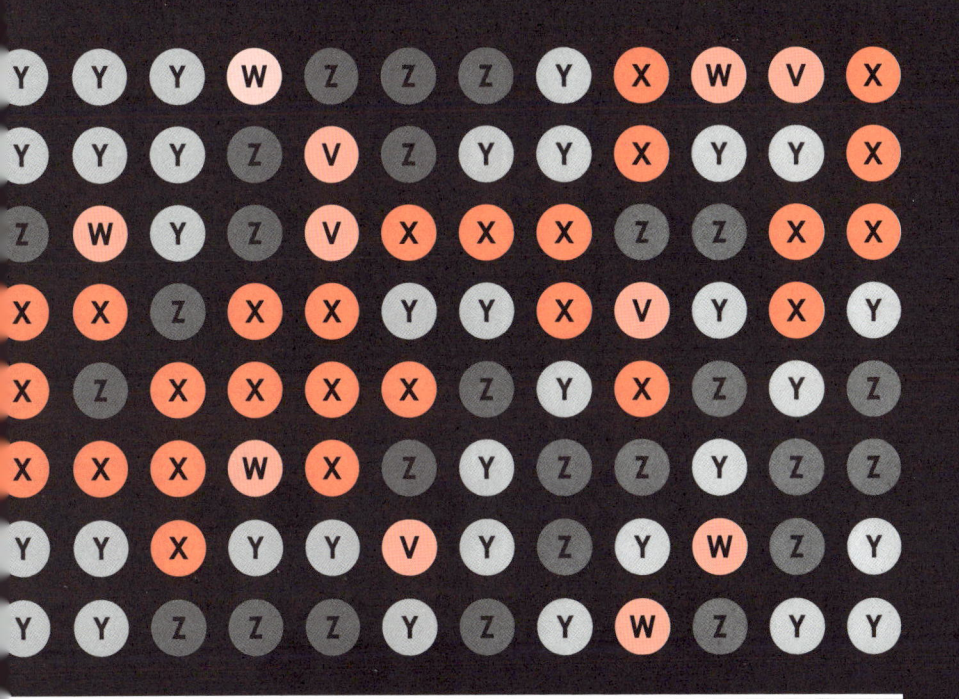

时间

下图只显示 X 类型的点,你能看到情况在改善。

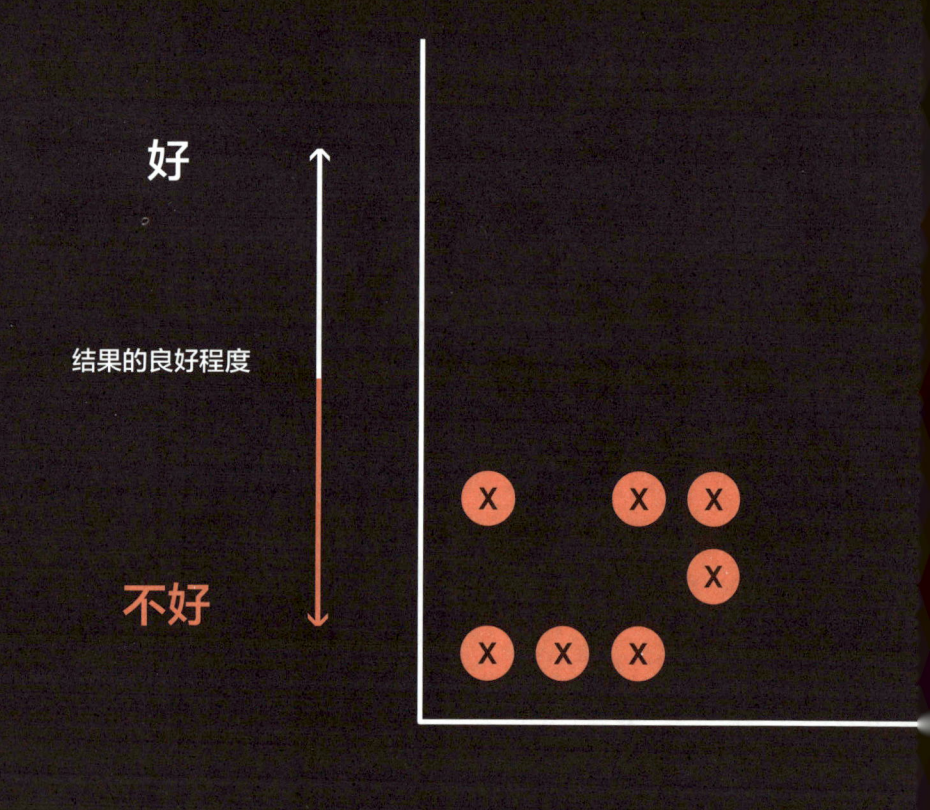

好

结果的良好程度

不好

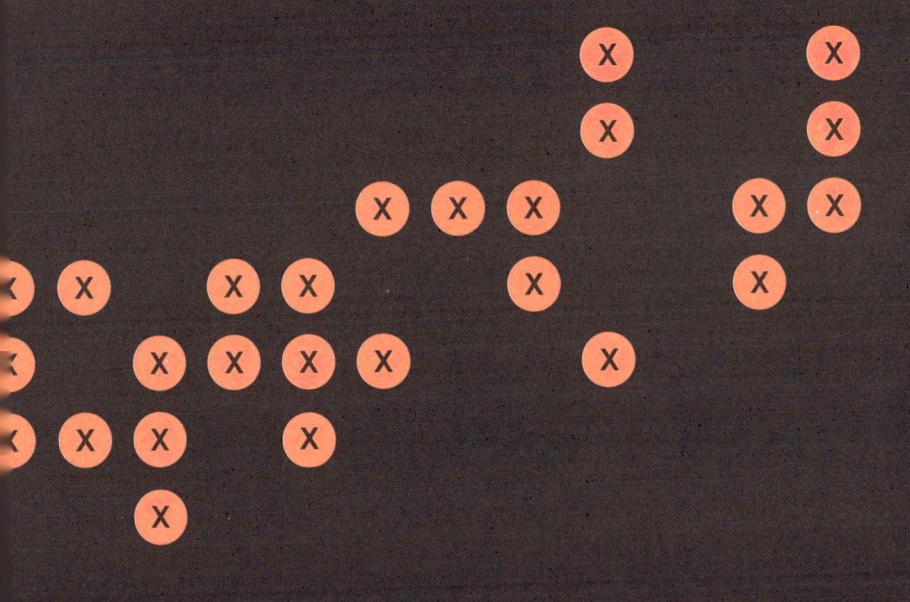

时间

如果过去在考试中得三四十分的人，在几个月里成绩达到了50多分，那么说成绩在改善也是对的，但他的水平仍然很差。你生命中所有重要的东西需要以足够快的速度不断改善，超越平凡，走向卓越。下图中的线条显示了随着时间的推移各个点会如何连接起来。线条 A 将让你及时地超越平凡，线条 B 则不行。要做出良好的决策，你需要明白现实是哪种情况。

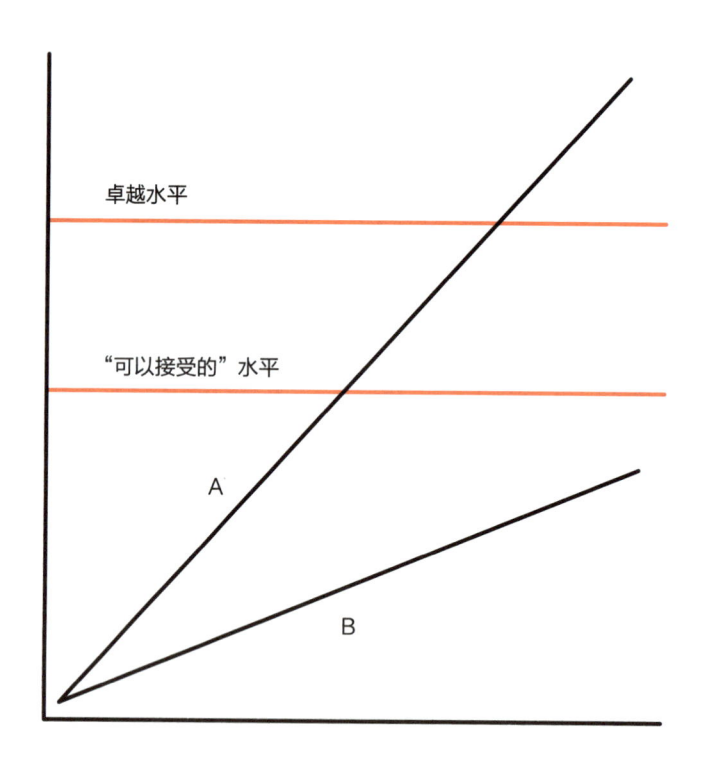

b. 不必过于精确。 理解"差不多"这一概念，使用粗略估计法。因为我们的教育系统过于重视精确，所以擅长粗略估计这个技能的价值常被低估。这会影响概念化思考。例如，当被要求计算"38×12"时，大多数人是以缓慢费力的方式计算，而不是简单地把 38 四舍五入成 40，把 12 四舍五入成 10，然后快速地确定答案约为 400。看看冰激凌店的例子，想一想，与其费力地把所有关系弄清楚，快速看到各个点之间的大致关系，是多么有用。费力进行精确计算是愚蠢的，但大多数人就是这么做的。为了做出有效决策，你需要在"差不多"这个层面上理解大多数事物。当每次有人做一个宏观的"差不多"的陈述，而有些人反驳"并不总是这样"时，我的本能反应是，我们也许要丢掉西瓜捡芝麻了，即讨论例外而不是常规，而这将让我们看不到常规。为了帮助桥水的员工不在这类情况上浪费时间，我们的一位刚从大学毕业的投研人员说了一句我经常复述的话："当你问一个东西对不对而对方告诉你并不完全对时，那它大致是对的。"

c. 谨记"80/20 法则"，并明白关键性的"20%"是什么。 "80/20 法则"是指，你从 20% 的信息或努力中得到 80% 的价值。（同样，你可能需要花费 80% 的努力来获取最后 20% 的价值。）理解这一法则后，一旦你了解了做出好决策所需的大多数情况，你就不必再陷于不必要的细节之中了。

d. 不要做完美主义者。 完美主义者花太多时间关注边缘性的微小因素，从而影响对重大因素的考虑。做出一个决定时通常只有 5~10 个需要考虑的重要因素。重要的是深入了解这些因素，而过了一定的临界点后，即使研究重要因素，所产生的边际收益也是有限的。

5.4 高效地综合考虑各个层次

现实分为不同层次，每一层都能给你不同但有价值的视角。综合分析和决策时你需要把这些层次都记住，并知道如何在不同层次之间转换。

假设你正在谷歌地图上观看你的家乡。把地图放大到能看到建筑时，你就看不到家乡周围的地区了，而后者是重要的信息。也许你的家乡在水边，但地图放得太大的话，你将无法判断那是河岸、湖岸还是海岸。你必须知道，为了合理决策你要考察哪个层次。

我们总是从不同层次看事物，并在各个层次之间转换，不管我们是有意识还是无意识这么做，不管我们做得好不好，不管我们看的是物体、观念还是目标。例如，你也许每天都在两个层次之间转换，一个是你的价值观，另一个是你为践行价值观做的事。大概情况如下：

1　高层次的全局：我想要能够学到很多东西的有意义的工作。
　1.1　次一级的理念：我想成为一名医生。
　　　次一级的点：我需要上医学院。
　　　　再次一级的点：我需要在科学课上取得好成绩。
　　　　　再再次一级的点：我今晚需要在家学习。

要观察你在生活中这方面做得怎么样，可以注意你的谈话。我们在谈话时倾向于在不同层次之间转换。

a. 用"基线以上"和"基线以下"来确定谈话位于哪一层。基线以上的谈话关注要点，基线以下的谈话关注分点。当一段分析显得混乱、令人迷惑时，通常是因为谈话者陷于基线以下的细节之中，而没有重新把细节与要点联系起来。基线以上的谈话应当以井然有序的方式走向结论，只有在有必要说明某个要点的细节时才可走到基线以下。

b. 谨记，决策需要在合理的层次做出，但也应在各层次之间保持一致。例如，你想过健康生活的话，就不应该每天早上吃 12 节香肠，再喝点儿啤酒。换言之，你需要不断联系和调和从不同层次搜集的数据，以对具体情况形成全面认识。就像一般的综合分析能力一样，一些人天生在这方面做得较好，但任何人都能在某种程度上通过学习获得进步。为了做好这一点，你有必要：

1. 谨记任何问题都存在很多层次。
2. 针对一个问题，明白你分析的是哪个层次。
3. 有意识地在不同层次之间转换，而不是把问题视为一堆没有内在区别、可以随意考察的事实。
4. 以第 258 页、第 259 页的图为模板把你的思考过程画成图。

如果你以极度开放的头脑来做这些，你不仅将更明白你看到的东西，还将更明白你没看到但也许其他人已经看到的东西。这有点儿像爵士乐手们不在一个调上，而在都明白自己的层次后，所有人就能在同一个音调下演奏。在你们都知道自己的思维方式并开放地看待其他人的思维方式后，你们就能一起创造出好的概念爵士乐，而不是只能冲彼此尖叫。接下来我们再进一步，看看做决策的问题。

原则

好的情况

A	→ B	→ C	→ D	→ E	→ F	→ G	→ 综合
1	1	1	1	1	1	1	
2	2	2	2	2	2	2	
3	3	3	3	3	3	3	
4	4	4	4	4	4	4	
5	5	5	5	5	5	5	

一个更大的有效序列

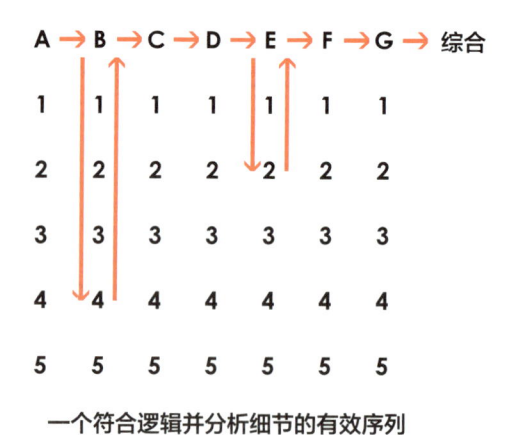

A	→ B	→ C	→ D	→ E	→ F	→ G	→ 综合
1	1	1	1	1	1	1	
2	2	2	2	2	2	2	
3	3	3	3	3	3	3	
4	4	4	4	4	4	4	
5	5	5	5	5	5	5	

一个符合逻辑并分析细节的有效序列

不好的情况

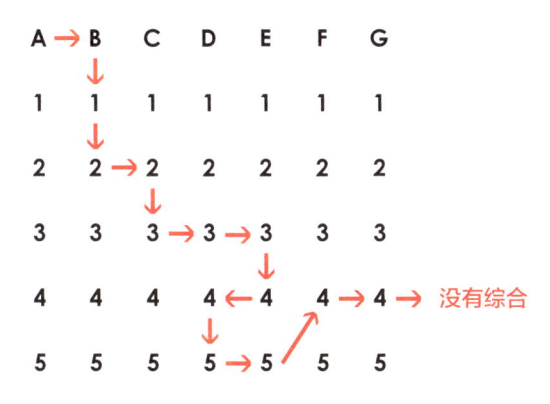

	A	B	C	D	E	F	G
	→	↓					
1	1	1	1	1	1	1	
		↓					
2	2	2→2	2	2	2		
			↓				
3	3	3	3→3→3	3	3		
				↓			
4	4	4	4←4	4→4→ 没有综合			
			↓	↗			
5	5	5	5→5	5	5		

一个随机的、走向脱轨的过程

	A	B→C	D	E	F	G
		↓				
1	1	1	1	1	1	1
		↓				
2	2	2	2	2	2	2
		↓				
3	3	3	3	3	3	3
		↓				
4	4	4	4	4	4	4
		↓				
5	5	5	5	5	5	5
		↓				
		没有综合				

一个直线下跌、毫无成果的过程

把决策做好

利用决策逻辑来创造长期的最佳结果,本身已经成为一门科学。这门科学利用了概率学和统计学、博弈论等工具。尽管这些工具很多都能带来帮助,但有效决策的基本要素是相对简单和永恒的,事实上在不同程度上以基因的形式存在于人脑里。通过观察野生动物你会发现,它们本能地计算自身能量的预期价值,以将发现食物所消耗的能量最小化。这方面做得好的动物繁衍成功,通过自然选择过程传递自身基因,做得不好的动物则会惨死。尽管在这方面做得不好的人类通常不会惨死,但他们肯定会受到经济选择过程的惩罚。

如前所述,大致存在两种决策方式,一种以证据和逻辑为基础(来自较高层次的大脑),另一种以潜意识和情绪为基础(来自较低层次的动物性的大脑)。

5.5 综合分析现实、理解如何行动的最好工具是逻辑、理性和常识

注意不要依赖其他任何东西。不幸的是,心理学家进行的大量测试表明,多数人在多数时间里受到较低层次大脑的控制,这导致劣质决策出现,而他们还不自知。如卡尔·荣格所说:"除非你意识到你的潜意识,否则潜意识将主导你的人生,而你将其称为命运。"更重要的是,当多个群体合作时,决策应当基于证据、符合逻辑,否则决策程序将不可避免地被最强大而不是最明智的成员主宰,这不仅不公平而且质量较低。成功的组织都有组织文化,确保基于证据的决策是常规的而非例外的。

5.6 根据预期价值计算做决策

把每个决策都视为一个押注,押对有一个概率,有相应的奖励;押错有一个概率,有相应的惩罚。会赢的决策通常是具有正向预期价值的决策,也就是说,奖励乘以其发生概率的数值大于惩罚乘以其发生概率的数值,预期价值最高的决策是最好的决策。

比方说,押对的奖励是 100 美元,概率是 60%,押错的惩罚也是 100 美元。100 美元奖励乘以押对的概率 60%,等于 60 美元;100 美元惩罚乘以押错的概率 40%,等于 40 美元。用奖励减去惩罚,差额就是预期价值,这个例子中的预期价值是正 20 美元。一旦理解了预期价值,你也会理解,押概率最大的情况不一定是最好的。例如,设想某件事的成功概率只有 20%,而奖励的回报是 1 000 美元,失败的损失只有其 1/10,为 100 美元。这件事的预期价值是正 120 美元。所以,只要你有承担损失的能力,这也许就是个明智的决策,尽管你失败的可能性更大。你不断地计算这些概率,随着时间的推移,你肯定会看到成功的结果。

尽管多数人并不明确地进行这些计算,但我们经常凭直觉这样做。例如,尽管下雨的概率只有 40%,但你依然决定带伞去商店;尽管你几乎肯定自己知道路,但你依然要查看手机来确认方向。这些时候你都是在计算预期价值。

有时虽然你押错的可能性非常大,但押错的成本几乎可以忽略不计,而押对的概率虽然很小,但奖励会很多,在这些情况下,试一下仍然是明智的。就像俗话说的:"多问问总没坏处。"

这个原则给我自己的生活带来了很大改变。多年前我刚刚成家时，看到了一栋各方面都很完美的房子。问题是这栋房子并不挂牌出售，我问的每个人都告诉我，房主没有出售的意愿。更不利的是，我还很确信我将难以申请到足够的抵押贷款。但我觉得应该给房主打个电话询问一下，看看我们能否达成某种交易，毕竟这不需要投入任何成本。事实证明他不仅愿意出售，还愿意借给我一笔钱！

同样的原则适用于押错的惩罚极大的情况。例如，尽管你患上癌症的概率很低，但当出现某种征兆时，你去检查确认一下也是有好处的。

为了帮你把预期价值计算做好，谨记：

a. 不管你押对的概率已经有多大，提高你的押对概率始终有价值。我经常看到人们在押对概率高于 50% 时做决定，而他们没有看到的是，假如进一步提高押对概率，他们将多获得多少（你几乎总是可以通过获取更多信息来提高押对概率）。与把押对概率从 49%（错的可能性略高）提高到 51%（对的可能性略高）相比，把押对概率从 51% 提高到 85%（提高 34 个百分点）所产生的预期价值增益是前者的 17 倍。把概率视为你犯错可能性的标尺。把押对概率提高 34 个百分点意味着，你 1/3 的押注都将从损失变成收益。所以即使在你很有信心的情况下，对你的思维进行压力测试也是有好处的。

b. 知道什么时候不要去押注与知道什么注值得押同样重要。只在你最有信心会获得回报的时候押注，你的记录才会得到显著改善。

c. 最好的选择是好处多于坏处的选择，不是毫无坏处的选择。看看有些人，发现一点儿问题就反对某件事，而不合理权衡所有的优缺点。这样的人通常不善于决策。

5.7 比较更多信息带来的价值和不做决定造成的成本，决定优先顺序

有的决定最好在获得更多信息后做出，有的决定最好立即做出。就像你在综合分析问题时总要区分大小因素一样，你也总是要比较搜集更多信息带来的边际收益和暂时不做决定造成的边际成本。善于合理排序的人理解以下几点：

a. 先把你的"必做之事"做完，再做你的"想做之事"。区分你的"必做之事"和"想做之事"，不要错误地把任何"想做之事"排到最前面。

b. 你很可能没有时间处理不重要的事，那最好将它留着，以免没有时间处理重要的事。我经常听到人们说："现在做点儿这个或那个不好吗？"这时他们很可能要分心了，不能集中在重要得多、需要做好的事情上。

c. 不要把概率当作可能性。万事皆有可能，重要的是概率。你必须考虑每个因素的发生概率，然后进行排序。能够准确区分概率和可能性的人通常善于"务实思考"，他们是"哲学家"类型的反面，而"哲学家"类型的人倾向于在各种可能性的迷雾中迷路。

成为好决策者的捷径

好决策者并不机械地记忆和执行上述步骤，但他们确实是这么做的。这是因为通过不断的练习，他们学会了自然而然地照此行动，就像一个棒球手不假思索就能抓住飞来的球一样。假如他们必须把每一条原则从记忆中唤醒，通过缓慢的意识来执行原则的话，他们

就不可能妥善处理纷至沓来的问题。但他们确实也会通过意识来做一些事，你也应该这么做。

5.8 简化

撤掉无关细节，让重要因素及其相互关系呈现出来。俗话说："每个傻子都能把事情复杂化，只有天才才能把事情简单化。"想想毕加索在很年轻时就能画出美丽的写实油画，但在职业生涯中，他不断地追求精简。并不是所有人都有这样的思维方式，但没有这种禀赋并不意味着你做不到这一点，你只是需要创造性和毅力。必要时你可以寻求其他人的帮助。

5.9 使用原则

使用原则既能简化也能改善你的决策。尽管读到现在你也许觉得这显而易见，但值得反复说明的是，要明白几乎所有"眼前的情况"都是"类似情境的再现"，要识别"类似情境"是什么，然后应用经深思熟虑得出的原则来应对。通过这么做，你必须做出的决策的数量将大大减少（我估计约减少为1/100 000），你的决策质量将大大提升。把这做好的诀窍为：

（1）让你的思维慢下来，以注意到你正在引用的决策标准。

（2）把这个标准作为一项原则写下来。

（3）当结果出现时，评估结果，思考标准，并在下一个"类似情境"出现之前改进标准。

识别每个"类似情境"的类别，就像识别一种动物所属的物种一样。识别每一件事，然后选择对其适用的原则，会变得像在玩游戏一样，所以这样做既是很有用的，也是很有趣的，当然也可能具有挑战性。许多我所说的"眼前的情况"都具有混合性质。当眼前的情况里包含一些"类似情境的再现"时，你必须权衡不同的原则，运用"意境地图"来思考对遇到的不同类型情况如何处理。为了帮助人们这么做，我创制了一个称为"教练"的工具，将在附录中阐述。

你可以用自己的原则，也可以用别人的，只需要把能发现的最好的原则用好。如果你养成了这样的思维习惯，那么你将成为一个卓越的有原则的思考者。

5.10 对你的决策进行可信度加权

我发现，和高度可信、愿意表达深思熟虑的分歧的人交流，一直都能深化我对问题的理解，改进我的决策质量。这通常能让我做出更好的决策，并能让我学到美妙的东西。我建议你也这么做。

为了做好这一点，你必须避免以下常见失误：（1）不合逻辑地高估自己的可信度；（2）不区分可信度不同的人。

在与其他人产生分歧时，你应该首先看看你们能不能就决策原则达成一致。在进行这样的讨论时，你们应该分析不同原则背后理由的优劣。如果能就决策原则达成一致，你们就把原则应用于眼前的问题，得出一个人人赞同的结论。如果对决策原则有分歧，你们可以通过比较彼此的可信度来努力解决分歧。我将在"工作原则"中更详细地解释具体做法。

这种有原则的、可信度加权的决策方式很迷人，效果比一般的决策方式好得多。例如，假设我们用这种办法来选总统。引人遐想的是，就一个好总统应该具备什么样的素质、谁在做出上述判断时最为可信这两个问题，我们能不能提出各自的原则。我们最终的讨论结果将是实行一人一票还是别的方式？如果是别的方式，应该怎么做？这肯定能带来非常不同的选举结果。在下一次选举的时候，我们可以在正常选举的同时进行这样的演练，以观察二者的差别。

尽管可信度加权的决策听起来有些复杂，但你很可能经常这么做，比如你问自己"我应该听什么人的建议"时。但几乎可以肯定的是，如果你更有意识地这么做，效果就会好很多。

5.11 把你的原则转换成算法，让计算机和你一起决策

如果能做到这一点，你将把自己的决策能力提高到一个全新的水平。通过这么做，很多时候，你将能检验原则在应用于过去的情况和各种不同的情况时能起到什么样的作用，这可以帮助你改进原则。而且这么做肯定能让你对问题有飞跃式的深入理解。这还能将情绪因素从决策中去除。就像文字一样，算法也能描述你的计划，只是用计算机能理解的语言记录而已。如果你不会使用这种语言，你就应该学会，或者找一个能为你翻译的帮手。你的子女和伙伴必须学会使用这种语言，因为它可能很快会成为全世界最重要的语言。

和计算机中的另一个你形成合作关系，你们相互从对方身上学习，各展所长，决策效率会比你单打独斗时高得多。你还可以通过计算机建立与很棒的集体决策的联系，这比个体决策有效得多，而且能推动人类的进化。

系统化和计算机化的决策

未来，人工智能将对人类所有方面的决策产生深刻影响，尤其是在人类已经进入的这个新时代，关于人的信息极为透明，这二者结合会产生极大的影响。现在，不管你喜欢与否，任何人都可以轻易获取你的数据信息，对你进行深入了解，而且这些数据可以被输入计算机，从你会买什么商品到你的价值观如何。尽管这让许多人觉得恐慌，但30多年来，我们在桥水一直把极度透明和算法决策结合起来，并发现这样做成效非凡。事实上我相信，不久之后，这种计算机化决策将变得常态化，几乎和人脑决策一样正常。

人工智能不是一个新概念。早在20世纪70年代，当我初次尝试计算机化决策时，这个概念就已经存在了将近20年（"人工智能"一词首次出现于1956年达特茅斯学院的一场会议）。尽管从那时到现在很多情况发生了变化，但人工智能的基本概念始终不变。

举一个极简单的计算机化决策的例子。假设你在住房供暖方面有两项原则：当温度降到20℃以下时开暖气，午夜到凌晨5点之间关暖气。你可以用一个简单的决策公式来表达这两项原则之间的关系：如果温度低于20℃，时间不在午夜到凌晨5点之间，就开暖气。在搜集很多这样的公式后，你就可以创建一套决策体系，这套体系能够处理数据，权衡和应用各种相关标准，并提出决策建议。

思考

↓

原则

↓

算法

↓

好决策

用算法表述投资决策标准，然后用历史数据来检验，或者用算法表述工作原则，然后用其来帮助管理决策，都不过是智能温度调节器的更大、更复杂的版本。与人脑决策相比，这能让我们更快地做出考虑更周全、更少情绪化的决策。

我相信这种做法会变得越来越普遍，计算机编码会变得和写字一样重要。计算机在帮助决策方面的作用，迟早会变得像今天在搜集信息方面的作用一样大。当计算机帮助我们决策时，它将了解到我们的情况，包括我们的价值观、长处和短处。它将能自动地找到在特定领域比我们更强的人的帮助，从而能给我们提供合适的建议。不久之后，我们的计算机就能和其他人的计算机对话，并以上述方式合作。事实上这已经在发生了。

设想这样一个世界：你能利用科技接入一个系统，可以在系统里输入正在处理的问题，并向全世界这方面最受好评的思考者请教解决办法，以及背后的理由。这一点将很快得以实现。不久后，在几乎所有你面临的问题上，你都能利用全世界最高质量的思考，并得到能权衡不同观点的计算机化系统的指导。例如，你将可以询问，基于自己的情况，你应当选择什么样的生活方式或职业生涯，或者基于其他人的情况，你应当如何与他们沟通。这些创新将把人从自己的头脑中解放出来，释放出一种无比强大的集体思维模式。桥水正在这么做，并发现这种思维模式比传统思维方式好得多。

听到这样的观点，人们经常会说，人工智能将和人类智能竞争，但在我看来，人类智能和人工智能同舟共济的可能性更大，因为这能带来最好的结果。计算机要想复制人脑的许多功能，如想象力、综合分析能力和创造力，要经过很长时间，甚至永无可能。这是因为人脑天生就储存着亿万年生物进化培育的各种能力。许多计算机系统依据的是决策"科学",其依然远远不如"技艺"有价值。在最重要的决策方面,人类依然比计算机做得更好。你只需看看最成功的人是什么样的人就明白了。软件开发工程师、数学家和博弈论研究者并不是最成功的,最具有理性、想象力和毅力的人最成功。

计算机模型需要输入合理信息,信息需要解读,而只有人类智能可以开展这种解读。例如,计算机无法告诉你,与亲人共处时间和工作时间的相对价值如何,如何达成最优的时间分配组合,使两种活动的边际效用都达到最大。只有你知道你最看重什么,你愿意与谁共度人生,你想要什么样的环境,只有你能最终做出最好的决定,尽最大可能实现这一切。而且,我们的很多思考来自自己无法理解的潜意识,所以把人类思考彻底模型化是不可能的,就像从未抽象思考过的动物不可能定义和学习抽象思考一样。

但在很多方面,人脑也无法与计算机竞争。计算机的"毅力"比任何人都强得多,因为它能全天不间断地工作。计算机能处理海量信息,而且速度飞快,其可靠性和客观性是人类永远无法比拟的。计算机能让你注意到无数你从未想过的可能性。也许最重要的是,计算机对群体偏见和从众思维免疫。计算机不会考虑自己的结论会不会受人欢迎,而且从来不惊慌失措。在"9·11"事件那段可怕的日子里,当整个美国深陷伤痛时,或者从2008年9月19日到10月10日,当道琼斯指数下跌3 600点时,我常常想拥抱我那些始终保持冷静的计算机。

这种人和机器的结合很美妙。人脑与科技合作的进程促使人类进步,正是凭着这么做,人类走向了信息时代。所以世界上最好的决策者是这样的人：拥有理性、想象力和毅力，知道自己看重什么、想要什么，同时也利用计算机、算法和博弈论。我们在桥水利用计算机系统，就像司机利用 GPS 一样，是用系统来辅助我们的导航能力，而不是替代它。

5.12　在深刻理解人工智能之前不要过度信赖它

当人工智能使用者在没有深刻理解它的情况下就接受机器学习创造的算法所假定的因果关系，甚至根据这些认识来行动时，我就对人工智能的危险感到担忧。

在解释原因之前，我想先阐明我的用词。人们经常轻率地使用"人工智能"和"机器学习"，并将其作为同义词，但二者大不相同。我把当前的计算机辅助决策技术分为三大类：专家系统、模仿和数据开采（这是我的分类，不是科技界常用的分类）。

我们在桥水使用的是专家系统，设计者根据自己对一系列因果关系的理性理解将决策标准表述出来，然后观察不同条件下会出现什么不同情况。

但计算机也能发现规律并将其应用于计算机决策，而不需要理解这些规律背后的逻辑。我把这种决策技术称为"模仿"。当同样的情况以可靠的方式反复发生时，例如在一场规则极其严格的游戏中，这一做法也许有效。但在现实中，事物不断变化，所以这样的系统很容易与现实脱节。

数据开采是近年来机器学习发展最快的领域，是指功能强大的计算机消化大量数据，从中寻找规律。尽管这种做法很常见，但在未来与历史不同的情况下,这是有风险的。在机器学习不包含对现实的深刻理解的情况下,以机器学习为基础构建的投资系统很危险,因为当人们广泛相信并应用某些决策规则时,价格会受到影响。换言之,一个深刻见解在众所周知之后,其价值会逐渐减少。在没有深刻理解的情况下,你弄不清楚过去发生的情况是否真有价值,即使有价值,你也弄不清楚其价值是否已经消失,甚至走向负面。常见的情况是,一些决策规则变得非常流行,以至对价格产生很大影响,从而使反向操作成为更合理的做法。

谨记,计算机是没有常识的。例如,计算机很容易曲解事实,看到人早上睡醒后吃早饭,就认为睡醒导致人饥饿。与其在很多我拿不准的事情上押注,还不如在较少的我拿得准的事情上押注(最好是互不相关的押注)。同时,无法说明任何决策背后的逻辑,对我而言都是无法容忍的。很多人因为发现机器学习比形成深刻理解容易得多,就盲目信任机器学习。但对我而言,深刻理解必不可少,尤其是对我做的事情而言。

我的意思不是模仿系统、数据开采系统没有用。事实上我相信,在未来的事物发展范围和格局与过去相同的情况下,这些系统对决策很有帮助。有了足够强大的计算能力后,所有可能变量就都可以纳入考虑。例如,通过分析不同形势下国际象棋好手弈棋的数据,通过分析不同手术期间杰出外科医生的手术流程,人们可以创造出很有价值的下棋程序或手术程序。早在1997年,计算机程序"深蓝"就用这种方式击败了全球排名最高的国际象棋棋手加里·卡斯帕罗夫。但当未来与过去不同、我们因理解不深而无法识别所有因果关系时,这一做法是行不通的。凭着理解这些因果关系,我没有像其他人一样犯错误，最明显的例子是 2008 年的金融危机，当时几乎所有人都以为未来会和过去一样。把全部注意力集中于符合逻辑的因果关系，我们将能看到事情的真相。

想想看，人脑其实就是以某种方式编程的计算机，处理数据，发出指令。我们可以编排人脑的逻辑和作为工具的计算机的逻辑，让它们彼此合作，甚至相互检验。这是一种美妙的做法。

例如，假设我们要归纳出能解释物种进化的普适规律。理论上，只要我们有足够的处理能力和时间，这就是可能的。当然，我们需要把计算机得出的公式弄明白，以确保这不是一堆从数据中提取的大杂烩，即不同因素只有相关性，没有因果性联系。我们可以不断简化这些规则，直到实现毫无疑问的精确度。

当然，鉴于人脑的处理能力和速度有限，要对进化过程中的所有变量形成丰富的理解，是一个永远无法完成的任务。那么，我们的专家系统采用的那些简化法和理解法真的是必需的吗？也许不是。我们检验的数据之外还会发生其他情况，这样的风险肯定是存在的。尽管如此，我们仍然可以说，与某种看起来成立但机理不清晰的公式相比，我们把以数据开采为基础的公式视为解释物种进化的普适规律，并依赖这些公式预测未来 10 年、20 年、50 年的变化，是风险相对较低的做法（至少可能有助于科学家治疗基因疾病）。

事实上，我们对理解的强调也可能太过了，有意识的思考只是理解的一部分，也许我们导出一个公式并用它来预测未来变化就足够了。在我个人看来，与依赖我不理解的算法相比，对因果关系形成深刻理解所产生的兴奋、安全性和教育价值要有吸引力得多，所以我依然倾向于这种做法。然而，是我的逻辑和理性，还是我较低层次的偏好和习惯在促使我这么想？我不能确定。我希望就此问题询问人工智能领域最杰出的人才（并请他们向我提问）。

最有可能发生的情况是，酷爱竞争的天性将促使我们越来越信任计算机发现的、超出我们理解范围的因果关系。这种信任有时会带来成效，有时会适得其反。我想人工智能将带来极快、极了不起的进步，但也担心它会导致人类的毁灭。

人类正在走向一个既令人兴奋又危险的新世界。这就是我们眼前的现实。而我一如既往地相信，如果我们不是把头埋在沙子里，而是准备好应对之道的话，未来会美好得多。

为了拥有最好的生活，

你必须：

（1）知道最好的决策

是什么；

（2）有勇气做出

最好的决策。

生活原则总结

在"生活原则"部分，我阐释了帮助我做到以上两点的一些原则。我相信，因为类似的情况反复发生，所以拥有一些以深思熟虑为基础的原则，你将能应对在现实中遇到的几乎任何事情。你从哪里获得这些原则并不重要，拥有原则、持之以恒地运用原则、不断改进原则才最重要。

为了得到有效的原则，**拥抱现实并妥善应对现实**至关重要。不要落入常见的陷阱，即期盼现实与真实情况不同，或者你所处的现实与众不同。相反，你要拥抱现实，有效应对现实。毕竟，生活的真谛就是从你所处的现实中汲取最大的价值。这需要你保持思想的透明，头脑开放地接受其他人的反馈。这将让你学到的东西大大增多。

一路上你肯定会经历失败。你需要认识到，失败既能化为动力，驱动你的个人进化，也能毁掉你，这取决于你如何应对失败。我相信进化是宇宙间最伟大的力量，我们都在以大致相同的方式进化。从概念上看，进化就像一系列反馈环，可能持续向上改善，可能保持水平，也可能持续下降直至毁灭。你的反馈环是什么样子，将由你自己决定。

可以把进化进程描述为一个**实现你愿望的 5 步流程**，包括设定目标，找到问题并且不容忍问题，诊断问题，规划可以解决问题的方案，最后执行方案要求的各项任务。需要谨记的是，没有人能把每一步都做好，依靠其他人的帮助很重要。拥有不同能力的人通力合作，可以创造出最强大的机器来实现目标。

如果你愿意直面现实，接受直面现实带来的痛苦，遵循 5 步流程来驱动自己朝着目标前进，你就走上了成功之路。但大多数人做不到，因为他们固守自己的错误观点。这很容易解决：从自我中跳出来客观地俯视所处形势，权衡自己和其他人对形势的看法。因此，我认为你必须做到**头脑极度开放**。

阻碍我们做好这一点的最大障碍是自我意识障碍和思维盲点障碍。自我意识障碍是指我们天生希望自己拥有能力，并希望其他人这么看我们。思维盲点障碍是我们通过自己的主观角度看事物所造成的。这两个障碍都会阻碍我们看到事实真相。最重要的解药是头脑极度开放：人抱着一种真诚的担忧，担心自己可能看不到最好的决策方式，从而以极度开放的心态看待问题。这是一种有效探索不同观点和可能性、不受自我意识和思维盲点阻碍的能力。

做好这一点需要你奉行深思熟虑的意见分歧，即向与你意见不同的聪明人请教，以通过他们的视角看问题，形成更深刻的理解。这样做将提升你做出良好决策的概率，并给你极好的教益。如果你能学会头脑极度开放，奉行深思熟虑的意见分歧，你学到的东西将大大增多。

最后，做到头脑极度开放需要你对自身与其他人的长处和短处有准确的评估。所以，了解一些关于大脑构造的知识，以及有助于你发现自身思维方式的各种心理测试，都是有益的。为了在其他人的帮助下做到最好，你必须**理解人与人大不相同**。

简而言之，学习如何以最好的方式决策，并拥有勇气做出最好的决定，需要你：（1）追求你想要的东西；（2）通过头脑极度开放从失败中汲取良好的教益；（3）不断改变和进化，使自己能力更强，勇气更盛。在该部分的最后一条"学习如何有效决策"里，我分享了一些更具体的原则，帮助你做到上述的一切，并在特定环境中合理权衡各种选项，选择正确的道路。

所有这些你当然都可以一个人做，但假如你对头脑极度开放这一概念稍有理解的话，你应当能清晰地看到，单打独斗能实现的成果有限。我们都需要其他人帮助我们斟酌，找到最好的决策，并帮助我们客观看待自身弱点，弥补短板。此外最重要的是，你周围的人，你与他们的互动方式，都会影响到你的生活。

与目标一致的人合作，你实现目标的能力会比一个人干强得多。不过我们迄今还未探讨团队如何以最高的效率运作。这将是"工作原则"部分要探讨的内容。

工作原则关乎人如何合作。因为组织的力量比个体强得多，所以接下来的工作原则也许比我们前文所述的内容还要重要。事实上，我先写了"工作原则"，然后才写了"生活原则"，以帮助其他人理解我在经营桥水时运用的潜在方法。"工作原则"基本上是你刚刚读完的"生活原则"对于组织的应用。我将一个原则、一个原则地向你展示，一套真实、务实、可信度加权的决策系统如何把独立的思考转化为有效的组织决策。我相信，对于企业、政府机构及慈善组织，这样一套系统都能让其变得更高效，让其成员有更强的归属感。

我希望这些原则

能帮助你

有成效地拼搏，

从生活中最大限度地

汲取快乐。

生活原则概要与列表

- 独立思考并决定：（1）你想要什么；（2）事实是什么；（3）面对事实，你如何实现自己的愿望……而且要保持谦逊和心胸开阔，以便你能运用自己的最佳思维。 VII

生活原则导言

- 考察影响你的那些事物的规律，从而理解其背后的因果关系，并学习有效应对这些事物的原则。 131

第二部分　生活原则

1 拥抱现实，应对现实 136
   1.1 做一个超级现实的人 138
      a. 梦想＋现实＋决心＝成功的生活。 138
   1.2 真相（或者更精确地说，对现实的准确理解）是任何良好结果的根本依据 140
   1.3 做到头脑极度开放、极度透明 140
      a. 对快速学习和有效改变而言，头脑极度开放、极度透明是价值无限的。 140
      b. 不要担心其他人的看法，使之成为你的障碍。 141
      c. 拥抱极度求真和极度透明将带来更有意义的工作和更有意义的人际关系。 142

生活原则

1.4 观察自然，学习现实规律   142
    a. 不要固守你对事物"应该"是什么样的看法，这将使你无法了解真实的情况。   145
    b. 一个东西要"好"，就必须符合现实的规律，并促进整体的进化，这能带来最大的回报。   146
    c. 进化是宇宙中最强大的力量，是唯一永恒的东西，是一切的驱动力。   146
    d. 不进化就死亡。   150

1.5 进化是生命最大的成就和最大的回报   150
    a. 个体的激励机制必须符合群体的目标。   152
    b. 现实为了整体趋向最优化，而不是为了个体。   152
    c. 通过快速试错来适应现实是无价的。   152
    d. 意识到你既是一切又什么都不是，并决定你想成为什么样子。   153
    e. 你的未来取决于你的视角。   154

1.6 了解自己的天性，选择一条最可能通往幸福和成功的道路   155
    a. 想明白你想从生活中得到什么，然后选择适当的道路加勤奋工作获得你想要的东西。   155
    b. 同事和工作场所比工作本身更重要。   155
    c. 要想同时拥有生活所需的金钱和理想的工作，必须拿出创意和灵活性。   156

1.7 清楚自身和亲人所处的生命阶段，回顾过去，规划未来   156

1.8 理解自然提供的现实教训 157
 a. 把你的进化最大化。 157
 b. 记住"没有痛苦就没有收获"。 160
 c. 自然的一项根本法则是,为了赢得力量,人必须努力突破极限,而这是痛苦的。 161

1.9 痛苦 + 反思 = 进步 161
 a. 迎接而非躲避痛苦。 162
 b. 接受严厉的爱。 163

1.10 考虑后续与再后续的结果 164

1.11 接受结果 165

1.12 从更高的层次俯视机器 166
 a. 把自己想象成一部在大机器里运转的小机器,并明白你有能力改变你的机器,以获得更好的结果。 166
 b. 通过比较你获得的结果和你的目标,你就能确定如何改进你的机器。 166
 c. 区别作为机器设计者的你和作为机器中工作者的你。 167
 d. 大多数人犯下的最大错误是不客观看待自己以及其他人,这导致他们一次次地栽在自己或其他人的弱点上。 168
 e. 成功的人能超越自身,客观看待事物并管理事物,以塑造改变。 168
 f. 在你不擅长的领域请教擅长的人,这是一个你无论如何都应该培养的出色技能,这将帮助你建立起安

全护栏，避免自己做错事。 170

g. 因为客观看待自身很困难，所以你需要依赖其他人的意见，以及全部证据。 170

h. 如果你的头脑足够开放，你也足够有决心，那么你几乎可以实现任何愿望。 170

2 用5步流程实现你的人生愿望 177

  2.1 有明确的目标 180

a. 排列优先顺序：尽管你几乎可以得到你想要的任何东西，但你不可能得到你想要的所有东西。 180

b. 不要混淆目标和欲望。 181

c. 调和你的目标和欲望，以明确你在生活中真正想要的东西。 181

d. 不要把成功的装饰误认为成功本身。 181

e. 永远不要因为你觉得某个目标无法实现就否决它。 181

f. 谨记伟大的期望创造伟大的能力。 182

g. 如果你拥有灵活性并自我归责，那么几乎没有什么能阻止你成功。 182

h. 把握时机，站上事业的潮头。 182

i. 知道如何对待挫折和知道如何前进一样重要。 182

  2.2 找出问题，并且不容忍问题 183

a. 把令人痛苦的问题视为考验你的潜在进步机会。 183

b. 不要逃避问题，因为问题根植于看起来并不美好的残酷现实。 183

c. 要精准地找到问题所在。 183

d. 不要把问题的某个原因误认为问题本身。 183

e. 区分大问题和小问题。 184

f. 找出一个问题之后,不要容忍问题。 184

2.3 诊断问题,找到问题的根源 184

a. 先把问题是什么弄明白,再决定怎么做。 184

b. 区分直接原因和根本原因。 184

c. 认识到了解人(包括你自己)的特性,有助于对其形成合理预期。 185

2.4 规划方案 185

a. 前进之前先回顾。 185

b. 把你的问题看作一部机器产生的一系列结果。 185

c. 谨记实现你的目标通常有很多途径。 185

d. 把你的方案设想为一个电影剧本,然后循序渐进地思考由谁来做什么事。 185

e. 把你的方案写下来,让所有人都能看到,并对照方案执行。 186

f. 要明白,规划一个好方案不一定需要很多时间。 186

2.5 坚定地从头至尾执行方案 186

a. 规划做得再好,不执行也无济于事。 186

b. 良好工作习惯的重要性常被大大低估。 186

c. 建立清晰的衡量标准来确保你在严格执行方案。 186

2.6 谨记:如果你找到了解决方案,弱点就是不重要的 187

a. 考察你犯错误的类型,并识别你通常在 5 步流程中的哪一步上做得不好。 188

b. 每个人都至少有一个最大的弱点阻碍其成功，找到
　　　　你的这个弱点并处理它。　　　　　　　　　　188
　2.7　理解你和其他人的"意境地图"与谦逊性　　　188
3　做到头脑极度开放　　　　　　　　　　　　　　191
　3.1　认识你的两大障碍　　　　　　　　　　　　192
　　　a. 理解你的自我意识障碍。　　　　　　　　　192
　　　b. "两个你"在争夺对你的控制权。　　　　　193
　　　c. 理解你的思维盲点障碍。　　　　　　　　　194
　3.2　奉行头脑极度开放　　　　　　　　　　　　196
　　　a. 诚恳地相信你也许并不知道最好的解决办法是什么，
　　　　并认识到，与你知道的东西相比，能不能妥善处理
　　　　"不知道"才是更重要的。　　　　　　　　197
　　　b. 认识到决策应当分成两步：先分析所有相关信息，
　　　　然后决定。　　　　　　　　　　　　　　　197
　　　c. 不要担心自己的形象，只关心如何实现目标。　198
　　　d. 认识到你不能"只产出不吸纳"。　　　　　198
　　　e. 认识到为了能够从他人的角度看待事物，你必须暂
　　　　时悬置判断，只有设身处地，你才能合理评估另一
　　　　种观点的价值。　　　　　　　　　　　　　198
　　　f. 谨记，你是在寻找最好的答案，而不是你自己能得
　　　　出的最好答案。　　　　　　　　　　　　　198
　　　g. 搞清楚你是在争论还是在试图理解一个问题，并根
　　　　据你和对方的可信度，想想哪种做法最合理。　198
　3.3　领会并感激：深思熟虑的意见分歧　　　　　199

3.4	和可信的、愿意表达分歧的人一起审视你的观点	201
	a. 为最坏的情况做准备，以尽量使其不那么糟糕。	202
3.5	识别你应当注意的头脑封闭和头脑开放的不同迹象	204
3.6	理解你如何做到头脑极度开放	207
	a. 经常利用痛苦来引导自己进行高质量的思考。	207
	b. 将头脑开放作为一种习惯。	207
	c. 认识自己的思维盲点。	208
	d. 假如很多可信的人都说你正在做错事，只有你不这么看，你就要想想自己是不是看偏了。	208
	e. 冥想。	208
	f. 重视证据，并鼓励其他人也这么做。	208
	g. 尽力帮助其他人也保持头脑开放。	209
	h. 使用以证据为基础的决策工具。	209
	i. 知道什么时候应当停止为自己的观点辩护，信任自己的决策程序。	209
4	理解人与人大不相同	213
4.1	明白你与其他人的思维方式能带来的力量	217
	a. 我们拥有各种天生特征，既可能帮助自己也可能伤害自己，取决于如何应用。	219
4.2	有意义的工作和有意义的人际关系不仅是我们做出的美好选择，而且是我们的生理需求	223
4.3	相信人世间最珍贵的事物不是别的，而是人与人之间的长久关系，这种信念是建立和维护良好关系的关键所在	226
	a. 在评价双方关系时，仔细考量彼此最重要的价值观	

和原则是否相一致，把重要的放在前面，把次要的放在后面。 226

4.4 维持良好关系的关键在于：（a）在相处方式上达成共识，尤其是表达和处理不同意见的方式；（b）彼此付出远多于索取 227

　　a. 双方关系中的最大问题，是一方或双方认为对方应该如何做，否则他们就生气。 227

　　b. 如果你的主动付出多于索取，你就会发现你的收获会超出你的想象。 227

4.5 理解大脑里的主要斗争，以及如何控制这些斗争，以实现"你"的愿望 227

　　a. 要明白，意识与潜意识在不断斗争。 228

　　b. 要知道最常发生的斗争是情绪和思考的斗争。 229

　　c. 调和你的情绪和思考。 230

　　d. 善择你的习惯。 230

　　e. 坚持友善地训练"较低层次的你"，以养成好的习惯。 232

　　f. 理解左脑思维和右脑思维的差别。 232

　　g. 理解大脑可以改变的程度。 234

4.6 认识自己和他人的特性 235

　　a. 内向与外向。 236

　　b. 直觉与感知。 236

　　c. 思考与感觉。 236

　　d. 计划与发觉。 237

　　　　　e. 创造者、推进者、改进者、贯彻者与变通者。　　237

　　　　　f. 关注任务与关注目标。　　238

　　　　　g. 职场人格量表。　　239

　　　　　h. 塑造者是能从构想一路走到构想实现的人。　　240

　　4.7　无论你要实现什么目标，让合适的人各司其职以支持你的目标，是成功的关键　　241

　　　　　a. 管理你自己，并协调其他人实现你的目标。　　241

5　学习如何有效决策　　244

　　5.1　要认识到：（1）影响好决策的最大威胁是有害的情绪；（2）决策是一个两步流程（先了解后决定）　　246

　　5.2　综合分析眼前的形势　　247

　　　　　a. 你能做的最重要的决定之一是决定问谁。　　248

　　　　　b. 不要听到什么信什么。　　248

　　　　　c. 所有东西都是放在眼前看更大。　　248

　　　　　d. 不要夸大新东西的好处。　　248

　　　　　e. 不要过度分析细节。　　248

　　5.3　综合分析变化中的形势　　248

　　　　　a. 始终记住改善事物的速度和水平，以及两者的关系。249

　　　　　b. 不必过于精确。　　254

　　　　　c. 谨记"80/20 法则"，并明白关键性的"20%"是什么。　　255

　　　　　d. 不要做完美主义者。　　255

　　5.4　高效地综合考虑各个层次　　256

　　　　　a. 用"基线以上"和"基线以下"来确定谈话位于哪

　　　　　一层。 256

　　　b. 谨记，决策需要在合理的层次做出，但也应在各层次之间保持一致。 257

5.5　综合分析现实、理解如何行动的最好工具是逻辑、理性和常识 260

5.6　根据预期价值计算做决策 261

　　　a. 不管你押对的概率已经有多大，提高你的押对概率始终有价值。 262

　　　b. 知道什么时候不要去押注与知道什么注值得押同样重要。 262

　　　c. 最好的选择是好处多于坏处的选择，不是毫无坏处的选择。 262

5.7　比较更多信息带来的价值和不做决定造成的成本，决定优先顺序 263

　　　a. 先把你的"必做之事"做完，再做你的"想做之事"。 263

　　　b. 你很可能没有时间处理不重要的事，那最好将它留着，以免没有时间处理重要的事。 263

　　　c. 不要把概率当作可能性。 263

5.8　简化 264

5.9　使用原则 264

5.10　对你的决策进行可信度加权 265

5.11　把你的原则转换成算法，让计算机和你一起决策 266

5.12　在深刻理解人工智能之前不要过度信赖它 271

第三部分

工作原则

工作原则概要与列表

我将工作原则概要陈列于此,以便你浏览,选择你感兴趣的阅读。你也可以跳过这部分,直接读正文。

第三部分　　工作原则

- **一个机构就像一部机器,主要由两组部件构成:文化和人** 317
    - a. 优秀的机构拥有优秀的人和优秀的文化。 317
    - b. 优秀的人具备高尚的品格和出色的能力。 318
    - c. 优秀的文化不掩盖问题和分歧,而是公开妥善解决,喜欢让想象力驰骋且愿意开先河。 318
- **严厉之爱有助于成就优异的工作业绩和建立良好的人际关系** 324
    - a. 为了成就伟大事业,对不应妥协的事情就必须坚持立场、寸步不让。 324
- **基于可信度加权的创意择优是实现有效决策的最佳模式** 327
- **让热情与工作合二为一,并与志同道合者倾力推进,但报酬也很重要** 336

打造良好的文化……

| 1 | 相信极度求真和极度透明 | 342 |
| | 1.1　不要惧怕了解事实 | 346 |

工作原则

1.2	为人要正直，也要求他人保持正直	347
	a. 若不想当面议论别人，背地里也不要说，要批评别人就当面指出来。	347
	b. 不要因忠诚于个人而阻碍追求事实和整个机构的利益。	348
1.3	营造一种氛围，让每个人都有权了解合理之事，不可有异议却缄默不语	348
	a. 表达出来，并对你的观点负责，否则就走人。	349
	b. 切记要绝对开诚布公。	349
	c. 切莫轻信不诚实之人。	349
1.4	要保持极度透明	350
	a. 通过透明实现正义。	352
	b. 分享最难分享的事情。	352
	c. 要把极度透明的例外事项减到最少。	352
	d. 确保因极度透明而获得信息的员工意识到，他们有责任妥善管理好信息，做出明智的权衡。	354
	e. 要向善于管理信息的人透明，对那些不善于管理信息的人，要么不透明，要么将其清除出公司队伍。	355
	f. 不要向公司的敌人提供敏感信息。	355
1.5	有意义的人际关系和有意义的工作相互促进，尤其是在极度求真和极度透明的环境下	355
2	做有意义的工作，发展有意义的人际关系	357
2.1	忠于共同的使命，而非对此三心二意之人	361
2.2	对相互交往要一清二楚	361

		a. 确保员工要多体贴他人，少向别人索取。	362
		b. 确保人人都理解公平合理与慷慨大方的区别。	363
		c. 要清楚界限在哪里，并站在公平的另一端。	363
		d. 酬劳与工作相适应。	364
	2.3	要认识到机构规模过大会对建立有意义的人际关系构成威胁	364
	2.4	要记住很多人只是假装为你工作，而实际上是在追求一己私利	365
	2.5	珍视诚实、能力强、表里如一的员工	365
3	打造允许犯错，但不容忍罔顾教训、一错再错的文化		366
	3.1	意识到错误是事物演变过程中的自然连带部分	369
		a. 把失败变成好事。	369
		b. 不要为你自己或他人的错误而懊恼，要珍爱它！	369
	3.2	不要纠结于一时的成败，要放眼于达成目标	370
		a. 不要纠结于"埋怨"还是"赞美"，而要专注于"准确"还是"不准确"。	370
	3.3	观察错误模式，判断是否因缺点引起	370
	3.4	记住在经历痛苦后要反思	371
		a. 要能够反思，并确保你的员工也能如此。	371
		b. 要知道，没有人能客观地看待自己。	371
		c. 教导并强化"吃一堑、长一智"的道理。	372
	3.5	知道哪些错误可以接受，哪些错误无法容忍，不要让你的员工犯不可接受的错误	372
4	求取共识并坚持		374

4.1 认识到冲突对建立良好的人际关系至关重要，因为人们正是用冲突来检验各自的原则是否一致以及能否解决彼此的分歧 378
 a. 求取共识要不吝时间与精力，因为这是你所能做出的最佳投资。 378

4.2 知道怎样求取共识和掌控分歧 378
 a. 把可能的分歧摆到桌面上。 379
 b. 区分苍白的抱怨和有助于改进工作的诉求。 379
 c. 要记住每个故事都有另一面。 379
 d. 当你和他人发生难以解决的分歧时，请暂时放下分歧，讨论一下你们的交接规则，即处理分歧的君子协定。 380

4.3 保持开放心态，同时也要坚定果断 380
 a. 区别心态开放和心态封闭的人。 380
 b. 远离心态封闭的人。 381
 c. 提防那些羞于承认自己并非无所不知的人。 381
 d. 确保工作负责人以开放的心态对待问题和他人的意见。 381
 e. 认识到求取共识是双向的责任。 381
 f. 实质重于形式。 381
 g. 自己要通情达理，也期待别人通情达理。 382
 h. 提建议、提问题与批评是不一样的，所以别混淆。 382

4.4 如果你来主持会议，就应把握好对话 382
 a. 明确会议的主持人和会议的服务对象。 382

　　　　b. 表述要清晰准确，以免造成困惑。　　　　383

　　　　c. 根据目标和优先次序来确定采用什么样的沟通方式。

　　　　　　　　　　　　　　　　　　　　　　　　383

　　　　d. 主持讨论时要果断、开明。　　　　　383

　　　　e. 在不同层面的讨论中穿梭对照。　　　383

　　　　f. 谨防"跑题"。　　　　　　　　　　384

　　　　g. 坚持对话的逻辑性。　　　　　　　384

　　　　h. 注意不要因集体决策而丧失个人责任。　384

　　　　i. 运用两分钟法则避免持续被别人打断。　384

　　　　j. 当心讲起话来不容置疑的"快嘴王"。　384

　　　　k. 让对话善始善终。　　　　　　　　385

　　　　l. 运用沟通手段。　　　　　　　　　385

　4.5　伟大的合作如同爵士乐演奏　　　　　　386

　　　　a. 1+1=3。　　　　　　　　　　　　386

　　　　b. 3~5 人的效率高于 20 人。　　　　　386

　4.6　珍惜志同道合者　　　　　　　　　　　387

　4.7　不要困在一段让你受伤的关系中。如果你发现自己无法调和相互间的主要分歧，尤其是价值观层面的，就要问问自己是否值得维持这种关系　　　387

5　做决策时要从观点的可信度出发　　　　　　388

　5.1　采用创意择优，需要你了解每个人观点的长处　392

　　　　a. 如果你自己无法成功完成某件事，就不要想着该如何指导别人完成。　　　　　　　　　392

　　　　b. 要知道每个人都有自己的观点，但它们通常不是什

296

工作原则

  么好点子。 393

5.2 关注可信度最高的、与你观点不一致的人，尽量理解其推理过程 393

  a. 要分析人们的可信度，以评价其观点正确的可能性。 393

  b. 在听别人滔滔不绝地讲某事时，暗暗问自己：他们的说法公允吗？他们有什么目的？ 393

  c. 较可信的观点很可能出自以下两种人：（1）至少曾经3次成功解决过相关问题；（2）对所得结论进行的因果关系分析很有道理。 394

  d. 若某人并无经验，但其所讲道理似乎符合逻辑且可经受压力测试，则一定要试一试。 394

  e. 要更关注发言人的推理过程，而非其结论。 394

  f. 没经验的人也不乏好点子，有时远远胜过有经验的人。 394

  g. 每个人都应在表达观点时信心满满。 395

5.3 考虑好你要扮演老师、学生、同事中的哪个角色，你应该去说教、提问还是辩论 395

  a. 学生理解老师比老师理解学生更重要，尽管二者都重要。 396

  b. 每个人都有权利和责任尽力了解重要的事情，还必须保持谦逊和非常开放的心态。 396

5.4 要了解人们提出意见的过程和逻辑 397

  a. 无论你向谁提问，对方一般都会提供"答案"，所

以要仔细考虑向谁提问。 397

  b. 让每个人都可肆意评论其他人的观点，此举低效且浪费时间。 397

  c. 提防以"我以为……"为开头的发言。 398

  d. 系统梳理员工的工作记录，评估其发言的可信度。 398

5.5 处理分歧务必高效 398

  a. 知道适时终结辩论，推动就下一步措施形成共识。 398

  b. 可信度加权可以作为工具，但不能取代责任人的决策。 398

  c. 如果你自己没有时间全面检视每个人的想法，就要明智选取具有可信度的观点。 399

  d. 若你负责做决策，要把可信度加权后得出的结论和你自己的想法做比较。 399

5.6 每个人都有权利和义务去设法了解重要的事情 399

  a. 沟通是为了获得最佳回应，故应与最相关的人沟通。 400

  b. 以教育或促成共识为目的的沟通，不仅仅是要获得最佳答案，故应让更多的人参与。 400

  c. 要认识到你没有必要凡事都做出判断。 401

5.7 要更关注决策机制是否公允，而非是否如你所愿 401

6 知道如何超越分歧 402

 6.1 要牢记：相互达成协议时不能忽视原则 404

工作原则

  a. 每个人都要遵守相同的行为原则。 404

6.2 不要让大家把发牢骚、提建议、公开辩论的权利与决策权相混淆 405

  a. 对决策本身以及决策者提不同意见时，要有大局意识。 405

6.3 不要对重大分歧不闻不问 405

  a. 专心协商大事时，别被琐事烦扰。 406

  b. 不要被分歧束缚住——要么提交上级裁定，要么投票表决！ 406

6.4 做出决定后，任何人都必须服从，即便个人可能有不同意见 406

  a. 着眼大局。 407

  b. 不要让创意择优变成无法无天。 407

  c. 不要容忍暴民手段。 408

6.5 如果创意择优与机构的利益相冲突，就难免会造成危害 408

  a. 只有在罕见或极端情况下才宣布"宵禁"，此时可暂不考虑遵守原则。 408

  b. 当心有人可能会提出为了"机构的利益"而临时放弃创意择优。 408

6.6 要知道一旦有权做决定的人不想依原则行事，规矩就会被破坏 409

用对人……

7	比做什么事更重要的是找对做事的人	415
	7.1 你最重要的决策是选好工作的责任人	417
	a. 最重要的责任人是在最高层负责设定目标、规划成果和组织实施的人。	418
	7.2 负最终责任的人应是对行为后果承担责任的人	418
	a. 确保每个人都有上级领导。	419
	7.3 要记住事情背后是人的力量	419
8	要用对人,因为用人不当的代价高昂	420
	8.1 让合适的人做合适的事	422
	a. 要考虑你寻找的人应具备什么样的价值观、能力和技艺（按此顺序）。	423
	b. 要用系统性思维和科学方法招聘人才。	424
	c. 注意：人与职责要相匹配。	424
	d. 要找出色的人,而不是"此类即可"。	425
	e. 不要凭借你的影响力帮别人找工作。	425
	8.2 要记住人与人之间存在差异,认识不同、思维不同使不同的人适合不同的工作	425
	a. 明白如何进行个性评估,并清楚结果含义。	426
	b. 人容易选择与自己相似的人,因此安排面试官要确保其能发现你想招的人。	426
	c. 选用那些能客观认识自己的人。	426
	d. 要记住人一般不会随岁月有太大变化。	426

- 8.3 要像体育界管理者那样对待你的团队：没人能靠一己之力取胜，但每个人都必须战胜对手 　427
- 8.4 关注人的过往经历 　427
  - a. 核查情况。 　427
  - b. 学习成绩不能充分证明这个人是否具备你想要的价值观和能力。 　428
  - c. 概念思维能力强固然最佳，但经验丰富、业绩出众也很重要。 　428
  - d. 警惕不切实际的理想主义者。 　428
  - e. 不要假定在别处获得成功的人也同样能胜任你所要求的工作。 　429
  - f. 确保你选用的人要品格好、能力强。 　429
- 8.5 不仅是要找干具体工作的人，你还要愿意与其分享生活 　429
  - a. 选那些会问很多好问题的人。 　430
  - b. 让求职者知道这份工作的阴暗面。 　430
  - c. 合作者必须是意趣相投之人，也必须是诤友。 　430
- 8.6 考虑薪酬时，要提供稳定性，也要让人看到机会 　430
  - a. 依人发薪，而非依工作岗位发薪。 　430
  - b. 薪酬至少要大体上与业绩测评结果挂钩。 　430
  - c. 薪酬要高于一般水平。 　431
  - d. 要多想着如何把蛋糕做大，而非怎样切蛋糕才能使自己获得最大的一块。 　431
- 8.7 要记住维系伟大的合作关系，比金钱更重要的是体贴

和宽厚 431
　　a. 对人要宽宏大量，也要期待别人的宽宏大量。 432
8.8　出色的人不容易找，所以要想着怎样留住人 432
9　持续培训、测试、评估和调配员工 434
9.1　要懂得你和你的下属将经历个人成长 437
　　a. 认清优缺点后，个人会飞速成长。结果是，职业路径并非当初所料。 437
　　b. 培训引导个人发展。 437
　　c. 授人以渔，而不是授人以鱼，即便这意味着会使他们犯些错。 438
　　d. 经验会形成内化的学习，这是书本学习无法替代的。 438
9.2　不断提供反馈 438
9.3　准确评价人，不做"好好先生" 439
　　a. 到最后，准确和善意是一回事。 439
　　b. 正确运用褒贬。 439
　　c. 考虑准确度，而非后果。 439
　　d. 做出准确评价。 440
　　e. 要像从成功中学习一样从失败中学习。 440
　　f. 多数人做过的事和他们正在做的事，并不像他们认为的那么重要。 440
9.4　严厉的爱既是最难给的，也是最重要的（因为它很不受欢迎） 440
　　a. 虽然多数人爱听好话，但准确的批评更加难得。 441

9.5 对人的观察不要讳莫如深 　　　　　　　441
 a. 从具体细节中综合判断。 　　　　　　　441
 b. 从点数中发掘有用信息。 　　　　　　　442
 c. 对某个点数的挖掘不要过度。 　　　　　442
 d. 采取业绩调查、绩效指标和正式考核等评价工具来记录一个人的所有表现。 　　　　　442

9.6 让学习过程变得开放、有成长性和不断重复 　443
 a. 绩效指标要清晰公正。 　　　　　　　443
 b. 鼓励员工客观反思自己的业绩。 　　　444
 c. 要有全局观。 　　　　　　　　　　　444
 d. 对业绩考核要从具体案例开始，找出规律，与被考核人一起探究证据以求取共识。 　444
 e. 在评估时，你可能犯的两个最大错误：对自己的评估过度自信，以及无法取得共识。 　445
 f. 达成评估共识不能以等级论。 　　　　445
 g. 通过针对错误及其根源的坦诚对话来了解你的员工，也让员工了解你。 　　　　446
 h. 确保员工做好工作，不必事无巨细进行监督。 　446
 i. 改变是很难的。 　　　　　　　　　　446
 j. 通过发现人的缺点来帮人渡过难关。 　446

9.7 了解人们怎样处事和判断这种处事方式能否取得好结果，这比了解他们做了什么更重要 　447
 a. 如果一个人工作干得不怎么样，要考虑这是由于学习不够，还是能力不足。 　　447

b. 培训和测试一个业绩不佳的员工时，常见的错误是，只看其是否掌握所需技能，而不是评估其能力。448

9.8 人会随着时间进化、改变，但一定要有现实的期望 449

9.9 如果你跟某人真的就他们的缺点取得共识，那么这些缺点可能真的存在 449

　　　a. 评判员工时，不必达到"没有一丝疑点"的境界。450

　　　b. 用不了一年时间，你就能了解一个人是什么样的，他们是否适合其岗位。450

　　　c. 在员工任职期间持续评估。450

　　　d. 要像评估应聘者一样严格评估员工。450

9.10 培训、保护或辞退员工，不要修复 450

　　　a. 不要让员工尸位素餐。451

　　　b. 准备好"朝你爱的人开枪"。451

　　　c. 某个人"不适合某个岗位"时，要先考虑是否有更适合他的空缺，再考虑让他离开公司。452

　　　d. 要慎重对待把不称职的员工换到新岗位上。452

9.11 换岗是为了人尽其才，有利于整个团队 453

　　　a. 换到新岗位前，要让员工"完成职责"。453

9.12 不要降低标准 453

建造并进化你的机器……

10 像操作一部机器那样进行管理，以实现目标 460

　10.1 从高层面俯视你的机器和你自己 462

    a. 不断把结果和你的目标进行对照。　462

    b. 出色的管理者就是一个机构的工程师。　463

    c. 制定量化工具。　463

    d. 要注意别把精力过多用于应付各种事务，而忽视你的机器。　464

    e. 别被突发事件分散注意力。　464

10.2 应对每个问题的手段都要服务于两个目的：（1）让你与目标更接近；（2）能够对机器（人和设计）进行培训和测试　464

    a. 经历的每件事都是一个案例。　465

    b. 如果出现问题，要在两个层面进行讨论：（1）机器层面（为什么）；（2）案例层面（怎么办）。　465

    c. 制定规则时，要解释清楚背后的原则。　465

    d. 你的政策应当是你的原则的自然延伸。　465

    e. 尽管好的原则、政策几乎都会提供良好的指南，但要记住每条规则都会有例外。　466

10.3 了解管理、微观管理和不管理的区别　466

    a. 管理者必须确保自己负责的领域运转有效。　466

    b. 管理你的下属就好比是在"一起滑雪"。　467

    c. 优秀的滑雪者当教练要比新手当教练强。　467

    d. 你应当把具体工作授权给员工做。　467

10.4 了解员工及其工作的动力，因为人是你最重要的资源　467

    a. 经常了解那些对你和公司很重要的人。　468

原　则

　　b. 对员工的信心应通过了解而获得，而不是通过随意猜测。　468

　　c. 根据你的信心大小进行不同程度的调查了解。　468

10.5　明确职责　468

　　a. 记住谁负什么责任。　468

　　b. 防止"角色错位"。　469

10.6　深入探究你的机器，以了解你能从它那里期待些什么　469

　　a. 获取足够程度的理解。　469

　　b. 不要保持太远的距离。　469

　　c. 利用"每日更新"来了解团队成员的行为和思想。　470

　　d. 通过问责来了解问题会不会突然发生。　470

　　e. 问责过程要触及你直接下属的下一级。　470

　　f. 允许你下属的下属随时越级向你汇报。　470

　　g. 别想当然地认为员工的答案都是正确的。　470

　　h. 要学会明察秋毫。　470

　　i. 让问责过程透明，而非私下问责。　471

　　j. 欢迎被问责。　471

　　k. 对事物的看法和思维方式截然不同的人，相互间的沟通通常不畅。　471

　　l. 不放过任何一个可疑线索。　471

　　m. 解决问题有很多办法。　472

10.7　像公司所有者那样思考，要求你的同事也这样做　472

　　a. 休假也不应忘记责任。　472

b. 强迫自己和员工做困难的事。　　　　　　473

10.8　承认并应对好关键人物风险　　　　　　　473

10.9　不要对所有人等同视之，要合理对待、有所区别　473

　　a. 别轻易让步。　　　　　　　　　　　　　473

　　b. 关心员工。　　　　　　　　　　　　　　474

10.10　优秀的领导一般不是表面上看起来那么简单　474

　　a. 既要弱，又要强。　　　　　　　　　　　475

　　b. 不要担心你的员工是不是喜欢你，不要让他们告诉你该如何做事。　　　　　　　　　　　475

　　c. 不要发号施令让别人服从你，要努力为人所理解并理解他人，以达成共识。　　　　　　　476

10.11　确保你和你的员工承担相应的责任，也欢迎别人监督你负起责任　　　　　　　　　　　　477

　　a. 如果你已经与别人就某事的做法达成一致，那么要确保其按此操作，除非你们已经就改变做法形成共识。　　　　　　　　　　　　　　477

　　b. 区分两种不同的失败情况，一种是没有遵守约定，另一种是根本没有约定。　　　　　　477

　　c. 避免下沉现象。　　　　　　　　　　　　479

　　d. 当心那些混淆目标和任务的人，因为如果他们分不清楚，你就不能信任他们并让他们承担职责。　479

　　e. 当心缺乏重点、徒劳无益的"理论上应当"。　479

10.12　清楚地传达计划，用明确的量化指标对进展进行评估　　　　　　　　　　　　　　　　　480

　　　　　a. 继续推进之前要回顾计划执行情况。　　　　480

　　10.13　在无法充分履行职责时，将问题提交给上级解决，让你的下属也积极主动这样做　　　　480

11　发现问题，不容忍问题　　　　482

　　11.1　如果你不担心，你就要担心了；如果你担心，你就不必担心　　　　485

　　11.2　对机器进行设计和监督，确保能发现哪些事情做得好、哪些不够好，否则就自己动手做　　　　486

　　　　　a. 指定一些员工，让他们负责发现问题，给他们时间进行审查，确保他们有独立的能够反映问题的报告路线，且不必担心被打击报复。　　　　486

　　　　　b. 当心"温水煮青蛙综合征"。　　　　486

　　　　　c. 当心从众心理：即便没有人担心，也不表明没有问题存在。　　　　486

　　　　　d. 发现问题时，要把结果与目标相对照。　　　　486

　　　　　e. "尝尝汤的味道"。　　　　488

　　　　　f. 尽量让更多双眼睛来寻找问题。　　　　488

　　　　　g. "打开瓶塞"。　　　　488

　　　　　h. 最熟悉工作的人最有发言权。　　　　488

　　11.3　在分析问题时要非常具体，不要泛泛而谈　　　　488

　　　　　a. 不要用"我们""他们"这种不指名道姓的说法，来掩盖个人责任。　　　　488

　　11.4　不要害怕解决难题　　　　489

　　　　　a. 必须理解，那些有良好解决方案的问题不同于没

　　　　　　有解决方案的问题。　　　　　　　　　　489

　　　　　b. 以机器的方式来发现问题。　　　　　　　490

12　诊断问题，探究根源　　　　　　　　　　　　　491

　12.1　为了做好诊断，要先问以下问题：1. 结果是好是坏？2. 谁对结果负责？ 3. 如果结果不好，是因为责任人能力不够还是机器设计有问题？　　　　　　493

　　　　　a. 问自己："还有人能以别的方式完成这个工作吗？"　　　　　　　　　　　　　　　　　　497

　　　　　b. 找出5步流程中的哪一步出了问题。　　497

　　　　　c. 找出哪些原则被违反了。　　　　　　　497

　　　　　d. 避免"事后诸葛亮"。　　　　　　　　　497

　　　　　e. 不要把某人所处环境的优劣与其应对方法的优劣混为一谈。　　　　　　　　　　　　　498

　　　　　f. 要认识到这样的事实，别人不知道怎么做，并不意味着你就能知道怎么做。　　　　　　　498

　　　　　g. 问题的根源不是一次行动而是一个原因。　498

　　　　　h. 要想分清楚哪些是人手不足的问题，哪些是能力不够的问题，就要考虑如果特定岗位上的人手充足，那么工作会做得如何。　　　　　　　499

　　　　　i. 要记住管理者通常出于以下5个原因之一（或更多）而失败或未能达成目标。　　　　　　499

　12.2　通过持续诊断来保持综合判断的与时俱进　　500

　12.3　诊断应当有结果　　　　　　　　　　　　　500

　　　　　a. 让同样的人做同样的事，就会产生同样的结果。　500

12.4 使用下面的"深挖"技巧，对出现问题的部门或下级部门形成一个基于 80/20 法则的印象　500

12.5 诊断是实现进步和建立良好人际关系的基础　503

13 改进机器，解决问题　504

13.1 建造你的机器　507

13.2 把原则和落实原则的方法系统化　507

 a. 认真思考你做决策所依据的标准，据此建造优秀的决策机器。　507

13.3 好的计划应该像一部电影剧本　508

 a. 让自己在一段时间内置身于"痛苦的位置"，更深入地理解你为了什么而设计。　508

 b. 设想其他可能的备选机器及其运行的结果，然后做出选择。　508

 c. 不仅要考虑第一轮的后果，更要考虑第二、第三轮的后果。　509

 d. 定期召开会议，让公司像瑞士钟表一样精准运行。　509

 e. 一部好的机器要考虑人可能并不完美这一因素。　509

13.4 设计是一个循环往复的过程，不满意的"现在"与美好的"未来"之间有一个"不断努力"的阶段　509

 a. 懂得"清洗风暴"的力量。　510

13.5 在设计组织结构时，要围绕目标而不是围绕任务　510

 a. 自上而下地建设组织。　511

 b. 每个人都必须由具有可信度的、奉行高标准的人

来监督。 511

c. 金字塔塔尖上的人应当有管理直接下属的技能和专注力，并对下属的工作有深入理解。 511

d. 在设计组织时，运用5步流程是通往成功的捷径，不同员工能在不同步骤上发挥良好作用。 511

e. 不要让一个机构去适应员工。 512

f. 要考虑机构的规模多大为宜。 512

g. 按照"万有引力"定律，以最合乎逻辑的办法来划分业务部门及其下属部门。 513

h. 让各部门尽可能自给自足，以便控制所需的资源。 513

i. 为保证联络和沟通顺利，高级管理人员与基层管理人员的比例、基层管理人员与其直接下属的比例应当控制在一定范围内。 513

j. 在设计中要考虑继任计划和培训安排。 513

k. 不要仅盯着你自己的工作，还要关注如果你不在场，工作会如何开展。 513

l. 为确保正确完成关键任务，宁要"做两遍"而不要"二次确认"。 514

m. 使用顾问要明智，防止过度依赖顾问。 515

13.6 创建一个金字塔形的组织架构图，任何两条由塔顶向下连接塔底的线不应产生交叉 516

a. 当遇到跨部门或跨附属部门的问题时，让金字塔交会点上的人来处理。 516

原　则

　　b. 不要替别的部门的人完成工作，也不要从其他部门抽人来为你工作，除非你征得该部门管理者的同意。　　516

　　c. 防止"部门错位"。　　516

13.7　必要时可建立"护栏"，但最好不要有"护栏"　　517

　　a. 不要指望人们能意识到并消除自己的盲点。　　518

　　b. 考虑"三叶草"式的设计。　　518

13.8　保持战略规划不变，在环境允许的情况下可以进行适当的战术微调　　518

　　a. 不要让权宜之计超越战略目标。　　519

　　b. 同时考虑大局和细节，理解二者之间的联系。　　519

13.9　保持适当的监控，让谎言没有可乘之机　　520

　　a. 在进行调查之前告知员工。　　520

　　b. 要知道如果没有警察（审计人员），法律就毫无意义。　　520

　　c. 当心橡皮图章。　　520

　　d. 按你的要求花钱的人可能会大手大脚。　　520

　　e. 通过"杀鸡儆猴"阻止不良行为。　　521

13.10　报告路线和职责描述要尽可能清晰　　521

　　a. 不要根据头衔，而要根据工作流程设计和人员的能力分配职责。　　521

　　b. 要不断思考如何产生以小博大的杠杆效应。　　522

　　c. 雇用少数聪明人并赋予他们最好的技术，要远胜于雇用大量普通人并配给一般的技术。　　522

工作原则

    d. 使用助手来提高效率。 522

  13.11 要知道几乎做每件事所花费的时间和资金都比你预期的要多 523

14 按既定计划行事 525

  14.1 朝着令你和你的机构振奋的目标去奋斗，要考虑怎样把任务与那些目标挂钩。 527

    a. 协调一致激励大家前行。 528

    b. 别冲动，磨刀不误砍柴工。 528

    c. 寻找有创意的解决方案。 528

  14.2 要意识到每个人都忙得不可开交 529

    a. 不要灰心。 529

  14.3 使用检查清单 530

    a. 不要把检查清单和个人责任相混淆。 530

  14.4 要留出时间休整 530

  14.5 鸣钟庆祝 530

15 运用工具和行为准则指导工作 531

  15.1 把系统化的原则嵌入工具对践行创意择优具有特别重要的价值 533

    a. 为了促进真正的行为改变，必须内化学习或养成习惯。 533

    b. 利用工具搜集数据，经过处理形成结论，以共同行动。 534

    c. 把原则阐述清楚，运用各种工具和行为准则来推进实施，形成信任、公平的氛围，从而使任何结论都

可以通过跟踪其背后的逻辑和数据来评估。 534

16 千万别忽视了公司治理 537

 16.1 为了取得成功，所有机构都必须建立制衡机制 539

  a. 即使在创意择优下，靠观点胜出也不是分派责任和权力的唯一决定因素。 540

  b. 要确保公司里没有任何人比体系更强大，也没有任何人重要到不可替代。 540

  c. 当心出现诸侯割据。 540

  d. 设计一个机构的组织架构和规则时，要确保制衡机制能发挥作用。 540

  e. 确保报告路线清晰。 542

  f. 决策权归属要清晰。 542

  g. 要确保从事履职评估的人：（1）有时间掌握被评估对象工作情况的全面信息；（2）有能力实施评估；（3）没有利害冲突阻碍其有效行使监督权。 542

  h. 决策者能够接触做决策所需的信息，但必须守信用、妥善保管信息。 542

 16.2 在创意择优下，CEO 单人决策没有集体决策好 542

 16.3 原则、规矩、制衡等组成的治理体系不能取代出色的伙伴关系 543

任何组织或机构

若想正常运转，

其工作原则

必须与其成员的生活原则

相契合。

我的意思不是说方方面面都要保持一致，而是必须在最重要的事情（例如所从事的工作以及彼此之间的相处）上相契合。

如果一个机构的员工感受到这种工作原则和生活原则的一致性，他们就会珍惜彼此之间的相处，从而和谐地共事，这种文化将渗透到他们所做的每件事情中。如果他们感受不到这种契合，工作目标就会出现差异，他们会对彼此如何相处感到困惑。因此，每个机构，包括公司、政府、基金会、学校、医院等，都应当明确、清晰地阐明其工作原则和价值观，并贯彻下去。

工作原则和价值观并不是像"顾客至上"或"争取做行业龙头"那样含糊不清的标语口号，而是一系列具体的指南，每个人都能看懂、遵循和践行。这部分将从生活原则转向工作原则，重点阐述我们在桥水是如何把两类原则有机统一起来的，及其对我们的工作业绩产生了怎样的影响。但首先，我想先介绍一下我对机构的看法。

● 一个机构就像一部机器，主要由两组部件构成：文化和人

二者之间相互产生影响，因为机构的人塑造了机构的文化，而机构的文化决定了机构选用什么样的人，如下图所示。

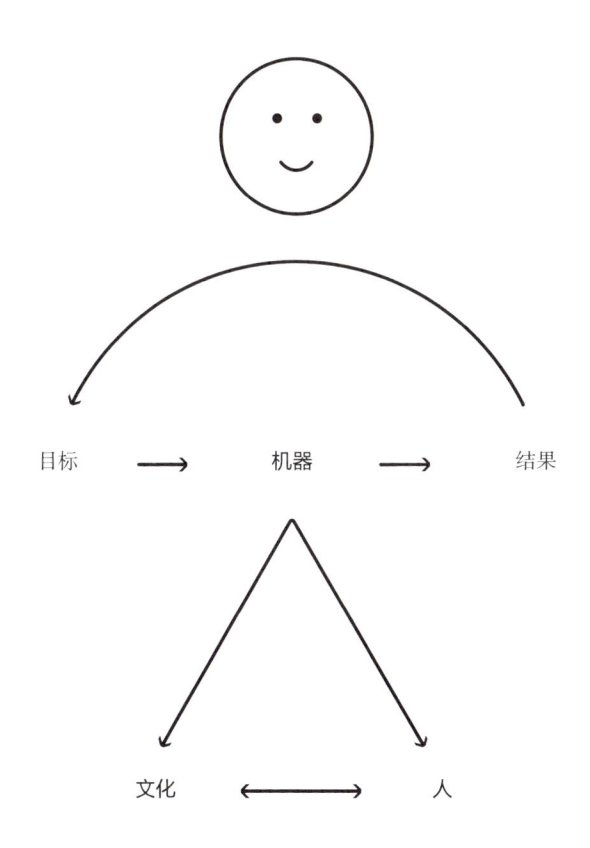

```
         目标 → 机器 → 结果
              文化 ↔ 人
```

a. 优秀的机构拥有优秀的人和优秀的文化。能够持续进步的公司同时拥有优秀的人和优秀的文化。没有什么比获得优秀的人和优

秀的文化更重要，也没有什么比这更难。

b. **优秀的人具备高尚的品格和出色的能力。**我所说的高尚的品格，是指能够实事求是、开诚布公，致力于所在机构的事业；出色的能力，是指他们具备能力和技艺，能够出色地完成工作。只具备其中一种素质的人是危险的，不应留在机构里，而同时具备两种素质的人则难得一遇，机构必须倍加珍惜和善待。

c. **优秀的文化不掩盖问题和分歧，而是公开妥善解决，喜欢让想象力驰骋且愿意开先河。**这样能够实现与时俱进。桥水的做法是创意择优，通过极度求真和极度透明，努力从事有意义的工作，建立有意义的人际关系。我所说的有意义的工作，是指人们有激情去投入的事业；有意义的人际关系，是指能够真心相互关爱（就像一个大家庭）。我认为这两个方面是相辅相成的，而做到极度求真和极度透明，则使工作成就和人际关系都能不断精进。

通过对这部机器的持续跟踪分析，管理层可以将运转结果与目标进行客观的比较，以使其更有效地运转。如果结果与目标不一致，那么要么是机器设计有毛病，要么是操作机器的人有问题，需要进一步诊断以修改完善。正如第二部分"生活原则"中所提到的，这最好经由5步流程实现：（1）设定清晰的目标；（2）找出妨碍目标达成的问题；（3）诊断出机器的什么部分（哪些设计或哪些人）运转不正常；（4）设计修改方案；（5）采取必要的行动。对一个机构来说，这是最快、最有效的改进提高方法。

这个将问题转化为进步的过程，我称之为"反馈环"，其轨迹正如第320页图所示。其中，第一幅图表示出现了问题，导致偏离目标，达不到计划的要求。

如果你发现了这一下滑趋势，要对问题进行诊断，找出根源所在，提出改进措施并付诸实施，这条曲线的轨迹就会旋转回来并再次向上，如第二幅图所示。

如果你没能发现问题并设计出接近最优的解决方案，或者未能有效实施，那么这种下滑趋势将持续，正如最下面那幅图所示。

当结果与目标出现不一致时，管理者能否及时发现问题、及时调整工作方案并组织员工弥补缺陷，是其机构能否脱颖而出并在竞争中取胜的关键。一个管理者在这方面的经验越丰富，做法越有效，向上的轨迹就越陡峭。

正如我在"生活原则"部分中所言，这就是我对一个组织、一个机构发展演进过程的看法。机构在发展过程中拥有这样的文化和员工至关重要，因为世界变化太快，往往让人难以预料。我相信，你一定能说出一些公司的名字，它们由于未能及时发现、解决问题而最终难逃失败的命运（如黑莓公司和奔迈公司）。当然，你也知道有极少一些企业，它们一直还经营得不错。但更多的企业是不成功的。比如，40年前，也就是桥水初创之时，构成道琼斯工业平均指数的30家上市公司中，目前仅剩6家。其中的很多公司，像美国制罐、美国烟草、伯利恒钢铁、联合食品、国际镍业、伍尔沃斯等，都已不复存在，还有一些公司（如西尔斯·罗巴克、杰斯曼、柯达）变化大到几乎被人遗忘。而如今在道琼斯指数成分股名单中傲视群雄的公司，如苹果、思科，当时都还没有成立。

那些在过去几十年持续进步的极少数企业，其发展轨迹是相当成功的。桥水在过去40年里也是沿着这样的发展轨迹在前进的。这正是我想展示给你们的。

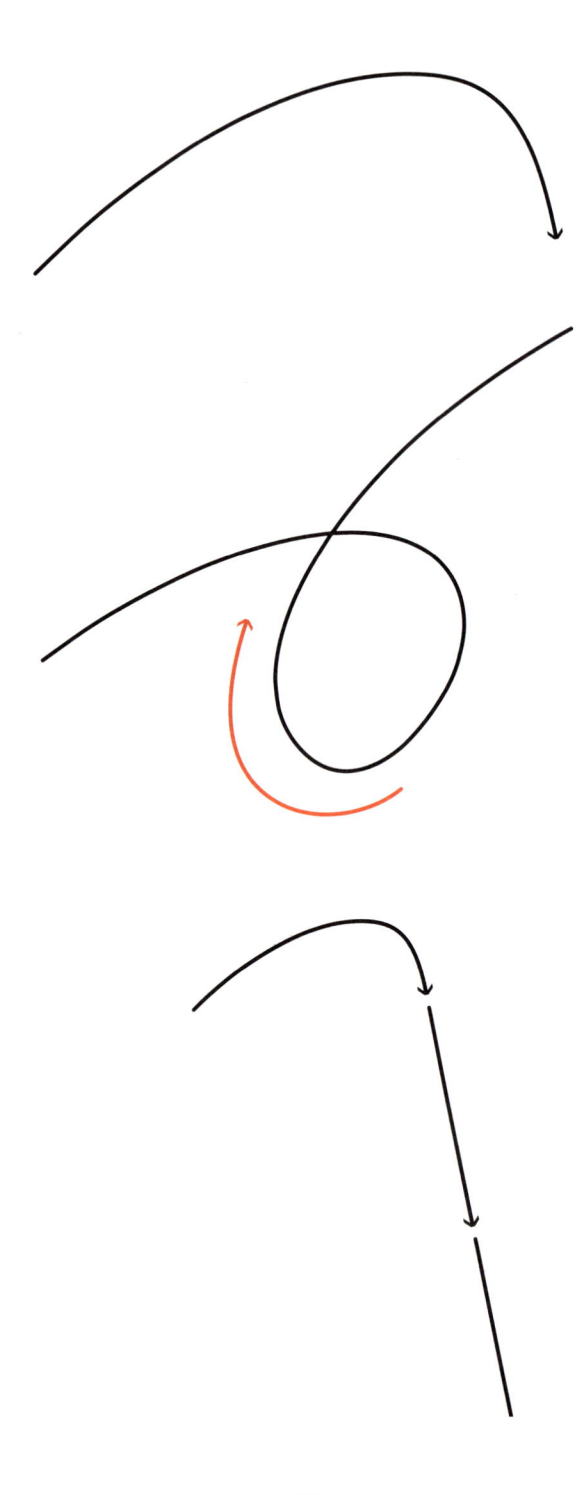

原　则

如前所述，没有什么比获得优秀的人和优秀的文化更重要，也没有什么比这更难。我们在桥水取得的点滴成就都源于这两个因素，当然，我们的每次失败也都源于没有处理好这两件事。这听起来挺怪的，因为你可能会认为，对一个全球宏观经济投资者而言，首要的应该是对经济和投资做出正确的判断。的确是这样，但为了做到这一点，我需要首先拥有优秀的人和文化。进一步讲，为了拥有创造成功的激情，我需要从事有意义的工作，发展有意义的人际关系。

作为桥水的掌舵者、创始人，我自然要把它塑造成符合我的价值观和行事原则的公司。我以我自己的方式，与我挑选的人一道追求我渴望的事物，正因如此，我们和桥水一起成长。

在我创立桥水之初，如果你问我目标是什么，我当时会说是跟喜欢的人在一起愉快地工作。工作对我来说就像一场游戏，我要跟我喜欢且尊敬的人在一起，玩得有激情，玩得开心。当时，我跟一位橄榄球球友一起在我的公寓设立了桥水，他一点儿市场经验都没有，我们雇了一个朋友做助手。那时我还想不到管理上的问题。在我看来，管理是那些身着灰西装、手持幻灯片的家伙所做的事情。我从未想过要去管理，更不用说制定工作和管理的原则了。

读完"生活原则"，你了解到我喜欢异想天开，喜欢制造新奇的、符合实际的、前所未有的概念。我特别喜欢跟别人一起完成任务。对于我们之间因深入思考而产生的分歧，我将其当作学习的机会，当作提高正确决策概率的方法。我希望所有员工都是我的"伙伴"而非我的"手下"。简而言之，我当时就在寻找有意义的工作，建立有意义的人际关系。我很快就认识到，做到这些，最好的方式就是与优秀的人为伴去做伟大的事。

对我来说,良好的合作来自对共同价值观和利益的分享、相同的追求价值观和利益的方式、理性并善待对方。同时,合作方之间必须愿意秉承高标准,能够突破分歧开展工作。对良好合作关系形成主要考验的,不在于彼此之间是否有分歧(人们在正常的交往中都会有不同意见),而在于能否把分歧摆上桌面并高效地协商。对生意伙伴关系、夫妻关系以及所有其他关系而言,具备清晰的流程,以便高效、明确地解决分歧是至关重要的。

这就是我所追求的东西,对此认同的人会加入我的团队,桥水就是这样形成的。[1]当我们的公司只有5个人时,肯定跟后来发展到50人时相比大为不同,等发展到500人、1000人时,更是完全不一样了。随着公司的成长,差不多每件事物都变得面目全非,但唯独不变的是我们的核心价值观和原则。

当桥水还是一家小公司时,我们遵循的原则是藏于内心而无须讲明的。但随着越来越多的人加入,我不能想当然地认为大家都能了解并遵守这些原则。我感到有必要把我们的原则形成文字,并阐释背后的逻辑。我还很清楚地记得这次转变发生的具体时间,当时桥水的员工刚好超过65人。在此之前,我都是自己为每位员工挑选节日礼物,并且给每个人都写下一张不一样的贺卡,那一年因为写贺卡疲劳过度,我还把脊背给拉伤了。从那以后,公司进人越来

---

1. 我们把这种运作方式用在了投资和管理中。在投资过程中,我形成了一种实用的思考判断方法,即找出那些能使一家企业和一个经济体获得成功的要素。而在对公司进行管理的过程中,我则需要知道怎样把企业管好。令我感到高兴的是,我自己对这些问题的思考判断,在我们的投资业绩和经营成果上得到了客观验证。

越多，工作中的近距离接触也少了，所以我无法假定大家都了解我的创业初衷和我的奋斗目标，那就是在严厉之爱的基础上形成的创意择优。

● 严厉之爱有助于成就优异的工作业绩和建立良好的人际关系

为了表达清楚我所指的严厉之爱的含义，请回忆一下文斯·隆巴尔迪，对我来说，他就是伟大人格的化身。从我 10 岁起到 18 岁，隆巴尔迪一直都是绿湾包装工队（美国威斯康星州绿湾市的美式橄榄球队）的教练。在各种资源捉襟见肘的情况下，他率领球队 5 次获得 NFL（国家职业橄榄球大联盟）的冠军。他本人则两次荣膺 NFL 年度最佳教练奖，如今仍有很多人称他为有史以来最出色的橄榄球教练。隆巴尔迪深爱着他的球员，同时以强力推动他们做到最好。我过去很钦佩他，现在依然如此，尤其钦佩他从不妥协的处世之道。他的球员、球迷以及他本人都从他的方法中获益良多。我甚至幻想着隆巴尔迪能写本书讲述他的原则，我来当读者。

a. 为了成就伟大事业，对不应妥协的事情就必须坚持立场、寸步不让。然而，现实中我发现人们总是在妥协，通常是为了避免让他人或自己难堪，这种做法不仅落伍，而且会适得其反。把感觉舒服置于获得成功之前，会对所有人产生不良后果。对于与我共事的人，我爱他们，也会强力推动他们做到最好，我希望他们对待我亦是如此。

起初，我觉得，在桥水与我共事的人就像我的家人一样。当他们自己或者他们的家人生病了，我会让我的私人医生帮忙，以便他们得到很好的治疗。我会邀请所有人来我位于佛蒙特州的家里共度周末，如果他们接受邀请我会感到快乐。结婚生子，我与他们一道庆贺；亲人离世，我和他们共同哀悼。

但需指明的是，这并非爱心聚会。我们对彼此也很严厉，这样我们就能做到极致、做到最好。我感到，我们之间越是相互关爱，对彼此的要求就越严格，从而业绩也就越好，我们能分享的奖赏也越多。这是一个自我增强型的循环。我发现这种方式能让士气低落的人重拾信心，让优异的人更加优异。有时虽然境况不佳，但这种方式的重要性在于能够扭转局面，其实现的效果甚至超过境况不错的时候。

请回顾一下你一生中最艰难的经历。我敢说你我肯定都有同样的经历，与那些像你一样为共同使命奋斗且彼此关爱的人共渡难关，这个过程想必非常值得。我们回顾那些极具挑战的时刻，会将其作为我们最宝贵的经历。对大多数人来说，加入一个优秀的团队，共同完成一项任务本身比赚钱更有收获。很多研究显示，人的幸福感和他赚到的金钱之间的相关性很低甚至为零，但是，幸福感与一个人所建立的人际关系质量高度相关。

我在1996年把这个想法写入了桥水的备忘录：

> 桥水不是那种按照一般化的标准行事、暮气沉沉的公司。在桥水，应该为追求极高的标准拼命去工作，并为因努力而出类拔萃感到欣喜。
>
> 我们压倒一切的目标就是做到卓越，或更准确地说，持续精进，使桥水成为一家在各方面都出类拔萃、不断进取的公司。

原　则

在追求优异的过程中遇到冲突是再好不过的事情。不应当有长幼尊卑之分。谁讲话有权威要看谁的逻辑站得住脚，而不是看谁的职位高。要让最好的点子胜出，而不要管是谁说的。

（来自自身和他人的）批评是完善工作流程的必备要素，但是，如果我们不能正确对待，批评就会变得有破坏性。应该客观对待批评，在提出或接纳批评意见时，不应考虑职位高低。

团队合作和团队精神至关重要，包括不容忍未达标的业绩。这是指：（1）认清自己在帮助团队实现共同目标方面的职责所在；（2）有意愿帮助（在一个团队共事的）他人实现共同目标。我们的命运是相互依赖的。要知道可以寻求他人的帮助。由此必然得出这样的结论，业绩不达标在任何情况下都是不可容忍的，因为这会伤害到每一个人。

长期的人际关系，本来就既令人愉悦，又能提高工作效率，所以应有意识地进行培养。人才流失导致需要对新人进行培训，因而对公司不利。

金钱只是取得优异的副产品，而非努力的目标。我们在桥水工作的最重要目标是达到优异并持续精进。说得再明白一些，不是为了赚大钱。当然，也不是说赚钱少就心满意足了。正相反，你应该期望赚更多的钱。如果我们秉持这个理念，我们的工作就会富有成效，公司的财务状况就会很好。相对地，我们就会实现人人平等。

桥水的每位员工都应富有主人公精神，自觉按此行事，也监督他人按此行事。

● 基于可信度加权的创意择优是实现有效决策的最佳模式

隆巴尔迪的成功之处在于让球员遵循他的指导，而我则是让我的队友去独立思考，考虑不同的观点，从而得出比我们中任何一个人能得出的更高明的结论。我需要营造一种氛围，让每个人都有权利和责任提出自己的看法，并公开捍卫自己所认为的最佳方案，唯此才能找出最好的方案来付诸实施。我需要的是一种真正意义上的创意择优，而非理论上的择取最好创意。因为这种方法能够把那些聪明、独立的思考者召集在一起，得出最佳的集体建议，并通过基于可信度的分析排序解决彼此之间的分歧，因此它胜过所有其他的决策体系。

我们的创意择优经历了几十年的演变。一开始，我们之间为了谁的观点最好而进行激烈争吵，就在对分歧的激辩中，我们找到了解决问题的路径，这比我们各自分别想出来的主意都要好。但是，随着桥水的成长壮大，我们的分歧内容和解决之需都有了变化，我们对于如何才能创意择优有了更明确的认识。我们需要构建一个决策体系，即在有效权衡不同人所提观点的可信度的同时，还能让每个人都觉得过程是明显公平的。我意识到，如果缺少这个体系，那么我们将会失去最佳的观点和最好的思想家，而我面对的要么是些只会逢迎的马屁精，要么是些怀揣异议和不满的捣乱分子。

为了充分发挥这个体系的作用，我曾经并且现在依然相信，我们彼此需要极度求真和极度透明。

极度求真和极度透明

关于极度求真,我指的不是筛选某个人的想法或问题,尤其是那些关键问题,而是说如果我们不能开诚布公地讨论问题、寻找解决路径,我们就找不到同甘共苦的伙伴。

关于极度透明,我的意思是让几乎每个人都得以了解几乎所有的事物。如果人们得到的信息不全面,就容易受他人影响,也无法自行做出判断。极度透明会减少办公室政治的危害,并降低不当行为的风险,因为不当行为更可能是在遮遮掩掩中产生的,在公开场合则无处躲藏。

有些人把这种行事方式称作直截了当。

我知道,如果工作中做不到全面的实事求是和公开透明,公司里面的人就会被分割为两个层级,即信息灵通的掌权者和其他不明真相的人,因此我让实事求是和公开透明都达到极限。对我来说,在公司里无处不在的创意择优=极度求真+极度透明+可信度加权的决策。

通过让一小部分人非正式地讨论什么是事实以及该如何去做,我们在过去的40年间逐渐形成了自己的方法、技术和工具,这把我们带到了完全不同的另一个层次,它拓宽了我们的视野,让我们获得了非常宝贵的经验。你会在本书最后关于工具的章节读到相关内容。我们坚定不移地营造这种氛围,对于那些不喜欢这种环境的人,我们会让其自愿离开公司。

在极度求真和极度透明的情况下,我们会发现我们各自的观点都很片面。这个问题不是桥水独有的,看看你周围的人,皆是如此。正如"理解人与人大不相同"中所述,人们往往对同一事物看法迥

创意择优

=

极度求真

+

极度透明

+

可信度加权的决策

异,这取决于各自大脑的思维方式。

了解这些有助于你的成长。一开始,大多人仍然固执己见,认为自己的想法是最好的,他人若不按自己的思路行事就会有问题。但当他们反复遇到诸如"你怎么知道你自己的想法不是错的呢""你用什么方法从不同观点中做出最佳决策呢"等问题时,就不得不审视自己的可信度,同时站在自己和别人的角度去看待问题。这种换位思考会产生良好的集体决策。最好的情况是像"开放源代码"那样,让最佳灵感随意流淌,从产生到消亡,因灵感的优异而快速演变发展。

大多数人起初对这一过程感到很不舒服。虽然他们在理智上认同,但往往在情感上经受挑战,因为这需要他们摆脱自以为是,去试图了解那些难以察觉的事实。一小部分人从一开始就能够理解并喜欢这一过程,还有稍微多一点儿的人因无法忍受而离开了公司,大多数人则坚持了下来,并随时间的推移越来越适应,最终变得不再考虑用任何其他的方法。

这种做法看似难度大且效率不高,实际上却效率极高。事实上,在一个大多数同事之间都不知道彼此真实想法的机构工作会更难、效率更低。而且,如果人与人之间不能开诚布公,大家就都会戴着面具。正如研究桥水的哈佛大学发展心理学家鲍勃·基根所说,在大多数公司,人们都在从事两个工作:一个是他们自己实际的工作,另一个是努力给别人留下自己如何工作的良好印象。对我们来说,这是件很糟糕的事情。我们发现,把所有事情摆到桌面上的好处在于:(1)不必刻意展示好的一面;(2)节省了猜测别人想法的时间。由此,更有意义的工作和更有意义的人际关系就形成了。

以下是桥水实现自我增强和螺旋式发展进步的推动力：

1. 从希望实现远大目标的单个独立思考者，发展为希望实现远大目标的一群独立思考者。
2. 为了推动这些思考者形成有效的集体决策，我们发明了创意择优，其基于的原则确保我们都非常诚实、彼此坦诚相待，认真思考观点上的分歧，并以择取最佳创意的方式来超越不同观点，做出决策。
3. 我们把这些决策原则以书面形式记录下来，之后再编码输入计算机，并依此做决定。
4. 这个决策过程既给我们带来过成功，也给我们带来过失败，这带给我们更多学习教训的机会，进而形成了更多的原则，它们都被编入系统，用于指导实践。
5. 这个过程产生了优异的工作业绩和很好的人际关系，让我们的员工和客户收获了嘉奖和喜悦。
6. 这使我们能够招募到更多怀有远大志向的独立思考者，促进了公司的自我强化和螺旋式发展进步。

我们反复这样做，形成了反馈环式的发展进步路径，桥水过去40多年的成功多赖于此。正如下页图所示。

这个办法真的有效！你别只听我说这些话。你可以用两种方式来评估一下这种办法及相应原则可能产生的强大作用：（1）看一下所产生的结果；（2）看一下背后的逻辑。

从结果角度衡量，就像隆巴尔迪及其率领的包装工队一样，我

原则

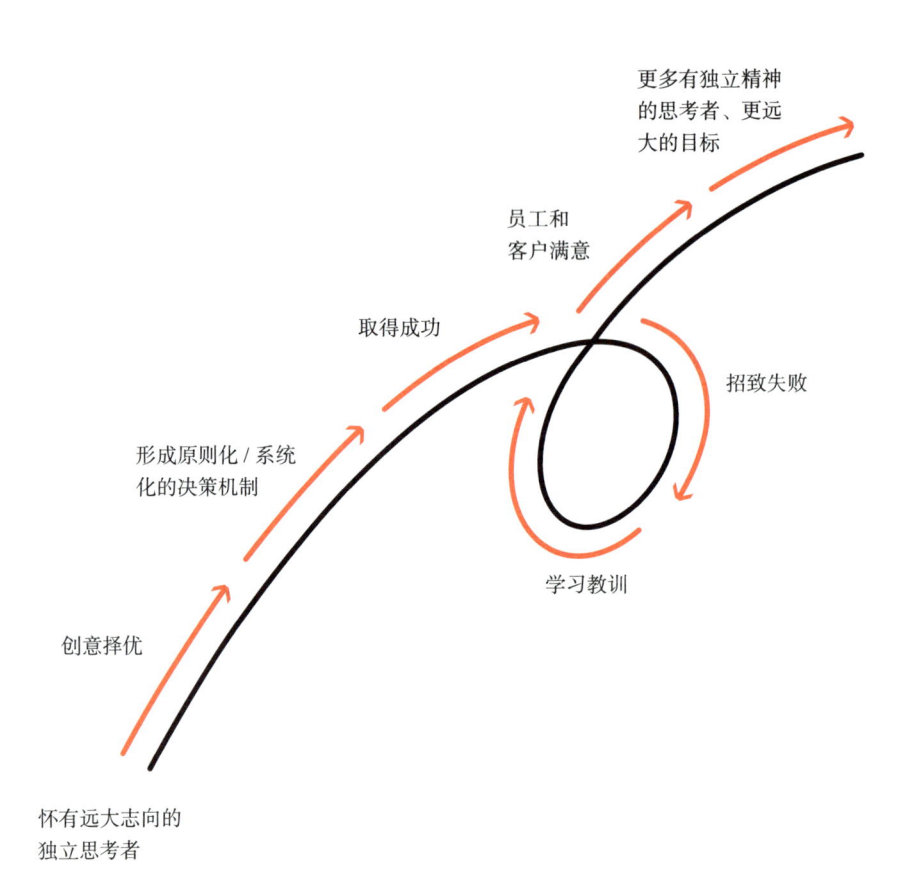

```
更多有独立精神
的思考者、更远
大的目标

         员工和
         客户满意

取得成功
                招致失败

形成原则化/系统
化的决策机制
                学习教训

创意择优

怀有远大志向的
独立思考者
```

们的业绩本身就说明了问题。在过去的40年里，我们持续发展进步，桥水荣登《财富》杂志美国最重要的私营公司榜单第五位，成为世界上最大的对冲基金公司，为客户赚得的资金总额超过了历史上任何一家对冲基金公司。我们获得100多项行业表彰，我本人也荣获3个终身成就奖，更不要说那些令人瞩目的在财富上和心理上的奖励了，而最重要的是，建立了极佳的人际关系。

比这些成绩更重要的是支撑这些原则的因果逻辑，它们先于结果而诞生。40多年前，这种行事方式备受争议、未经考验，尽管如此，我认为其很符合逻辑。我会在接下来的内容中解释这个逻辑，你可以做出自己的评估判断。

毫无疑问，我们的方法与众不同。有人甚至把桥水描绘成一个像邪教一样的组织。其实，桥水能取得成功，恰恰是因为它走到了狂热轻信的反面。一群拥有共同价值观的人（这构成了极佳的情况）与一群盲目狂热分子（这构成了可怕的场景），二者之间有本质的不同，关键看有没有独立的思考。盲目狂热群体需要无原则地服从；而独立思考并挑战彼此的观点都是与盲目狂热背道而驰的行为，这也是我们在桥水的核心做法。

谁疯了

有些人说我们的方法很疯狂，但请想一想：以下究竟哪种方法疯狂，哪种方法明智？

- 是使人们都追求事实和公开透明的方法，还是使多数人把真实想法隐藏在心底的方法？
- 是把问题、错误、弱点、分歧都摆到桌面上认真讨论的方法，还是不把问题直接摆明也不进行讨论的方法？
- 是不论等级、任何人都有权提出批评的方法，还是以自上而下为主的批评方法？
- 是通过大量数据和广泛人际交往对他人进行客观评价的方法，还是更随意地评价他人的方法？

- 是推动机构追求高标准，从而从事有意义的工作、发展有意义的人际关系的方法，还是区别对待工作质量和人际关系，而且标准不高的方法？

你认为哪种机构能为员工创造更好的发展机会、让彼此建立更深层次的人际关系、产生更好的业绩？你愿意你所在的机构和领导者采用哪种方法？你希望执掌政权的人遵循哪种方法？

我敢打赌，你在读过本书后，会赞同我们的工作方法比传统方法更明智，但要记住，我最基本的原则是，你必须自己独立思考。

我为什么写这本书，你怎样从这本书中尽可能获益

如果你已是桥水的一分子，就会感到我是在用我自己的话来传递这些原则，你从我的眼中会看到梦想和实现梦想的方法。桥水将在现有的基础上继续成长，这取决于你和其他人在下一代领导人的领导下有什么样的愿望，以及怎样去实现你们的愿望。本书意在为你提供一些帮助，而怎么运用则由你自己决定。桥水的这种文化能否持续下去，也取决于你以及接替我的新领导层。我的责任在于，不要把桥水束缚在我所希望的目标上。最重要的是，你和其他接替我的人要独立做出自己的选择。就像有成年子女的父母一样，我希望你们所有人都成为坚强的、独立的思考者，即使我不在，你们也能表现出色。把你们带到这个阶段，我已尽了最大努力，现在是时候该我退居幕后，而你们努力前行了。

如果你不是桥水的人，并在思考如何把这些原则应用到你所在的机构，那么本书可用来激发你去思考，而不是为你提供必须

遵循的模式。尽管你无须采纳所有或其中的任意一条原则，但我还是建议你对所有原则都进行认真考量。很多其他机构的负责人采用了其中部分原则，并对另一些进行了调整，也摒弃了不少原则。无论你如何应用，我都能接受。这些原则提供给你的只是一个框架，你可以做出必要调整以适应一己之需。你所追求的目标，也许与桥水一样，也许不一样，无论如何，通过这些原则，你能够得到一些有价值的东西。如果你赞同我的看法，打算把自己的公司也打造成真正创意择优的机构，那么我相信本书对你来说就是无价之宝，因为我还没听说有哪个机构能像桥水一样对创意择优进行了如此深入的思考并付诸实践。如果你认为这样做十分重要，而且坚定不移地朝着这个目标努力，那么在此过程中你会遇到一些障碍，且能找到清除障碍的方法，并能最终达到目的，尽管结果可能并不完美。

这些原则总体上都是很好的，但你要记住，每一个原则都有例外，没有任何一个原则能够取代常识判断。这些原则好比GPS，能帮助你开车找到目的地，但若你盲从盲信，把车开出桥面掉落水中，那就是你的问题，不能怪GPS。当GPS指示方位出现偏差时，是可以通过更新软件来解决的，因此，重要的是把实践原则中遇到的例外情形归纳出来，并进行认真讨论，这将有利于这些原则与时俱进。

不管你选了哪条路，你所在的机构都是一部由文化和员工组成的机器，二者互动创造业绩，而这些业绩也为你的机构是否运转良好提供了反馈。你可以从反馈中吸取经验教训，对文化和员工进行修正，以使这部机器的功能不断改善。

这是一个非常重要的动态过程，我已把工作原则分成3个部分：打造良好的文化、用对人、建造并进化你的机器。这3个部分都从一个重要的原则开始。你可以通过阅读较好地了解主要概念。

这些重要原则之下还有一些辅助原则，其内容涉及各式各样的决策。这些辅助原则仅供参考，你可能想浏览一下，但我建议你要像在回答某个具体问题时需借助百科全书或网络搜索引擎一样对待这些辅助原则。例如，如果你不得不解雇（或调离）某个人，你应当通过书中的原则目录进行查找，直接阅读与此相关的章节。在桥水，为了简化流程，我们开发了一种工具，名为"教练"，员工可以把自己面临的特殊问题录入进去，然后找出能够帮助自己的相应原则。[1]关于"教练"及其他工具可见本书附录。

我主要的目的不是向你推销这些原则，而是与你分享我在40多年职业生涯中吸取的经验教训。我的目标是让你认真思索，在很多情况下如何进行艰难取舍。在思考原则背后的取舍时，你就能够得出自己的结论，究竟哪些原则最适合你。

这就把我带到了我所提出的最基本的工作原则：

● 让热情与工作合二为一，并与志同道合者倾力推进，但报酬也很重要

工作，或者是（1）你养家糊口的一份职业，或者是（2）你想完成的使命，或者是二者的结合体。我敦促你尽可能把工作看成

---

[1]. 由于原则处于不断完善中，随时都有新原则的加入和老原则的修订，因此原则就会发生变化。你可以在我即将推出的名为"原则"的App中找到相关内容，下载App见网站 www.principles.com。

（2），当然也承认（1）的价值。如果你能这样想，那么几乎每件事都会做得比你不这样想时更好。

如果有人把工作当成一场燃烧激情、完成使命的游戏，那么可以说，工作原则就是为了这样的人而写的。

打造良好的文化……

你必须在适合你的文化环境中工作，这是你保持心情愉快、工作高效的基础。你也必须在一个能够有效创造辉煌业绩的文化环境中工作，否则，你就得不到激励你前行的精神和物质奖励。本书这一部分讨论文化问题，我将分享我对如何将企业文化与个人需求进行匹配的个人看法，也会介绍我所认同且起作用的文化类型：创意择优。

我将在第一条介绍什么是创意择优，并探讨为什么极度求真和极度透明对确保创意择优起着至关重要的作用。极度求真和极度透明大概是最难实践的原则，因为其与大多数人的习惯不一致。因为这种行事方式总是被误解，所以我以特别开诚布公的态度来讲述为什么我们要照此运作，以及这种行事方式在实践中如何发挥作用。

第二条的内容转向讨论为什么以及如何打造一种文化来促进有意义的人际关系。有意义的人际关系本身对人就是奖赏，除此之外，它还能够促进形成极度求真和极度透明，让我们彼此问责、共创卓越。

我相信，优秀的文化与优秀的员工一样，能够认识到犯错误也是学习的过程，而恰恰是持续不断的学习推动一个机构与时俱进、获得成功。在第三条，我们将探讨这方面的原则。

当然，创意择优基于的是相信集思广益并令其经受压力测试，这种方式比让大家各抒己见的效果更好。第四条提出了"求取共识"所需要遵循的原则，知道如何认真思考和对待分歧至关重要。

创意择优是指谨慎权衡各个成员观点的优劣。由于很多观点并不好，可每个人都相信自己提出了好点子，因此了解对观点进行有效筛选的程序就很重要。第五条介绍了桥水在权衡各种观点可信度的基础上进行决策的机制。

有时即便决策已经做出，分歧也仍旧存在，人们依然需要遵循某些原则解决问题，这些原则应当清晰地传达给员工，持续地得到遵循，并被公认为具有公平性。我将在第六条对此进行具体介绍。

让创意择优以适合你的方式发挥作用

你可能觉得本书的内容在实践中会充满挑战，运用起来太复杂，但如果你像我一样坚信没有什么比让可信赖的员工以开放、坚定的心态亮出观点、探究原因、解决分歧更有效的做法，那么你就能琢磨出将其付诸实施的办法。如果创意择优没能发挥应有的作用，那么错误不在于概念本身，而在于相关人员没能充分重视，没有让它发挥作用。

若是你觉得阅读本书之后并没有其他方面的收获，你自己要负责任地考虑一下能从体验创意择优中得到些什么。如果你觉得有道理，我希望你来冒险尝试一下。用不了太长时间，你就能理解，它会给你的工作和人际关系带来多么巨大的改变。

创意择优：

（1）开诚布公地亮出你的观点；

（2）针对分歧认真讨论；

（3）遵循所形成的共识，消除过去的分歧。

1 相信极度求真和极度透明

了解真相是成功的关键，而对任何事（包括错误和弱点）都保持完全透明则有助于加强理解、不断改进。这不仅仅是理论，我们在桥水已经实践了40多年，所以我们知道其所起到的作用。但这与生活中的很多事情一样，坚持极度求真和极度透明，既有利，也有弊。我在本条将尽可能准确地对此加以阐述。

以实事求是、公开透明的态度对待同事，也期待同事如此对待自己，这能确保重要的问题摆到桌面上，而不是隐藏在暗处。这也有利于强化良好的行为和思考，因为当你必须解释自己的观点时，每个人都能够公开地评价你逻辑的优点。无论你的处理方式得当与否，透明的讨论都会让真相显示出来，因此它有助于保持高标准。

极度求真和极度透明是实现真正的创意择优的基础。越多人能看到实情（好事也罢，坏事也罢），他们在决定采用适当处理方式时就越有效率。这个方法对培训工作也大有裨益：如果大家有机会听取别人的想法，学习效果就会加倍。作为领导者，你能借此获得学习和持续改善公司决策规则所不可或缺的反馈信息。了解事情的一手信息及其原因，有助于增强彼此间的信任，推动员工对创意择优讨论所形成的结论进行独立的评估。

适应极度求真和极度透明的环境

这需要一点儿时间来适应。实际上，加入桥水的每个人都相信，极度求真和极度透明就是他们所希望达到的状态，这也是他们经过深思熟虑才加入公司的理由。但是，多数人发现难以适应，因为要与"两个自己"斗争，这在"理解人与人大不相同"中有过解释。他们的"较高层次的自己"能够理解极度求真和极度透明的好处，但是"较低层次的自己"往往倾向于"要么战，要么逃"。适应这种环境一般需要18个月，当然也因人而异，有些人从未能真正适应。

有些人告诉我，这样的行事方式跟人的本性是格格不入的，人需要远离残酷的事实，所以这样的系统不可能在现实中存在。我们的经历（也是我们的成功之处）已经证明，这种说法是错误的。的确，我们的行事方式跟大多数人所习惯的并不一样，但不能说这不符合人性，难道这比运动员和军人所做的艰苦的体能训练更不符合人性吗？大自然的基本法则告诉我们，只有经历艰苦磨炼，人才会变得更加坚强。我们的创意择优并不适用于所有人，它只适用于那些能适应的人（大约占到尝试者的 2/3），这种方法让他们摆脱束缚，他们很难想象还有其他更好的方法。多数人最喜欢的一点就是，照此行事，可以不用兜圈子。

实践中的极度求真和极度透明

为了让你了解到底什么是极度求真和极度透明，我来分享一下几年前我们曾面对的一个艰难处境。当时我们的管理委员会开始考虑重组公司的后台部门。后台部门主要是为我们的市场交易业务（包括交易确认、结算、记录、记账）提供所需的支持保障服务。多年前，我们就设立了这个兢兢业业、紧密团结的员工团队，它是我们整个大家庭的成员。但在当时，我们认为需要提升新的服务能力，这仅在公司内部是无法实现的。所以，公司的首席运营官艾琳·马瑞提出了新的创意，把这个后台团队从桥水剥离出去、并入纽约梅隆银行，为桥水提供定制服务。一开始这只是探索性的讨论，我们还没想好是不是要这样做、如何去做，以及这对我们的后台团队最终意味着什么。

设想一下你是管理委员会的成员，你何时会告诉后台团队成员将要把他们剥离出去并入别的公司？你会一直等到方案明确之后才告诉他们吗？在大多数机构里，这类战略性决策往往都是秘密进行的，直到一切尘埃落定后才会公布，因为公司老板一般都会觉得，在员工中造成不确定性不是一件好事。但我们的想法恰恰相反：说明事实、公开透明是唯一负责任的做法，以便员工明了事情的进展，并帮助我们梳理由此产生的问题。在这个例子中，马瑞立即主持召开了一次后台部门全员大会。在会上，她以桥水领导者惯常的表达方式告知大家，很多事情她还不得而知，很多问题她还无法回答。那是一个很艰难的时刻，的确引起了一些不确定性。但如果她像传统做法那样半遮半掩，谣言就无法避免，而且会使局面变得更糟。

尽管那个后台团队最终还是被剥离，但我们与其团队成员仍保持着非常好的关系。他们不仅仅在整个转型过程中给予完全配合，而且继续来桥水参加圣诞节聚会和国庆庆典，仍然是我们的大家庭成员。如今，我们的后台团队备受赞誉，而这正是这次创新改革的成果。更重要的是，我们在还没有想好策略时，就保持了公开透明，这让后台团队成员对我们这种追求事实和为他们着想的态度非常有信心，并以善相报。

对我来说，如果为了避免员工担忧其生计而不告诉他们究竟发生了什么事，就像让你的孩子长大成人后还继续相信世上有牙仙女和圣诞老人一样。尽管隐藏事实也许能让人们在短期内更开心，但从长远来看无法让他们变得更聪明、更令人信赖。让人们知道可以信赖我们所说的每句话，这才是真正的资产。正因如此，我相信，直截了当地说明事实几乎总是更好的做法，不管是在你尚未知晓所有问题的答案还是宣布坏消息的时候。正如温斯顿·丘吉尔所说："给公众以虚假的期望，而期望又很快破灭，这是最糟糕的领导方式。"如果人们想学到应对不利局面的本领，就需要面对残酷和不确定的现实——通过观察你身边的人如何妥善处理问题，你能学到很多东西。

1.1 不要惧怕了解事实

假如你与大多数人一样，在面对毫不掩饰的事实时，你会感到紧张。为了克服这种紧张情绪，你需要从心里明白，谎言比事实更可怕，所以要通过实践，习惯与事实为伴。

如果你病了，那么自然会害怕医生的诊断——万一得了癌症或者其他致命疾病怎么办？尽管事实可能会变得可怕，但从长远来看，只有承认事实并去寻找最合适的治疗方案，才有可能使你应对得更为从容。直面你自己的优点和缺点的残酷现实，也是同样的道理。了解事实并据此采取行动就是我们在桥水所称的"大局"。千万不要被那种感情用事、以自我为中心的"小节"绊住手脚，这会牵扯你完成整个任务的精力。

1.2 为人要正直，也要求他人保持正直

英文"integrity"（正直）一词来源于拉丁文"integritas"，意思是"一"或"完整"。表里不一的人，即不"完整"的人，是不正直的，他们当面一套、背后一套（duality）。在表达观点时，背离事实有时候可能更容易（因为你想避免冲突、防止尴尬或者达到其他短期的目的），但从第二层、第三层效应上看，保持正直和避免当两面派，其收效可观。表里不一的人往往会自相矛盾，经常丢失自己的价值观。他们不容易开心，几乎不可能展现出自己最好的一面。

让所说与所想、所想与所感一致，会使你更加快乐、更加成功。只考虑事情本身的准确性，而非他人的看法，会使你专注于最重要的问题。这有助于你筛选人和地方，因为你会被开放、正直的人和地方吸引。这样做对你周围的人也更加公平，因为暗自论断他人，而不过问其观点如何，这样既不道德也不准确。相反，不遮掩、不隐瞒却能释放压力，建立信任。

a. 若不想当面议论别人，背地里也不要说，要批评别人就当面指出来。在桥水，批评是受到欢迎和鼓励的，但坚决不能背后议论别人。背后说人坏话有消极效果，是非常缺乏诚信的行为，不会产

生任何有益的改变，只能对当事人和整个环境产生破坏作用。其恶劣程度仅次于撒谎，是我们公司最忌讳的事情。

如果下属不在场，管理者就不得议论下属。如果会议上讨论的事情与某些员工相关而其不在场，那么我们总要确保在事后发给他们一份会议记录或其他相关信息。

b. 不要因忠诚于个人而阻碍追求事实和整个机构的利益。在某些公司，雇主和员工相互掩饰错误。这种做法不健康，而且有碍公司的进步，因为这会阻止人们揭露错误和缺陷，鼓励欺瞒，并剥夺下属申诉的权利。

这也适用于个人忠诚问题。我经常见到一些人因为与老板有私交，虽不胜任工作却能保住"饭碗"，这导致一些毫无原则的管理者利用个人忠诚来为自己圈地盘。要知道，用不同标准评价个人，就是一种隐形的腐败，有悖任人唯贤的原则。

我相信的是构筑在公开探寻事实基础上的更健康的忠诚。公开表达坚持原则的思考和完全透明是阻止私下交易的最佳药方。当每个人都秉承同样的原则，公开做出决策时，人们就很难以牺牲所在机构的利益为代价追求私利。在这种环境下，那些直面自己挑战的人最令人敬仰；相反，当错误和缺陷被掩盖时，不健康的行为就会得到奖励。

1.3 营造一种氛围，让每个人都有权了解合理之事，不可有异议却缄默不语

是否拥有独立意识和性格去穷究最佳答案，取决于人们的个

性，但你可以营造一种氛围，鼓励他们遇到观点的第一反应是去问："这是真的吗？"

a. 表达出来，并对你的观点负责，否则就走人。在创意择优讨论中，开诚布公是一种责任。你不仅有权表达出来，"捍卫正义"，而且也有义务这样做。这特别涉及做事原则。原则与其他事物一样，也需要被质疑和辩论。不允许你做的是私下抱怨和批评，不管是对别人说还是你自己在心里这样想。如果你无法履行这个义务，就必须离开公司。

当然，以开放心态跟别人探讨事实与固执己见是两回事，即便是决策流程已经走完并开始实施。不可避免的是，在有些情况下，你必须遵守那些你曾经不赞成的政策或决定。

b. 切记要绝对开诚布公。有问题应各抒己见，直到彼此达成一致，或者理解彼此的立场，并明确解决分歧的办法。正如我的一位同事曾经所说："这其实很简单，表达观点时不做任何过滤就行了。"

c. 切莫轻信不诚实之人。人说谎的情况超出大多数人的想象。作为公司的老板，对此我深有体会。桥水的人有极高的职业道德水准，但所有机构都有不诚实的人，对付他们必须用一些务实的手段。例如，如果某人做了不诚实的事被当场发现，那么即便他声称已经知错、绝不再犯，也不能再相信他，因为他很可能重蹈覆辙。不诚实的人很危险，将其留在公司不是明智之举。

同时，我们也要务实。如果我只和从不说谎的人结交，也就没有同事可言了。在为人正直方面，我有极高的标准，但我不认定"非黑即白""一杆出局"。我要看问题的严重性以及具体情况、具体方式，并试图搞清楚我面对的这个人是那种惯于撒谎且还会继续撒谎的人，还是那种本质上老实但并不完美的人。我要考虑他不诚实性质的严重程度（是偷了一块蛋糕，还是犯罪）以及我们现有关系的性质（说谎的是我的配偶、萍水相逢之人，还是公司员工）。应该具体问题具体分析，因为正义的基本法则是罪与刑相匹。

1.4　要保持极度透明

如果你认同真正的创意择优具有极为强大的作用，你就不会觉得让员工有权自己了解情况有多困难，这比向他们灌输信息要好得多。极度透明能使问题摆到桌面上，最重要（也最令人不安）的是，要把人们正在应对的问题及应对方式公之于众，使机构能够利用所有员工的智慧和洞察力来寻求解决之道。最终，对习惯于此的人来说，相比身处重重迷雾而对事情发展、人们的真实态度一无所知，生活在极度透明的环境里更令人感到舒坦。这个方法极其有效。但需要说明的是，跟多数伟大的事物一样，它也有自己的缺点。最大的不足在于，大多数人最初很难应对这种令人不安的局面。如果管理不善，大家可能被卷入很多不相干的事务，导致那些不能甄别信息的人得出错误结论。

例如，如果把机构遇到的所有问题都公之于众，并指出每个问题都不可容忍，那么可能会使得一些人错误地以为自己所在的机构比另一家隐瞒事实的机构面临了更多无法容忍的问题。但哪家机构更可能实现卓越的业绩呢？究竟是揭露问题并宣称问题不可容忍的机构，还是隐瞒事实的机构？

别误解我的意思：极度透明绝非纤毫毕现。它是指比一般情况下要更透明一些。我们当然也会就一些情况保密，例如涉及个人的健康状况或很私密的问题、知识产权或安全保卫的敏感细节、重要交易的执行时间，以及若泄露给媒体至少在短期内易被歪曲的事项。在下述原则中，你将详细了解我们的观点，即什么时间、什么情况下透明是有益的，而什么时间、什么情况下不宜公开。

坦率地说，当初我提出要做到极度透明时，我也不晓得会发生什么情况。我只知道这极其重要，必须坚决推行并使之实现。我不断确立新的极限，并惊叹其良好的效果。例如，当我们开始对所有的会议进行录音时，我们的律师认为我们疯了，因为我们这是在保存证据，一旦遇上法律诉讼，或者监管机构如美国证券交易委员会的调查，这些录音便可用来对付我们。在回应这个问题时，我给出的解释是，极度透明会降低我们做错事的风险以及我们不当处置错误的风险。从这个意义上来说，录音实际上是在保护我们自己。如果我们做得好，通过公开就可以向外明确传递出这个信息（当然，要假设所有各方都是理性的，并非所有事情你都能想当然）；如果我们做得很糟糕，那么公开出去还可以确保我们得到应有的教训，而从长期来看，这对我们也是有益的。

当时，我还不太有把握，但我们的经历已经多次证明了这个理论的正确性。桥水遇到的法律诉讼或监管调查少之又少，这得益于我们追求极度透明的做法。因为在极度透明的情况下，做坏事更难，发现事实、解决纠纷则更容易。在过去的几十年间，我们从未经历过重大的法律诉讼或监管处罚。

随着规模的增大、经营的成功，公司自然会受到更多媒体的关注，记者也深知用充满争议的故事来取代平平无奇的报道能吸引更多的眼球。桥水在此类报道面前尤其显得脆弱，因为我们秉承的是把问题摆到桌面上，在公司内部公开分享的文化，并不担心泄露消息。难道不坚持透明，就可以更好地规避此类问题吗？

我发现，受那些观点影响最大的人，也是最了解我们的人，即我们的客户和员工。极度透明原则能让我们为客户提供良好的服务，这不仅促使我们实现更好的业绩，也建立了与员工和客户的互信，因此媒体的不实报道在他们看来都不屑一顾。当我们与员工和客户讨论相关问题时，他们认为，我们不保持公开透明才会让他们更害怕。

这样的理解和支持，推动着我们去做正确的事，这是极为宝贵的。想想如果我们没有这样坚持极度求真和极度透明，我们是不可能有如此巨大的收获的。

a. **通过透明实现正义**。如果每个人都能参与引致最终决策的讨论（无论亲自参加，还是通过录音和电子邮件参加），公平正义就更可能得到实现。每个人都要对自己的观点负责。按照公认的原则，每个人都能参与决定谁应该做什么。如果没有这样的公开程序，决策就得闭门形成，有权决策的人就可能会恣意妄为。在保持透明的情况下，每个人都遵循同样的高标准。

b. **分享最难分享的事情**。人们倾向于把拟公开的内容限定于不会伤害自己的事情。但是要知道，与人分享最难分享的事情，这一点特别重要。因为如果你不与对方分享，就会失去对方的信任和伙伴关系。所以，在决定该不该分享最难分享的事情时，不应考虑是否要分享，而应考虑如何分享。下述原则将帮助你做好决策。

c. **要把极度透明的例外事项减到最少**。我喜欢彻底的公开透明，并希望每个人都能负责任地对待所接触到的信息，并判断出哪些是事实，知道自己应该做些什么。但我发现这个理想化的状态未曾全然达成。每个规则都有例外，在极少数情况下，不宜极度透明。此时，你要仔细考虑选择何种方式，既要维系极度透明的文化，又不能把你自己和你关心的人置于过度危险的境地。在权衡是否属于例外时，要用期望值计算的方法，并考虑第二层次和第三层次的影响。要问自己这样的问题：保持此事公开透明并防控相应的风险，是否弊大于利？在绝大多数情况下，答案是否定的。我从经验中发现，导致一件事情不予公开的最常见原因有：

1. 信息涉及隐私或属于保密范畴，而且不会严重影响整个集体的利益。
2. 分享并管理此类信息时，可能导致桥水和客户的长期利益受损，或使我们难以维持工作原则（如我们的自营投资逻辑或一起法律纠纷）。
3. 在整个公司层面分享某一信息的价值甚低，并会严重分散大家的精力（如具体的薪酬）。

我的意思是说，在尽可能做到彻底透明的同时，也要保持必要的谨慎。正因为我们几乎把所有事情都进行录音（包括我们犯下的错误或暴露的缺点），以让每个人都了解，因此我们成了某些媒体的目标，它们最喜欢传播耸人听闻的事情，想方设法获取信息。有一次，我们遇到了一个问题，有人把被歪曲的信息透露给了媒体，影响到了我们的招聘工作。我们被迫对一些超级敏感的信息进行管控,以至于很多非常值得信赖的人第一时间收到了信息,而发送给其他人时则有意延迟。关于该信息的性质,对一般公司而言,仅会有少数人了解,但在桥水,我们把它发送给了差不多100位值得信任的员工。换句话说,尽管在这个例子中,我们的极度透明并不彻底,但我们从务实的角度尽可能扩大了知情人范围。这种做法对我们很适用,因为那些最需要公开透明的人马上就能知道,而且几乎每个人都明白,即使在具有挑战性的环境里,公开透明的承诺依然得到了维系。大家都了解,我的本意总是尽量做到公开透明,唯一阻止我的就是某些信息的公开可能会危害公司的利益,此时,我会告诉他们不公开的原因。这就是我们公司的文化,它有助于塑造信任,即便有时候透明度并没有达到我们所希望的那么高。

d. 确保因极度透明而获得信息的员工意识到,他们有责任妥善管理好信息,做出明智的权衡。 任何人都不能在拥有获取信息特权的同时,利用这些信息去危害公司的利益。因此,必须设立规则和程序,确保这种事情不会发生。例如,在桥水内部,我们保持公开透明,但前提是桥水的员工不可将信息外泄,任何人如果泄露公司机密,都会(因缺乏职业道德)被开除。此外,如何探讨问题和做出决策应遵循的原则必须坚守,因为不同的人看问题有不同的角度,因此遵循既定的解决分歧路径是很重要的。比如,有些人要么在小事上大做文章,提出错误的理论,要么在看待事情发展上存在问题。要提醒他们的是,公司给予他们的这种透明是有风险的,他们应负责任地对待。我发现,那些理解公司保持透明的良苦用心的员工,知道如果对信息处理不善,以后就会得不到此类信息,这就确保了他们彼此之间谨慎行事。

e. 要向善于管理信息的人透明，对那些不善于管理信息的人，要么不透明，要么将其清除出公司队伍。在什么情况下允许出现极度透明的例外情形，公司管理层有权也有责任做出决定，与普通员工无关。对极度透明施加限制的决定，管理层必须慎之又慎，并注意策略方法，因为每实施一次都会有损于创意择优和人们的信赖。

f. 不要向公司的敌人提供敏感信息。任何公司无论内部还是外部，总有一些人故意损害公司的利益。如果这些敌人在公司内部，你应当把他们找出来，通过公司的既定程序解决相关冲突问题。因为在公司"大家庭"内部与敌人共事，对你自己和这个"家庭"都具有破坏作用。如果敌人在公司外部，可能利用这些信息来加害于你，那么不与他们分享信息就是了。

1.5 有意义的人际关系和有意义的工作相互促进，尤其是在极度求真和极度透明的环境下

当你和他人能够开诚布公地就任何重要问题相互探讨、相互学习，共同追求卓越时，你们之间就建立了需要相互问责并有意义的人际关系。当你与同事建立起这种关系，你们就能够共渡难关。同时，共同担负具有挑战性的工作会把你们拉得更近，巩固你们的情谊。这种自我增强的循环可促使你走向成功，并激励你追求更加远大的目标。

```
           极度求真
             和
           极度透明
```

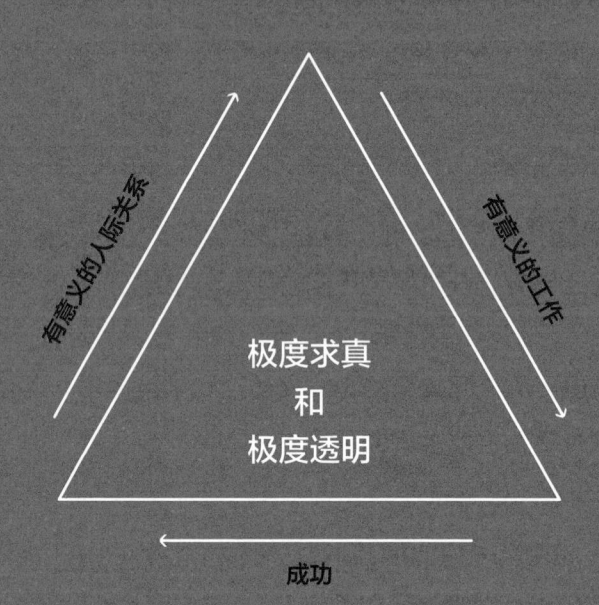

有意义的人际关系 ／ 有意义的工作

成功

2 做有意义的工作，发展有意义的人际关系

有意义的人际关系对于营造并维持追求卓越的文化氛围无比重要，因为它构筑了信任与支持，这正是人们相互砥砺、从事伟大事业所需要的。如果一个群体中绝大多数人希望追求卓越，就会付诸实施，从而产生更佳的工作业绩和更好的人际关系。人与人之间的关系应是真诚自然的，而不应刻意为之，同时，这个群体的文化也会对人们如何看待人际关系以及如何彼此对待产生很大的影响。就我个人来说，有意义的人际关系意味着人与人之间相互关心，但凡需要帮助就能得到帮助，无论工作内外大家彼此陪伴，十分享受在一起的时光。我的的确确非常喜欢与我共事的很多同事，并对他们深怀敬意。

　　我经常被问到桥水的人际关系更像一个家庭还是一个团队，像家庭意味着存在无条件的爱和永恒的关系，像团队则表明每个人的贡献越多，整个团队就越强。在回答这个问题之前，我想强调一下，我认为这两者都非常好，因为无论家庭还是团队都需要构建有意义的人际关系，而这两种人际关系与一般公司的一般工作关系是不一样的，一般的公司只会把人际关系当作功利的东西。如果直接回答这个问题，那么我会说，我希望桥水更像一个家族企业，家庭成员要么做到最好，要么出局。如果我有一个家族企业，而家庭成员做得不怎么样，我就会让他们离开，因为我相信这种局面既不利于家庭成员（因为从事不擅长的工作会妨碍个人发展进步），也不利于公司（因为这会导致整个团队踟蹰不前）。这是一种严格的爱。

为了让你感知桥水的文化如何演进以及如何与众不同，我来讲述一下桥水初创之时对员工福利待遇的处理。当时，公司里只有我自己和少数几个员工，我没有为员工提供医疗保险，因为我想他们自己都会去投保。但是，我的确希望那些与我分享人生的人在需要之时能得到我的帮助。如果我的同事得了重病，无法负担应有的治疗，那么我该怎么办呢？是袖手旁观，还是雪中送炭？当然，我将尽己所能为他们提供财务上的帮助。所以，当我开始为员工提供医疗保险时，我感觉我是在为自己投保，反正当他们受伤或生病时，我也要把同样数额的资金补贴给他们。

由于我希望员工都能获得尽可能最好的医疗保障，我给大家买的保单能确保他们可以找自己选择的任何医生就诊，并能负担所需的治疗费用。此外，我也为员工遇到的微不足道的问题提供保障。例如，我提供给大家的牙科保险不会高于为他们投保的汽车险，因为我觉得保护牙齿是他们自己的责任，就像他们要为自己的车承担责任一样。如果他们真的需要牙科险，就可以自掏腰包。我的主要观点在于，我不会像大多数公司那样把福利待遇弄成缺乏人性、冷冰冰的交易，而是要像为家人提供保障那样为员工提供福利待遇。在某些福利上，我会比常规做法更加慷慨，但在另一些方面，则希望大家自己负担。

当我把员工当作一个大家庭的成员看待时，我发现，大家在整个团队的相互交往中，通常会你敬我一尺，我敬你一丈，这比严格意义上的等价交换更显特别。到底有多少人愿意尽力为我们的团队做贡献，又有多少人不愿离开桥水而转换门庭，我数都数不过来。这种局面极其宝贵。

随着桥水的发展壮大，我自己无法与每个员工都保持密切的联系，但这并不会成为问题，因为整个团队已经形成了相互帮扶的风气。这并不是自然而然形成的，我们为此做了很多努力。例如，桥水有一项政策，如果大家想一起聚会搞活动，公司就会支付一半的费用，直至达到一个上限（我们如今资助了100多个俱乐部以及体育等方面的兴趣小组）。如有人在自己家里举办自带菜肴的聚餐，公司会支付食物和饮料费用。我们还买了一所房子供员工举办活动和庆典。我们举办国庆节、万圣节、圣诞节以及其他聚会，通常会邀请各自的家人参加。最终，那些珍惜这种关系的人会自我负责，这成为文化示范，此时，我就可以欣赏着诸般美好事物的发生而闲庭信步了。

但是，如果有人对发展这种有意义的人际关系不感兴趣，而只想一味工作，取得出色业绩而得到公平的薪酬，那该怎么办呢？这样可以吗？当然可以。在我们的员工中，这样的人不在少数。并非所有人都想法一致或感受相同。不参与集体活动是完全可以的。我们公司有各式各样的人，对他们在业余时间里所做的事，只要遵守法律、体贴他人，我们都予以尊重。但这些人通常不能给团队带来有力承诺，这种承诺是在长期考验中创造非凡所应必备的。

不管大家多么努力地营造有意义的人际关系，公司里总会有一些坏分子。一味姑息对他们自己不好，对公司也不利，所以最好是把这些人驱离公司。我们发现，真正关心公司发展的人占比越高，坏分子的数量就越少，因为关心公司的人自然就会保护团队免受坏人破坏。我们也发现，我们极度透明的做法有助于形成清者愈清、浊者愈浊的局面。

2.1　忠于共同的使命，而非对此三心二意之人

有些人与公司的使命和完成使命的方法不能步调一致，对这些人忠心耿耿会导致帮派主义，危害集体的利益。忠实于某个人，相当多见，而且是件非常美好的事。但忠实于某个人会与公司利益相冲突的情况，也屡见不鲜，这就很不幸。

2.2　对相互交往要一清二楚

为了发展有意义的人际关系，你们彼此必须非常清楚等价交换是什么含义（哪些是慷慨，哪些是公平，哪些是只占便宜），以及该如何对待对方。

一般而言，区分人的一个重要方面是看他们对待工作的态度。他们工作只是为了赚钱，还是有更多追求？我们每个人对什么是生活中最重要的事都有不同的看法。通过工作我积累了不少财富，但工作不仅是赚钱的一种方法，我把工作看得比这更重要，我选择以此来弘扬我的关于追求卓越、从事有意义的工作、发展有意义的人际关系的价值观。如果我的同事只是一味想赚钱，那么我们在坚持

既定价值观和赚取快钱之间选择时，一定会爆发冲突。别误解我的意思，我当然知道人们工作不单是为了个人满足，而且干活要有必要的收入。但就我们的价值观和所希望身处的人际环境而言，我们都有既定的看法，员工与员工之间必须对此达成共识。

存在分歧和讨价还价是很自然的，但有些事不能妥协，对此你和你的员工必须清楚。特别是如果你希望创造一种氛围，即人们享有共同的价值观、对使命的深刻承诺和行为的高标准，就更应如此。

在桥水，我们希望员工的行为能向素质高、重视长期伙伴关系的人看齐，也就是说，要能很好地兼顾彼此的利益，明白各自的责任。表面上，这听起来很动听，也很直接，但这究竟意味着什么？明确这一点十分重要。

举例来说，一个员工的家人被诊断出患有重病，或者一个员工悲惨离世，使其家庭陷入风雨飘摇的境地。我们不希望这些事情发生，但它们总会发生。对此，有各种惯例和法律来规定需要支付多少基本的抚恤金和福利待遇（例如个人休假天数、短期或长期伤残保险和寿险）。但是，你如何确定应该提供哪些额外的帮助呢？对于每一种特定情况，以什么原则来确保处理得公平呢？这恐怕不能一概而论吧？

处理好这些事都不容易，以下原则可以提供些指引。

a. 确保员工要多体贴他人，少向别人索取。 这是一个要求。

为他人着想意味着允许别人做他希望做的事情，只要遵守公司的原则以及政策和法律。这就意味着愿意先考虑别人，后考虑自己。如果争论双方都能以这种方式对待彼此的分歧，我们在谁冒犯了谁的问题上就会少很多争执。

当然，最终还是要下个判断，划个界限，并在政策中列明。

首要原则：如果因别人冒犯你，就禁止其行使权利，这样做比任凭其随意冒犯你更为草率。也就是说，要顾及某个人的行为对他人可能产生的影响，否则就是考虑不周。我们希望大家都能运用明智的判断，不要做明显冒犯他人的事情。在很多人看来，有些行为明显就是冒犯他人的，那么政策上就要明文禁止。至于具体内容和相关的政策，要源自具体案例。这就很像判例法的形成过程。

b. 确保人人都理解公平合理与慷慨大方的区别。 有时候，人们错把慷慨大方当作不公平。例如，桥水曾经安排过一趟班车，把住在纽约市的员工接到公司位于康涅狄格州的办公室。对此，有个员工提出："我们自己开车上下班每个月要花几百美元加油，既然住在纽约的有班车坐，也该给我们报销汽油费。"这种想法的错误之处在于，它把对部分人的慷慨资助当作每个人的应得福利。

公平与慷慨是有区别的。比方说，你为两个最要好的朋友分别购买了一个生日礼物，其中一个比另一个贵，如果得到较便宜礼物的那个朋友指责你不够公平，那么你该说些什么呢？你大概会这样说吧："我不是非得送你礼物，你别抱怨了。"在桥水，我们对待员工是很慷慨大方的（我自己也是慷慨待人），但在这个问题上我们没义务让人评判和顾及人人有份。

慷慨大方是件好事，而有权受惠却很糟糕，这二者很容易被混淆，因此必须非常清楚哪个是哪个。在做决策前，要确保你的想法在特定情况下有正当理由，以及什么是最值得感激的。如果你希望拥有一批具备高素质、长期伙伴关系以及强烈的个人责任意识的员工，那就不要让有权受惠这种想法混杂其中。

c. 要清楚界限在哪里，并站在公平的另一端。 这个界限要依据各方之间的交换关系，在区别什么是慷慨大方之后再确定什么是公平、什么是适当、什么是必需。如前所述，你应当期望人们的行为与那些高素质、有长期伙伴关系的人的行为一致，彼此之间高度关切对方的利益，并清楚各自的职责。每个人都应该站在公平的另一端，对此，我的意思是说要尽可能多为别人着想，少向别人索取。这与大多数商业关系中的行为是不同的，商业行为更关注自己的利益而非对方的利益或整个商业群体的利益。如果每一方都说"你应该得到更多""不，是你应得到更多"，而不是"我应该得到更多"，你就更有可能建立一种慷慨、良好的人际关系。

  d. **酬劳与工作相适应**。公司与员工之间不完全是交换关系，但为了维持这种关系，员工待遇必须在经济意义上具有可行性。要制定政策明确这种关系，一旦有变化，还要评估测算，但不必追求过分精确。尽管理应照常办事，但还要考虑总会有一些特殊情况，员工可能需要多请一些假，公司有时也可能要求员工加班。对于工作业绩高于正常水平的员工，公司要以某种方式给予激励；而工作业绩低于正常水平的员工则应被减扣工资。这种给予与获取随着时间的推移应该趋于对等。只要是在合理的范围内，大家都不会有太多担心。但如果一方的需求发生了持续性的改变，薪酬安排就需要相应调整，以便建立一种新的、更适当的关系。

2.3 要认识到机构规模过大会对建立有意义的人际关系构成威胁

  当公司只有我们几个人时，我们之间建立了有意义的人际关系，因为我们相互了解、相互关爱。随着公司的发展壮大，员工达到

50~100 人，我们就像一个社区。规模再大一些，社区的概念也开始淡化，因为我们之间不再以同样的方式了解对方。那个时候，我认识到，把员工按每 100 人（依共同的使命）分成一个组（部门），是建立有意义的人际关系的最佳方式。较大的公司往往人情味淡一些，这是我们必须应对的另一个挑战。

2.4 要记住很多人只是假装为你工作，而实际上是在追求一己私利

例如，多数人做工作都希望出最少的力而赚尽可能多的钱。

为了了解这一点，可以让某些人在不受监督的情况下，允许他们就其所做的工作向你报价。当人们向你提供的咨询会影响赚钱时，例如向你提供咨询建议而按小时收费的律师，或者建议你采购物品而能从中抽取提成的销售代表，你就应该特别小心利益冲突问题。你无法想象我曾见过多少急于为我提供"帮助"的人。

千万别太单纯。在努力让尽可能多的员工去从事有意义的工作、发展有意义的人际关系的同时，要知道总会有一定比例的员工不关心公司，甚至做一些有损集体利益的事情。

2.5 珍视诚实、能力强、表里如一的员工

这类员工十分稀有。此类关系也需要时间来打磨，只有你待他们好，才有可能建立这种关系。

3 打造允许犯错，但不容忍罔顾教训、一错再错的文化

每个人都会犯错。主要的区别在于，成功人士能从错误中吸取教训，而普通人则不能。要营造一种环境，让人们敢于犯错，以便从错误中学习，这样就会快速进步，也不会再犯大错。在强调创意和独立思考的机构里尤为如此，因为接受失败必然是成功之路的一部分。正如托马斯·爱迪生所言："我没有失败，我只是发现了一万种不成功的方法。"

犯错误会带来痛苦，但你不应因此让自己和他人选择逃避。痛苦说明某些事情出了问题，前事不忘，后事之师。为了从自己和他人的错误中吸取教训，你必须坦诚、公开地承认错误，并努力避免再次犯错。在这个问题上，很多人会说："不，谢谢，这不适合我，我宁愿不管这些事。"但这不符合你自己和你所在公司的最佳利益，并且会阻碍你达成目标。如果你回顾一年前的自己，而没有为自己所做的傻事感到震惊，就说明你还没有吸取足够多的教训。但仍然很少有人能够拥抱自己的错误。这种情况应该改变。

还记得在"生活原则"中，我说的公司交易部负责人沃勒忘记为客户执行交易的故事吗？一大笔钱就放在那里，在被发现时，已经给客户（其实是给桥水，因为我们要赔偿）造成了很大一笔损失。简直糟糕透顶，我完全可以简单地开除沃勒，以表明公司不接受犯错。但那会起到反作用，我可能因此损失一名好员工，也可能鼓励了其他员工把错误隐瞒起来，从而形成一种不诚实的、削弱学习成长能力的文化。如果沃勒没有经历犯错带来的痛苦，对他和桥水而言都太糟糕了。

我决定不开除沃勒的理由，比开除他的理由更充分——我向他和其他员工表明了犯错误情有可原，但不吸取教训是不能接受的。事情尘埃落定之后，我和沃勒一起设立了一份错误日志（我们现在把它叫作"问题日志"），要求交易员把发生的错误和不良后果都记录下来，这样我们就可以追根溯源，系统化地解决问题。问题日志现已成为桥水最强大的工具之一。感受到公司氛围的员工都明白，"这事你处理得很糟"这类话对人是一种帮助，而非惩罚。

当然，对待员工所犯的错误时，很重要的一点是要分清楚两种人：（1）能力强且犯了错能反思并愿意吸取教训的人；（2）能力差的人，或者能力虽强但不能正确对待错误和吸取教训的人。时间一长，我就发现，雇用像沃勒这样能够反思的人，是我能做的最重要的决定之一。

找到这样的人并不容易。我经常想，家长和学校太过于强调学生要时时把题做对。但对我来说，学校里学习最好的学生可能往往是那些最不善于从错误中学习的人，因为他们已经习惯了把做错题当成失败的代名词，而不是把犯错看成学习的机会。这反而成为他们进步的主要障碍。聪明的人善于拥抱自己的错误和不足，从而能远远超越与他们水平相当但更自负的同辈。

3.1 意识到错误是事物演变过程中的自然连带部分

如果你不在乎在追求正确的道路上犯错，你就能学到很多，并能提高你的工作效率。但如果你无法容忍犯错，你就不会成长，也会使你自己和周围的人很难受，你的工作环境就会充斥着很多流言蜚语和恶语中伤，而不是健康、诚恳的对真相的追寻。

你对正确的渴望不要超过你对真相的追求。杰夫·贝佐斯讲得好："你必须愿意接受反复的失败。如果你没有接受失败的意愿，你就要注意，自己不要再去创造了。"

a. 把失败变成好事。每个人都会经历失败。你看到别人的成功，那是因为你只注意到了他做成功的这些事情——我敢保证他们肯定在其他很多方面都失败过。我最钦佩那些从失败中吸取教训，把失败变成好事的人。我对他们的敬仰甚至超过对成功人士的敬仰。这是因为，失败是个痛苦的经历，而成功是令人愉快的，所以与直接获得成功相比，人先经历失败、再做出改变、最后获得成功所需要的特质要更为丰富。那些轻易成功的人不会向自己的极限挑战。当然，最坏的情形是，失败了却不自知，也不求变。

b. 不要为你自己或他人的错误而懊恼，要珍爱它！人们通常会为自己犯错感到沮丧，这是因为目光短浅，只看到了不良的结果，而没有看到错误实际上也是进步过程中的有机组成部分。我以前有一位滑雪教练，他也指导过迈克尔·乔丹，那位有史以来最伟大的篮球队员。他告诉我，乔丹简直沉醉在自己的错误中，把每次错误都当成改进的机会。乔丹明白一个道理，错误就像是玩小拼图游戏，每完成一个，就会得到一个宝贝。如果你每犯一个错误并从中吸取教训，你就会在未来免于再犯几千个类似的错误。

3.2 不要纠结于一时的成败，要放眼于达成目标

不要患得患失，要朝着目标努力前行。要自省自警，别人对你很到位的批评，是你能得到的最宝贵的建议。想想看，你的滑雪教练告诉你，你摔跟头是因为你在滑行中的重心移动不对，此时你要是认为他在责骂你，你该多么愚蠢和低效。同理，你的上司也可能会指出你工作中的缺点，有则改之，继续努力就是了。

a. 不要纠结于"埋怨"还是"赞美"，而要专注于"准确"还是"不准确"。在意他人的"埋怨""赞美"或者正面及负面评价，不利于你从反复的工作流程中学习。要记住，过去的事情就让它过去，除了作为未来的教训，不要再纠结。对于那些假惺惺的奉承话，一定要抛到脑后。

3.3 观察错误模式，判断是否因缺点引起

每个人都有缺点，一般都会以犯下某种错误的形式体现出来。通往成功的捷径始于了解你自己的缺点，并努力改正。一开始要把错误记在纸上，连线找出它们之间的因果关系，然后写下你面临的最大挑战，即最妨碍你实现愿望的那个缺点。每个人至少有一个最大挑战。你也可以多写几个，但别超过3个。要想突破障碍，首先

就要承认它们。

3.4 记住在经历痛苦后要反思

记住：你的痛苦都在你的脑海中。如果你想进步，你就需要找出真正的问题和痛苦所在。通过直面痛苦，你能把自己面临的矛盾和问题看得更透彻。反思并解决这些问题会让你更具智慧。痛苦和挑战越大，效果越佳。

因为这些痛苦的时刻都是如此重要，所以你不要轻率地一带而过。要好好琢磨、探究背后的原因，这样才能打下未来改进的基础。拥抱你自己的失败，直面失败给你和他人带来的痛苦，这是实现真正改进的第一步。这也是为什么在很多社会，人们都把忏悔作为宽恕的前提。心理学家把这称为"触底"。如果你能坚持这样做，就会把直面错误和缺点的痛苦转化为喜悦，实现"达到彼岸"，正如我在"拥抱现实，应对现实"中所言。

a. 要能够反思，并确保你的员工也能如此。感受到痛苦时，动物的本能是"战或逃"，此时你要冷静下来反思。你感受到痛苦是因为存在相冲突的事物——也许你刚经历了惨痛的现实，比如朋友去世让你无法接受；也许你被迫承认了自己的缺点，改变了对自己的看法。如果你能想清楚背后的缘由，就能了解更多的事实以及如何更好地应对事实。反躬自省是一种素质，最能区分哪些人会从错误中很快崛起，哪些人会就此沉沦。记住：**痛苦 + 反思 = 进步**。

b. 要知道，没有人能客观地看待自己。我们都应努力客观地看待自己，但我们不能期待每个人都能做得很好：我们每个人都有盲区；而作为人类，我们天生就是主观的。因此，每个人都有责任给予别人诚实的反馈、让其承担责任，并以开放的心态解决彼此的分歧，以此帮助他人了解真实的自我。

　　c. 教导并强化"吃一堑、长一智"的道理。为了鼓励员工将错误公开并进行客观分析，管理层需要打造相应文化，使得此举成为常态，对压制和掩盖错误的做法给予惩处。这样做是为了明确一点：一个人犯下的最严重的错误，就是不能直面自己的错误。这也是桥水强制采用问题日志的原因。

3.5　知道哪些错误可以接受，哪些错误无法容忍，不要让你的员工犯不可接受的错误

　　为了促进大家从尝试和错误中学习，在考虑你愿意接受什么样的错误时，要在该错误的潜在负面影响与因吸取教训而增加学习机会之间做出权衡。在确定我对别人宽容到什么程度时，我会说："我可以容忍你把车蹭掉了漆或撞凹了一块，但我不会冒险让你把车全毁了。"

痛苦

+

反思

=

进步

4 求取共识并坚持

记住要想让一个机构有效运作，其员工必须在很多层面保持一致——从享有共同的使命、如何对待彼此，到在追求成功时，明确每个人的职责。但是，不要把保持一致当作理所当然的事，因为人与人是极为不同的。我们看待自己、看待世界都有自己独特的方式，所以要不断努力去探究什么是事实以及该如何去做。

在创意择优过程中，保持一致尤其重要，所以在桥水，我们试图有意识地、持续且系统化地努力达成一致。我们把这个求取一致的过程叫作"求取同步"。问题一般来自两个方面：简单的误解和根本上存在分歧。求取同步就是以开放而自信的心态修正双方立场的过程。

很多人以为，掩盖分歧是维持和睦最容易的方法，这种观点大错特错。回避冲突也就回避了解决冲突的机会；躲过了小的矛盾，之后往往会有大的矛盾，甚至会导致人与人的疏离。而只有直面且积极解决小的矛盾，才会更好地维持较长久的关系。认真处理分歧——双方之间开放、坚定地进行高质量的反复讨论，细心梳理所有问题的过程，具有强大的作用，因为有助于双方了解此前不清楚的情况。但这并不容易。在某些以成败论英雄的场合，强者逻辑是容易让人理解的（因为体育比赛中谁跑得快谁就是冠军，结果不言自明），但在创造性的场合，判断谁优谁劣就难多了（关于哪个点子最好，众说纷纭，但必须下决断）。如果不下决断，争执不休，在谁有权拍板的问题上达不成一致，讨论就会乱成一团。人们有时会争得动了气或僵持不下，一场对话往往演变成两个或更多的人反复无效地纠缠一件事，进而无法就行动方案达成共识。

出于这些原因，必须遵循特定的程序和步骤。讨论中的各方都必须了解各自的权利，以及为解决问题应遵循什么步骤。（我们也设计了相关的工具，具体参见本书附录。）每个人必须了解求取同步所需的根本原则，即必须同时保持开放和坚定自信。理性解决分歧的过程不是一场战斗，其目标不是说服对方他错你对，而是发掘事实，明确行动方案。这个过程也不能是谁级别高谁说了算，因为创意择优的沟通不仅仅是自上而下地、不容置喙地灌输批评，也可以自下而上传递。

例如，以下这份电邮是我的一位员工在一次客户会谈后发给我的。包括我在内，桥水的高管们时常被我们的下属批评或评判。

发自：吉姆·H

发送至：达利欧；莱昂内尔·K；格雷格·J；兰道尔·S；戴维·A

主题：关于ABC会议的反馈……

达利欧，你在今天ABC会议上的表现只能得到"D-"。每位与会者都赞同这个苛刻的评分（误差为半级）。你的表现很让人失望，有两个原因。（1）在此前讨论同类议题的会议上，你的表现一直很棒。（2）我们昨天特意开了一个准备会，请你仅就文化和投资组合构建这两个问题发表意见，因为今天我们仅有两个小时的会议时间，我要讲投资程序，格雷格·詹森讲研判，兰道尔·S讲交易执行。可是，你一个人就讲了62分钟（我计的时）。更糟糕的是，其间你花了50分钟信马由缰地谈论你对投资组合构建的看法，然后才讲到文化，且只用了12分钟。显然，在我们所有人看来，你并没有提前做任何准备，因为如果你有所准备，就不可能讲得这样杂乱无章。

同样，我也愿意分享另一个例子，我们的一位高级经理听到了时任CEO格雷格·詹森与一位初级员工的对话，感到詹森的讲话方式不利于鼓励员工表达不同意见和独立思考。她在发给詹森的意见反馈中提及此事。詹森不同意，坚称他只是提醒那位员工要遵守相关原则，告诉其责任在于要么遵循原则，要么公开提出意见。他们二人试图通过一系列电子邮件往来求取共识，由于未能解决，他们把分歧提交给了管理委员会。就这个问题形成的案例被发送到全公司，这样每个员工都可以自己判断谁是谁非。詹森和那位高级经理都将其视为一个很好的学习机会，我们以此来检视我们处理此类情况的书面原则是否适当，他们二人也得到了很多有用的反馈。如果我们之前没有确立处理此类事件的原则，我们可能就会让有权势的高层来任意决断，而非以双方都能接受的方式。

以下列举的原则对我们的做法进行了充实。如果这些原则能得到遵守，你就能与他人保持一致，你的创意择优就会逐渐产生成效。反之，就可能慢慢停止进步。

4.1 认识到冲突对建立良好的人际关系至关重要……

……**因为人们正是用冲突来检验各自的原则是否一致以及能否解决彼此的分歧**。每个人都有自己的原则和价值观，所以每种关系都意味着需要针对人与人如何相处开展一定的谈判或辩论。你们对彼此的了解，要么让你们关系更密切，要么更疏远。如果你们的原则一致，你们就能够通过妥协解决分歧，你们就会更加亲密。否则，你们就会分道扬镳。对分歧进行公开讨论能确保消除误解。如果不能持续这样做，观点的分歧就会扩大，直至爆发大的冲突。

a. 求取共识要不吝时间与精力，因为这是你所能做出的最佳投资。从长期看，提高效率能节约时间，但很重要的一点是，你需要做得很好。由于时间有限，你需要排定优先顺序，先做哪些事以求取共识，以及先与哪些人达成共识。排在最前面的，应当是与最可信、最相关人士讨论最重要的问题。

4.2 知道怎样求取共识和掌控分歧

与自上而下压制异见的独裁制度相比，在鼓励分歧存在的环境下实施创意择优要更难一些。但是，当分歧的可信各方愿意相互学习时，他们的进步会更快，决策也会更好。

　　关键是知道如何从处理分歧到实现决策。很重要的是，这个路径要很清晰，以便明确职责。（因此，我开发了一个工具，名为"分歧解决器"，它明确了从分歧到决策的路径，并使每个人都清楚，他们是固执己见，还是继续去寻求解决方案。具体参见本书附录。）

　　重要的是要知道最终的决策权归属何方，也就是说，知道从争议到裁决的路径有多远。随着争议解决、决策做出，参与创意择优讨论的每个人都应该保持冷静，尊重整个程序。如果经由这个程序没有带来符合你个人希望的决策结果，不能懊恼，懊恼这种态度是绝对不可接受的。

　　a. 把可能的分歧摆到桌面上。如果你和其他人不表明各自的观点，你们就无法解决分歧。你可以把存在分歧的问题非正式地提出来，或者列出清单逐步解决。这两种方式我个人都喜欢，尽管我会鼓励别人按优先次序把分歧列在纸上，以便我能够比较容易地在正确的时间提交给相关方面。

　　最难办的问题（分歧最大之处）是需要研究解决的最重要的问题，因为这往往涉及人的价值观或对重要决策的态度。尤为重要的是，要把这些问题摆到桌面上，彻底地、不带感情色彩地检视问题发端的线索。否则，问题就会日趋严重而不可收拾。

　　b. 区分苍白的抱怨和有助于改进工作的诉求。很多抱怨或者是因为未能考虑大局，或者不过是反映了封闭狭隘的观点。我把这些抱怨叫作"叽叽喳喳"，最好不去理会。但是，有建设性的诉求却可能带来一些重要的发现。

　　c. 要记住每个故事都有另一面。有智慧意味着具备同时看两面并做出适当评估的能力。

d. 当你和他人发生难以解决的分歧时，请暂时放下分歧，讨论一下你们的交接规则，即处理分歧的君子协定。如果你们没有这样的协定，最好商量一个，否则双方会陷入混乱而无法自拔。这种协定可以采取多种形式，例如找共同的上级解决，请第三人调解，或者请相关领域的权威专家做出最终评判。

4.3 保持开放心态，同时也要坚定果断

有效解决理性的分歧，需要开放的心态（换位思考）和坚定果断（明确阐释自己的看法），并能够灵活地处理此类信息，以促进学习和适应。

我发现，尽管也有一些人从善如流，但大多数人不能既坚定果断又心态开放。比较典型的是，他们更倾向于多一些坚定果断而少一些心态开放（因为相比换位思考而言，把自己的观点表达出来更容易一些，也因为人往往固执，总认为自己是对的）。提醒人们要两者兼顾是很重要的，并且要记住决策是个两步走的程序，必须先搜集信息，再做决定。要提醒人们，那些能改变自身主张的人是最大的赢家，因为他们会获益。而那些顽固不化、拒绝事实的人会是失败者。经过实践、培训和不断强化，任何人都可以在这方面做得很好。

a. 区别心态开放和心态封闭的人。心态开放的人通过问问题学习。他们知道，与未知领域相比，他们已知的实在微不足道，而且可能是错误的。他们乐于身边有很多比自己知识渊博的人，从而可

以有学习的机会。而心态封闭的人总是告诉你他们所知甚多，哪怕他们一无所知。如果身边有人比他们知识渊博，他们就会感到不安。

b. **远离心态封闭的人。**心态开放比聪明伶俐重要得多。不管他们知道多少，心态封闭的人都会浪费你的时间。如果你必须与他们打交道，要注意除非他们变得开明，否则无任何裨益。

c. **提防那些羞于承认自己并非无所不知的人。**他们可能更关心外在的形象，而非真正达成目标。这可能逐渐导致毁灭性的后果。

d. **确保工作负责人以开放的心态对待问题和他人的意见。**一项决策的负责人应当能够公开、透明地解释决策背后的理由，以便每个人都能理解并做出评估。在出现不同意见的时候，应当将争议提交决策者的上级或公认的知识渊博者去解决。一般而言，这些人的学识和资历要高于决策者。

e. **认识到求取共识是双向的责任。**在任何对话中，对话双方都有责任表达自己的观点，并倾听别人的声音。误解时常发生。在通常情况下，沟通困难在于人们的思维方式不一样（例如，左脑发达者与右脑发达者交谈）。当事方应该经常考虑这种可能性，即一方或双方存在误解，这时应该多进行几轮沟通，以便达成共识。有一些很简单的技巧会很有用，比如重复一遍你刚听到的别人的观点，确保你理解正确。首先要假设你自己或者是没有沟通好，或者是没听清，而不要先去责怪对方。要吸取自己沟通不利的教训，避免再犯。

f. **实质重于形式。**这并不是说，针对不同的人在不同情况下，沟通的形式无差别，但我经常听到有人抱怨别人的批评方式或语气，而忽视问题的实质。如果你认为某人的沟通方式有问题，可放在一边，当作达成共识的另案处理。

g. 自己要通情达理，也期待别人通情达理。在提出你的观点时，你有责任做到通情达理，千万不要被"较低层次的自己"控制了情绪，即便对方在发脾气。对方行为举止不好，不意味着你的行为举止也要变差。

如果有分歧的各方太过于情绪化而丧失了逻辑，那么对话应该暂时停止。有时，在不必要马上做出决策的情况下，推迟几个小时或几天再讨论是最好的主意。

h. 提建议、提问题与批评是不一样的，所以别混淆。提建议的人可能并未断定有错误——他们只是想确保，对方已经考虑了所有的风险。提问题以便确认某人没有忽略什么事，并不是说他真的忽略了什么事（"小心冰"的表述不同于"你太不小心了，没有看到冰"）。但是我常常看到，有些人把建设性问题当成指责，反应强烈。这是不对的。

4.4 如果你来主持会议，就应把握好对话

会议效率低下有很多原因，但通常是因为对会议议题或在哪个层面上讨论问题（例如，是原则层面的还是机器层面的问题，是当前问题还是特定实施层面的问题）缺乏了解。

a. 明确会议的主持人和会议的服务对象。每次会议都应当以实现某个人的目标为目的。那个人就是会议的负责人，决定会议所期待的成果和会议方式。会议如果没有明确的主持人，就很可能陷入丧失方向和低效的境地。

b. 表述要清晰准确，以免造成困惑。对于具体问题，最好重复一遍，以便让提问者和回答者都十分清楚问的是什么，答的是什么。在电子邮件中，通常可以简单地把问题放在邮件的正文中。

c. 根据目标和优先次序来确定采用什么样的沟通方式。如果你的目标是让持不同意见的人讨论他们的分歧，力图对事实和解决方案取得共识（开放式辩论），那么会议的方式应当有别于培训会。辩论比较耗时，会议时间随人数增加会呈几何级增长，因此你必须选择对的人以及适当的人数，以适合决策所需。在任何讨论中，你都要把与会者限定于你认为对实现你的目标最有帮助的人。挑选与会者最差的方式就是挑选那些与你观点相同的人。群体思维（大家都不表达独立观点）和个体思维（个人拒不接受别人的观点）都是危险的。

d. 主持讨论时要果断、开明。调和不同观点并不容易，而且耗时。会议的主持人要平衡有分歧的观点，打破僵局，并决定如何明智地利用时间。

我经常遇到的问题是，当某个缺乏经验的人提出一个观点时，该怎么办。如果你在主持对话，你应该权衡一下讨论其观点可能要花多长时间，对其观点进行评估并深入理解其所带来的潜在收益有多大。对那些资历尚浅、仍在积累经验的人来说，探讨他们的观点能够让你对他们如何应对不同任务有更深入的了解。如果时间允许，你应该与他们一起讨论一下他们的分析逻辑，以便让他们了解为什么他们可能错了。当然，你也有义务以开放心态判断他们的观点是否正确。

e. 在不同层面的讨论中穿梭对照。在研讨某个问题或状况时，你应该进行两个层面的讨论：遇到的具体问题和确保机器正常运转的相关原则。你需要在不同层面的讨论间穿梭和对照分析，验证你的原则是否有效。改进机制，以便日后更好地处理类似的问题。

f. 谨防"跑题"。跑题是指从一个议题随意跳到另一个议题，因而没有完成任何一个议题。为了防止跑题，一个方法是在白板上列出议程，让每个人都看到讨论的进展情况。

g. 坚持对话的逻辑性。当出现分歧时，人们往往会情绪激动。一定要在任何时候都保持冷静分析问题的态度。与情绪化的讨论相比，逻辑清晰的讨论不会轻易停止。要记住，情绪化容易阻碍人们正确地看待现实。例如，人们有时会说，"我感觉（某件事是真实的）"，然后在接下来的讨论中将其作为事实依据，而别人却可能对同一问题做出不同的判断。要问他们，"这是真的吗"，让对话建立在事实的基础之上。

h. 注意不要因集体决策而丧失个人责任。十分常见的是，集体做出了决定，却没有分派个人任务，因此不清楚接下来谁应当做什么。对个人任务的分派，要十分明确。

i. 运用两分钟法则避免持续被别人打断。按照两分钟法则，你必须让人在两分钟内不受打扰地解释自己的观点，然后再插话表达自己的意见。这可以确保每个人都有时间充分表达自己的想法，而无须担忧自己的想法被误解或被更强烈的声音湮没。

j. 当心讲起话来不容置疑的"快嘴王"。快言快语的人表达问题时滔滔不绝、态度坚定且语速飞快，强行推进议程，使别人来不及评估、检视或反对。快言快语在压制那些讲话慢且担心出丑的人时，显得尤为有效，但千万不要做这样的人。要认识到，你的责任是讲清楚事情，哪怕有一点没讲清楚都不要接着往下讲。如果你感到有压力，可以对"快嘴王"说一句"抱歉我比较迟钝，但是我得让你慢下来，这样我才能明白你的意思"，然后，该问问题就问问题，不要遗漏任何一点。

k. 让对话善始善终。讨论的主要目的是把任务完成，达成共识，最终做出决定或采取行动。如果讨论半途而废，就无异于浪费时间。在交流想法时，很重要的一点是要进行总结，以结束讨论。如果达成一致，那么应当明确指出；如果没有，那么也应当说明。如果会议决定采取进一步行动，要将行动列入清单，向员工分派任务，并规定截止日期。记下你的结论、可行的想法和任务清单，以此作为下一步进展的对照基础。为了确保做到这一点，必须有专人负责会议记录和督办实施。

如果你仍然不赞成也没理由生气。人们可以在相处融洽的同时，依然对某些事情有异议，你们不必对任何事都意见完全一致。

l. 运用沟通手段。虽然公开沟通十分重要，但挑战在于沟通不能花太多时间——你不可能与每个人都进行一对一的对话。寻找一些简单的分享信息的方法或许有帮助，例如在常见问题问答公告栏里发表公开邮件，或分发关键会议的录像、录音资料（我把这种方法叫运用沟通手段）。你越是升到公司报告路线中更高的位置，这种挑战就越大，因为你的行为将影响更多的人，而他们也都有自己的观点和问题。在这种情况下，你需要更多的沟通手段，并分出优先次序（例如，让你手下的一个精干小组来回复一些问题，或让大家把问题标出轻重缓急）。

4.5 伟大的合作如同爵士乐演奏

演奏爵士乐时，并没有乐谱，你必须即兴发挥。有时你需要暂停下来，让别人领奏；有时你却要独领风骚。为了能在正确的时候做正确的事，你需要认真倾听乐队同伴的演奏，以便了解接下来怎么弹奏。

所有伟大的有创意的合作都是相同的。要把你们的诸般技能像不同乐器一样组合在一起，即兴创作乐章，同时你自己要服从团队的目标，这样才可以演奏出伟大的作品。但要记住，多少个合作者一起演奏是最优的组合。有才华的乐手通过二重奏就可以即兴进行优美的表演，就像三重奏、四重奏一样。但是，如果把 10 个乐手聚在一起，无论每个人多么有天赋，除非他们能用心配合，否则恐怕只会因为人太多了而效果不好。

a. 1+1=3。两人良好合作的效率是各自独立工作效率的 3 倍，因为两人能看到对方疏忽的地方。而且，他们可以借助对方的能力，并相互问责达到更高的标准。

b. 3~5 人的效率高于 20 人。3~5 个精明强干且善于思考的人以开放心态讨论，通常能找到问题的最佳答案。组建更多人的团队看起来挺好，但如果人太多，合作的效果就可能适得其反，即便其中有很多聪明的、有才华的人。给团队增加成员的共生效果是逐步递增的（2+1=4.25），直至到达一个顶点，过了顶点后将不再产生增效，反而带来效率递减。这是因为：（1）边际效益随团队人数增多而减少（两三个人可以贡献大部分重要的观点，增加更多人不会有更多的好点子）；（2）团队人数过多时，其互动效率低于小团队的互动效率。当然，实际中最好的结果取决于人员的素质和他们带来的不同观点，以及团队管理的好坏。

4.6　珍惜志同道合者

在这个世界上，没有人能在所有事情上都与你看法一致，所以既然有人与你在最重要的方面价值观相同，也与你有实践价值观的相同做法，那就要确保与这些人为伍。

4.7　**不要困在一段让你受伤的关系中。如果你发现自己无法调和相互间的主要分歧，尤其是价值观层面的，就要问问自己是否值得维持这种关系**

这个世界上千人千面，很多人对事物有不同的看法和评价。如果你发现无法与某人就价值观方面达成一致，就应考虑是否还与此人来往。价值观不同，会导致很多痛苦的经历和不好的结局，最终还是会让你们疏离。一旦你发现此种情形，最好的办法就是尽快分道扬镳。

5 做决策时要从观点的可信度出发

在一般的公司里，很多决策或是以独断专行方式、由高层领导自上而下做出的，或是以民主协商方式、在每个人分享各自观点后，通过支持大多数人的观点而做出的。这两个决策系统都有缺陷。这是因为最佳决策应该是在创意择优中，按观点的可信度高低来得出的，其中能力强的人努力解决彼此分歧，还有其他能力强的人能够独立思考事实是什么，应采取什么行动。

与能力较弱的决策者相比，那些能力更强的决策者的观点应被赋予更大的权重，得到更多的重视。这就是我们所谓的"可信度加权的决策"。那么，怎样确定谁在哪些方面能力更强呢？最具有可信度的观点来自：（1）多次成功地解决了相关问题的人；（2）能够有逻辑地解释结论背后因果关系的人。当可信度加权的决策能够正确实施并保持下去，最公平、最有效的决策系统就形成了。它不仅能产生最佳效果，也能保持步调一致，因为即便有人不同意最终决策，也能跟上步伐。

为了做到这一点，可信度加权的标准必须是客观且得到每个人信任的。在桥水，每个人观点的可信度都被记录在案并接受系统性评估，使用类似棒球卡和集点器的工具，及时记录和评估其工作经历和业绩。开会时，我们经常通过集点器 App 来对很多事项投票表决，不仅仅呈现等权重平均的结果，也有可信度加权的结果（还有民主投票情况）。

一般而言，如果基于等权重平均和可信度加权的投票结果吻合，我们就认为问题已经得到解决，可以继续讨论别的话题。如果两类投票结果不一致，我们就努力解决。如果解决不了，我们就会采纳可信度加权投票的结果。视具体的决策类型不同，在有些情况下，某个"责任人"可能会推翻可信度加权的投票结果，在其他情况下，也会反过来。但不管怎样，在所有出现分歧的情况下，可信度加权的投票结果都会得到高度重视。即便责任人能推翻可信度加权投票的结论，他也有义务在推翻之前尽量把分歧解决掉。在桥水工作的 40 年中，我从来没有朝着可信度加权投票结论相反的方向做过决策，因为我觉得，那样做是傲慢无礼的表现，而且与创意择优的精神实质相悖，尽管在此过程中我会为自己认为的最佳方案竭尽全力去辩护。

我举一个例子说明实际工作中这个过程是怎么完成的。2012 年春，欧债危机不断升级，我们的研究团队运用可信度加权的决策程序，解决了关于下一步趋势判断的分歧。当时，意大利、爱尔兰、希腊、葡萄牙，尤其是西班牙政府的借债和还本付息金额都已远远超过了其偿付能力。我们知道欧洲央行要么会史无前例地购买政府债券，要么会令欧债危机自行陷入深渊从而可能导致国家违约和欧元区解体。德国强烈反对欧洲央行出手救助。显然，这些国家以及整个欧元区的经济命运将取决于欧洲央行行长马里奥·德拉吉领导下的欧洲央行的下一步措施。但是德拉吉究竟会怎么做呢？

这个过程就像针对国际象棋棋盘开展分析，预测不同棋手的棋子移动方向以及影响，我们每个人都从不同角度对形势走向提出自己的看法。经过漫长的讨论后，我们仍无法达成一致：大概有一半人认为欧洲央行会印更多钞票来购买债券，而另一半人则认为不会，因为与德国闹翻会给欧元区带来更大威胁。尽管这些理性、公开的交流是必不可少的，但同样重要的是，要有双方都认可的方式来解决分歧，达成最优决策。因此，我们运用可信度加权的分析系统来打破僵局。

我们采用了集点器工具，它能帮助我们分析不同观点的特点，找出分歧的源头，按照可信度进行梳理并找出解决办法。因为大家的素质不一样，可信度的权重也不一样，比如在某个领域的技能、创造力、综合能力等。选择哪些方面进行评判是通过一种混合评分系统确定的，评分来自同行和各种测试。通过对素质特征的分析，并判断哪些与当前的形势更加密切相关，我们可以得出最佳决策。

在上述案例中，我们进行了可信度加权的投票，所选取的素质特征是专业技能和综合能力。集点器清楚地显示了这样的结果：那些可信度更高的观点认为，德拉吉将违背德国的意愿，印钞购买债券。我们就据此做了相关决策。几天后，欧洲的政策制定者公布了一个大规模、无限量购买政府债券的计划，可见我们的判断是对的。尽管可信度加权给出的答案未必总会是最佳答案，但我们发现，与任凭老板一个人裁决或一人一票表决相比，用这个办法更可能做出正确的判断。

不管你运用这种可信度加权的统计技术，还是结构化的分析程序，最重要的问题在于你正确理解了可信度加权的实质。很简单，在做决策时，看看你自己和你的团队，谁最有可能是对的。我敢保证，如果你这样做了，你肯定比不这样做更容易做出上佳决策。

5.1 采用创意择优，需要你了解每个人观点的长处

对观点的长处进行分类排序，不仅仅符合创意择优的需要，而且本身也必不可少。让每个人就每件事都展开辩论，同时又能把工作完成，这肯定是不可能的。对所有人都一视同仁，更容易远离事实而不是更接近事实。同时，对所有的观点都应当以一种开放的心态对待，尽管要与观点持有人的经验、过去业绩适当联系起来。

设想一下，我们这个团队正在向贝比·鲁斯（美国传奇棒球运动员）请教如何打棒球，而某个从未打过棒球的人不停打断对话，总就如何挥舞球棒进行探讨。不考虑每个人不同的工作经验，这对整个团队的工作到底有利还是有弊呢？当然，认为每个人的观点都一样重要，是有害且愚蠢的，因为人与人在可信度上是有差别的。最有效率的做法，是让鲁斯不被打断地讲完动作要领，然后花些时间来回答问题。但是，由于我个人特别相信一个有些极端的观点，即求得理解比简单地接受那些原则更加重要。我将鼓励新球手不要认为鲁斯曾是有史以来最优秀的强棒，就觉得他说的都对。如果我自己是那个新手，我就会不断地挑战鲁斯，直至我相信自己了解了事实。

a. 如果你自己无法成功完成某件事，就不要想着该如何指导

别人完成。我见过一些人做事情总是不成功，却抱残守缺，即便自己的想法与成功人士相比差异很大。这是一种愚蠢而又傲慢的做法。他们应该问问题，接受可信度加权的投票表决，以帮助自己克服顽固不化的毛病。

b. 要知道每个人都有自己的观点，但它们通常不是什么好点子。提出观点是容易的，每个人的脑子里都有成千上万个主意，很多人还很愿意说出来与人分享，甚至捍卫自己的观点。但遗憾的是，包括你自己的很多想法在内，很多观点都是一无是处甚至是有害的。

5.2 关注可信度最高的、与你观点不一致的人，尽量理解其推理过程

以开放的心态，与虽不赞成你的观点但具有可信度的人对话，是接受教育、提升决策正确性的最迅捷的方法。

a. 要分析人们的可信度，以评价其观点正确的可能性。开放心态要付出一定代价，因此，你必须加强辨别能力。要知道，你的生活质量将取决于你在追求目标的过程中所做决策的质量。做出正确决策的最佳途径，就是与其他更博学的人沟通互动。所以，你要明辨以什么人的意见为评判标准，并且不断提升辨别能力。

你将面临的困境在于，你既要找出事实从而有效判断，又要知道你听到的很多建议毫无价值，包括你自己的意见。衡量人们的可信度，这体现了他们的能力和是否乐意给予建议。跟踪他们的工作表现。

b. 在听别人滔滔不绝地讲某事时，暗暗问自己：他们的说法

公允吗？他们有什么目的？ 这适用于任何情况：买东西、征求意见、读报纸、看新闻等。这是因为，大多数人（尽管不是所有人）是在向你推销某种东西，最终是想得到他们想要的东西。当你的脑子里装着这个问题并思索答案时，你就能从更高的层面看问题，做出更好的决定。只有分辨出谁才是真正的朋友，谁真想帮助你，尤其是与有智慧的高人交朋友，你的生活才会更加顺利。

c. 较可信的观点很可能出自以下两种人：（1）至少曾经3次成功解决过相关问题；（2）对所得结论进行的因果关系分析很有道理。做不到上述任何一点的人，就不是可信的。对于能做到其中一点的人，可以认为其具有一定的可信度。如果两点都能做到，那就是最可信的。要特别当心有些并无实践经验而只是夸夸其谈的人，以及没有较好的逻辑的人，这些人对其自身、对他人都很不利。

d. 若某人并无经验，但其所讲道理似乎符合逻辑且可经受压力测试，则一定要试一试。请记住你的成功是靠概率的。

e. 要更关注发言人的推理过程，而非其结论。在对话中，很常见的情况是，人们会分享其结论，而非他们所得结论背后的逻辑。所以说，人们对自己的烂主意深信不疑的情形屡见不鲜。

f. 没经验的人也不乏好点子，有时远远胜过有经验的人。这是因为，出主意的人如果经验丰富，就容易被限制在过去的套路里面。如果侧耳倾听，你就能发现那个没有经验的人的逻辑思维不错。就好像评判一个人是否会唱歌，用不了多长时间就能得出结论。有时候，一个人只需唱出歌谱上的几个小节，你就能知道他唱得怎么样。逻辑是一样的：判断某个人能不能干，不需要用太长时间。

g. 每个人都应在表达观点时信心满满。建议不过是建议，如果你坚信某个观点就应该坚持，特别是此观点来自在这方面表现优异的人。

5.3 考虑好你要扮演老师、学生、同事中的哪个角色……

……你应该去说教、提问还是辩论。在很多情况下，人们面对分歧时，做事总是毫无章法，或者是因为他们不知道该怎么办，或者不去思考该怎么进行得更有效率，他们只是不假思索地表达观点、参与辩论。既然每个人都有权利和义务探究事实真相，那么讨论还是应该遵循一些基本的原则。这些原则及其遵循程度取决于你的相对可信度。例如，就一件事该怎么办，如果让所知不多的人去指导所知甚多的人，效果就不会太好。很重要的一点是，根据对事物的理解，你要在处事果断和心态开放之间做好平衡。

要比较一下，与你存在分歧的人是否比你更具有可信度。如果你的可信度较低，你就更要像个学生一样虚心求教，保持开放心态，以问问题为主，以便了解经验更丰富的人所讲的逻辑。如果你的可信度较高，你的角色就更像老师，要以阐述观点和回答问题为主。如果你们二者的可信度在伯仲之间，那么你应当平等、理性地进行交流。如果你们对谁更具有可信度存在争议，就要理性地进行判断。如果你们无法独立有效完成，那么还可以寻求双方一致认同的第三方的帮助。

在任何情况下，要能换位思考，通过对方的眼睛看问题，从而了解事实。任何一方都要记住，辩论的目的是找到事实真相，而不是证明谁是谁非，每个人都应当有意愿基于逻辑和证据而转变想法。

a. 学生理解老师比老师理解学生更重要，尽管二者都重要。我经常见到这样的情况，可信度较低的人（学生）坚持要求可信度较高的人（老师）去理解自己的想法；学生甚至在尚未听到老师表达的意见时，就企图证明老师是错的。这是一种落后的思维。尽管理解学生的观点很有帮助，但一般会比较困难而且多耗费时间，导致把重点聚焦于学生的观点而非老师的意见上。因此，我们的规定是，学生要首先做到开放。只有学生先消化理解老师的意见后，学生和老师才能更充分地梳理和研究学生的观点。以这种方式求取共识的效率会更高，这就引出了下一条原则。

b. 每个人都有权利和责任尽力了解重要的事情，还必须保持谦逊和非常开放的心态。如果你的可信度不够高，在师生关系上就应先体现学生的姿态——保持必要的谦虚和开放。当然并不是说你不了解情况，而是你必须假定是这样，直到你以他人的视角观察了相关问题之后。如果此时你仍不能了解，而且觉得老师也不了解，就可以去找其他可信度高的人来判断。如果意见仍无法达成一致，那么应假定是你自己错了。另外，如果你能说服一些可信度高的人相信你的观点，就应当确保你的想法被决策者听到并考虑，在这个过程中可以寻求可信度高的人协助。请记住，那些在报告路线上职级更高的人，需要帮助更多人，从价值观角度遴选最好的建议。而既然大家都希望向他们报告想法，他们的时间就很宝贵，可能随机挑选帮助对象。如果你的想法经受了来自那些可信度较高的支持者的压力测试，它就有较大的可能性被高层获知。反过来，报告路线上的高层也必须就有道理的建议与基层员工尽量达成共识。对有道理的建议达成共识的人越多，就会培养更多能力强、重承诺的人。

5.4 要了解人们提出意见的过程和逻辑

我们的大脑像计算机：输入数据，然后按照设计和程序进行处理。任何一个观点都由两个东西构成：数据以及你对数据的处理或推理逻辑。当听到有人说"我相信××"时，要问他们：你们用的是什么数据？你们基于什么逻辑得出的结论？

对初步、粗略的观点进行研判，可能会让你和每个人都感到困惑，所以了解这些观点的产生过程将有助于你了解真实情况。

a. 无论你向谁提问，对方一般都会提供"答案"，所以要仔细考虑向谁提问。我经常见到有人向完全没有准备或缺乏可信度的人问问题，并相信对方的回答。与其这样，还不如不提问。不要犯这样的错误。你需要仔细考虑向哪些人提问。如果你怀疑某人的可信度，就要查明。

对你自己也是如此：如果有人问你一个问题，那么你要首先想想你自己是否合适回答这个问题。如果你觉得自己的回答的可信度不强，就不应该对此发表意见，更不要与人分享你的观点。

确保把你的意见和问题提给具有可信度的一方，或者你希望与之讨论的人。尽可能地把可能有所贡献的人拉进来一起讨论，有些决定将会需要别人负责最终落实。

b. 让每个人都可肆意评论其他人的观点，此举低效且浪费时间。千万不要向无关的人员提出问题，更不合适的做法是把问题没有特别指向地抛出去。

c. 提防以"我以为……"为开头的发言。 因为如果仅仅是"以为",就不一定是事实。要特别警惕那些"我以为……"的表述,因为很多人都不能准确评价自己。

d. 系统梳理员工的工作记录,评估其发言的可信度。 不是每天都是新的一天。时间会告诉我们哪些人可以信赖,哪些人不可以。工作记录很重要,在桥水,棒球卡、集点器一类的工具可以把每个人的工作记录搜集起来加以分析。

5.5 处理分歧务必高效

解决分歧是要花时间的,你能够想象,一旦管理不善——分歧不仅容许存在,还会被鼓励——创意择优将失效。想象一下,如果一位老师在大课堂上逐个问学生的意见,然后与所有人辩论,而不是先把自己的想法说出来接受大家提问,那么这效率该有多么低。

想提出不同意见的人必须对此充分理解,在提异议时要遵循制度和规定。

a. 知道适时终结辩论,推动就下一步措施形成共识。 我见过人们在大的方面有共识,却浪费很多小时于细节的辩论。把大事抓好远比把小事做到极致重要。但如果人们对辩论的重要性有不同认识,就还是值得辩论一番的。否则,就相当于让某个人(一般是老板)拥有了事实上的否决权。

b. 可信度加权可以作为工具,但不能取代责任人的决策。 可信度加权的决策形成机制对责任人的决策来说,可起到补充和挑战的作用,但不是用来推翻决策的。目前,在桥水的机制下,每个人都可以提出意见，但对其可信度的评价要基于一些证据（他们的工作记录、压力测试结果、其他数据等）。决策的责任人可以推翻可信度加权的投票结论，但要为此负责。当决策者选择用自己的判断取代其他可信度较高的人所达成的共识时，他是在进行一次大胆的宣示，他的判断将接受最终结果的验证。

c. 如果你自己没有时间全面检视每个人的想法，就要明智选取具有可信度的观点。一般而言，最好找 3 个具有可信度的人，他们很关心能否获得最佳效果，也愿意彼此之间公开讨论分歧，让自己的分析逻辑接受问责。当然，并不是说必须固定 3 人，既不能多也不能少，而是人数可多可少。理想的人数取决于你有多少讨论时间、决定有多重要、你能够多客观地评估自己及他人的决策能力，以及召集多人了解决策背后的逻辑有多重要。

d. 若你负责做决策，要把可信度加权后得出的结论和你自己的想法做比较。如果意见不一，你就要努力解决分歧。如果你要认定可信度加权后得出的结论是错误的，在行动之前就要慎之又慎。很可能你是错的，但即便你是对的，也有可能因为否决了整个程序而失去大家的尊重。你应该尽可能求取共识，就算仍无法达成共识，也要只干预有分歧的领域，了解出错的风险，并明确向大家解释你这样做的原因和逻辑。如果你做不到这些，或许就要暂时搁置你自己的判断，采纳大家可信度加权的表决结果。

5.6 每个人都有权利和义务去设法了解重要的事情

思考问题的过程中会出现如下情形：你可以选择去要求那些与

你观点不一致的人逐渐消除分歧，直至你们达成一致；或者也可以追随对方的观点，即便其想法并不合理。我的建议是，如果存在分歧的问题很重要，就采纳前一种方法；如果不太重要，就采纳后一种方法。我理解，前一种方法可能会造成尴尬，因为对方可能会变得不耐烦。为了消除这种影响，我建议你简单地说上一句："你我都知道，我就是有点儿愚钝，但我仍希望弄清楚，所以让我们一道慢慢努力吧。"

每个人都应该随时随地提问，并记住自己有义务在相应讨论中保持开放心态。把你们的辩论记录下来，以便万一你们无法达成共识或弄清情况，这些意见可以发给别人供决策参考。当然，要记住你是在创意择优下工作——别忘了你自己的可信度大小。

a. 沟通是为了获得最佳回应，故应与最相关的人沟通。与沟通对象的最相关的人是你的经理、顶头上司，以及各方认可的专家。他们受所讨论问题的影响最大，也是最了解情况的人，因此他们是你需要求取共识的最重要的人。如果无法达成共识，那么你应该让合适的上级去决策。[1]

b. 以教育或促成共识为目的的沟通，不仅仅是要获得最佳答案，故应让更多的人参与。缺乏经验、可信度不高的人不必参与决策，但如果相关问题牵扯他们，而你与他们观点不一致，那么长期缺乏沟通可能会影响士气和机构的效率。在某些情形下，这种情况尤为重要，比如你的员工既缺乏可信度，又十分固执己见（这是最差的组合）。除非你与他们达成共识，否则你应该避免把他们的意

---

1. 最合适的人是你的汇报对象（我们称之为组织架构金字塔上的某个点），或者是你们都认可的仲裁人。

见公之于众。另外，如果你愿意接受挑战，你就应营造一种氛围，让所有的批评意见得以公开表达。

c. 要认识到你没有必要凡事都做出判断。考虑一下每个人的职责（及其可信度）、你对问题的了解，以及你自己的可信度。不要对自己一无所知的事情表态。

5.7 要更关注决策机制是否公允，而非是否如你所愿

一个机构是一个社区，拥有共同的价值观和目标。对士气高低和运转顺畅与否的考量应优先于你的看法——何况，你还很有可能是错的。当决策机制持续得到妥善管理，且建立在客观标准上时，让创意择优发挥作用就比博得任何成员欢心更为重要，即便那个成员是你自己。

6 知道如何超越分歧

能让分歧双方都同等满意的解决方式十分罕见。想象一下，你与邻居争吵，因为他们家的树倒了，所以砸了你家的房子。谁来负责把树运走？谁拥有这棵可作为柴火的树？谁赔偿损失？你们可能无法自行解决争端，而司法体系具备一定的程序和规定，可以用来确定事实是什么，该采取什么行动，而且判决一旦做出，争议就可结束，尽管你们中有一方没有得偿所愿。生活就是这样。

在桥水，我们的原则和规定也是这样发挥作用的，为解决争议提供了路径，但与你在法庭见到的情况不一样（也不那么正式）。在创意择优下，这种设置是必不可少的，因为你不能在鼓励员工独立思考的情况下，不允许他们为自己所认为的事实抗争。你应该给他们提供一种超越争议、继续前行的途径。

在桥水，处理好这一点至关重要，因为我们比别的公司多了很多观点上的分歧。在很多时候，争议各方能够自行想通、解决，但通常情况下，人们无法就事实和措施达成共识。此时，我们就启用可信度加权的表决程序，并按照结论行事。如果责任人希望按照自己的想法做决策，而不考虑表决结果，那么只要他有权这样做，其他人也能接受并行动。

最后，参与创意择优的人同意遵守我们的政策和流程，以及由此形成的决策结论，就好比他们把争端提交法院，必须遵循其诉讼程序及判决一样。这需要他们把自己和自己的观点分开，当判决对自己不利时也不能生气。如果有人不遵守既定路径，他就没有权利去抱怨与自己有分歧的人，也不能抱怨创意择优。

原则、政策、流程未能明确如何解决争议，这种情形很少见。那时，每个人都有责任指出这件事，以促使相应程序得到澄清和改进。

6.1 要牢记：相互达成协议时不能忽视原则

原则就像法律——你不能因为你自己和他人同意打破原则就违反原则。要记住，每个人都有义务捍卫、遵守或完善原则。如果你认为这些原则无法正确解决问题和争议，你就应该努力修正原则，而不是肆意妄为。

a. 每个人都要遵守相同的行为原则。一旦双方产生分歧，就都需要同等诚信、开放和果断，并为对方着想。法官在断案时必须对双方适用同样的标准，并依据标准做出裁决。我经常发现在一些情况中，相关反馈出于种种原因（让更强大的一方达到更高标准，为了分散责任），没能做到适当的平衡。这是错误的。做错的一方需要受到更严厉的责备，不按此操作可能导致其认为自己不是问题的源头，或至少认为责任五五开。当然，此类责备应当冷静、明确地进行，而不能太情绪化地表达，以发挥最大功用。

6.2 不要让大家把发牢骚、提建议、公开辩论的权利与决策权相混淆

人们不必相互汇报，我们依照个人能力赋予每个人不同职责和权威。人们被赋予权威是为了促其完成目标，并与其能力匹配。

同时，人们还要经受来自两个方向的压力测试——他们的上级和下属。我们所鼓励的挑战和核查不是质疑其每项决定，而是逐步改进工作的质量。独立思考和公开辩论的最终目标是为决策者提供不同的看问题的角度，这并不意味着决策权被转移给了那些质疑者。

a. 对决策本身以及决策者提不同意见时，要有大局意识。要以尽可能更广阔的思路评价单个决策。例如，如果被挑战的责任人具备大局观，而受争议的决策只是大局中的一个小细节，就要在大局下辩论和评估所做出的结论。

6.3 不要对重大分歧不闻不问

若不解决重大分歧，在短期内看似避免了对抗，但长期可能导致非常具有破坏性的后果。冲突都应该得到实际解决——不是通过表面上的妥协，而是通过寻求更重要、更准确的结论。在很多情况下，这个过程应该对相关各方公开（有时是对整个公司公开），目的是确保决策的质量，维护公开解决分歧的文化。

a. 专心协商大事时，别被琐事烦扰。几乎每个小组在大事上达成共识后，都会为一些不太重要的小事争论不休，甚至开始敌对，全然不顾更应着眼于大事。这种现象也被称作"小节上的自恋"。我曾经亲眼见过，一个亲密的家庭因为感恩节上谁来切火鸡肉一事而爆发无法挽回的冲突。所以，你不要染上"小节上的自恋"的毛病。要知道没有任何人、任何事是完美的，你们之间不过是幸运地保持了良好的人际交往。看问题要从大局出发。

b. 不要被分歧束缚住——要么提交上级裁定，要么投票表决！通过进行开放、果断的辩论，你应该能够解决大多数分歧。无法解决时，若分歧是一对一的，就可以向上提交给公认的可信度高的人来裁决。在其他不变的情况下，这个人应该是报告路线上更高位置的领导，比如你的上司。当一个团队无法达成协议时，主持会议的人应该进行可信度加权的表决。

6.4 做出决定后，任何人都必须服从，即便个人可能有不同意见

一个决策团队，如果内部有人因为决策没有达到自己的需求而持续闹事，肯定要遭遇败绩——在公司、机构，甚至政治体系和国家中，这样的例子比比皆是。我不是说人们要假装喜欢相关决策，或者不再对相关问题进行核查。我的意思是，为了提高有效性，所有集体合作的团队必须遵照规定，为分歧解决预留时间，同时，要让持不同意见的少数派明白，一旦他们的观点被推翻，整个团队的一致性就要优先于个人的喜好。

团队比个人更重要，要避免破坏既定路径的行为。

a. 着眼大局。你应当站在更高的位置看待整个系统中的自己和他人。换句话说，你必须跳出思维的局限，把自己的观点看作众多看法中的一个，通过创意择优的方式对所有观点都择优采用，而不是仅仅按照你自己的好恶取舍。从大局考虑问题，不仅是指评估别人的观点，还要设身处地了解每种情形、你自己和别人在每种情形中的状态，相当于把自己当成一个俯瞰全局的旁观者。如果你能做到这一点，就能以"当中任何一个人"的视角来看待事物，换位思考，从而在头脑中勾勒出路线图或原则，以决定如何处理问题。

几乎所有人最初都会发现自己很难克服一个障碍，即通过别人的眼睛来看待问题。因此，我开发出了"教练"这种工具来提供帮助（它能把人所处的情形与原则联系起来）。通过训练，很多人会学会如何操作，但有些人就是无法掌握。你需要知道你自己以及身边的人是哪种人。如果你自己做不到，就可寻求他人的帮助。很多人不能从更高的层次俯瞰问题，也分不清楚哪些人能做到这一点，而哪些人做不到。所以，你应当把那些做不到的人清除出公司，或提高用人门槛，让你自己和公司远离不具备这种能力的人。

顺便提一句，你可以与持不同意见的人继续辩论下去，只要你不再争吵，不破坏创意择优。如果你继续对抗创意择优，那就请离开公司。

b. 不要让创意择优变成无法无天。在创意择优的环境下，桥水肯定会比一般的机构有更多的分歧，但如果其走到极端，无休止的争辩和吹毛求疵就都会降低其功效。在桥水，我遇见过一些人，特别是资历尚浅的年轻人，他们错误地以为他们可以随意与任何人进行任何方面的争论。我甚至还遇到一些人联合起来反对创意择优，宣称他们的反对权来自原则。他们误解了我提出的原则，模糊了机构内部的界限。他们必须遵循该机制的规则，因为这提供了解决分歧的路径，但他们不能威胁这个机制。

c. **不要容忍暴民手段。** 实行可信度加权，部分原因是要从决策中去掉感情因素的影响。人们聚集在一起如果变得感情用事，就会想要控制局势，这是必须避免的。尽管每个人都有权表达自己的观点，但他们无权做出谁是谁非的裁决。

6.5 如果创意择优与机构的利益相冲突，就难免会造成危害

这不过是种可能性。你知道，我一直相信，好的东西一定会有好的效果，让公司良好运转才是最重要的。

a. 只有在罕见或极端情况下才宣布"宵禁"，此时可暂不考虑遵守原则。所有这些原则的存在，都是为了团队的整体利益，但也许有些时候，遵循原则可能威胁到团队的利益。例如，我们遇到过这样的情况，当时，桥水内部公开分享的信息被泄露给了媒体。桥水的员工都知道，我们的弱点、错误都被公布了，造成了外面对桥水形象的歪曲和诋毁。因此，我们必须降低公司的透明度，直到把所有问题都解决。我们不仅仅降低了透明度，我还把当时的情况称作"宵禁"，意思是说，这只是临时取消实行"完全透明度"的做法。如此一来，每个人都清楚这是极端情况，而且在这一时期就算寻常做法也有可能会被临时取消。

b. 当心有人可能会提出为了"机构的利益"而临时放弃创意

择优。如果这种想法占了上风，创意择优就会被弱化。别让这种情况发生。如果大家尊重创意择优，就不会有冲突。基于几十年的经验，我当然知道这一点。然而，我也知道，总会有人把自己的利益凌驾于创意择优之上，并威胁到这个机制。那就把那些人当作机制的敌人，清除出公司队伍。

6.6　要知道一旦有权做决定的人不想依原则行事，规矩就会被破坏

　　到最后，谁有权谁说了算。任何机制都是如此。例如，一次又一次的事实证明，政府系统要想运转正常，一定是掌权者对系统背后原则的尊崇大于对自己想法的尊崇。当人们都有很大的权力去破坏该机制，并且追求一己私利而不是更好地维持该机制时，这个机制肯定会失败。因此，维持原则的权力必须赋予那些愿意依原则行事而非按个人（或小团体）利益行事的人。掌权者必须理性善待大家，让大多数人都希望依原则行事，并捍卫这种机制。

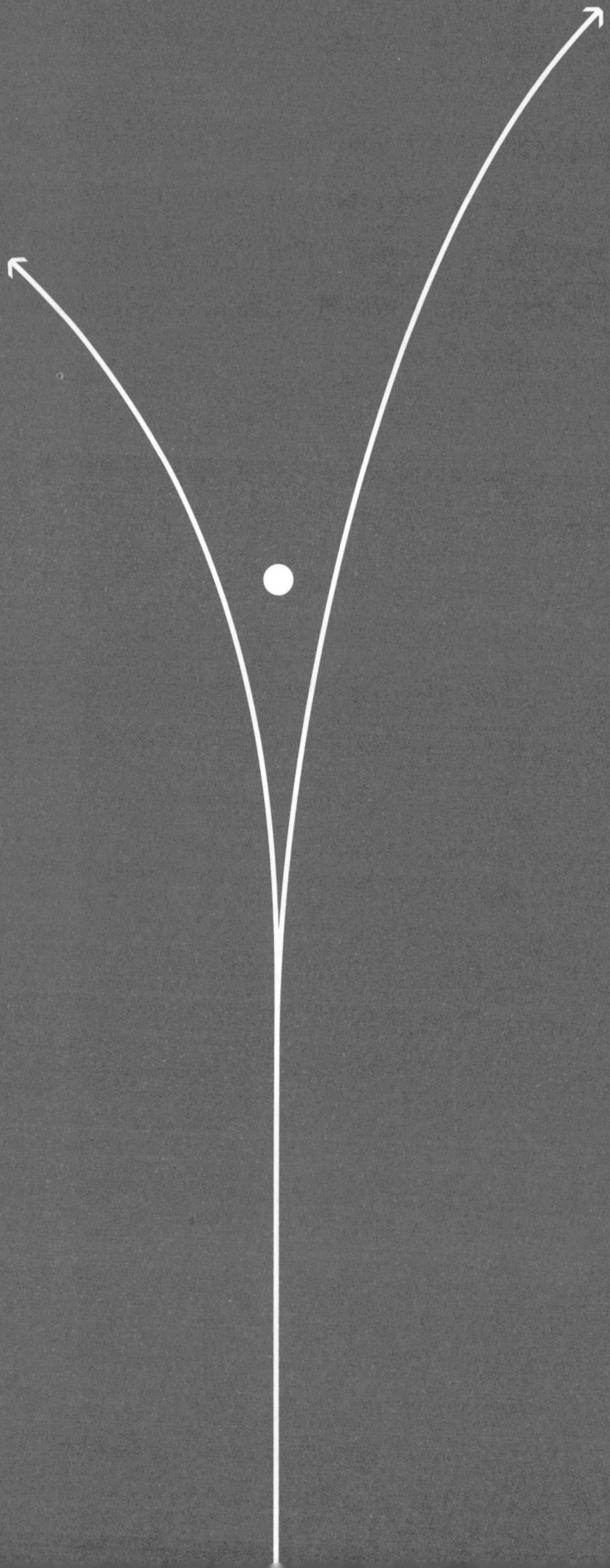

用対人……

前一部分我们讲了机构文化，但更重要的是人，因为文化变得更好还是更差都在于人。文化与人是共生共荣的——一种文化会吸引一种人，反过来，人会因其价值观和个人好恶，强化或发展文化。如果你选择了有正确价值观的人，并与其取得共识，你们就会相得益彰。如果你用错了人，你们就会一损俱损。

人们都认为，苹果成功的秘密在于有乔布斯，他却说："我成功的秘密就是，我们费尽力气招募全世界最出类拔萃的精英。"我会在下一条解释这一概念：比做什么事更重要的是找对做事的人。任何成功的领导者都会这样认为。

不过，大多数机构在招人方面表现不佳。从面试开始，他们会挑选自己喜欢的人和与自己相像的人，而并不重视这些人的本质如何，以及他们是否胜任岗位。我将在这部分的第8条详细说明，要用对人，因为用错人的代价巨大；要想用对人，需要更科学的流程，以更精确地把人的价值观和能力与机构的文化和职业路径相匹配。

你和应聘者要相互了解，你要让应聘者了解机构的情况，要对他们坦诚，并且要非常清楚你们相互之间的期望值。

但即便如此，在你们互相认可之后，你也并不清楚是否找对了人，直到你们共事一段时间后才能确定。即便对方已经入职，"面试"环节也依然存在，且转入了一个严密的程序，包括培训、测试、调配，而更重要的是求取共识，我会在"持续培训、测试、评估和调配员工"中展开阐述。

我相信，一个人取得成功的最重要因素是对自我进行了客观评价，包括对自身缺点的认识。在一家健康的机构中，竞争应该是员工与其低层次的自我进行的竞争，而不是员工与员工之间的竞争。你的目标是找到懂得这一点的人，给他们配备能使他们在岗位上施展才华的工具和信息，而不是事无巨细地对他们进行微观管理。如果他们在受训后仍无法胜任，你就辞掉他们；如果他们能胜任，你就提拔他们。

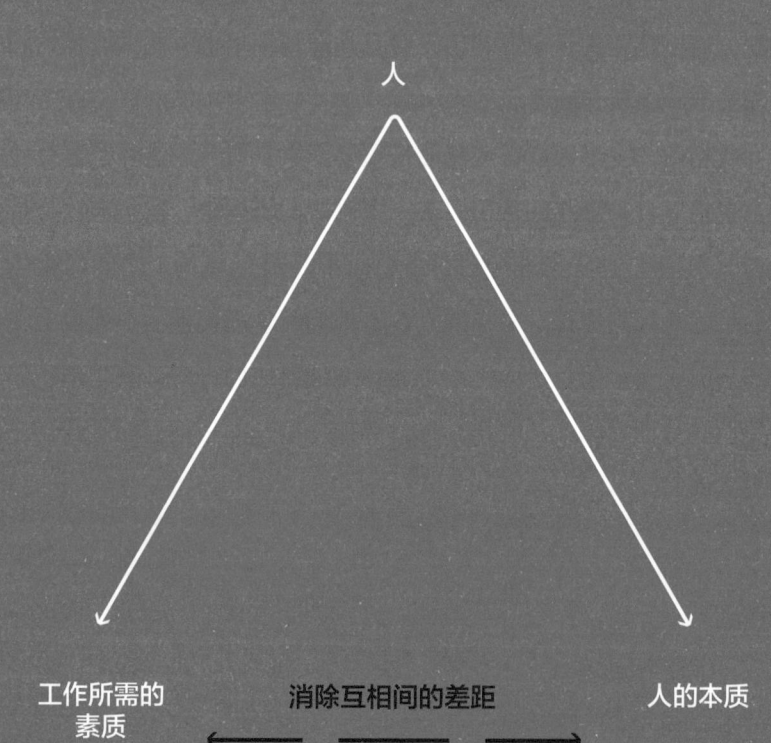

```
              人
             / \
            /   \
           /     \
          /       \
         /         \
        ↙           ↘
工作所需的    消除互相间的差距    人的本质
素质        ←———————→
```

7 比做什么事更重要的是找对做事的人

人们常犯的错误是关注该做什么事，而忽略了更重要的问题，即"决定应该做什么事"的责任该赋予谁。这是本末倒置。当你很清楚你要用什么样的人，并且熟知你安放到这一岗位上的人选，那么你就能想象得出事情会做得如何。

记得有一次，我们一位很有才华且不断升职的高管整合了一项转型计划，以使他自己能换到另一个岗位上。在他与管理委员会的一次会议上，他带着大量流程图与责任分工图，详细阐述他将负责的每个领域，解释他如何尽可能使其自动化和系统化，以做到万无一失。这是一次令人印象深刻的展示，但是很快就清楚的是，他没有回答这个问题：如果事情有变或计划有变，那么谁将取代他的岗位，以及将会发生什么。谁来监督他建立的机器，深入探究其问题所在，并持续改进或决定放弃？别人要获得同样卓越的成绩，应该具备哪些素质，也就是说，我们要找什么样的人来匹配这项重要工作？到哪里去招募这样的人？

回想起来，这类问题看似显而易见，但一次又一次地，我发现人们都忽略了它们。不清楚要把事情干好需要哪些条件，不清楚你的员工是哪类人，这就好比你想操作一部机器，却不明白其部件是怎么一起运行的。

"要用比你强的人"，我年轻时并没有真正理解这句话的含义。如今，经过数十年的用人、管人和裁人之后，我才明白，要真正取得成功，我需要做员工的指挥，他们当中的许多人（如果不是全部的话）演奏乐器都比我强，如果我真是个伟大的指挥，我就能找到比我更强的指挥，并招募过来。我的最终目标是创建一部运转得极好的机器，我只需在一旁坐享其成。

关于挑选、培训、测试、评估和调配员工的重要性，怎么强调都不为过。

到最后，要做的事很简单：

1. 记住目标是什么。
2. 把目标交给能实现它的人（这是最佳情况），或者告诉他们怎样做能够达成目标（这属于微观管理，故略逊一筹）。
3. 让他们尽职尽责。
4. 如果在你培训他们并给他们时间学习之后，他们还无法胜任工作，就辞掉他们。

7.1 你最重要的决策是选好工作的责任人

如果你把目标任务交给能很好地将其落实的责任人，并让他们明白要对达成目标和完成任务负责，他们就会干得很出色。

对你自己也是如此。如果作为规划者／管理者的你根本不相信作为普通员工的你能胜任某项任务，但你仍然亲自去做，而不去找具有可信度的人来指导你，那就太不靠谱了。要知道，力小而任重的人到处都是，因此，你很可能也是其中一员。现实就是如此，所以要正视它，应对它，争取产生好的结果。

a. 最重要的责任人是在最高层负责设定目标、规划成果和组织实施的人。我需要的是能在某一方面独当一面的人——通过善规划、能用人、会调配来达成目标，对此我会很欣慰，事情也能进展顺利。这就是要好好挑、好好管的最重要的人。高层管理者必须能进行高层次的思考，清楚目标与任务之间的差别，否则你就不得不去做一些本该由下属完成的事。尽管经验可能有所助益，但评断目标的能力主要是天生的。它可以测试出来，尽管从来没有完美的测试。

7.2　负最终责任的人应是对行为后果承担责任的人

只要你能承受失败的后果，你就是最终的责任人。例如，你可能要授权一位医生处理你的疾病，选对医生就是你的责任，因为你要承担他治疗失败的后果。或者，你要建一栋房子，你会对一位建筑师说，"告诉我，我能建出什么样的房子"，还是你只是告诉建筑师，你希望住什么样的房子。涉及金钱时，尤其如此。如果你把财务管理权交给别人，他们通常不会像对自己的钱那么上心，而且如果干得不好，他们也不会引咎辞职。只有最终的责任人才能做到。

让某人承担责任时，要确保其责权相配，后果自负。例如，根据你在他们负责的领域做得好或不好来安排他们的交易，这样他们就能做得好或不好。这是做好管理的根本。

a. 确保每个人都有上级领导。即便是公司所有者也有老板，出钱达成目标的投资人就是其老板。如果所有者是自筹资金，他们也需要让客户和雇员高兴。要确保成本可以接受，目标能够达成，他们不能逃避责任。即使某个人从事的工作是独一无二的，也要有人来对他问责。

7.3 要记住事情背后是人的力量

多数人看事只看表象而不想成因。在多数情况下，那些成因就是具有特殊素质、以特殊方式工作的人群。改变这些人就会改变事情的发展过程，如果把创造者换成非创造者，你也就停止了创造。

人们愿意给机构加上个人色彩（"苹果是一家有创造力的公司"），同时错误地把成果去掉个人色彩，这就会忽视背后辛辛苦苦做事的人。这会产生误导，因为做决定的不是公司，而是人。

因此，是谁使你机构的成就和文化与众不同？要想想他们是谁、他们怎样共事，才造就了当前的局势。

8 要用对人，
因为用人不当的代价高昂

还记得我在"理解人与人大不相同"里讲到,桥水早期有过漫无目的的招聘经历吗?一开始,我们只招喜欢的人。但他们当中的太多人最后被发现不能胜任工作。由于我们喜欢他们,不愿辞掉他们,情况就变得越来越糟。于是我们开始像大多数公司那样去招人,通过看简历筛选应聘者,然后通过面试、利用直觉来搜寻合适人选。但是我们问应聘者的问题,与科学构建的人格测试问题不一样,很可能得不到关于他们真实情况的答案。

本质上讲,我们当时所做的是按照我们的固有看法来寻找有关雇员。我们当中的线性思维者会倾向招聘线性思维者,我们当中的发散思维者会倾向选用发散思维者。我们都认为我们选的人会胜任各种工作,结果是,我们无法精准预测在极不寻常的环境里,谁会成功,谁会失败。最终,我们的招聘工作一塌糊涂。

逐渐地,我们从错误和失败中吸取了教训,我们可在两方面改进招人结果:(1)清楚地知道,我们要什么样的人;(2)开发出能够更精细化评估人的能力的词语和方法。本条将详细介绍我们从中了解到的原则。尽管我们仍会犯很多招聘错误，但通过不断改进并遵循这些流程，我们显著减少了犯错概率。

在高层次上，我们寻找能独立思考、心态开放和行事果断的人，更重要的是，他们能坚持追求真相和卓越，从而带动自我和机构快速进步。由于我们认为工作不仅仅是为了谋生，我们要寻找的潜在员工不仅是一名雇员，还是能够与我们分享生活的人。我们坚持认为，与我们共事的人要处事周到，并且怀有强烈的责任感去从事艰苦和正确的事。我们要找慷慨的、对公正有很高追求的人。最重要的是，他们不刚愎自用，有自知之明。

不管你在选人时是否依据这些特征，最重要的是，要明白招人是一场高风险的赌博，需要分外小心。只有在招募和培养新员工方面花费大量时间、精力和资源，才能弄清楚他们到底能否胜任工作。培训和再培训会耗时数月甚至数年时间，并会花费大量金钱。在那些损耗中，有些是无形的，包括士气受打击，以及不能胜任岗位的一群人聚在一起使工作标准逐渐降低；有些不良后果的成本是可以很容易用金钱来衡量的。所以，一旦你准备好给某人发出录用通知，要用最后一分钟再想想哪些重要的方面有可能会不尽如人意，以及在更好应对风险、提高选对人的概率方面，你还能做些什么。

8.1　让合适的人做合适的事

创建一部"机器"时，有什么样的设计，就有什么样的人，因为你需要的那类人要由设计来决定。在设计时，你还要想清楚恪尽职守的人需要哪些品质。把责任交给不称职的人是徒劳的。那只会使各方沮丧、愤怒，这会破坏工作环境。

为使人与设计相匹配，要先制定一个规格表，形成一套人人一致的标准，用于从招募到考核的全过程。桥水的规格表与我们所见的棒球卡的性质一样。

不要因人设职。长期来看，这一举措几乎总是错的。即使你不想辞退的人表现不佳，你也倾向于为他再找一个差事，这种情况很常见。管理者常常不能客观对待自己的优缺点，使自己处于不当之位。

a. 要考虑你寻找的人应具备什么样的价值观、能力和技艺（按此排序）。价值观是驱动行为的深层信仰，决定着人际相处。人们会为价值观而斗争，他们会与那些价值观不同的人斗争。能力体现在思考方式和行为方式上。一些人是了不起的学习者、问题的快速处理者，另一些人拥有从更高层次看问题的能力。有些人更关注细节，而另一些人有创新思维或者心思缜密。技艺是可以习得的，例如讲外语或写计算机代码。尽管价值观和能力不会有太大改变，但多数技艺可以在有限时间内学会（例如，学习熟练使用软件），且其价值常会改变（今天最受欢迎的程序语言很可能几年后就过时了）。

重要的是，要知道哪些综合素质对应哪些岗位，更明确地讲，要知道你能与其建立成功交往的那些人应具备哪些价值观和能力。在挑选准备长期交往的人时，价值观最为重要，能力其次，技艺是最后要考虑的。然而多数人犯的错误是，挑人时先看技艺和能力，却忽略价值观。我们的识人标准最重要的就是我所说的三个"C"：品格（character）、常识（common sense）、创造力（creativity）。

原　则

如果你的员工充满团队精神和使命感，并且能力出众，你的机构就是卓越的。有些人看重使命感和团队意识，而另一些人不太看重。在桥水，我们秉持的主要的共同价值观是从事有意义的工作，发展有意义的人际关系，做到极度求真和极度透明，愿意以开放的心态探索严酷的现实（包括正视自身缺点），有主人翁精神，敢于追求卓越，愿意做困难但有益的事，因此，我们寻找的是真正想拥有这一切的英才。

b. 要用系统性思维和科学方法招聘人才。选人程序应系统化构建且基于事实证据。你要有招募人的机器，目标要清晰，能够比对机器和应聘者（即设计和人员），有产出且能不断提升。

通常来说，机构在招聘员工时会先获得求职者的简历，这些简历被半随机指定的人以半随机的标准审核，然后，机构把求职者找过来，让半随机指定的人向这些求职者进行半随机提问，最后他们以共同喜好来决定向哪些人发出录用通知。你应该确保上述过程的每一步都做得更有系统性和目的性。例如，应仔细思考准备问哪些问题，再基于应聘者给出的不同答案，按照你的想法把他们加以区分。你还要保存好那些答案，以便对照观察他们的后续行为和表现。当然，我不是说要取消招聘过程中人的因素或艺术的一面——个人价值观和团队精神至关重要，而且难以完全用数据来衡量，有时一个眨眼和面部表情就说明了问题。然而，尽管在这些问题上人们的主观阐释很重要，但你仍可利用数据和科学的方法做到更加客观，例如，你可以搜集数据来跟踪评估那些主观阐释是否准确。

c. 注意：人与职责要相匹配。要让设计与人员相匹配。记住你的目标是把合适的人放在合适的位置上。首先要理解岗位的责任以及所需人员的素质，然后判定某人是否适合。如果你在这方面做好了，就会轻而易举地使人岗相配。

d. 要找出色的人，而不是"此类即可"。太多人被招聘是因为他们属于"此类即可"。如果你要找一个管道工，你可能就会用你首先面试的有经验的管道工，而不必确保他是否具有出色管道工的素质。不过，普通管道工和出色管道工之间的差距巨大。在审查任何一个应聘者的履历时，你必须找出他们是不是在某一方面表现突出。最明显的证据就是在一群很出色的人中仍表现得很出色。如果你对让某人从事某项工作不是很情愿，那就别勉强。你们很可能会互相折磨。

e. 不要凭借你的影响力帮别人找工作。用你个人的影响力来帮别人找工作是不可接受的，因为这样做会损害创意择优。这对找工作的人不好，因为这表明这份工作不是他们努力得来的；这对招聘者也不好，因为这损害了他们的权威；这对你也不好，因为它会表明你会因朋友而牺牲用人标准。这是种隐性腐败，绝对不可容忍。在桥水，在这方面你最多能做的就是，针对你熟知的人提供一些参考信息，以示你的支持。尽管桥水是我的公司，但我从没有背离过这个原则。

8.2 要记住人与人之间存在差异，认识不同、思维不同使不同的人适合不同的工作

一些思维方式在有些情况下对你很合适，但在其他情况下对你并不合适，最好要弄清楚自己和他人的思维方式及其最佳应用。有些素质对一些工作更合适，例如，你可能不会招聘一位特别内向的人做推销员。这并不是说内向的人不能做这份工作，只是说，热衷

交际的人很可能对这个角色更满意，也能做得更好。

如果你不擅长某种思维，那不意味着你就被某些工作排除在外。不过，那些工作确实要求你要么与擅长这种思维的人共事（最佳的情形），要么就得学会改变思维（这很难甚至不可能）。

另外，有时我看到人们相处，尤其是一个群体，没有意识到这些差别。他们就像盲人摸象一样相互争吵。想想看，要是人们观念足够开放，意识到没有人能看到全局，那该多好。自说自话的人和考虑别人观点的人都需要兼顾彼此的分歧。这些分歧是真实存在的，所以假装视而不见就是自欺欺人。

a. **明白如何进行个性评估，并清楚结果含义**。个性评估是对人员的能力、表现和行为风格产生快速印象的有益工具。它们通常比面试更客观、更可靠。

b. **人容易选择与自己相似的人，因此安排面试官要确保其能发现你想招的人**。如果你想招有远见的人，那就找个有远见的人来进行面试；如果你想寻求综合素质高的人，那就组织一个面试团队，这个团队要具备所有素质。不要选那些你不信任的人来做面试官（换句话说，要确保他们都具有可信度）。

c. **选用那些能客观认识自己的人**。每个人都有优缺点。成功的关键是理解自己的缺点，并修正它们。没有这种能力的人会不断遭遇失败。

d. **要记住人一般不会随岁月有太大变化**。对一两年这样较短的时间来说尤其如此。然而多数人想当然地认为，一个人如果做错了事，他会吸取教训和做出改变。这未免太天真了。最好假定他们不会改变，除非有足够强的证据表明他们会改变。

眼见为实，假想为虚。

8.3 要像体育界管理者那样对待你的团队：没人能靠一己之力取胜，但每个人都必须战胜对手

团队要像职业体育一样运作，不同的位置需要不同的技能。每个位置的运动员都表现出色，就能确保任务成功，干得不好的成员可能要被辞退。当团队以这样的高标准和共同价值观来运作，非凡的人际交往就会形成。

8.4 关注人的过往经历

在应聘之前，应聘者的性格已经形成，他们自童年开始就到处留下了印记。如果你提前做好功课，对任何人都能有很好的了解。你要了解他们的价值观、能力和技艺：他们是否在你想任用他们的领域有良好的履历？他们是否至少 3 次做到过你希望他们完成的事？如果没有，你就是在做小概率的赌博，你得有足够理由这么做。这不意味着你不让自己或他人尝试新鲜事物——当然你应该这么做，而是要倍加小心，架起护栏严加防范。也就是说，要找个经验丰富的人来指导这个缺乏经验的人，也包括你自己（如果你也经验不足）。

a. 核查情况。 不要只相信应聘者提供的履历信息：找认识他们的可信的人谈话，找有记录的证据，向他们的老板、下属和同事询问其过去。应尽可能地获得一幅清晰客观的图景，了解他们为自己选择的路径，以及是如何在这条路上发展的。我见过很多自称在其

他地方干得很好的人，但他们在桥水表现不佳。更细致的审查会让你发现，他们要么不像自己说的那么好，要么就是拿别人的成就给自己加分。

b. **学习成绩不能充分证明这个人是否具备你想要的价值观和能力。**在很大程度上，由于学习成绩是最容易被衡量的，在学校里，决定成功的能力在于记忆力和调取记忆内容的速度，因此学习成绩是体现这些素质的绝佳标杆。学习成绩还是衡量一个人追求成功的决心，以及坚守志向的意愿和能力的良好标准。但是，当评估一位应聘者的常识、眼界、创造力或者决策能力时，学习成绩的价值就很有限了。这些品质才是最重要的，你在确定应聘者是否具有这些品质时，要看学业以外的东西。

c. **概念思维能力强固然最佳，但经验丰富、业绩出众也很重要。**不同的工作岗位需要不同的人。我经常有偏见，要去找企业家类型的人，因为他们聪明、思维开放、争强好胜，能找到最佳解决方案，但结果常常令我失望。相反，有时候，我发现在某个专长领域钻研数十年的有工匠精神的人，是完全可以信赖的。我想到马尔科姆·格拉德威尔法则，即要在某个领域花费一万个小时，才能形成专长，以及通过观察击球率来判断一个球员的击球水平。要看一个有天分的新手与已成名的明星相比表现会怎样，一个方法就是看他们相互较量的结果。

d. **警惕不切实际的理想主义者。**那些只会说人们该怎样处世而不了解人们实际行为的理想主义者有害无益。

作为一个全球宏观经济学家、生意人以及慈善家，在这些行当里，这类情况我看得太多了。我认为，即便是出于好心，那些不切实际的理想主义者也是危险而缺乏建设性的，而务实的理想主义者能使世界变得更好。要务实，就必须先是现实主义者——了解人们的利益，如何设计高产出的机器，以及用指标衡量进行成本收益分析。没有这些量化工具，废物就会多于效益，而有了这些工具，效益就会持续。

e. **不要假定在别处获得成功的人也同样能胜任你所要求的工作。**不管你多会招募人才，你招的有些人也可能不灵。要明白你考虑的人怎样工作，设想这将如何取得成功。了解他们过去做了什么，只是有助于你了解他们是什么样的人。

f. **确保你选用的人要品格好、能力强。**能力强但人品不佳的人总体上是有害的，因为其狡猾对他人不利，当然也会侵蚀文化。我认为，多数机构都过度强调能力，却低估品格，因为短视意味着过于重视把事情做成。这样一来，他们就失去了伟大的人际交往力量，而这种力量才能带领他们经历风雨，实现目标。

别误会我的意思，我不是说你要因品格而牺牲能力。品格好、能力弱的人同样会造成问题。类似地，他干不好工作，却很难被辞掉，因为这样做就像要枪杀一条养不起的忠实之犬，但他必须得走人。最终，你所需要的与你共事的人是品格好、能力强的人，这也就是为什么找到优秀的人这么难。

8.5 不仅是要找干具体工作的人，你还要愿意与其分享生活

推倒重来费钱又费力，因为人们相互之间及与机构之间熟悉起来要花时间。与你共事的人和公司本身都会朝着你无法预期的方向

发展，所以要招那些你想与其长期共事的人。优秀的人总会有用武之地。

a. 选那些会问很多好问题的人。 聪明人总能问出最有思想的问题，而非凡事都能给出答案。与好答案相比，好问题是表明未来成功的更好指标。

b. 让求职者知道这份工作的阴暗面。 让求职者了解真实情况，尤其是不好的一面。要让他们了解行动原则，包括最困难的部分。用这种方法对他们忍耐真实挑战的意愿进行压力测试。

c. 合作者必须是意趣相投之人，也必须是诤友。 你需要那些能分享你品位与风格的人，但他们还得能相互争论和挑战。在音乐、体育或商业中，最佳团队都是同时做这些事。

8.6 考虑薪酬时，要提供稳定性，也要让人看到机会

要支付足够的薪水，这样他们就不会有财务压力，但也不要多到使他们发福和开心的程度。你要让你的员工有动力去实现他们的梦想。你不希望人们只是为了能挣很多钱、有生活保障来工作，你希望他们是为了有机会通过艰苦和有创造力的工作来赢得财富。

a. 依人发薪，而非依工作岗位发薪。 观察可比岗位上有可比经验和资历的人的表现，据此加少量津贴，设立奖金或其他激励措施，这样他们就会有动力好好表现。永远不要只按照头衔来付薪。

b. 薪酬至少要大体上与业绩测评结果挂钩。 你不可能完全掌握形成良好工作关系的指标，你能建立很多指标。把业绩测评与薪酬挂钩将帮你弄清你与员工的契约，提供良好反馈，并持续影响员

工行为。

c. 薪酬要高于一般水平。在薪酬上慷慨大方，或者至少稍微高于一般水平，会提升我们的工作水平和人际关系，多数人都会通过努力工作来回报。结果是，我们会取得比金钱更特殊的东西，包括相互关照、尊敬和担当。

d. 要多想着如何把蛋糕做大，而非怎样切蛋糕才能使自己获得最大的一块。跟一个人最好的谈判就是我说"你应该多拿些"，而他们却说"不，你才应该多拿些"。这会使人际关系越来越好，蛋糕越做越大，长远来看，双方都受益。

8.7 要记住维系伟大的合作关系，比金钱更重要的是体贴和宽厚

拿出一点儿钱的穷人比拿出一大笔钱的富人可能更宽厚。有人看重的是宽厚，有人看重的是金钱。你希望你身边的是第一类人，而且永远都要待他们宽厚。

当我一无所有时，对那些欣赏我的宽厚胜过欣赏我的高薪的人，我尽可能做到慷慨。他们因此都跟着我。我从没忘记那一点，我下定决心在我有机会时要使他们变富有。反过来，在我最需要他们的宽厚的时候，他们以他们的方式宽厚地对待我。我们都得到了比金钱更宝贵的东西，而且我们也得到了金钱。

要记住金钱的唯一作用是使你得到你想要的东西，所以要想好你所珍视的是什么，把它置于金钱之上。好关系价值几何？多少钱都比不上宝贵的人际交往。

a. 对人要宽宏大量，也要期待别人的宽宏大量。如果你对人不宽宏大量，别人对你也不宽宏大量，你们之间就不会形成高质量的关系。

8.8 出色的人不容易找，所以要想着怎样留住人

确保你遵循了之前提出的建议，比如建立有意义的人际交往和保持共识。更重要的是，你要鼓励人们直言不讳。确保他们发展顺利也很重要。一位积极主动的导师的忠告会管用至少一年。

当你了解一个人时，

就会知道

可从他那里

得到什么。

9 持续培训、测试、评估和调配员工

你的员工和设计都要随机器进步而成长和改进。当你的个人发展步入正轨时，获得回报的速度就会越来越快。员工表现越好，他们就越能独立思考、深入探究，帮你改进机器。他们进步得越快，你的成果改进也就越快。你在员工个人进步中发挥的作用始于对其优缺点的坦率评估，随后是通过培训或换岗让他们扬长避短。

在桥水，新员工常常被这类对话的坦率和直接吓着，但它既非个人攻击，也非基于等级，没人能躲过这种批评。总之，对管理层及其部下而言，这一过程很艰难，但长期来看，它使人们更愉快，使桥水更成功。要记住，令多数人最开心的是，他们能够发挥专长，并不断提升自我。所以认识到你员工的短处，与认识到他们的长处（对他们和对你）一样有价值。

即使你在推动别人发展，你也要不断评估他们是否出色地履行了他们的职责。这并不容易做到客观，因为你与下属的关系通常很好，可能不愿意在他们表现不达标时客观地评价他们。同样地，你可能会给在某个方面触怒你的员工本不该给的差评。创意择优需要客观，我们开发的很多管理工具就是出于这个目的，给我们不带偏见地提供了员工情况，而非只考虑管理者对他们的绩效评价。当管理者和下属对一项评估意见不一致，需要其他人介入解决纠纷时，这方面的数据就很关键。

几年前，我们有一位员工想担任某部门负责人。那个部门的前任负责人已离职，时任CEO詹森需要评估这位此前担任部门副手的员工是否具备添补这个空缺的能力。那位员工认为他行，詹森和其他人认为他不行。但是这个决定并不像CEO"打个电话"那么简单，我们想有根据地做决定。我们采用了能持续反馈信息的集点器系统，针对那项工作的素质要求，我们有数百个数据点，包括综合推理、了解未知、在合适的层级开展管理。于是，我们把所有数据打到屏幕上，综合审视。然后我们问那位员工，看着这些证据，如果让他决定是否聘用自己，他会怎样做。他退后一步，接受了客观的证据，同意调到桥水里更适合他能力的其他岗位上。

帮人获得技能很容易，通常只要给他们提供适当的培训就行，帮人提升能力却很难，但这对长此以往有能力承担更大责任的人来说至关重要。别妄想改变一个人的价值观。在每种关系里，总会有某个时刻你必须决定双方的关系是否应继续维持，这在私人生活里和秉持高标准的机构里都很普遍。在桥水，我们清楚我们的文化根基不可动摇，所以如果一个人不能在一段时期内适应，那就必须走人。

每个领导人都要在如下两种情况中选择一种：（1）辞掉能力不足的好人，从而获得成功；（2）留下能力不足的好人，等待失败。不管怎样，你做出的这些艰难决定会对你个人的成败有决定意义。

在桥水的文化里，你没有选择。你必须选择卓越，尽管当时可能很难，但这对所有人都好。

9.1 要懂得你和你的下属将经历个人成长

没人能躲避这个过程。其发展顺利取决于人们对优缺点进行坦率评估的能力（缺点更重要）。让管理者对其下属做出反馈很难，让下属倾听也一样不容易，但长期来看，它使人更愉快，使机构更成功。

a. 认清优缺点后，个人会飞速成长。 结果是，职业路径并非当初所料。成长过程涉及发现人们的好恶以及他们的优缺点。当人们被置于自己容易成功的岗位时，很容易成长，但也需要努力。每个人的职业发展都是基于周围人对他们的认识。

他们要有充分的自由空间来学习和思考，同时要受到点拨，以免犯下不可接受的错误。他们收到的反馈应帮助他们认识到，他们的问题究竟是能通过进一步的学习来解决，还是与生俱来无法改变的。在通常情况下，大体了解一个新员工需要6~12个月的时间，新员工要18个月左右的时间来融入公司和适应文化。其间，要有阶段性的小型审查和几次大的审查。每次评估后要按照他们的好恶和优缺点来给他们派发新任务。在这些互动过程中，不断积累的培训、测试和换岗经历会让这个人进入更合适的岗位并履行职责。在桥水，通常是迎接挑战和获得回报的过程会使个人受益，它会使人更好地认识自我，熟悉更多岗位。当结果出现分歧时，那通常是因为人们发现，他们在公司里无法胜任任何岗位。

b. 培训引导个人发展。 受训者必须心态开放；这个过程要求他们不傲慢，去发现自己在哪些方面擅长、在哪些方面不擅长，并决定该怎么办。培训者也应有开放心态。最好有至少两位具有可信度的培训者与受训者合作，以便交叉验证得出对受训者的印象。这种培训是师傅与学徒式的关系。这需要培训者与受训者分享经历，很像滑雪教练陪着学生滑雪。这一过程会使员工的成长、发展和提升更透明，使他们了解自己为何处于这一境地，该如何改进。这不仅会加快他们的个人成长，也会加快机构的成长。

c. 授人以渔，而不是授人以鱼，即便这意味着会使他们犯些错。 有时，你要站在一旁，让人们去犯错（确保不太严重），这样他们才能有长进。总是告诉人们该怎么做，这不太好。微观管理通常表明被管的人缺乏能力，对作为管理者的你也不是好事。与其对员工进行微观管理，不如多加训练和测试。向员工提出你的想法，看他们怎样做决定，但不要引导他们做决定。你最好与他们求取共识，考察他们怎样做事，以及为何这样做。

d. 经验会形成内化的学习，这是书本学习无法替代的。从书本上学习与动手实践、内化学习的差别巨大。医学生从医学院里学到的手术技能，与已经做过多起手术的医生学到的不一样。善于从书本学习的人倾向于寻求所学的记忆，按照指示说明从事工作；内化学习的人则会下意识地把思想转化为行动，就像走路一样平常。了解这些差别至关重要。

9.2 不断提供反馈

多数训练来自实践和在工作表现上取得的共识。反馈应当反映出哪些东西有助于成功，哪些东西对实际情况无益，而不是尝试平衡表扬与批评。要记住你的责任是达成目标，你要让你的机器按照设计去运行。要达到这一点，你指导的员工必须达到期望值，只有你才能帮他们了解到他们是否在全力以赴。随着他们的优缺点变得越来越清晰，你就能更适当地根据他们的能力赋予其职责，以使机器运行得更好，使个人进步更大。

9.3 准确评价人，不做"好好先生"

没有人认为实事求是很容易。有时候，尤其是对那些还不习惯这样做的新员工，诚实评价就像是人身攻击。要往更高层级看，拓宽眼界，并建议你正在评估的人也这样做。

a. 到最后，准确和善意是一回事。看似善意而不够准确对人是有害的，对其他人和机构经常也是如此。

b. 正确运用褒贬。它有助于搞清楚讨论中的缺点或错误，是否代表了对受训人的整体评价。有一天，我对一位新入职的研究人员说他干得有多好，他的想法有多棒。这是个非常积极的初步评价。几天后，我就听说他就一些与工作无关的东西夸夸其谈，于是我警告他，如果他经常浪费时间，那么这对他本人和我们公司的发展会有很大损失。后来我得知，他以为自己快被"炒鱿鱼"了。我要他专注于工作的忠告与我对他的整体评价并无关联。如果我能再次坐下来更好地解释，他就会正确理解我的评价。

c. 考虑准确度，而非后果。经常出现的情况是，有人被批评时只纠结于它的后果，而不是想想批评是否准确。这是错的。我之后会讲，把"是什么"与"该怎么办"混为一谈通常会产生错误的决定。所以要提供明确的反馈，告诉对方你只是想了解情况是否属实，这可以帮助其摸清头脑。考虑该怎么办，则是另一回事。

d. **做出准确评价。** 人是你最重要的资源，而真实是实现卓越的基础。所以，要使个人评价尽可能精细和准确，这费时又费力。你对责任人的表现给出评价，不是要看他们是否按你的方式行事，而是要确保他们按好的方式行事。坦率地说，要以开放心态倾听，考虑其他具有可信度且诚实的员工的想法，力求对员工身上发生的事情及其原因取得共识。牢记不要对你的评价过于自信，你可能会犯错。

e. **要像从成功中学习一样从失败中学习。** 极度求真并不要求你总是消极的。要把出色的工作及其成功原因树立为榜样。这会推动前行，为那些处于学习阶段的人树立标杆。

f. **多数人做过的事和他们正在做的事，并不像他们认为的那么重要。** 如果你让机构里的每个人说说自己对机构成功所做贡献的占比，将它们加起来你就会得到300%。[1] 这就是现实，这表明你必须确保具体的功劳归具体的人。否则，你就不知道谁该负责，更糟糕的是，你会错误地相信有些人在不当邀功。

9.4 严厉的爱既是最难给的，也是最重要的（因为它很不受欢迎）

你给人的最大礼物是获得成功的力量。要给人奋斗机会，而不

---

1. 在桥水，这一数字是301%。

是给他们所渴求的东西，这会使他们变得更强。

恭维的话容易说，但它们不会帮人提升。要指出人的错误和缺点（他们因此学会长进）更难，而且更不受欢迎，但长期而言更为宝贵。尽管新员工会对你的行为表示感谢，但他们一开始并不会理解。要想取得成效，你就必须清楚、反复地解释其背后的逻辑和关爱。

a. 虽然多数人爱听好话，但准确的批评更加难得。老话说得好，"不劳无获"。心理学家的研究表明，最有力度的个人转变来自一个人再也不想经历的错误所造成的痛苦——"跌到谷底"。所以，对于让人获得此类经验，或者用这种经验来告诫自己，不要犹豫。

虽然说表扬人们干得好，这点很重要，但更重要的是，要指出他们的缺点，让他们改进。

解决问题比做事更花时间。要把问题找出来、搞清楚、解决掉，而运行顺利的事不需要太多关注。我们不该庆祝自己有多伟大，而应关注自己哪些方面应该改进，这才会成就卓越。

9.5 对人的观察不要讳莫如深

开诚布公地考察他们，目的是想出办法让你和你的员工成就自身，这样才能人岗匹配。

a. 从具体细节中综合判断。在积累的过程中，我指的是把大量数据转成准确的图景。很多人在评价别人时并不把对方与具体数据联系起来。当你有了我们在桥水拥有的具体细节，例如点数、会议磁带等，你就能够而且必须从数据的细节中看出规律。即使没有这类工具，其他工具，如指标、测试和其他人的贡献都能帮你形成对一个人的更完整印象，以及检查他们做了什么。

b. 从点数中发掘有用信息。对一个人的每项观察都可能会让你知道关于其行为处事的有价值信息。如前所述，我把这些观察称为点数。一个点就是一条数据，对应你对其含义的推断，例如，这涉及某人可能做了什么决定，讲了什么话，或者想了什么。我们通常不公开这些推理和判断，但我认为，要是能把它们系统地搜集起来，假以时日，在综合考察对一个人的印象时，它们将极有价值。

c. 对某个点数的挖掘不要过度。记住：一个点就是一个点，它们加起来才有意义。把每个点看作棒球赛里击打一次球，就算是伟大的击球手也经常会失手出局，仅以一次失败论英雄太愚蠢了。这就是为何上垒率和打击率等指标同时存在。

换句话说，任何单一事件可能有很多不同解释，而行为规律才会揭示出根源。要找到规律，所需观察的数量主要取决于你们每次观察后形成什么样的共识。关于某人怎样做事和为何这样做事的一次高质量讨论，将有助于你获得更全面的印象。

d. 采取业绩调查、绩效指标和正式考核等评价工具来记录一个人的所有表现。如果没有数据，我们就很难对业绩进行客观的、开放的、不带情绪的对话，也很难对进展进行追踪。这就是我创造集点器的部分原因。我还建议，要考虑用其他方式把责任纳入指标。举个例子，你可以指出员工是否在按照任务清单来做事，然后再计算他们完成任务的百分比。指标能告诉我们事情是否在按照计划进行——这是一种客观的评价方法，会提升效率。

9.6 让学习过程变得开放、有成长性和不断重复

清楚地表达你对一个人的价值观、能力和技艺的评价，开诚布公并与之分享；倾听他们和其他人对你描述的反应；制订培训和测试计划；依据你观察到的业绩来重估你的结论。要持续这么做。经过几个月的讨论和实地测试后，你和你的下属都将对他是什么样的人有很好的认识。时间长了，这种做法将催生出合适的岗位和适当的训练，或者它将揭示出，该让这个人另谋高就了。

a. 绩效指标要清晰公正。 要想建立"永动机"，就要有一套清晰的规则和绩效指标，来追踪人们怎样按照这些规则行事，并可把实际结果与用绩效指标公式推断出来的预测结果相对照。

规则越清晰，关于某人是否做错了的争执就越少。例如，我们制定了关于员工该如何管理自营投资而不与代客理财相冲突的规则。由于这些规则清晰明了，一旦有人违规，就没什么可争执的余地了。

设立绩效指标，使所有人都能看到其他任何人的过往记录，这会使评价更客观公正。人们会做能使他们加分而非减分的事。当然，由于多数人要做的事具有各种不同的重要性，这就需要采用不同的绩效指标适当衡量。你搜集的数据越多，反馈就越快、越精确。这也是我创造集点器（提供了大量即时反馈）的一个原因。人们常常利用在会议中实时获得的反馈及时做出修正。

有了绩效指标，你就可以把它们跟某种算法联系起来，得出运算结果。它们可以简单到就好比你每次做了 X，就可以赚到 Y 数量的钱（或积分），也可以做到更复杂些（如把指标得分进行加权后，与各种算法相结合，得出奖金或积分的估计值）。

这种过程永远不会精确无误，但它就算是最粗糙的形式也很管用，假以时日，它将变得很棒。即便有瑕疵，公式的计算结果也有助于你做出判断，会为你提供更精确的绩效评价和薪酬建议。时间长了，它将成为一部很有用的机器，会比你自己进行管理好得多。

b. 鼓励员工客观反思自己的业绩。 能够从更高层次看待自己，对个人发展和达成目标至关重要，因此，你和你的下属应一起查看他的业绩。为了把这件事做好，你需要大量的证据形成客观的认识。如有必要，就找来你们都认同的其他人做出判断。

c. 要有全局观。 在考核某人时，目标是找出规律，把握全局。没有人做事能面面俱到（例如，如果特别小心谨慎，做事就快不了，反之亦然）。考核中的评价必须具体，不是关于人应该怎么样，而是关于事实到底是什么样。

d. 对业绩考核要从具体案例开始，找出规律，与被考核人一起探究证据以求取共识。 要不断反馈。考核通常是阶段性的，其目的是把关于一个人工作表现的累积证据汇集起来。如果持续反馈做得好，把零碎的内容汇成整体，它将成为一种持续考核。考核不应该有出乎意料的地方，因为你应该对一个人的工作状况有持续了解。如果你认为他们的工作干得不好，你应该探究他们表现不佳的根源，列为个案并加以解决。人们很难发现自己的缺点，我们需要就具体情况来进行合理调查（当然不是故意找碴儿），从而发现其真实情况，以及能否胜任工作。

在有些情况下，了解一个人不需要很长时间；在另一些情况下，就难得多。但在经过一段时间并考察大量实例后，你就能知道一个人的过去（即他们发展轨迹所达到的水平和陡峭程度，而不是偶然的波动），以明确对他们可以抱什么样的期望。如果一个人工作表现不佳，那么或者是工作设计的问题（可能这个人承担的责任太多），或者是适应/能力问题。如果一个人的能力不足，那么要么因为他有先天缺陷不适合某项工作（例如，身高不到1.6米的人不可能充当篮球中锋），要么因为培训不足。认真做绩效考核，并不断求取共识，就可以找到问题所在。要确保按照一个绝对的标准进行评估，而不仅仅是一段时间内的进步。最关键的不只是结果，而是如何履行责任。评估的目标是根据某人的特质来判断能否相信他胜任某项工作。在这个基础上你就可以决定该做什么。

　　e. 在评估时，你可能犯的两个最大错误：对自己的评估过度自信，以及无法取得共识。如果你坚信某人有某种问题，那么你有责任确保这是真实存在的，并且被评估者也同意。当然，在有些情况下，不可能取得共识（例如，如果你认为某人不诚实，而他们坚称他们不是那样的），但在极度求真和极度透明的文化里，你有责任分享你的看法，并让他人表达他们的意见。

　　f. 达成评估共识不能以等级论。在多数机构中，评估只有一个方向，即管理者评估被管理者。被管理者通常都不赞同评估，尤其结果比其自评差的时候，因为多数人都把自己想得更好。被管理者对管理者也会有看法，但在多数公司他们都不敢直说，所以会有误解和不满。这种不当行为损害了公司的效用以及人际关系。因此以高质量方式达成共识，就可避免这种情况。

　　你的下属要相信你不是他们的敌人，你自己的目标是寻求真相。你努力帮助他们，不会支持他们自欺欺人、持续说谎或逃脱责任。要坦诚和透明，因为如果某人认为他们被不公对待，这个过程就无法进行。作为平等的伙伴，你们双方要共同找到真相。当每一方都是平等的参与者时，就不会有人觉得不受重视了。

g. **通过针对错误及其根源的坦诚对话来了解你的员工，也让员工了解你。**你需要向你的员工清晰传达你的评估结果，不偏不倚地倾听他们的回应，这样你们就可以共同规划培训和职业路径。指出员工的缺点并与他们沟通，是管理者最棘手的事之一。对接受反馈的人要有同情心，因为这并不容易，让双方都认识到真实情况需要双方都具备好的品格。

h. **确保员工做好工作，不必事无巨细进行监督。**你只需知道他们是什么样的人，并对其工作进行抽查即可。对统计上可靠的部分案例做常规抽样检查，能告诉你一个人是什么样的，能对他抱什么期待。挑出他们行动中哪些是重要到需要经事前审批的，哪些是可以以后再说的。要确保有审计，因为人们往往容易松懈下来，或者在没有人检查时，人们有可能作弊。

i. **改变是很难的。**任何改变都很难。但为了学习、成长和进步，你必须改变。面对改变时，要扪心自问：我的心态算开放吗？还是有些顽固不化？要直面困难，强迫自己找出困难来自何方，你会发现自己能学到很多。

j. **通过发现人的缺点来帮人渡过难关。**在大多数人们意见不同的时候，情绪就会升温，尤其是涉及某人的缺点时。沟通时要保持镇定、语速缓慢、有理有据。要正确处理问题，提醒他们，他们的痛苦属于学习和个人成长之痛——明白了真相后，他们会在未来表现得更好。我们可以考虑先让他们离开，让他们在情绪平静时再反省，几天后再与他们谈一次话。

最终，帮助别人获得成功，你要做两件事：首先，让他们清楚地看到自己的失败，这足以推动他们做出改变；其次，告诉他们或者改变做事方式，或者在感到势单力薄时依靠强者。只做其一，不做其二，可能会使你要帮助的人士气低落，两件事都做才会令其充满活力，尤其是当他们尝到甜头时。

9.7 了解人们怎样处事和判断这种处事方式能否取得好结果，这比了解他们做了什么更重要

了解员工是什么样的人，这是预知他们未来能如何承担责任的最好途径。在桥水，我们把这叫作"多看挥杆姿势，少看击中与否"。由于结果好坏可能与环境有关，而与个人处理问题的方式不相关，因此评估员工绩效时最好既看逻辑过程，也看最终结果。我很坦率地检查他们的思维方式，不让他们摆脱责任。这样做使我学会如何评估别人的逻辑，以及怎样使自己做事更有逻辑。如果发现结果及其背后的想法都很糟糕，且这种情况多次发生，我就知道我不应该再让他们这样去思考问题了。

例如，如果你是扑克玩家，玩过很多次扑克，那么你将有赢有输；在某一个晚上，可能在你离开时，你口袋里的钱比一个不常玩扑克但手气好的人还要少。但以一次结果就判断一位玩家的水平，这是错误的。要从较长期来看，他们玩法好不好、结果如何。

a. 如果一个人工作干得不怎么样，要考虑这是由于学习不够，还是能力不足。对员工的业绩要从两方面思考：学习和能力，正如下页图所示。缺乏经验或训练造成的缺点可以弥补，而能力不

```
        ┌──────────────┐
        ↓              │
       目标 → 机器 → 结果
              ↑↓
              人 → 设计
              ↑↓
           学习    能力
```

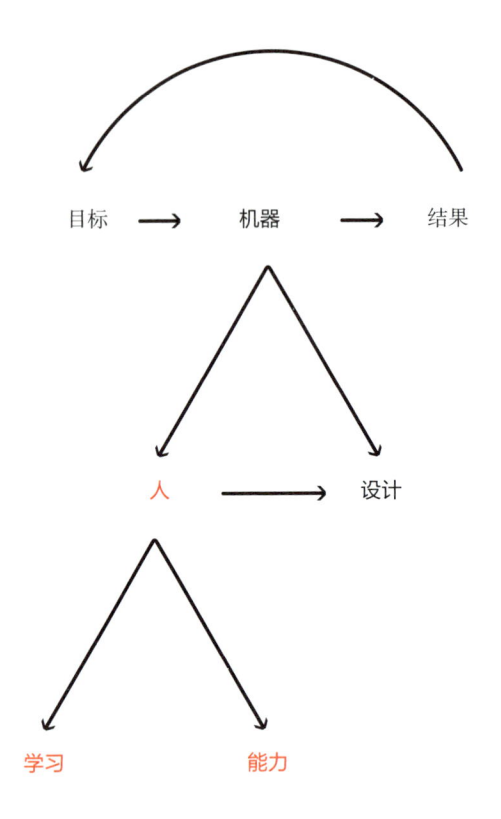

足很难弥补。管理者无法区分这两种原因是常见的错误，因为管理者经常不愿意显得对人不厚道或苛刻。而且，他们认为用这种办法评估员工会引起反弹。在这种情况下，你要让自己脚踏实地，面对现实。

b. 培训和测试一个业绩不佳的员工时，常见的错误是，只看其是否掌握所需技能，而不是评估其能力。技能可测试，所以很容易判断。而能力，尤其是右脑能力，则很难评估。当思考某人为何业绩糟糕时，要以开放心态考虑这是否源于他们的能力不足。

9.8 人会随着时间进化、改变，但一定要有现实的期望

如果集中精力在某个方面努力，那么过一段时间后，人们可能发生巨大的变化。人们可能改变习惯、心态、行为、技艺和某些能力，但很难从本质上改变价值观、固有能力和认知偏好。考虑个人发展时，要估计你所期望的变化是否有可能实现，你是否可能达到实现相关业务目标所需的水平和速度。

改变自我需要满足几个条件：（1）要有自我蜕变的决心，（2）除了需要时间和空间将所学知识付诸实践外，还要有适当的成长经验和培训，（3）接收准确、具体的反馈，（4）有时间和空间思考。人力资源开发人员在创造一个满足这些条件的环境方面起重要作用。

作为管理人员，评价员工是件难事，也可能会出错。不仅人会变，而且各种因素（如时间、接触程度、盲点等）都可能影响评价结果。此外，（外部和内部）环境会严重掩盖某些人的真实能力表现，对其进行准确评估变得很难。在帮助员工发展时，最好保持谦虚和开放的态度。

9.9 如果你跟某人真的就他们的缺点取得共识，那么这些缺点可能真的存在

你们意见一致，这是你获得真实情况的好迹象，可见直奔主题的做法多了不起。这就是被评估人必须成为评估过程中的平等参与者的重要原因之一。你们确实达成共识了，要做正式记录。这一信息将成为确保未来成功的重要基础。

a. 评判员工时，不必达到"没有一丝疑点"的境界。要认同不可能做到完美。追求完美会浪费时间，阻碍进展。相反，应该朝着双方都认同、能大致有把握地了解一个人是什么样的这一方向去努力。必要时，花时间加深理解。

b. 用不了一年时间，你就能了解一个人是什么样的，他们是否适合其岗位。经过 6~12 个月的密切接触、大量测试和求取共识后，你就能大体了解一个人的能力。更有信心的评估可能需要 18 个月。这个时间表显然取决于岗位、当事人、与其沟通的频率，以及你们求取共识的深度。

c. 在员工任职期间持续评估。随着你对员工的了解加深，你能更好地培训和指导他们。最重要的是，你将能更准确地评估他们的核心价值观和能力，确保他们的这些方面能与你互补。不过，不要止于首次评估。要不断地问自己，根据现有的了解，是否还愿意聘用他们就任相同岗位。如果不愿意，就辞退他们。

d. 要像评估应聘者一样严格评估员工。有个现象令我迷惑，面试官并不太了解应聘者，却总是肆无忌惮和自信满满地批评他们，而不会批评有类似缺点的员工，尽管面试官掌握着更多员工表现的证据。这是因为，他们认为批评同事是有问题的，而批评外人却没什么问题。如果你认为事实对任何人都是最好的，那你就该认为上面那种想法是错误的，这也就是为什么坦率而持续的评估如此重要。

9.10 培训、保护或辞退员工，不要修复

培训可提升员工技能，帮助其成长。修复是试图显著改变员工

的价值观和能力。鉴于价值观和能力很难改变，修复通常不切实际。价值观不适当、能力不足的员工会给机构带来严重损害，他们应被辞退。如果想尝试修复，那么最好由专业人士进行较长时间的指导。

如果你期望员工在近期会比他们过去取得很大进步，那么你很可能犯了大错。人们的行事习惯很可能继续，因为行为反映了他们是什么样的人。由于人的变化通常很慢，你只能期待缓慢进步（在最好的情况下）。相反，应该换人，或者更改设计。鉴于改变设计来适应员工的缺点是个坏主意，最好还是挑选员工。有时候，好员工会"丢了饭碗"（被辞掉），因为他们没有尽快成长为责任人。有些人可能在其他场合做得很好，在那种情况下，他们应该被公司派到新岗位上。有些人做不到，就得走人。

a. 不要让员工尸位素餐。 辞退人或重新委派任务不是大事，把一个人留在不适合的岗位上才更糟糕。保留不合适的人的成本十分高昂：糟糕的业绩所造成的损失、试图培训他们所花的时间和努力、辞退老员工（例如工作5年以上）比辞退一名只有一年工龄的员工所造成的更大痛苦。对那些不适合岗位的人来说，把他们留下是很可怕的事，因为这会使他们生活在虚假现实中，阻碍了他们的个人成长。这对团队也不好，因为这破坏了创意择优，每个人都会为此付出代价。不要被任何人"绑架"，总有合适的人。绝不要坏了你的规矩，或委屈自己。

b. 准备好"朝你爱的人开枪"。 要辞退你在乎的人非常困难。当与你建立了良好的人际交往的某人，无法在其岗位上成为一流员工时，要想裁掉他是很难的，因为结束友好关系很不容易，但从确保公司长期保持卓越的角度考虑，这很有必要。你可能需要他们完成工作（即使他们的工作并不出色），这很难做出改变。但是他们会"污染"环境，在你真正需要他们的时候掉链子。

这属于那些困难但必要的事。最好的办法是"关爱被你辞退的人"——要考虑周到，并能真正帮到他们。

c. **某个人"不适合某个岗位"时，要先考虑是否有更适合他的空缺，再考虑让他离开公司。**分清楚他们无法胜任工作是因为哪些方面的素质出了问题。要了解存在哪些问题，确保这些问题不带到新岗位上。此外，如果你发现他们没有上升的潜能，就不要让他们占着位子，挡了别人的路。

记住你是要挑选能与你分享生活的人。每个人都会随时间成长，比起当初面试时的印象，管理者对新员工的优缺点和能否融入公司文化有了更深入的认识，所以管理者可以考虑如果新员工不能胜任原岗位，那么经过评估也可以让其从事其他工作。

一旦有人不称职，找出不称职的原因就至关重要，并确保那些原因不会影响新岗位。

d. **要慎重对待把不称职的员工换到新岗位上。**注意我说的是"要慎重对待"。我没说"绝不"，因为这要根据实际情况而定。一方面，你要让员工在新岗位上拓展经历。你不希望辞掉一个很棒的人，仅仅因为他尝试新事物没成功而已。另一方面，如果你了解了被认为不称职的很多人，留下他们基本上都会让你后悔。

这其中有3个原因：（1）你不应放弃，也许别人能胜任这个岗位，留下能进步的人比不能进步的人要好；（2）留下来的这些人会继续从事他们不擅长的事，这会产生风险，导致角色错位；（3）回到他们无法进步的岗位，那个人会感到受限制和不满。留下他们往往是短期决定，但从长远来看，这可能是错的。这个决定很难做。你要深入了解这个人，在拍板前仔细权衡成本。

9.11 换岗是为了人尽其才，有利于整个团队

相关管理者应取得共识，新岗位保证了人尽其才，否则需要上级决策。招聘员工的管理者要保证这一行为不会影响公司。应先跟员工非正式地聊聊，看他对这一岗位是否感兴趣，但在与现任管理者取得共识之前，不应大张旗鼓地招聘。换岗的时机要由现任管理者与相关方沟通后再决定。

a. 换到新岗位前，要让员工"完成职责"。应保持换岗机会开放，但不应打断正常运作，除非出现紧急事件（如某人特别适合另一个需要马上填补的岗位）。在发展变化很快、人们能够坦率发表看法的公司里，员工自然有转向新岗位的持续稳定机会。但如果太多人频繁换岗，而没有完成他们的职责，造成不连贯、失序和不稳定，那么对管理者、文化和换岗的人都不好，因为他们推动事情完成的能力还没有得到足够检验。我建议，在考虑新岗位之前，在一个岗位上干满一年是必要的，不过这并非硬性要求，这个时限要视具体情况而定。

9.12 不要降低标准

在各类人际关系中，你可能遇到这样的时刻，必须决定是否还

有必要保持彼此之间的情谊——这在私人生活中非常普遍，对任何拥有高标准的机构也是如此。在桥水，我们很清楚不能对文化的根基妥协。因此，如果一个人无法在一定时间内达到我们在追求卓越、极度求真、极度透明等方面的高标准，就必须离开。

严厉的爱

最难给，

也最重要

建造并进化

你的机器……

很多人面对铺天盖地的任务会感到无所适从。相比之下，成功者却能从琐碎事务中抽身出来站在高处，观察整个事情的原因和结果。这种高层面的视角能让他们像机器一样客观地看待自己和他人，了解哪些人、哪些事能做好，哪些人、哪些事做不好，以及怎样把人组合起来形成最佳的工作成果。

你现在已经了解怎样对待你这部机器的两组关键零部件——文化和人，我现在谈一谈对机器进行管理和改进的原则。

在下一条，我将阐述，在像机器一样看待机构时所运用的高层次思维方式的总体原则。这不仅仅是一个思维试验，像机器一样思考有很重要的实用性，能帮助你管理团队、设计职责和设定工作流程。

在"像操作一部机器那样进行管理以实现目标"中，我将运用这个方法来讨论如何在最高层进行组织架构设计。

在你了解怎样建造并操作你的机器以后，你的下一步目标是如何对其进行改进。我们运用5步流程来实现：（1）树立目标；（2）

发现问题；（3）诊断并发现问题根源；（4）设计改进方案并解决问题；（5）完成任务。对任何机构而言，取得不同程度的成功都经历了这样的过程。当今世界之所以充斥着诸多昙花一现的公司，是因为其最初的优秀品质已经丧失，而领导层又未能充分适应新情况，以对员工和设计进行改变。也有一些公司能不断改造自己，持续达到新高度。

接下来的各条将阐释 5 步流程在一个机构里的运作方式，以及你应该做哪些事确保发挥其最大功用。为使之有效，你必须像一个组织工程师那样俯视你的机器，把产生的结果与目标进行比较，持续完善员工队伍和机器设计，使产出越来越理想。最重要的是，你必须妥善安排员工。能不能做好这一点决定了你能否获得成功。

最后两条内容，是关于怎样让创意择优能像所设计的那样，在日常管理和战略决策层面发挥应有的作用。"运用工具和行为准则指导工作"描述了系统化工具对确保创意择优如愿发挥作用的重要性。在"千万别忽视了公司治理"中，我想说明，虽然我一开始低估了治理在确保公司持续有效运转方面的作用，但随着我逐渐从桥水的日常经营中脱离出来，我学习到了一些通过治理促进创意择优的重要原则。

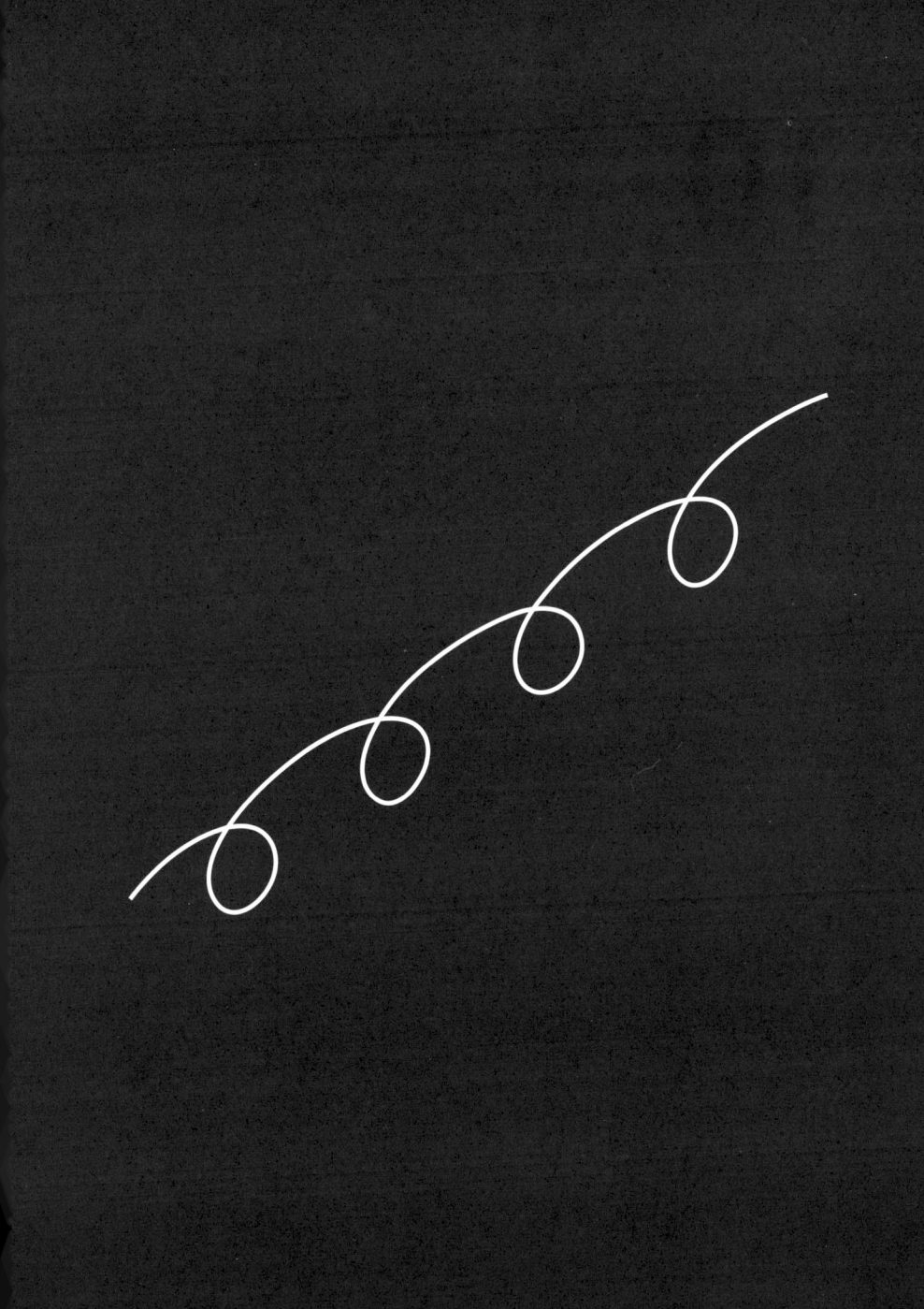

10 像操作一部机器那样进行管理,以实现目标

无论用什么方式，更高层次的角度都有助于你设计目标、建造机器来实现目标。我经常把桥水的实际产出与我头脑中期望的产出进行对照，然后寻求改进的方法，从而保证桥水这部机器的成功运转。

关于你应该为自己的公司设定什么样的目标，我并没有什么具体的建议。我只是想说，本书生活原则部分所涉及的目标设定总体原则同样适用于个人和公司。但是我希望指出，在运作公司的过程中，你和你的同事必须清楚地知道，如何从你公司总体的目标和价值观中推导出具体的目标——节约成本，让客户更加满意，为需要帮助的人提供帮助等。

不管你设计得有多好，你的机器总会出问题。你自己或其他能力强的技术人员需要发现这些问题，并打开机器盖子来诊断其根源。你和任何负责诊断的人必须了解机器的每组部件——设计和人，也必须清楚其如何协同运作。人是最重要的因素，因为包括设计在内的几乎所有问题都与人有关。如果不能从更高的视角看待机器，并且看到所有部件的情况及如何协同运作，那么你必定诊断不出问题，失去潜在可能。

在桥水，我们的机器的总体目标是为客户创造优秀的回报——当然是反映在其投资收益率上，但也反映在我们之间的交往以及我们对全球经济和市场格局的共同判断上。这种创造优异回报的承诺，是我们在桥水的首要目标。坚守这种超高的标准对我们来说一直是个挑战，尤其是在我们加速发展和转型的过程中。在接下来的几条中，我会回顾案例，讲述我们的客户服务质量为何下滑，以及通过5步流程对机器进行改进的过程。

但我想先跟你们分享建造、改进任何机构的高层次原则。

10.1 从高层面俯视你的机器和你自己

高层次思考不是指级别高的人所做的思考，而是指自上而下地审视事物，如同你从外太空看你自己和整个地球。从这个绝佳角度，你会看到大陆、国家和海洋之间的联系。拉近镜头，你还可以看到更多的细节，可以近距离看到你的国家、你的城市，再到你的街区，最后到你身边的环境。从这个宏观的视角，你对事物有了比仅围着你自己的房子打转更深刻的洞悉。

a. 不断把结果和你的目标进行对照。 你必须经常在努力达成目标的同时，对机器（人和设计）进行评估，因为所有产出都能反映出机器运转情况。只要发现问题，你就要进行诊断，了解是设计不对，还是员工未能恪尽职守。

样本量很重要。 任何问题既可能是某种一次性缺陷，也可能体现了反复出现的问题的根源。如果你看过足够多的问题，你就能轻松判断其究竟属于哪种情况。

b. 出色的管理者就是一个机构的工程师。出色的管理者既不是哲学家，也不是实干家或艺术家，他们是工程师。他们把机构当作机器看待，兢兢业业进行维护和改进。他们设计出流程图，展示机器如何运作以及如何对设计进行评估。他们开发出量化工具来评价每个独立的机器部件（最重要的是人）和整部机器的运转情况。他们不断对设计和人员进行完善，以便更好地发挥作用。

他们不是随意而为，而是心中装着机器运行的因果关系，系统地进行维护和改进。他们非常关心与此相关的员工，不希望对员工的态度、期待导致员工心情不愉快，从而影响机器的持续改进。对员工漠不关心，既对个人不利，也对个人所属的团队不利。

当然，你在机构中的职位越高，你的想象力和创造力就越重要，但你仍然必须具备必要的管理/协调技能。一些年轻的企业家都是从想象力和创造力开始，并随着公司的不断发展提升管理能力的。也有一些人一开始就具备了管理技巧，随着职位攀升再发展出想象力。就像伟大的音乐家一样，所有出色的管理者都同时具备创造力和技术能力。任何层级的管理者，如果不具备组织工程师的技能，就不会成功。

c. 制定量化工具。量化工具能够通过提供数字、在仪表盘上显示报警灯等方式说明机器运转的结果，是进行效果评价的客观途径，并对提高生产率往往有良好功效。如果你的量化工具足够好，你仅凭该工具就可以对人们的行为及后果做出准确的判断。

在制定量化工具时，要考虑到你为了解事情进展而需要回答的最重要的问题，要假设哪些数据可以揭示答案。不要用你已经有的数据，也不要按你的需要去粉饰数据，因为那样做你就无法得到你想要的答案。首先问你需要回答的最重要的问题，并设想一个会给出答案的量化工具。

要记住，任何一个量化工具都可能给出错误的结论，你需要足够多的证据来寻找规律。当然，量化工具的输入信息也需要经过准确性评估。评级的平均数可以衡量准确性，那些给出很高平均分的评级结果可能存在问题。强制人们对同事绩效进行从优到劣的排序，也有一定帮助。强制排序与曲线定级基本属于一类。能进行跨部门、跨团队独立评分的量化工具特别重要。

d. **要注意别把精力过多用于应付各种事务，而忽视你的机器。**如果你把精力用在完成每个单项任务上，你就会不可避免地非常忙碌。如果你能把注意力放在建造和管理机器上，就会不断获得回报。

e. **别被突发事件分散注意力。**不管项目或计划有多完备，一些突发问题总会产生，看起来似乎属于紧要且需要关注的问题。但这些突发事件可能是陷阱，会分散你的精力，让你无法像机器一样思考，所以你自己一定要警觉，不要被别的事情吸引。

10.2 应对每个问题的手段都要服务于两个目的……

……（1）让你与目标更接近；（2）能够对机器（人和设计）**进行培训和测试。**第二个目的比第一个更重要，因为这是你打造一家稳健的公司，并使其在各种情况下运转良好的关键。很多人都更关注第一个目的，大错特错。

a. 经历的每件事都是一个案例。要思考它属于什么类型的案例，应适用于什么样的原则。你自己这样做并帮助其他人这样做，你就能针对此类问题的反复发生找出妥善的应对方案。

b. 如果出现问题，要在两个层面进行讨论：（1）机器层面（为什么）；（2）案例层面（怎么办）。不要仅仅就如何具体应对进行案例层面的讨论，因为这是微观管理（你是在做你手下员工该做的工作，他们会错误地觉得没什么大不了）。要进行机器层面的讨论，弄清楚事情应该怎么样才是正确的，并探究为什么没有朝着正确方向发展。如果你急于确定应对策略，你必须告诉你的手下该怎样做，要确保解释清楚你想怎么做以及相关原因。

c. 制定规则时，要解释清楚背后的原则。你不会希望手下员工对你所制定的规则只是敷衍了事，规则必须明确较高的道德标准，让员工感到有责任严格遵守，同时还要在实践中完善。做到这一点，要靠稳健的、经由公开讨论测试过的工作原则。

d. 你的政策应当是你的原则的自然延伸。原则是分层的——有些至关重要，有些则不太重要，但都决定了你的政策，而你的个人决策会受政策影响。要对政策进行梳理反思，确保彼此之间一致，也要梳理政策所依据的原则，这样做很有帮助。

如果出现无政策可循的问题（例如，某员工的职责是出差，却因出差而需承担潜在的健康风险），就不应在不诉诸更高层次原则的情况下随随便便做出回答。对政策制定者而言，制定政策必须像司法体系形成判例法那样——在应对具体案例和解释法律适用过程中，反复酝酿、循序渐进。

这就是我的行事方式。当一个案例发生，我要为自己的应对方法设定原则，并与他人达成共识，看大家是否都认同这些原则，否则就进行修改完善。桥水的原则和政策基本上就是这样产生的。

e. 尽管好的原则、政策几乎都会提供良好的指南，但要记住每条规则都会有例外。每个人都有权对事物形成自己的判断——实际上也有义务对原则和政策提出挑战，如果与自己所相信的最佳方法存在不一致，但这并不是说每个人都有权对原则和政策做出修改。改变政策必须经政策制定者（或对完善原则负有责任的人）批准。

若有人希望在桥水的重要政策上寻求例外，他们必须就此起草一份新的政策建议，上报给管理委员会。

例外情形应该是非常罕见的，因为如果一项政策有了太多例外，就不会有多大效果。管理委员会将正式进行讨论，或者拒绝，或者适度修订，或者予以采纳。

10.3 了解管理、微观管理和不管理的区别

出色的管理者重视协调，而非亲力亲为。就像乐队的指挥，他们并不演奏某个乐器，却能指挥整个乐队演奏精彩的乐章。相比之下，微观管理是事无巨细向下属交代任务，甚至替他们完成任务；不管理是指员工在没有你的监督和参与下独自工作。为了取得成功，你需要了解这些区别，并在适当的层面做好管理。

a. 管理者必须确保自己负责的领域运转有效。他们可以通过以下方式：（1）把员工管理好（如上所述）；（2）"下沉"去做本不该自己做但下属做不好的工作；（3）把管理不好的领域提交给上级管理。第一个选择是最优的；第二个选择说明要对员工和设计做出

改变；第三个选择是很艰难的，但有时是必要的。

b. 管理你的下属就好比是在"一起滑雪"。如同滑雪教练在滑雪中指点学员一样，你应当与员工密切接触，在实际工作中评价下属的优缺点。通过试错进行适当调整，慢慢地，你就能够看出他们能独立完成什么任务，不能独立完成什么任务。

c. 优秀的滑雪者当教练要比新手当教练强。可信度加权也适用于管理。你的过往记录越好，你作为教练就越有价值。

d. 你应当把具体工作授权给员工做。如果你让自己陷入细节，那么你要么存在管理或培训方面的问题，要么手下人能力不济。出色管理者的标志是他不必亲自做任何事。管理者应视自己陷入细枝末节为不良信号。

同时，如果你觉得自己距离实际情况太远，根本不了解那些重要而缺乏管理的事务，只想着授权给别人，那么这很危险。出色的管理者知道这二者的区别。他们会加强招募、培训、监督，以便让员工尽量很好地独立完成任务。

10.4　了解员工及其工作的动力，因为人是你最重要的资源

对每个人的价值观、能力和技艺做一个完整的评估。这些素质是一个人行为的真正动力，详细了解这些信息后，你就会知道一个人能做好什么工作和不能做好什么工作，应该避免做什么工作，以及应当接受哪些培训。对员工的评估应当随员工的变化而变化。

如果你不了解你的员工，你就不知道该要求他们做些什么。你就像在暗夜飞行，在得不到想要的结果时，就不能怪任何人，只能

怪你自己。

a. 经常了解那些对你和公司很重要的人。对关键员工进行详细了解，敦促其将困扰自身的问题说出来。这些问题可能是你所忽略的，或者是被他们误解而产生的。无论如何，把这些问题公开提出来是至关重要的。

b. 对员工的信心应通过了解而获得，而不是通过随意猜测。管理者不能对自己不了解的人进行授权。了解人们并决定给予他们多少信任是需要时间的。有时候，管理者对新入职员工完成任务没有信心，新人会感觉被冒犯。新员工会觉得这是对自己能力的否定，其实管理者只是比较务实，认为还没有时间认识和接触新员工，无法对新员工有所了解。

c. 根据你的信心大小进行不同程度的调查了解。从事管理，基本上包括对你所负责的任何事情进行调查摸底，以便发现可疑信号。根据你的了解，你来决定自己了解事情的程度应该达到多深：对于看起来可疑的人和事，要多做了解；对有信心的人和事可以简单了解。在桥水，我们用一系列工具（问题日志、量化指标、每日更新、检查清单等）来得出客观的考核数据。管理者应经常进行评估和现场核查。

10.5 明确职责

要消除含糊的预期，让每个人意识到假如他没有达成目标或完成任务，那是他个人的失败。最重要的人是这样的人：他们对完成使命负总体责任，知道应当做什么，并有确保完成任务的纪律。

a. 记住谁负什么责任。这似乎显而易见，但总有人无法履行自己的责任。即便是一个公司的高层，有时也会表现得像一个正在学习踢足球的孩子，只会跟着球跑，努力提供援手，却忘记了自己的本职工作。这对绩效没有改善，反而有破坏作用。所以，要确保员工记住整个团队的工作方式，把自己的本职工作做好。

b. **防止"角色错位"**。角色错位是指某个工作岗位因为情势变化或临时需要而未经深思熟虑就做出变更。角色错位通常会让错误的人承担错误的职责，并使得工作分工变得模糊不清。

10.6 深入探究你的机器，以了解你能从它那里期待些什么

要经常问责你的下属的工作，并确保其明白这能揭示问题和错误，对他们自己和别人都是件好事。这样做是为了让你得到你想要的结果，即使对那些做得很好的人也要这样问责（尽管给他们的自主空间可以相对大一些）。

问责不仅仅是自上而下的。下属也应当经常向你问责，这也可以让你得到提升。此时，他们会明白自己也像你一样有责任找到解决办法。站在看台上品头论足，比在球场上拼搏要容易得多。把人赶进球场一显身手可以让你的团队变得更强。

a. **获取足够程度的理解**。在管理某个领域时，要对你身边的人员、流程和问题有足够充分的了解，以便做出明智的决定。若没有这种了解，你就会轻信别人讲给你的故事和各种借口。

b. **不要保持太远的距离**。你应当非常熟悉你的员工，定期和员工交流，进行高质量的讨论。虽然你不希望被一些闲言碎语打扰，但你必须能够从适当的人那里快速获知信息。你的工作设计中必须

包含做这些事情的时间。否则，你就会冒管理不当的风险。我开发的工具能够让我拥有一扇窗户，了解人们在做什么、他们的喜好是什么，在遇到问题时及时跟进。

c. 利用"每日更新"来了解团队成员的行为和思想。我要求下属每天花 10~15 分钟简单写一下当天的工作、遇到的问题以及反馈意见。通过阅读这些工作记录并交叉验证（如了解其他合作人的表现），我可以估测他们如何合作、情绪如何以及有哪些线索需要注意。

d. 通过问责来了解问题会不会突然发生。如果问题出乎你的意料，可能是因为你远离了你的下属和工作流程，或者你对下属和流程可能导致的不同后果缺乏足够认识。在危机酝酿期间，必须保持密切沟通，以确保不会发生意外情况。

e. 问责过程要触及你直接下属的下一级。你要知道他们向你的下属直接报告哪些内容，观察他们在你的下属面前的行为，否则你无法了解你的下属是如何管理他的下属的。

f. 允许你下属的下属随时越级向你汇报。这是一个非常好用的提升责任心的方法。

g. 别想当然地认为员工的答案都是正确的。员工的回应可能基于其错误的理论，或者是凭空编造的，所以你应该时不时进行交叉核验，尤其是在听上去可疑的时候。一些管理者不愿这么做，感觉这样做似乎是不信任员工。管理者应当明白，信赖正是通过这个探究的过程产生的。如果员工懂得了这一点，他们在表达意见时就能提高意见的准确性，你也会越来越清楚你可以信赖谁。

h. 要学会明察秋毫。你可能总是听到一些话，说某个人对某件事有意见，或者遵守原则不当。例如，不指名道姓地提及"我们"，可能暗示某个人要逃避错误。

i. 让问责过程透明，而非私下问责。 这有助于保证问责过程的质量（因为别人可以做出自己的判断），也能推崇极度求真和极度透明的文化。

j. 欢迎被问责。 欢迎别人问责你很重要，因为没有人能够客观看待自己。当你被问责时，保持冷静至关重要。你的情绪化的"较低层次的自己"可能会针对别人的问责说出这样的话："你这个古怪的家伙，你竟然反对我，让我感到很难堪。"但你内心理性的"较高层次的自己"会这样想："我们能这样诚实真是太棒了，这样的理性交流能够保证我去做正确的事情。"要服从于"较高层次的自己"，同时记住问责是件很不容易的事。除了让你的公司正常运行、保持自己与问责你的员工之间的良好交往以外，你自己要能经受住此类问责，这会提升你的人格素质，让你保持镇定。

k. 对事物的看法和思维方式截然不同的人，相互间的沟通通常不畅。 假想一下你对没有嗅觉的人描述玫瑰花的香味。不管你的描述有多准确，都不会产生效果。思维方面的差异也是如此。这就像是盲点，如果你有一个盲点（我们每个人都有），你就很难发现那里有什么。解决这些差异需要很大的耐心和开放心态，还要与其他人互动验证，以便形成完整的图景。

l. 不放过任何一个可疑线索。 把所有可疑线索找出来是件很值得做的事情。因为：（1）小问题可能是潜在大问题的征兆；（2）解决小分歧可以避免更严重的分歧；（3）在努力创造崇尚优秀的文化的过程中，要经常指出问题、直面问题，无论问题有多小（否则你就可能面临陷入容忍平庸的风险）。

对工作进行优先排序可能导致你忽视了身边的小问题。对小问题熟视无睹就会让人认为你允许小问题存在。想一想你的房间遍布小块垃圾，而你要踩着它们才能穿过房间。的确，房间的另一边有更重要的事情需要处理，但随手捡起小块垃圾也不会耽误什么。强化一种崇尚优秀的文化，会让第二轮、第三轮涟漪产生。虽然你没必要把每一块垃圾都清除，但你不应忽视你踩着它们通过这个事实，在你在通过的途中拾起一两块也不是很难的事情。

m. 解决问题有很多办法。 在评估责任人如何完成工作时，不应仅看其是否按你的想法去操作，还要看其是否以好的方法去操作。不要指望能以一种方式取得成功的人，还能以另一种方式获得成功。那就无异于要求贝比·鲁斯改变他的击球方式。

10.7 像公司所有者那样思考，要求你的同事也这样做

一个基本的事实是，如果你不受你行为结果的影响，那么你就不会为行为负责。如果你是一个员工，老板付给你钱让你上班取悦他，那么你的思维就不可避免会被这种因果关系牵着走。如果你是一个管理者，就要确保你设计的激励和惩罚措施能够让员工对自己的行为负全责，而非部分责任。这需要一些简单直接的安排，例如让他们觉得是在花自己的钱，在非办公时间也不应忽视职责。如果员工发现他们自己的收入待遇与公司直接相关，这种类似所有者的关系就会产生回报。

a. 休假也不应忘记责任。 像所有者那样思考，意味着不管什么情况下都要妥善履行职责。即便外出度假，你也有责任确保工作不

丢。在外出休假之前，你可以做好一系列安排和协调，确保一切尽在掌握。这不需要太多时间——远程检查一下工作状态也就需要一个小时，而且不需要每天都检查，因此一般情况下，你可以在自己方便的时候跟进一下。

b. **强迫自己和员工做困难的事。**这是一项自然法则：你想保持强壮，就必须坚持锻炼。你和你的员工要像健身房的教练和学员那样配合，让双方都保持健康。

10.8 承认并应对好关键人物风险

对于每个关键员工，公司必须至少安排一个替代人选。确定好继任者，并对其进行训练，助其履职。

10.9 不要对所有人等同视之，要合理对待、有所区别

人们常说，对人区别对待既不公平也不合理。但是，合理对待人就必须有所区别，这是因为人和环境都不一样。如果你是一个裁缝，那么你不会为顾客剪裁缝制同样的衣服。

然而，按照同一套规则来对待员工是很重要的。这就是我努力把桥水的原则不断充实完善的原因，要确保原则足够有深度，并考虑各种差别。例如，若某个员工曾经为桥水效力多年，他的待遇自然异于别人。类似地，我认为不诚实是不可容忍的，但我不会对所有不诚实的人、所有不诚实的行为都同样对待。

a. **别轻易让步。**在过去那些年里，许多员工威胁我，说他们要

辞职并起诉我，或者在媒体上爆料羞辱我——以你能想出的各种方式。一些人奉劝我以比较简单的方式处理，那就是息事宁人，但我觉得这样做未免有些短视。让步不仅仅有违于你的价值观，释放出了规则被修改的信号，还会让此类事件再次发生。所以，捍卫自认为正确的事情虽然在短期内比较艰难，但是我愿意接受挑战。我关切的是要做正确的事情，而不是别人怎样看我。

b. 关心员工。如果你不是与你关心和尊重的人共事，工作就没有意义。我会出席任何别人真正需要我的场合，如果整个机构和团队都是这样行事，就会变得很强大，员工也会认为很值得为之奉献。在一个人身处困境时，必须对其进行私下慰问。

10.10 优秀的领导一般不是表面上看起来那么简单

我不愿意用"领导力"一词来描述我的所思所为，因为我不相信大多数人认为的"高超的领导力"能发挥作用。很多人认为优秀的领导者很强势，能激发别人的斗志，激励别人追随自己，很强调"追随"。这种典型的领导者通常把疑问、异议看作威胁，宁愿员工做到"领导怎么说就怎么做"。在这种情况下，领导者负有决策的义务。但因为领导者并非看起来那样全知全能，所以人们总会觉醒，并感到气愤。这也是为什么人们既喜欢他们的魅力领袖，又渴望将其推翻。

这种传统意义上的"领导者"与"追随者"的关系，与我所认为的有效关系相去甚远，而发挥出最大的有效性是"领导者"最需要做的事。坦陈自己的不确定、错误和弱点，比试图掩藏要务实得多。更重要的是，拥有好的挑战者胜过拥有好的追随者。理性的讨论和分歧是务实的，因为这可以对领导者进行压力测试，让其重视那些被忽视的事物。

我认为，领导者有一件事不应该做，那就是操纵。有时，领导者会操纵员工情绪来促使员工做事，而当员工明白过来时，一般是不会做的。在创意择优的环境下，你是在与聪明人打交道，你一定要按理性思维行事，而不要基于本能和情绪。

最有效的领导者的工作目的在于：（1）开明地寻找最佳答案；（2）带领他人一道进行寻找。这就形成了一起学习、求取共识的局面。一个真正伟大的领导者在对一些事情拿不准时，会随时准备通过开明的探索来应对这种不确定性。在其他方面不变的情况下，如果领导者在外在和行为方面更像技艺超群的忍者，就总是能战胜动作片里孔武有力的英雄。

a. **既要弱，又要强。**有时候，问别人问题来形成判断可能被认为是弱势和不果断的表现。这当然不是。问问题是理智行事的必要条件，也是变得坚强和果断的前提。

要经常向有智慧的人寻求建议，让比你强的人来具体指挥，目的是做到理解最佳、领导决策最佳。要保持心态开放，还要行事果断，与跟随你的人达成基本共识，要知道，有些时候，并不是所有人都认同你，甚至可能大多数人都不赞同你的观点。

b. **不要担心你的员工是不是喜欢你，不要让他们告诉你该如何做事。**你要操心的是要尽可能做出最佳决策，因为不管你做什么，很多人都会说有些事做得不对，或者很多事都做得不对。人的本性就是这样，希望别人相信他们的观点，如果你不信，他们就会生气，即便他们自己也没有理由相信自己就是正确的。所以，如果你是个合格的领导者，你就不应该对别人不认同你的观点而感到意外。重要的是，你在评估自己决策正确与否时，要有逻辑、立场客观。

只要你自己有适当的开放心态，即便你相信自己比一般人更有见解，也不能说明你缺乏逻辑或武断自负。实际上，认为一般人的想法好过你和你身边见解独到的人的想法，这本身就是不合逻辑的。因为你们是经过一番努力才获得现在的高级职位，而且你和那些很有见解的人都比一般人拥有更多的信息。否则，你们和那些普通人就不会在工作中处于现在的位置。换句话说，如果你的见解不比一般人高，你就不会是领导者；如果你的见解比他们的更高，那就不必担心你做的事情不受欢迎。

那么，你该如何对待员工呢？你的选择或者是忽略其存在（导致他们怒气冲冲，而你不管他们怎么想），或者是无原则地按照他们的想法行事（这不是什么好主意），或者是鼓励他们把分歧摆到桌面上（经过公开、理性的讨论，每个人都会了解你观点的相对优势）。要允许把分歧公开，愿意进行观点论战，不论个人输赢，只要最好的观点胜出即可。我相信，创意择优不仅可以产生比其他机制更好的结论，还能使合理但不受欢迎的决策赢得更多认同。

c. 不要发号施令让别人服从你，要努力为人所理解并理解他人，以达成共识。 如果你希望别人服从你，或是出于以自我为中心，或是由于你认为按自己的想法行事更为有利，那么长此以往，你可能会付出高昂的代价。当只有你一个人在思考时，结果不一定好。

独断专行的管理者没有自己的班底，也就是说，其下属都没有自己的观点。这在长期看来不利于每一个人。如果你发出太多的指令，人们可能会有怨言，对你的命令阳奉阴违。你对聪明人施加的最大影响（以及他们对你施加的最大影响）来自持续就真实情况和最佳决策去求取共识，从而追求同一个目标，如下页图所示。

10.11 确保你和你的员工承担相应的责任，也欢迎别人监督你负起责任

让员工承担相应的责任，是指充分理解他们和他们的处境，评估他们是否能够和应该换一种做法，并与他们达成共识；如果他们无法满足一定要求，就要被解雇。当然，这不是说要对他们实行微观管理，也不是说他们必须达到完美（让工作量特别饱满的员工把每件事都做得出色，这不现实，也不公平）。

但是让人承担责任可能会招致不满，你也不需要凡事都告诉他们该怎么做。要与他们共同探讨做事的逻辑，以便让他们理解你这样做的价值，但别让他们自行其是。

a. 如果你已经与别人就某事的做法达成一致，那么要确保其按此操作，除非你们已经就改变做法形成共识。人们往往无意识地倾向于做自己喜欢的事而非需要做的事。如果他们忽视了做事的优先顺序，你就需要重新为他们指引方向。这也是为什么经常听员工汇报工作进展是很重要的。

b. 区分两种不同的失败情况，一种是没有遵守约定，另一种是根本没有约定。如果你没有明确表达你的预期，你就不能让下属为没有达到预期而承担相应的责任。不要想当然地认为有些事情大家都明白，它们在实际中并不都那么常见，如果你有具体要求，就

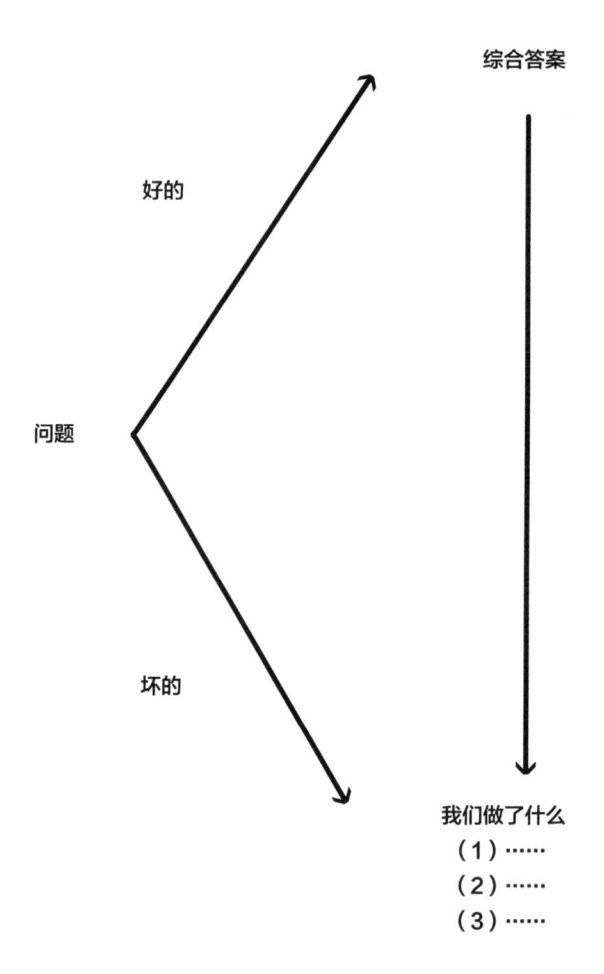

原　则

```
                          综合答案
         好的  ↗           │
              │            │
    问题 ─────┤            │
              │            ↓
         坏的  ↘       我们做了什么
                        （1）……
                        （2）……
                        （3）……
```

要说出来。如果责任总是因为规定不具体而无人承担，就应想想是不是需要修改设计。

  c. **避免下沉现象**。这是指管理者被迫去做下属的工作，而没有意识到这是一个问题。下沉现象类似于角色错位，因为管理者跑去干本应属于别人的活。尽管为了达成目标，角色错位在临时情况下可能有一定合理性，但这也意味着机器的某个部分发生了故障而需要修理。下沉现象则是管理者经常不能调整职责，不得不去承担其他领域的职责，而实际上这些事别人完全能做得很好。当管理者更多地关注完成任务而不是操作机器时，就肯定犯了下沉的错误。

  d. **当心那些混淆目标和任务的人，因为如果他们分不清楚，你就不能信任他们并让他们承担职责**。清楚目标的人通常有大局观。一种测试方法是，问一个高层次的问题："目标 XYZ 的进展如何？"好的回答是先指出关于 XYZ 进展的总体情况，如果需要，再分述各任务情况来支持论证。只见任务不见目标的人只会讲任务完成情况。

  e. **当心缺乏重点、徒劳无益的"理论上应当"**。所谓"理论上应当"，是指人们主观臆断别人或自己可以完成某件事，但实际上并不知道能否完成（如"萨莉应该可以做 XYZ"）。要记住，如果你真的希望完成某件事，那么你需要寻求在相关领域有成功经验的具有可信度的人的帮助。

  类似的情况还有，当人们讨论如何解决问题时，会模糊地、隐匿具体人名地说"我们应该做 XYZ"。一定要明确"我们"是谁，要指名道姓，而非仅仅用一个模糊的"我们"；要意识到他们有责任来确定具体工作是什么。

一些并不承担责任的人相互说"我们应当……"是毫无意义的，那些人应该让责任人明白需要做什么事情。

10.12 清楚地传达计划，用明确的量化指标对进展进行评估

员工应当了解本部门的计划和设计。当你决定偏离既定路线时，应与相关方沟通你的想法并征求意见，以便让所有人都了解新的路线。这样可以让人们接受该计划，或者表达怀疑并提出改进建议。这也使目标清晰，从而看出哪些人在坚守职责，哪些人无法履职。应当每季度至少开一次部门会，重申目标、任务和职责，或者每月开一次部门会。

a. **继续推进之前要回顾计划执行情况**。在新计划付诸实施之前，要花些时间反思迄今机器发挥的作用如何。

有时候员工觉得难以把当下的情况纳入考量或对未来做出预测。有时候他们忘记是哪些人、哪些事导致事情发展得顺利或不顺利。让他们或你自己说说我们是如何走到当前阶段的，你可以对照结果，把做得好或做得差的重点项目标示出来，将注意力吸引，到更大的画面和总体目标上，指定负责具体目标和任务的人，并帮助达成共识。要能够在不同层面把所有这些项目联系起来，以便让员工理解整个计划，给出反馈，并最终建立信心。

10.13 在无法充分履行职责时，将问题提交给上级解决……

……让你的下属也积极主动这样做。将问题提交给上级的意思

就是你自认为无法应对考验，并让别人来充当"责任人"。你提交问题的对象——你的上级可以决定是否协助你完成工作，或者接管你的工作，或者让其他人来做，或者采用其他办法。

  很重要的一点是，把问题提交给上级并不意味着失败，而是一种责任。所有的责任人最终都将面临这样的考验，即他们不知道自己能否应对考验。要把自己的忧虑提出来，使老板知道风险所在，让老板和上级责任人能够就下一步的工作达成共识。如果无法应对考验而又未把责任提交给上级，那才是最大的失败。要确保员工积极主动地说出，他们无法实现预期目标或无法在截止日期前完成某项工作。这种沟通非常重要，能帮助我们就如何解决具体问题以及寻找什么人接手达成共识。

11 发现问题，不容忍问题

在追求目标的道路上，遇到问题是不可避免的。为了取得成功，你必须发现问题，不容忍问题。问题就像添入火车头发动机中的煤，通过燃烧——制定和实施解决办法，来推动我们前进。你发现的每个问题都是一次改进机器的机会。发现问题且不容忍问题，是最重要也是最不为人所喜欢的事情。

对很多人来说，发现问题是很难的事情。大多数人都宁愿对进展顺利的事情大唱赞歌，把问题掩盖起来。那些人的想法是非常落后的，没有什么比这更不利于一家机构的发展。不要为了一时的好评而停住前进的步伐，要为能找出不令人满意的进展而感到欣喜。虽然那些难以解决的问题可能使你感到紧张，但回避问题会使你更加紧张。

这种因担心事情发展不理想而感到的紧张是非常有好处的。正因如此，我们才有动力去开发系统和指标，监测机器的运行结果，并激励那些管理能力强、经常开展系统测试、寻找机器上各类问题的人继续前行。经常有这样的担心，并加强交叉核验，对于做好质量控制至关重要。要确保把小问题都清除，因为如果任由小问题泛滥，它们就会变成大问题。关于这个观点，我会讲一个例子：一开始我们都未能保持最佳，而后认真思索了相关问题，明白了根源所在，找到了改变方法并付诸实施，从而产生了非常好的效果。

在初创桥水时，我事必躬亲，包括公司的投资决策、管理决策，之后，我建立了支持体系，并最终在没有我参与的情况下，公司仍创造了优异的业绩。随着桥水的发展，我制定的标准体现出了不妥协和直截了当的特点：我们为客户提供的分析报告质量一直保持在高水准，无论是否由我本人提供。那是因为当客户问"我们"的看法是什么时，他们不是在问随便一个人的看法，他们希望知道的是我和其他负责投资决策的 CIO 的看法。为了达成这个目标，桥水的客户服务部或者自己处理客户的提问，或者根据问题的难度水平转给拥有不同经验的员工，并指定他们作答。客户顾问（职业经验丰富，经指定代表桥水与客户对接）必须充分理解问题的含义，知道什么问题该找什么人回答。为了确保客户服务的质量，我编制了一个制衡体系，其中，我们的一些最棒的投资思想家要亲自起草回复给客户的备忘录，并且对同事的答复进行质量控制，把打分结果录入有据可查的指标系统，以便跟踪监测事情的进展，并在必要时做出改变。

2011 年，作为管理体制转型的一部分，我把这个过程的监控权交给了别人。过了几个月，客户服务部的一个员工就发现了问题。事情始于一份备忘录，两位资深投资人员发现一份已经发给客户的备忘录有误。尽管只是些小错误，但对我们来说很重要。在我的推动下，新的管理层开始重新审查其他备忘录，并发现这个问题并非孤例，它反映了质量控制机制出现了大面积的故障。更糟糕的是，审查还发现责任人未能对这些问题进行思考和诊断。让人非常担忧的是，当时还不清楚，如果没有我的坚持推动，还会不会有人肯花时间去调查。

这种未能反思问题、未能拒绝容忍问题的事例，不是不小心引起的。它的发生是因为很多人在流程中只关心完成任务，而对目标是否达成评估不足。他们变成了橡皮图章，而非能工巧匠，而那些应该"尝尝汤的味道"以保证出品质量的高管却专注于其他事情。

这个问题的暴露让我们都感到很失望，因为这表明，长期以来指引我们取得成功的高标准在逐渐下滑。这一残酷事实让人揪心，但是最终的结果是好的。此类问题的存在——无论是因为机器设计的缺陷还是个人能力的欠缺，都不让人感到丢脸。承认有缺陷与接纳缺陷不是一回事，这是朝着克服缺陷努力的第一步。这种揪心，不管是出于羞耻、尴尬，还是来自未能做得更好而产生的沮丧，都好像肌肉松弛带来的那种不安，逼得你赶紧去健身房刻苦锻炼。在接下来的章节中，你将发现，直面问题激发出了重要的创新和改进。

以下原则围绕如何发现问题、不容忍问题进行了详细阐述。

11.1 如果你不担心，你就要担心了；如果你担心，你就不必担心

这是因为，担心出差错会为你提供一种保护，而对差错毫不担心则可能让你暴露于风险之中。

11.2 对机器进行设计和监督，确保能发现哪些事情做得好、哪些不够好，否则就自己动手做

这通常要由合适的人来做，即那些愿意深究、无法容忍低质量工作和产品、具有较好综合能力的人，并要有好的量化指标工具。

a. 指定一些员工，让他们负责发现问题，给他们时间进行审查，确保他们有独立的能够反映问题的报告路线，且不必担心被打击报复。如果没有这些机制，你就无法仰仗员工来反映你想了解的问题。

b. 当心"温水煮青蛙综合征"。很显然，假如你把一只青蛙扔进沸水里，青蛙会立即跳出来。但如果你把它放进温水里，给水逐渐加温，青蛙就会待在锅里被煮死。不管对青蛙而言这是否属实，我总会看到在管理者身上出现类似的情况。人们都有慢慢习惯于不可接受事物的强烈倾向，而这些不可接受的事物明眼人一看就会非常吃惊。

c. 当心从众心理：即便没有人担心，也不表明没有问题存在。如果你发现了一些无法接受的事情，不要因为别人都已经看到且没觉得有什么大不了，就认为没什么问题。人很容易掉入这个陷阱，且这是个致命陷阱。无论你什么时候发现了一些不好的事物，一定要向相关责任人指出来，并让他们改正。要明白无误地说"这顿饭馊了"，不要吃下去。

d. 发现问题时，要把结果与目标相对照。这意味着把机器的产出与你希望达到的结果进行对比，从而发现任何偏离情形。如果你期待着能在某个具体的区间实现改进（如下页图）……

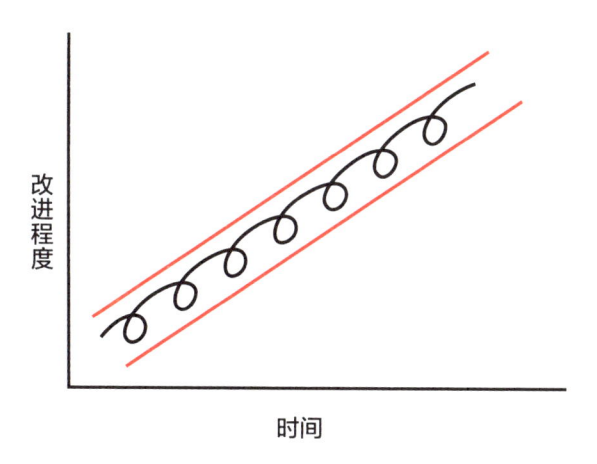

而结果却导致以下情形（如下图）……

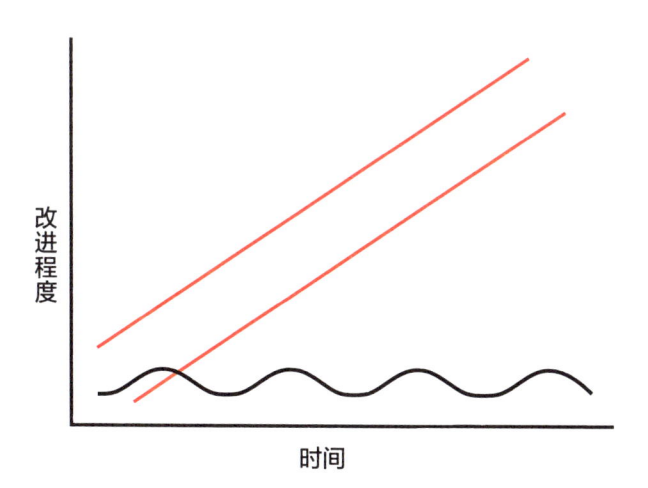

……那么你会发现你需要了解问题的根源，以便有效应对。否则，原路径就会持续。

e. **"尝尝汤的味道"**。把你自己想象成厨师，菜出锅端给顾客前先品尝汤的味道，是不是太咸或者太淡了。管理者也要针对所负责的每个工作结果做这样的事，或者在公司里指定某人帮忙做此事。被授权从事这个工作的人被称为"汤味品尝者"。

f. **尽量让更多双眼睛来寻找问题**。鼓励员工把问题带到你面前共同研究。如果你的员工对本部门的发展有责任心，都敢于大胆提出问题，你就能在问题处于容易解决且尚未造成严重损害的阶段及时发现问题。要和与最关键部门联系最紧密的员工达成共识。

g. **"打开瓶塞"**。你有责任确保员工无拘无束地交流意见，要为他们提供足够多的机会来发言。不要期待他们能定期提供给你诚实的反馈，应明确要求他们这样做。

h. **最熟悉工作的人最有发言权**。至少他们能向你提供理解问题的角度，因此要确保你能通过他们的眼睛去看问题。

11.3 在分析问题时要非常具体，不要泛泛而谈

例如，不要说"客户顾问们没有很好地和分析师沟通"，要具体指出哪些客户顾问做得不好、哪方面做得不好；要从具体事例开始，然后观察规律。

a. **不要用"我们""他们"这种不指名道姓的说法，来掩盖个人责任**。问题不是凭空产生的，那是因为特定员工做了或未做特定的事情。不要用含糊不清的话掩盖个人责任。不要泛泛地只

说"我们",要把具体行为与具体人联系起来:"哈里没有把这事处理好。"同样要避免说"我们应当……"或"我们是……"等一类话。既然个人是任何机构中最重要的基础,就要对事情的发展过程负责,错误必须与个人的名字挂钩:××设计了不好的流程,或者做出了错误的决策。把姓名掩盖起来只会延缓改善的进程。

11.4　不要害怕解决难题

在某些情况下,员工会容忍不可接受的问题,因为觉得解决它过于艰难。然而,与根本不解决相比,解决这些不可接受的问题更容易办到,因为不解决问题就会导致压力变多,工作量增多,持续出现更多的不良后果,你可能为此丢掉工作。因此,要记住管理的第一条原则:需要了解涉及你的机器运行的反馈,或者把问题解决掉,或者提交给上一级解决,如果形势需要,就要一遍又一遍地解决。要把问题提出来,交给问题解决能手去处理,没有比这更简单的方法了。

a. 必须理解,那些有良好解决方案的问题不同于没有解决方案的问题。未识别出的问题导致最坏的结果;已发现但没有既定解决办法的问题稍好一些,但非常打击士气;已发现也有良好的既定解决办法也是好的;把问题解决掉是最好的结果。因此,确定一个问题属于上述哪种情况非常重要。采用什么样的量化指标来跟踪你的解决方案进展,必须非常清晰且符合直觉,它们应成为计划延伸的一部分。

b. 以机器的方式来发现问题。 遵照以下 3 个步骤能做得很好：首先，发现问题；其次，确定谁是解决问题的责任人；最后，决定什么时间适合进行讨论。换句话说：找出问题是什么，谁来负责，什么时间解决，然后贯彻执行，如下图所示。

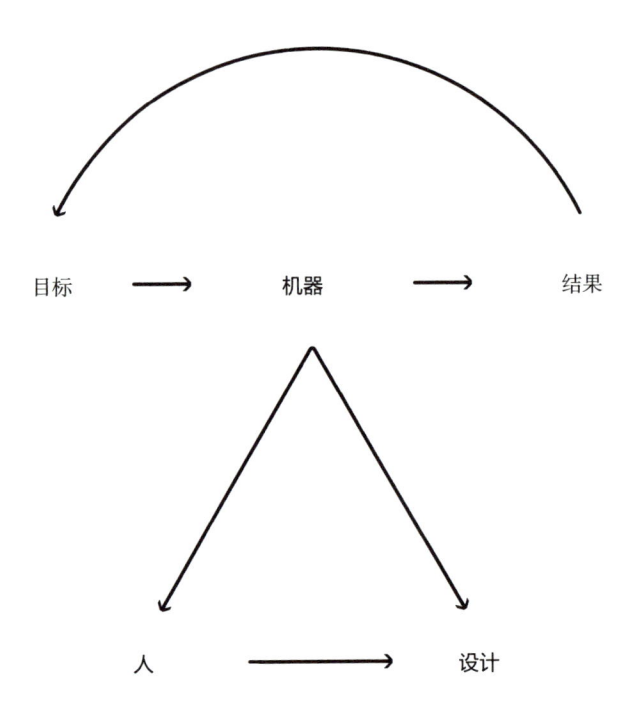

目标 → 机器 → 结果

人 → 设计

12 诊断问题，探究根源

当遇到问题时，你的目标是剖析问题的根源——具体到哪些人、哪些设计导致问题产生，并探究人和设计造成的问题是否带有一定的规律性。

无法准确诊断问题的最常见原因有哪些？

根据我的发现，人们最常犯的第一个错误就是把遇到的问题当成一时的差错，而没有借机对机器的运转进行诊断，以便实施改进。他们动手解决问题，却忽视了问题的根源，导致失败频频发生。全面、准确的诊断尽管要耗时多一些，但对未来大有益处。

人们最常犯的第二个错误是诊断时不提及个人姓名。如果不把问题与造成问题的责任人挂钩，不探究他们失败的具体原因，就不会促进个人和机器做出改进。

第三个最常见的错误是未能把这次诊断中吸取的教训与之前的教训联系起来。要确认某个特定问题（"哈里很粗心"）的根源是某种规律使然（"哈里总是很粗心"），还是相反（"这样粗心真不像哈里"）。

从我们的客户服务分析团队的例子看，我认为除非我们挖掘出根源所在，否则做事标准会持续降低。桥水的其他领导者也赞同我的判断。因此，我针对该团队组织了一系列诊断，把所有级别的每个员工都叫到房间进行问询，了解究竟出了什么问题。我先基于我建造机器的理念，在心里猜测事情应该是怎么回事，再请新来的管理人员描述实际情况。不良结果不是凭空产生的，其发生一定是因为某些员工做出了或未能做出某些具体的决定。一次好的诊断会涉及员工做了哪些事导致不良后果。这可能让人感觉不舒服，但若某个人不适合该工作岗位，我们就应该让他离职，以避免反复出现同样的错误。当然，人无完人，每个人都会出错。所以，要观察员工的工作记录，以及诊断所反映出的个人强项和弱项。

通过几轮诊断，我们搞清楚了一些情况：高级管理层新招聘了几位经理，他们负责管理客户投资分析团队，这些人并不具备监督质量控制流程所需的技能、综合能力或者关注度，而最高管理层又距离这个领域太远，监督力度不够，无法确保整个流程正常运转。这就是对"是什么"的诊断，即我们所面对的导致问题发生的事实。诊断的结论不是一幅优美的图画，但那恰是我们需要知道的事实，只有这样才能做出改进设计的方案。

以下列出了做好诊断的具体原则，先从概述讲起。

12.1 为了做好诊断，要先问以下问题：

1. 结果是好是坏？
2. 谁对结果负责？

3. 如果结果不好，是因为责任人能力不够还是机器设计有问题？

如果你头脑中装着这些重大问题并时时反思，你就能做好诊断。接下来需要得出针对这些宏观问题的答案，多半是通过一系列简单的是/否问询来得出对每个步骤的综合印象。这些应作为你在进行下一步诊断前所搜集的资料，直至得出最终诊断结论。

你可以，但不是必须问上述这些问题或遵从这种形式。要看你所处的具体情况，你可以很快把这些问题过一遍，也可以问一些不一样的、更细致的问题。

结果是好是坏？谁对结果负责？ 如果你们就结果好坏和谁来具体负责不能很快达成一致，那么你们可能已经陷入杂草丛（也就是说，纠结于一些无关紧要的小细节）。

如果结果不好，是因为责任人能力不够还是机器设计有问题？ 问这个问题的目的是得出综合判断，但要想得出综合性结论，你还需要检查一下机器的运转情况。

机器应该如何运转？ 你可能已经想好了谁原本应该做哪些事，或者你可以借用别人的思路。不管哪种方式，你都应该知道谁要对哪些事负责，以及原则的相应规定是什么。不要太复杂！在此阶段，人们经常会对程序细节进行过度梳理，而忘记了要在机器层面（即谁负责做什么）考虑问题。你应该用几句话把头脑中的蓝图清晰勾勒出来，每句话都要与某个具体的人联系起来。如果你此时研究太多细节，就可能走偏了。在你想好路线图后，以下这些就是关键问题。

机器是在以理想状态运转吗？ 是或否。

如果答案为否，究竟是哪些地方运转不正常？出了什么故障？ 这就是对近似原因的推理，如果你头脑中有详细的蓝图，这一步就很容易达成。你也可以设计一些是/否的问题进行问卷调查，与你头脑中蓝图的关键要素联系起来，准确指出工作不力的责任人是谁。

关于机器本应如何运作，你头脑中的蓝图可能涉及两个步骤：哈里本应做到（1）及时完成任务，或者（2）若无法完成则向上提交。因此，你所要做的就是明确这两个步骤：（1）他及时完成任务了吗？是或否；答案如果为否，（2）他向上提交了吗？是或否。

就应该这样简单。当对话变得长篇大论、废话连篇，一方陷入对其作为的细节描述不能自拔时，这个办法就很管用。要记住：你有责任引导对话，得出准确、清晰的综合结论。

你还要综合评估一下，相关问题是否很重要，也就是说在同样情况下，能力相当的人是否也会犯同样的错误，或者说该问题是否属于典型症状，值得深入探究。不要过分关注罕见的事例或微不足道的问题——事无尽善、人无完人，但不要忽视导致机器出现系统性问题的线索。

为什么事情没有朝预想的方向发展？ 就此你应当综合分析，追根溯源，判断相关责任人是否胜任工作，或者是否属于设计方面的问题。为了能够得出综合结论而非纠结于细节，你可以：

- 尽量用 5 步流程来梳理失败案例。在哪一步出了问题？每件事最终都能纳入这 5 个步骤。你应当具体问题具体分析，因此：
- 尽量把失败案例清楚地归纳成一个或某几个关键因素。提出是／否的问题：是不是责任人管理不善？对问题认识不正确？还是执行不力？

- 很重要的一点是，要问你自己这个问题：如果这一因素不再出现，那就能避免不好的结果吗？通过这种方式，可以确保你把结果与原因有逻辑地联系起来。你可以这样想：修理工给你的汽车换个零件，就能把车修好吗？
- 如果问题的根源在于设计缺陷，不要就此打住。要问一问谁对设计缺陷负有责任，他们是否有能力改进设计。

问题的根源是否带有规律性？（是或否。）每个问题都可能属于一时差错，也可能是某些病根反复发作的结果，你需要确定是哪一种情况。换句话说，如果哈里因为依赖别人而未能完成任务：

- 是不是哈里有总是依赖别人的毛病？
- 如果是，这项工作需要他依赖别人完成吗？
- 哈里的失败是源于培训不够还是能力不足？

在此情况下，员工或机器如何改进？ 根据需要，要确保已经找到解决问题的短期方案。要确定长期解决方案的步骤，确定谁来负责执行。具体来说：

- 是否有些职责需要分配或进一步澄清？
- 是否需要重新对机器进行设计？
- 是否要对某些员工的岗位匹配度进行重新评估？

例如，如果你已经形成以下结论：（1）问题带有一定规律性；（2）责任人的个人条件不符合岗位要求；（3）原因在于责任人能力有所缺失（而非培训不够），那么你此时能就最重要的问题给出答案：责任人能力不够，需要调离岗位。

以下原则进一步阐述了如何做好诊断。

a. 问自己："还有人能以别的方式完成这个工作吗？"我经常听到人们抱怨某个结果，而不是去了解导致该结果的机器是否有问题。在很多情况下，此类抱怨多来自那些看问题总看负面而不看正面的人，他们不了解责任人在做出决定时是如何权衡利弊的。既然所有问题都是人和设计的问题，问自己"还有人能以别的方式完成这个工作吗"这样的问题就能把你带入正确的思考方向，使未来不再出现此类问题（而非仅仅抱怨）。

b. 找出 5 步流程中的哪一步出了问题。如果某个人总是失败，那一定是因为缺乏训练或能力不行。到底是哪一种呢？他在哪一步出了问题呢？不同步骤需要的能力是不一样的，如果能确定他缺失的是哪种能力，你就朝着确诊方向大大地前进了一步。

c. 找出哪些原则被违反了。找出哪些工作原则适用于眼前的失败案例，重温这些原则，看看它们是否会有帮助。考虑哪些原则最适合处理类似问题。这不仅仅有助于解决当下的问题，还能帮助你解决其他类似问题。

d. 避免"事后诸葛亮"。评价过去一项决策的好坏，不要根据现在新得知的情况，而要根据决策时能够合理了解的情况。每个决策都有利有弊，你不能不考虑当时情境就对过去的决定妄加判断。你要问自己："在那种情境下，具备一定素质的人会了解什么和做什么？"同时，你还应当深入了解做出决定的人（他们的思维方式是什么，他们是什么类型的人，他们从中学到了什么，等等）。

e. 不要把某人所处环境的优劣与其应对方法的优劣混为一谈。 这两者的好坏很容易混在一起无法分辨。这种问题在从事创新业务、发展速度快而问题尚未充分暴露的公司中尤为普遍。

我一直认为桥水"在很差的环境中努力创造佳绩"。近40年来，我们持续创造着不平凡的业绩，但也在挣扎着应对大量的问题。在不好的环境中，人们很容易因为情况太差而灰心丧气。但是真正的挑战在于，要能看到，正是这些糟糕的环境激发了长期的成功，要认识到这些不利情景对促使我们不断改进创新是不可或缺的。

f. 要认识到这样的事实，别人不知道怎么做，并不意味着你就能知道怎么做。 挑毛病是一回事，而给出诊断意见和有水平的解决方案是另一回事。如前所述，在检测某个人是否善于解决问题时，要看：（1）他能够逻辑清晰地表达出如何处理相关问题；（2）他曾经成功解决过类似问题。

g. 问题的根源不是一次行动而是一个原因。 在解释问题的根源时，人们通常用形容词而不是动词来描述，所以要多问"为什么"来寻找问题的根本原因。大部分事情做成或没做成的原因是有人决定按某种方式做或者不做，因此多数问题的根源可以追究到行事具有特定规律的具体的人身上。当然，即使是可信度高的人偶尔也会出错，这是情有可原的。但是如果问题能归结到某人身上，你必须问为什么此人会犯错——你必须准确诊断一个人的错误，如同准确诊断机器某个部件的故障一样。

一个发现问题根源的过程会经历如下对话：

问题的原因是程序设计不好。

为什么说程序设计不好？

因为哈里的程序设计不好。

哈里为什么设计得不好？

因为他没有接受良好的培训，并且他赶工。

为什么哈里没有接受良好的培训？

他的管理者知道他没有接受良好培训却还让他做这份工作？还是他的管理者也不知道？

要考虑所问的问题多大程度上涉及个人隐私。不要仅仅停留在"因为哈里的程序设计不好"，你必须深入探究以便了解员工和/或设计在怎样的情况下导致了失败。这对于诊断人和责任人都不容易，常常会导致人们提出各种各样不相干的细节。人们通常会故意把局面搅乱来掩饰自己的错误，对此你要保持警惕。

h. 要想分清楚哪些是人手不足的问题，哪些是能力不够的问题，就要考虑如果特定岗位上的人手充足，那么工作会做得如何。回顾一下，在类似岗位拥有足够人手时，他们曾经做得怎么样。如果还是出现过此类问题，那就说明这很可能是能力问题。

i. 要记住管理者通常出于以下 5 个原因之一（或更多）而失败或未能达成目标。

1. 他们离问题太远。
2. 他们在辨别低素质、低质量方面能力欠缺。
3. 他们已经感受不到问题的严重性，因为他们已经习惯了。
4. 他们对于工作太自负（或自我意识过强），不愿意承认解决不了自己的问题。

5. 他们对承认失败的不利后果感到害怕。

12.2 通过持续诊断来保持综合判断的与时俱进

如果你在严重负面情况发生时不做深入分析，你就无法了解其属于什么性质的症状，随时间发生了什么样的变化——是有所改善了，还是更加严重了。

12.3 诊断应当有结果

如果没有结果，诊断就没有意义。至少，诊断结果应形成对问题根源的理论解释，并明确还应搜集哪些信息来发现更多的线索。最好是能直接形成解决问题的计划或设计方案。

a. 让同样的人做同样的事，就会产生同样的结果。按照爱因斯坦的说法，疯狂就是重复做同一件事却期待不同的结果。别落入这种陷阱，因为你很难走出来。

12.4 使用下面的"深挖"技巧，对出现问题的部门或下级部门形成一个基于 80/20 法则的印象

深挖是指深入了解一个部门或领域的问题根源，进而制订计划使其改进。深挖不同于诊断，是一种广泛了解、深入探究的方式。它的作用不在于揭示每个问题的原因，而是要揭示造成 80% 不良

后果的 20% 左右的问题。深挖有两个步骤，之后的步骤是制订和执行。如果操作得当，两个步骤的深挖可以在大约 4 小时内完成。深挖要分别、独立进行，这一点很重要，防止同时朝多个方向进行。我来带着你过一遍深挖的流程，为每个步骤提供一些指导和案例。

第一步：列举问题。快速列出核心问题。要很具体，因为这是有效找出解决方案的唯一方式。不要泛泛使用"我们"或"他们"一类的集合名词。要把遇到问题的人的名字点出来。

- 让接受调查部门的相关员工都参与深挖。你会得益于他们对事物的观察，也有助于激发他们在解决问题方面的责任心。
- 不要过分关注罕见的事例或微不足道的问题——事无尽善、人无完人，但要确保相关症状不属于机器方面的系统性问题。
- 不要着急给出解决方案。在这个阶段仅限于列出问题。

第二步：找出问题的根源。对于每个问题，要找出导致问题的行为背后的深层次原因。很多问题都是由以下两个原因之一造成的：（1）不清楚谁是责任人；（2）责任人没有很好地履行职责。

你必须分清楚哪些是近似原因，哪些是本质原因。近似原因是导致问题发生的理由或行为。当你开始描述这些理由或行为背后的因素时，你就越来越接近本质原因了。

为了找出问题的根源，要持续问"为什么"，举例如下：

问题：
团队持续加班加点，已经到了崩溃的边缘。

为什么？

因为我们没有足够人手来完成任务。

为什么？

因为我们在接受这个新职责时，管理者没有给我们增加人手。

为什么？

因为在接受这项任务前，管理者并不知道工作量有多大。

为什么？

因为管理者在预测问题和制订计划方面能力不行（问题的根源）。

不要把相关人员排除在深挖程序之外，否则你会听不到他们的观点，剥夺他们的参与权，降低他们的责任意识。同时，要记住人们在面对调查时往往会有些抵触，而不是主动自我剖析。作为管理者，你的责任是揭示真相、实现优异业绩，而不是博取别人欢心。例如，正确的做法可能是要解雇某些人，换上一些更有能力的人，否则就是在让目前这些人从事他们不愿意干的工作。每个人的目标必须是得出最佳的答案，而不是得出让更多人开心的答案。

你可能会发现在第一步找出的多个问题都有相同的根源。由于你是在进行快速深挖，对根源的诊断可能只是暂时性的——主要是一些需要关注问题的警示信号。

第二步完成后，要休息片刻并回顾一下，然后着手制订计划。

第三步：制订计划。不要受团队的影响，要制订直指问题根源的行动计划。制订计划犹如写电影剧本，你应当设想随着剧情发展由谁来扮演什么角色，以最终实现目标。在制订计划时，要反复考虑各种情形，从成本和风险角度权衡实现目标的可能性。计划要包括具体任务、结果、责任人、跟踪考核指标、时间表。要让关键员工全面参与计划的讨论。计划不一定要征得每个人的同意，但责任人和其他关键员工必须对计划达成共识。

第四步：执行计划。执行商定的计划，以公开透明的方式跟踪计划的进展。至少按月报告迄今为止的计划进展和实际进展，以及未来一段时期的预计进展。要让员工对成功、及时完成任务负有责任，并予以公开。可根据现实需要对计划做必要的调整。

12.5 诊断是实现进步和建立良好人际关系的基础

如果你和同事秉持开放心态进行高质量的互动，那么你们不仅会找到更好的解决方案，还会更好地了解对方。这对你来说是了解员工、帮助其成长的机会，反过来，他们也会了解你、帮助你成长。

13 改进机器,解决问题

在你成功地诊断出阻碍你达成目标的问题后，你需要设计出解决问题的路径，而设计应建立在对问题深入和精准理解的基础之上（因此诊断至关重要）。对我来说，一种出于本能的反应就是盯住问题不放，用问题带来的痛苦来激发创意。

这就是负责客户服务的投资分析团队——特别是如今的桥水联合CEO、时任客户服务部负责人的戴维·麦考密克所经历的情况。根据诊断的结论，他迅速设计改进方案并付诸实施。他开除了那些导致公司标准下滑的人，对拟推行的新制度进行了深入思考，把合适的人安排在合适的岗位上。在遴选客户服务分析方面的责任人时，他挑了我们的一位有极高工作标准的顶级投资分析师（这个人对工作标准下滑的情况直言不讳），还为这位分析师配备了一位经验丰富的管理者，后者知晓如何制定正确的工作流程，并确保想做的事情能够按照计划推进。

但这还不是全部。在推出设计的时候，你还要用一些时间详细思考，确保能从最高层面来审视问题。麦考密克知道，仅仅从该部门的某个方面看问题是不对的，因为此处的质量下滑问题还可能在别的地方冒出来。他需要以创新思维来提出设计的改进方案，以便在整个部门营造出一种全面覆盖、经久不息的追求卓越的氛围。所以，他发明了"质量日"方法：一年召开两次会议，让客户服务部的员工做模拟演示和工作介绍，并相互评价，直接给出反馈意见。更重要的是，这种会议为大家提供了一个回顾、评价质量控制过程是否满意的机会——在此过程中，让一些要求严格、有独立想法的思想家来提供批评意见，把工作流程往好的方向修正。

当然，麦考密克的关于改造该部门的计划还有很多其他细节。重要的问题在于如何把心目中高层次的要求扩展为细化的规定和计划。只有在头脑中先设计好蓝图，才可能把具体要求再填充进去。你的任务就是提出这些具体内容，先写下来，以免忘记。

最好的设计来自对实际已发生问题的充分反思，而在你刚开始做一件事时，你通常会把设计建立在假想问题而非实际问题之上。因此，系统地跟踪梳理过往的问题（通过问题日志）和员工的表现（通过集点器）是很有帮助的。你不必去猜测哪些方面可能会出现问题，你只要观察之前你自己和别人"击中棒球"的历史数据，就可以理解并改进设计，而不是从头开始。

我认识的最有天分的设计者，是那些在思考规划方面能做到与时俱进的人，他们广泛搜集各个小团队和整个公司的员工的表现，准确地预测各种结果。他们非常擅长设计和系统化分析。因此，我在本条提出一个高于一切的原则：设计你的机器并使之系统化。在此过程中，创意和个性仍十分重要，因为通过改进设计来规避最严重的问题是件很难的事，你需要从解决问题的最初想法入手，并有意愿做出艰难的抉择（尤其是涉及人事，以及安排谁来做什么工作）。

以下原则深入探讨了设计以及如何做好设计。

13.1 建造你的机器

如果你仅仅集中精力于手头的每件任务或案例，就会受困于逐一应对的局面。相反，你应该更多考虑自己在做什么样的事情及其原因，从手头的事例中提炼出相关的原则，把流程系统化，从而相当于建造出一部机器。与完成手头的任务相比，建造机器要花费大约两倍的时间，但是一切终有回报，机器可以通过学习和提炼经验使未来的工作更加有效。

13.2 把原则和落实原则的方法系统化

如果你有一些好的原则，能够指导你把价值观落实到日常经营决策之中，但你没能把它们系统化从而无法有规律地实施，其作用就微乎其微。一定要把你认为最重要的原则变成行为习惯，并帮助别人也这样做。桥水就有这样的文化，我们还设计了一些工具加以推行。

a. 认真思考你做决策所依据的标准，据此建造优秀的决策机器。 在做出投资决策之前，我都会认真考虑应该秉持什么原则。我问自己在那种情况下应怎么处理，并把行事原则记录下来，然后再把它程序化。对于管理，我也是这样做的，我已经养成了做任何决定都按此操作的习惯。

程序化能保证让原则始终如一地发挥作用。我相信,系统化的、有证据支撑的决策将会大大提升管理的质量。如果管理者在处理信息时往往使用未经过深思熟虑的标准,并为个人喜好所左右,最优的决策就难以产生。想象一下,依据高质量的决策原则/标准,用机器对高质量数据进行处理会产生什么效果,就好比车载 GPS,其作用无法估量,无论你是否遵循它给出的行车建议。我相信这些工具会在未来成为不可或缺的工具,我写作本书之时,距离网上出现此类工具应该已经不远了。

13.3 好的计划应该像一部电影剧本

你对于场景的设计想象越生动丰富,演出效果就越能符合你的计划要求。要考虑好,谁在何时做什么能产生什么结果。这就是你在头脑中为机器设计的蓝图。有些人擅长想象和设计,有些人则不然。要准确评价你自己和他人是否具备这种能力,以便启用最有能力的人去设计方案。

a. 让自己在一段时间内置身于"痛苦的位置",更深入地理解你为了什么而设计。通过字面或间接体验(借助阅读报告、职位描述等),暂时把自己放进工作流程中,以更好地了解将要处理的事务。当你设计时,你就能够把学习和经历应用到设计上,并对机器进行合理改进。

b. 设想其他可能的备选机器及其运行的结果,然后做出选择。优秀的设计师能以各种方式反复对机器及其运行结果展开设想。首先想象一下，哈里、拉里和萨莉如何通过各种工具和办法，采用适当的奖惩措施来实现这些目标。然后，再想象一下，用乔治来替换哈里，以此类推，考虑清楚产品、人员和资金每个月（或每个季度）在每个情景下会有什么变化，最后再做选择。

  c. **不仅要考虑第一轮的后果，更要考虑第二、第三轮的后果。**第一轮的后果可能是你想要的，而第二、第三轮的后果可能正好相反。因此只关注第一轮的后果（人们都有此倾向），可能导致不好的后果。举个例子，当你问我想不想取消雨天时，我可能会说好的，如果我不考虑第二、第三轮后果的话。

  d. **定期召开会议，让公司像瑞士钟表一样精准运行。**定期召开会议能提高效率，确保重要的交流互动和未来规划不被忽略，也能消除不必要的低效协调，提升运营效率（因为重复能够起到精益求精的作用）。把会议议程标准化，在每次会上征集对同样的问题的反馈（例如，问会议进行得是否高效）会有很好的作用，针对不经常发生的事情召开非标准化的会议也有帮助（例如按季度审查预算）。

  e. **一部好的机器要考虑人可能并不完美这一因素。**在设计时，要确保机器即便在员工出错的情况下也能产生好的结果。

13.4 设计是一个循环往复的过程，不满意的"现在"与美好的"未来"之间有一个"不断努力"的阶段

  "不断努力"的阶段包括检验各种流程和人员，看看哪些做得好、哪些做得不好，在不断重复中学习，逐步实现理想的系统化设

计。即使你心中对未来设计有很好的愿景，但实现美好的"未来"必然要经历犯错误和学习提高的过程。

人们经常对此类重复过程有所抱怨，因为现实情况是，人们往往享受无所事事的快乐，而不愿意有不完美的感觉，即便接受不完美事物更符合逻辑事实。这类想法是不对的，不要被其转移注意力。

a. 懂得"清洗风暴"的力量。 清洗风暴是自然界罕见的大事件，能清除所有在正常情况下过度生长的生物。这类风暴对森林的健康成长有好处，如果没有这种风暴，就会长出很多弱小的树木，其过度生长会扼杀其他生物的生长空间。对公司而言，此类风暴也是有益的。经历一些困难时期能够使公司瘦身，让能力最强、最重要的员工留下来，这个过程不可避免也很有帮助，即便在当时看上去有些可怕。

13.5 在设计组织结构时，要围绕目标而不是围绕任务

赋予每个部门一个清晰的工作重点，并配置必要的资源以利于实现目标，这使得针对资源配置所做的诊断变得简单直接，还能够避免角色错位。举个这方面的例子，我们有一个营销部（目标是做市场推广），还有一个客户服务部（目标是服务客户），两个部门所做的工作类似，把它们合并起来也许会有一些好处，但是营销和客户服务是两个不同的目标。如果把这两个部门合并，则部门管理者、营销人员、客户顾问、分析员和其他人员就会收发相互矛盾的反馈。如果问为什么客户服务质量相对下降了，人们会回答："上头鼓励我们提高销售业绩。"如果问为什么没能提高销售业绩，合并后的

部门可能解释说，他们需要多为客户服务。

a. **自上而下地建设组织。**一个组织与一幢大楼正好相反：组织的基础位于顶端。因此，必须先招聘管理者，再招聘管理者的下属。管理者能帮助设计机器，挑选人员来补充各个岗位。部门的负责人既要有战略性思维，又要能从事日常管理。如果他们无法预测将要发生的事，日常管理就会危机频发。

b. **每个人都必须由具有可信度的、奉行高标准的人来监督。**缺乏严格的监督，就可能导致质量控制不到位、培训不足、对优异业绩缺乏认可。不要盲目相信人们自然能把工作做好。

c. **金字塔塔尖上的人应当有管理直接下属的技能和专注力，并对下属的工作有深入理解。**几年前，在桥水，有人曾建议让技术部门主管来同时管理后勤部（由负责管理楼宇、餐食、办公用品的人员组成），因为技术和后勤两个功能有所重叠（计算机也属于办公用品，也涉及用电等），但让负责杂务、餐食的人员向技术部门主管汇报是不恰当的，让技术人员向负责后勤的主管汇报也不合适。这些职能虽然从广义上讲都属于"后勤"，但工作性质完全不同，要求的工作技能也不同。还有一个类似的例子，我们曾讨论把负责客户协议的部门与另外一个负责对手方合同的部门合并，归由一位管理者来领导。那种想法是错误的，因为与客户签合同所需的技能完全不同于与对手方签合同所需的技能。把这两个部门混合到一个笼统的"签合同"名下是不对的，因为这两个部门分别需要不同的知识和技能。

d. **在设计组织时，运用5步流程是通往成功的捷径，不同员工能在不同步骤上发挥良好作用。**要按照人的不同秉性把人分配到不同的步骤里。

例如，有大局观的人应去负责制定目标；擅长"品尝汤的味道"的人应去负责识别问题，且不容忍问题存在；逻辑思维强、不畏惧质询他人的侦探式人物应该去做诊断；有丰富想象力的策划者应负责方案的设计和改进；值得信赖的能手应该确保把计划执行好。当然，有些人擅长上述一种以上的本领，一般而言能把两类或三类事情都做得很好，但几乎没有人能把所有事情办好。一个团队应该具备所有上述能力，并知道谁应该负责哪个步骤的工作。

e. 不要让一个机构去适应员工。管理者通常假设机构里的员工是给定的，并努力让机构去适应这些员工，这是个落伍的想法。相反，管理者应该假设机构是最好的，然后确保找到最合适的员工。要根据工作要求来设计工作岗位，而不是基于员工想做什么或者有哪些人可用。你总是可以从外部找到适合特定岗位的最优秀的员工。先要设计出最好的工作流程，然后画出组织架构草图，并设想各部分如何协作，明确每个岗位的人员资格要求。只有在这些事情做好后，才能去招聘适合的人员。

f. 要考虑机构的规模多大为宜。你设定的目标规模必须能确保有足够的资源支撑，例如，一个机构可能不必大到必须建立营销部门和负责客户投资分析的团队。桥水从最初的人人全能的单一细胞公司成功地发展成有多层架构的企业，这是因为我们在成长壮大的过程中保持了集中精力、提高效率的能力。

临时分担和轮换资源是可以的，但与职责混同是两回事。另外，随着人员数量增加和/或复杂程度的提升，机构的效率会有所降低，所以要尽量保持架构简单。机构规模越大，信息科技管理和跨部门沟通就越重要。

g. 按照"万有引力"定律，以最合乎逻辑的办法来划分业务部门及其下属部门。一些部门之间很自然地拥有更紧密的联系。这种"万有引力"可能是因为有共同的目标、共同的责任，或者共同的技能要求、工作流程、物理位置等。不考虑这些部门之间的引力而强制推行你设计的部门架构就会导致低效。

h. 让各部门尽可能自给自足，以便控制所需的资源。我们这样做是不希望形成一种官僚作风，迫使各部门竞相从某个没有自身工作重点的资源池争夺资源。

i. 为保证联络和沟通顺利，高级管理人员与基层管理人员的比例、基层管理人员与其直接下属的比例应当控制在一定范围内。一般来说，这个比例不应超过1∶10，最好在1∶5左右。当然，比例合不合适是变化的，它取决于直接下属的人数、工作的复杂程度、管理者同时管理多人或多个项目的能力。一个有效机构的规模受制于该机构从上到下的层级数量，以及管理者与直接下属的比例。

j. 在设计中要考虑继任计划和培训安排。我要是能在职业生涯早期考虑到这个问题就好了。为了确保你的公司有持续良好的业绩，你需要建造一台"永动机"，即便你不在，公司也能很好地运转。这不仅仅涉及你自己的退休安排，也涉及怎样遴选、培训和管理接班的新管理层，最重要的是，要把文化和价值观传承下去。

这方面我见到的最好的办法来自通用电气、3G资本，它们构建了一种金字塔式的"接班通道"，即下一代领导人与当前的领导人一起思考、一起做决策，在学习锻炼的过程中接受考验。

k. 不要仅盯着你自己的工作，还要关注如果你不在场，工作会如何开展。我在本书前面提到过关键人物风险，其最适用于描述那些职责非常广的人，特别是机构的领导者。如果你是领导者，那么你应当授权你的继任者做一段时间你的工作，接受评判和考验。相关工作情况应当书面记录下来，以便万一你遇到车祸时，别人能够参阅。如果机构的所有关键人物都能做到，你就有了强大的"后备军团"，反之，你至少明白了机构的脆弱性，可以及时制订应对预案。记得我说过，一个类似忍者的管理者要能够停下来看看风景，也就是说要成为一个乐队演奏家。如果你总是能招聘到跟你一样优秀或比你还优秀的人，你就能把自己从工作中解放出来，去构建你的接班通道。

另外，思考谁来接你的班也是一个有启发、高产的经历。除了考虑你自己的工作状况、琢磨哪些人适合、哪些人不适合，你还会思索怎么安排你手下最出色的人，可能还要创造出某些新职位。既然你让他们在不受你干预的情况下完成你的工作，借以检验他们的能力，那么你还要有动力在检验他们之前为其提供合适的培训。当然，压力测试会帮助你了解、适应情况，也能发挥好作用。

l. 为确保正确完成关键任务，宁要"做两遍"而不要"二次确认"。二次确认的错误率比做两遍的错误率高。做两遍指的是让两个不同的人各自独立完成同一项任务，产生两个互不相关的结果。这不仅可以确保产生更好的答案，也能让你了解到他们的行为和能力的差别。我在公司的关键领域，例如财务部（涉及大量资金，可能存在风险）实行了"做两遍"策略。

因为只有审计师本人经验丰富，才有可能进行有效审计，所以要让能够胜任"做两遍"的人去进行二次确认。如果负责二次确认的人自己都不会从事某项业务，他怎么可能准确地做出评价呢？

m. 使用顾问要明智，防止过度依赖顾问。有时候，为了更好地进行设计，你需要聘请外部顾问，你可以由此获得所需的大量专业技能来解决某个问题。当你把任务外包时，你就不必担心管理的问题，这是个实实在在的优势。如果某个职位不是全职的，且需要高度专业化的知识，我宁愿交给顾问或外部人员。

但同时，你需要当心不要太过频繁地雇用顾问来完成本该由员工承担的工作。这会使你迟早付出代价，也不利于维护你公司的文化。你还要确保不要让顾问换种方式做事。他们几乎肯定还要按照自己惯常的方法行事，他们的老板也会要求他们这样做。

在评估是否需要聘请外部顾问时，要考虑以下因素：

1. **质量控制**。如果是你的员工从事相关工作，你要对其工作质量负责。但如果为你做事的人来自另一家公司，你就要依赖对方的工作标准，因此要知道对方的工作标准高不高，或者是否比本公司的标准更高。
2. **经济上是否划算**。如果相关工作需要一名全职人员，肯定是设一个岗位并招一个人更加节约开支。每天支付给顾问的费用累计起来要远远超过一个全职员工的工资。
3. **知识的体制化**。长期在你公司工作的人，将会比外部人员更能了解和认同你公司的文化。
4. **安全**。让外部人员从事相关工作将大大增加你公司的安全风险，尤其是在你看不到他们工作的时候（无法监督他们是否遵循适当的谨慎原则，例如不要把敏感文件放在办公桌上）。

你必须考虑是将工作外包，还是在内部培养工作人员。尽管临时工和顾问有助于迅速解决问题，但不能提升公司的管理能力。

13.6 创建一个金字塔形的组织架构图，任何两条由塔顶向下连接塔底的线不应产生交叉

整个机构应该看起来像一系列金字塔，但要限制级别数量，使组织架构的层级最小化。

a. 当遇到跨部门或跨附属部门的问题时，让金字塔交会点上的人来处理。把组织架构图想象成一个金字塔（如下页图），其中包含许多小金字塔。

当问题涉及的人不在金字塔的同一部分时，一般最好由金字塔中处于相关部门交会点的上级介入，他拥有更全面的视角和相关的知识来权衡利弊，从而做出明智的决定。

b. 不要替别的部门的人完成工作，也不要从其他部门抽人来为你工作，除非你征得该部门管理者的同意。如果大家对此有异议，要由金字塔中的上级解决。

c. 防止"部门错位"。这是指支持部门的职责是提供支持，它们却误把自己的职责当成决定被支持的部门的工作应当如何做。这方面的例子有，后勤部误认为它们能决定配备什么设施。虽然支持部门应当知道被支持部门的工作目标，并就可能的选择向其提供反馈意见，但不应当决定业务部门的规划。

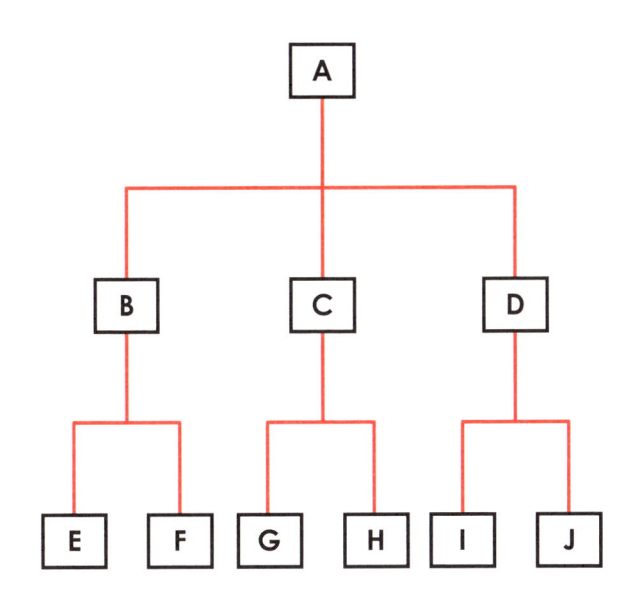

13.7 必要时可建立"护栏",但最好不要有"护栏"

尽管你认为招聘到的人很适合你的设计,但有时还是需要在他们周围建立"护栏"。人无完人,每个人都既有优点也有缺点,虽然你招人很挑剔,但是你还是不可能找到一个人满足你的所有期望。所以,要从高处俯视你的机器和你为相关岗位招的人,考虑在哪些地方额外增加人手或制定流程,以确保每项工作做得很好。

要记住,建立"护栏"是为了帮助那些基本上能够把工作完成得不错的人,即帮助能干的人做得更好,而不是帮助失败的人去努力达标。如果你想为不具备核心能力的人建立"护栏",以帮助其完成工作,那么这不是一个好选择,你最好还是解雇他,再去找别的能力更强的人。

好的"护栏"一般体现为增加一个团队成员，他的能力可以弥补原先那个团队成员的短板。好的"护栏"关系应当很牢靠，但不要很僵化。最理想的情况就像两个人跳舞——他们实际上是在彼此推来推去，但相互之间交换了很多意见。当然，与其为某个员工寻找"护栏"，不如找到可独立做好工作的员工。应该向这个状态努力。

a. 不要指望人们能意识到并消除自己的盲点。我经常发现人们形成错误的观点、做出不好的决策，尽管他们曾经犯过同样的错误，甚至他们知道这样做不合逻辑而且有害无益。我曾经想过，如果他们意识到自己存在盲点，也许就可以避免掉入陷阱，实际却非如此。我很少听见有人说，因为自己不具备某个特定领域的能力而不宜提供意见。别指望人们能拯救自己，要主动为他们建立起"护栏"，或仅让他们从事某些工作，在这些岗位上，他们不可能在自己不懂的领域做出任何自己不应该做出的决策。

b. 考虑"三叶草"式的设计。当你试图为一个工作找到优秀的责任人（这是最好的情况）而无法达成这个目标时，要任命2~3位可信度高、肯努力取得工作佳绩、不惧相互争辩并愿意在必要时把分歧向上提交的责任人。然后，你要设计一种制度，让他们之间相互制衡。尽管这不是最优的模式，但此类系统至少可以确保有很大的概率把问题甄别出来，以便进一步检查和解决。

13.8 保持战略规划不变，在环境允许的情况下可以进行适当的战术微调

自桥水成立以来，价值观和战略目标就没有变过（通过极度

求真和极度透明创造佳绩，从事有意义的工作，保持有意义的人际关系）。虽然公司经过40多年的发展，从只有1人变为有1 500名员工，人员、系统、工具等都发生了变化，但即使年青一代取代了年老一代，它们也可以在价值观和战略目标不变的情况下持续变化。这种情况发生在机构中，就像它们发生在家庭和社区中一样。为了强化这种认识，最好继续强调传统和理性的作用，并确保接班的领导者和整个公司的员工都受到价值观和战略目标的感化。

a. 不要让权宜之计超越战略目标。 人们经常告诉我，他们无法处理好长期的战略问题，因为他们当前有太多紧要的事情需要处理。但是，在拖延的同时，匆匆做出一些临时的决定无异于自寻死路。高效的管理者会同时关注已经暴露的问题和尚未暴露的问题。他们经常感受到自己有被带向战略路径的倾向，因为他们恐怕自己无法达成最终目标，所以决定继续探索直至达成目标。尽管他们可能无法马上给出答案，也无法单凭一己之力得出结论，但通过创造力和意志力的结合，他们最终会回到达成目标所需的向上的轨迹。

b. 同时考虑大局和细节，理解二者之间的联系。 要避免陷入不相关的细节。你必须确定每个层面上哪些是重要的，哪些是不重要的。假想一下你在设计一座房子。首先，你需要有个总体的蓝图：你的房子坐落在一片土地之上，你要想水从哪里引入，房子怎样连接电网等。其次，你需要确定有几个房间，门怎么开，在哪里开窗户等。最后，在设计图纸时，你需要把这些事统统考虑到并联系起来，但这并不意味着你需要实地去挑选门上用的合页。你只需知道要安装一扇带合页的门以及在房子的哪个位置装这扇门。

13.9 保持适当的监控，让谎言没有可乘之机

不要假定员工都是在为了你的而非其自身的利益奔忙。有的人一有机会就会欺骗，这种人的比例高得超出你的想象。如果有机会在公平待人与为自己谋取更多利益之间做选择，那么很多人都会选择为自己谋取更多利益。即使有一点儿欺骗也是不可容忍的，因此你的快乐和成功取决于你能否实施适当的监控。在这方面，我有过多次惨痛的教训。

a. 在进行调查之前告知员工。 在进行调查之前告知员工，别搞突然袭击。安全监控不应当被视为对个人诚信的怀疑，这就像银行的柜员并不会因同事检查他抽屉里的钞票数量（而非仅仅相信他自己报的数量）而认为别人怀疑他不诚实。要向员工做出解释，让他们理解。

但是，即使最好的安全监控措施也不是万无一失的，因此（与很多其他美德一样），诚信是值得赞扬的美德。

b. 要知道如果没有警察（审计人员），法律就毫无意义。 审计人员应当向被审计部门以外的人汇报，审计程序也不应当向被审计部门透露。（这是我们极度透明的几个少数例外之一。）

c. 当心橡皮图章。 当某人的职责是查验和审计其他人所从事的巨量交易或其他业务时，橡皮图章的风险就会存在。一个风险特别高的例子是费用开支审批流于形式。要确保你有办法对审计人员进行审计。

d. 按你的要求花钱的人可能会大手大脚。 这是因为（1）他们花的不是自己的钱，（2）很难知道正确的价格应该是多少。如果某个员工提出要为咨询项目支付125 000美元，那么弄清楚市价是多

少，再商议一个更低的价格，会令人很不愉快，也是很难做到的。但是，同样是这个不愿意与咨询公司讨价还价的人，在雇人粉刷自己的房子时肯定会拼命砍价。因此，你需要进行合理的监控，或者最好让公司的某个部门负责此类监控。你公司的支付对象有时是个人，有时是企业。只要有可能，就尽量与企业打交道。

e. 通过"杀鸡儆猴"阻止不良行为。不管你如何精心设计监控，如何严格执行监控，有些恶人和粗心大意之辈还会制造事端。因此，当你抓住那些违反规定和监控要求的人时，一定要让每个人都清楚处理结果。

13.10 报告路线和职责描述要尽可能清晰

这个要求适用于一个部门内部，也适用于部门之间。双重汇报会造成混乱，打乱优先级，使工作目标不清晰，模糊监督和问责关系，特别是听取汇报的人身处不同部门时。在需要双重汇报时，管理者应当知情。严禁不与其他部门的管理者协商而擅自调用其部门人员完成某项任务（除非该任务耗时在 1 小时左右）。但是，在一个部门或下属部门任命联合管理者对工作也有好处，只要两位管理者能达成共识，并能优势互补。在这种情况下，如果联合管理者协调得当，双重汇报会有较好的效果。

a. 不要根据头衔，而要根据工作流程设计和人员的能力分配职责。这是因为某人负责人力资源、招聘、法务、编程等工作，并不一定意味着他适合做这些工作。例如，虽然人力资源部门员工帮助招聘、解聘和安排薪酬福利，但让他们决定招聘谁、解聘谁、给员工什么福利是错误的。

b. **要不断思考如何产生以小博大的杠杆效应。** 机构里的杠杆与市场上的杠杆不是一回事，要想办法用较少的资源获得更大的收获。在桥水，我一般在工作中运用 50∶1 的杠杆，意思是说每当我用 1 个小时与下属讨论工作，他们都要花大约 50 个小时来推进相关项目。我们在讨论时，会整体把策划和可交付的成果过一遍，然后他们开始推进，我再来审查进展，之后他们根据我的反馈继续推进——我们就是这样周而复始地工作。我的下属与他们的下属之间也是这样工作的，尽管他们之间的用时比率一般处于 10∶1~20∶1。我总是很希望看到员工像我一样努力工作（理想的情况是比我做得更好），因为这样就可以把我 1 个小时的产出最大化。

科技是实现杠杆效果的另一个了不起的工具。为了让培训事半功倍，我们把最常见的问题和答案通过音频、视频或书面形式记录下来，指定专人整理装订成手册，并定期更新完善。

原则本身也是一种杠杆形式——可以提升对形势的理解和认识，这样你就不必每次遇到问题时都花费同样的精力。

c. **雇用少数聪明人并赋予他们最好的技术，要远胜于雇用大量普通人并配给一般的技术。** 优秀人才和先进技术二者都能提高效率。在一部设计优良的机器中把二者结合起来将对机器有极大的改进作用。

d. **使用助手来提高效率。** 杠杆助手是指那些能有效地将概念思维转化为实际效果，并能最大限度地将你的想法付诸实施的人。概念思维和管理所需的时间只有其实施过程时间的大约 10%，因此，如果你拥有优秀的助手，你就可以把更多的时间用在你认为最重要的事情上。

13.11 要知道几乎做每件事所花费的时间和资金都比你预期的要多

几乎没有一件事能够完全按计划进行，这是因为先前的计划并未考虑过失败的情况。我个人假定，每件事与计划相比实际都要花费 1.5 倍的时间和 1.5 倍的金钱，因为这是我所经历的情形。你的预期将取决于你及你管理的人员表现如何。

14 按既定计划行事

机构像个人一样，必须勇往直前才能获得成功——这是5步流程的第5步。

近期，我清理了一大堆20世纪80年代和90年代的工作文档，浏览了成箱成箱的研究报告。文件足足有几千页，很多文件上面都有我的潦草字迹，我发现那仅仅代表了我倾注的一小部分精力。在桥水40周年庆典上，我收到了我们出版的近万份《每日观察》。每份出版物都表达了我们对市场和经济的深入思考与研究。我还偶然发现了当初写的一部800页的手稿，后来因为太忙没来得及出版，以及其他数不清的致客户的备忘录、信件、研究报告以及本书的旧版本。我为什么做这些事？为什么大家为了达成目标如此努力工作？

根据我的所见所闻，我们这样做有不同的理由。对我个人来说，最主要的原因是我能想象出勇往直前所得到的回报，即使我还处于努力挣扎去获取成功的过程中，我也能感觉到成功带来的激动心情。同样，我也能想象出如果不勇往直前会有什么样的悲凉结局。我被一种责任感推动着往前走。我经历过一段艰难的日子，辜负了我关心的那些人的期待，但那恰恰是我真实的一面。其他人的动力还包括对团队及其价值观的依恋。有人希望得到承认，有人希望得到金钱上的回报。所有这些都是完全可以接受的动力来源，都应该与文化相和谐并适应。

用什么办法把人聚在一起干事业是关键。很多人把这称为"领导力"。作为领导者，最需要做哪些事来推动机构勇往直前去追寻成就呢？最重要的是，必须招到愿意为成功付出辛苦的员工。尽管一些新观点会增添很多亮色，但很多成功都来自一些日常平凡的事务，有时甚至是一些令人不快的经历，比如要找出且解决问题，在较长的一段时期内艰难前行。我们的客户服务部就是这样一路走来的。在问题初次暴露后的那些年里，该部门经过不懈的努力，如今已成为桥水其他团队的榜样，而且我们的客户满意度也持续保持在很高的水平。具有很大讽刺意味的是，我们的客户竟然无一注意到我们在备忘录中发现的问题。发给客户不符合我们标准的报告是件不好的事，让我欣慰的是我们及时改正了。但那是有可能造成更坏后果的，弄不好会使我们秉持卓越的声誉蒙上污点。一旦事情发生了，客户的信任就很难再挽回了。

14.1 朝着令你和你的机构振奋的目标去奋斗……

……要考虑怎样把任务与那些目标挂钩。如果你专注于目标，为达成目标感到兴奋不已，意识到为了达成目标而从事艰难的工作是必要的，你就有了端正的态度和适当的动力。如果你对需要奋斗的目标根本提不起兴趣，就不要勉强。从我个人的角度来看，我喜欢策划一些令人感到激动和美好的事情，愿意把它们变成现实。策划这些事情带来的愉悦感和将其变成现实的渴求，让我得以度过生命中的艰难时刻，使梦想成真。

a. 协调一致激励大家前行。管理层推动大家勇往直前追求成功，方式上可以更热烈一些，也可以更理智一些，可以用胡萝卜，也可以用大棒。虽然我们每个人都有自己的工作理由，但激励整个团队向前有独特的挑战和优势。挑战主要在于需要协调，即在追求目标的理由和最佳方式上应求取共识。例如，你不会希望对某个团队的激励和奖赏与其他团队有显著不同（在同样情况下，一个团队得到高额奖金，而另一个没有得到），从而制造问题。优势主要体现在团队协作上，组建一个具备各种获得成功所需素质的团队要比招聘一个全能人才容易得多。正如5步流程所示，在某个步骤上，一些人可能表现得非常优秀，但另一些人可能表现得很糟糕。当每个人都非常清楚彼此的强项和弱项时，这就不再成为问题，组建团队就是为了应对这样的现实情况。

b. 别冲动，磨刀不误砍柴工。花足够的时间来设计一个行动计划。与将来执行计划所花费的时间相比，用于思考的时间微不足道，而且这些思考会使将来的执行更加有效。

c. 寻找有创意的解决方案。当人们面对棘手的问题或者任务过重时，通常会觉得应该更努力工作。然而，如果你遇到有些事很难办、耗时过长、令人沮丧，那么还不如暂退一步，与大家讨论一下是否还有更好的应对方法。当然，很多需要完成的任务都要历经艰难的过程，但通常都还有一些你没有注意到的更好的解决方案。

14.2 要意识到每个人都忙得不可开交

怎样尽可能做更多的事，这一直是个难解之谜。除了工作更长时间以外，还有3个办法解决这个问题：（1）通过优先排序或直接拒绝来减少工作量；（2）授权给合适的人去做；（3）提高工作效率。

有些人花了大量时间和精力却收效甚微，而另一些人在同样时间里做了很多事。出现差别的原因主要在于创造力、品性和智慧。创造力较强的人会选择更高效的方法（例如找能力强的人来做，采用好的技术或好的设计）。品性较好的人更善于应对所遇到的挑战和需求。更有智慧的人则能够保持平和的心态，站到更高的层次上审视自己以及所面临的挑战，合理地进行优先排序，做出符合现实的设计和理性的选择。

a. 不要灰心。如果现在尚未遇到坏事，那就再等等，坏事迟早要上门，这就是现实。我的生活态度在于，问题总归会发生，对我来说最重要的是弄清楚如何应对，而不是花时间在那里抱怨并祈祷不要发生。丘吉尔说得一针见血："成功就是从失败到失败，也依然热情不改。"你将会享受在成功与失败之间穿梭的过程，因为这将决定你的运行轨迹。

没有理由灰心，因为你有那么多事情可以做，生活有那么多美好的瞬间可尽情体会。你应对各种问题的路径都体现在本书列举的原则当中，你自己还可以总结其他原则。如果你能进行创造性思考，具备应对困难的素质，就没有什么做不到的事情。

14.3 使用检查清单

在给人员分配任务时，最好把各项任务记在检查清单上。把已完成的任务从清单上划掉，既可以作为任务的提醒，也可以作为完成任务的确认。

a. 不要把检查清单和个人责任相混淆。每个人都应当做好自己的所有工作，而不只是完成检查清单上的任务。

14.4 要留出时间休整

如果不停地工作，你会过度消耗自己，最终止步不前。在你的日程表里留出"停工检修期"，就像你为其他事务留出时间处理一样。

14.5 鸣钟庆祝

当你和你的团队经过艰苦的努力成功达成目标时，庆祝吧！

15 运用工具和行为准则指导工作

仅凭文字是不够的。

这是我通过观察人们为了自己的最大利益而努力奋斗得到的体会。我把原则与桥水的员工分享并进行了完善，几乎每个人都认为我们的优异工作业绩与这些原则息息相关，希望按照原则行事。但希望做和实际做到之间有很大区别。假定人们能够做到他们想做的事，就相当于假定认识到减肥有益于健康的人一下子就能把体重减下去了。除非建立好的习惯，否则成功不会降临。对一个机构来说，成功要得益于工具和行为准则的帮助。

花一分钟想想，这个道理对你阅读本书或者其他任何书有何帮助。你读过多少本奉劝你改变行为的书后，希望改变但最终未能改变？如果没有工具和计划的帮助，你觉得通过阅读本书你能改变多少？我猜的是几乎没什么改变。正如你不可能通过读读书就能学到很多本领（如何骑自行车、讲一种外语等），如果不实践，就基本不可能把行为改过来。这也是我计划制定一些工具并公之于众的原因，相关内容在本书附录中有介绍。

15.1 把系统化的原则嵌入工具对践行创意择优具有特别重要的价值

这是由于创意择优需要按照已达成共识的原则来操作，并且应当以事实为基础进行平等的讨论，而不是简单地服从 CEO 及副手给出的不容置疑且随心所欲的命令。领导者不应凌驾于原则之上，应经过评价、遴选而被确定，如果需要的话，还能基于规则在尊重事实的基础上被替换掉，其地位与机构里的其他人相比没有差别。与其他人一样，他们的强项和弱项都被考虑在内。这时，搜集关于所有人的客观数据至关重要。而你还需要适宜的工具把数据转换成大家都认同的决策。进一步讲，通过这些工具，人和系统作为一种共生关系可以相互促进。

a. 为了促进真正的行为改变，必须内化学习或养成习惯。比起以书本为载体的过去，技术的存在使内化学习在今天变得更加容易。别误解我，书是一项强大的发明。约翰内斯·谷登堡的印刷所让知识扩散变得容易，使人们可以相互学习长进。但是，经验学习具有更强大的力量。既然科技使得经验/虚拟学习变得如此简单，我相信我们即将面临一次新的学习方式和质量的提升，其重要意义不亚于谷登堡当年的贡献。

长时间以来，我们一直在桥水努力推行内化学习，我们的做法已经过了多年的演变。由于每次会议都有录音、录像，我们能够制作一些虚拟案例教学，便于让每个人都参与讨论而不必实际出席会议。人们能感受到会议的氛围，在暂停案例介绍后，会被问及对正在讨论的问题有什么想法。在有些情况下，他们在观看讨论的过程中就实时提供了反馈意见。他们的意见也被记录下来，并通过专家系统与其他人的意见进行比较，使我们更加了解我们的思维方式。借助于这个信息，我们能够让他们的学习和工作任务与其思维方式更加契合。

这仅是我们拥有的用于帮助人们学习和实践原则的一系列工具和计划中的一个。

b. 利用工具搜集数据，经过处理形成结论，以共同行动。设想一下公司里几乎所有重要的事情都能以数据形式记录下来，你可以设计一些算法引导计算机运行，就像指导别人工作一样，对数据进行分析，并按照你的方式加以运用。通过这种方式，你和代表你的计算机就可以记录每个人的信息，观察所有人的行为，根据每个人的特点提供个性化的指导，这如同GPS掌握了所有的交通规则和路线，为你提供导航服务。你不必要求大家必须遵循计算机的指导，当然你也可以这样要求。一般而言，系统就像一个教练。教练要了解队员的情况：搜集关于队员行为的数据，队员表现很好或表现不佳都能成为有用信息，可作为完善下一步工作的参考。因为每个人都了解算法背后的思想，所以就能对其逻辑性、公平性进行评估，并参与其中，共同行动。

c. 把原则阐述清楚，运用各种工具和行为准则来推进实施，形成信任、公平的氛围，从而使任何结论都可以通过跟踪其背后的逻辑和数据来评估。一些被判定为工作低效的员工会为自己辩解，认为判断有误，这种情况在所有机构都很常见。此时，运用基于数据和规则的标准明确的系统，就可以让辩解者哑口无言，展示系统的公平性。尽管系统不可能做到完美，但与大权在握的个人用强权进行不甚具体、不太公开的决策相比，它降低了判断的随意性，也更容易检验出判断是否存在偏见。我心目中理想的情况是，建立这样一个程序，每个人都可以为正确决策提供一些标准，再合理指定一些（具有可信度的）人对这些建议的标准进行评估和选取。如果人们能在开放心态与果断决策之间取得良好的平衡，明白他们是否在某些决策上具有可信度，那么针对员工评价和管理标准进行的公开讨论，将会发挥强大的作用，能够促进创意择优的形成和深化。

我们为此目的而设计的工具还比较初级，尚在努力完善，以使我们的员工管理系统能像投资管理系统一样高效运转。

我们运用基于实证的方法对员工进行了解、指导、筛选的系统尽管并不完美，但比很多机构那些随意、主观的管理系统要有效得多。我相信，随着技术的发展演进，很多机构都会被迫转向把人的思想和计算机智能很好结合的系统，以便让工作原则形成算法，大幅提升决策的质量。

在附录部分，我详细描述了一些为创意择优提供支撑并强化员工一致实施的工具和行为准则。这些工具的推出是为了帮助我们实现以下目标：（1）了解员工的状态；（2）分享员工的状态信息；（3）提供个性化的培训和发展方案；（4）提供具体情况下的指导和监督；（5）帮助管理者基于工作要求和员工的能力，在用人上实现各尽其才，或者解聘员工。

你的公司若要推行创意择优，你不一定也要使用与桥水一样的工具和行为准则，但是你应想办法在公司推行该机制所需的内化学习。桥水的方法已经运用了很久，而你的方法不必过于花哨或太强调自动化。例如，设计一张表格或一个模板，指导公司员工按所要求的步骤来管理工作或执行程序，产生的效果就会优于靠员工自己硬记或推算的效果。

怎样使用工具和行为准则由你自己决定。我在这里想表达的主要意思就是它们很重要。

16 千万别忽视了公司治理

如果你的公司没有好的治理，我之前说的这么多事情就都不会起作用。治理是一套监督系统，能够把表现不佳的员工、运行不利的流程清除掉。这是一个制衡的程序，能够确保公司的原则和总体的利益总是置于个人或少部分人的利益之上。因为权力能产生统治力量，所以权力必须被交到身处关键岗位、能力强的人手中，他们必须拥有正确的价值观，擅长本职工作，能够对别人的权力进行合理制衡。

直至我卸任CEO之后，我才意识到此类治理的重要性。因为我是公司的主办人和创始人（也是投资经理），所以基本上都是按照自己认为最佳的方式行事。尽管我根据需要建立起了对自己的制衡机制——我在我本人之上成立了管理委员会，我需要向这个委员会报告，但按我的持股情况，我还是有权决定一切的，不过我从未这样做过。一些人可能会说，我是一个仁慈的独裁者，因为我掌握着一切权力（全部的投票权），但我在行使权力时采用的是创意择优的方法。我认为对整个公司好的事情对我们所有人来说都是最有利的，我自己的决定也需要接受二次确认。考虑到桥水的规模，我肯定没有建立起适合公司的治理体系。

例如，桥水没有设立对 CEO 进行监督的董事会，没有内部监管机制，没有解决员工诉求的内部仲裁体系，没有强制措施体系，因为我们并不需要这些东西。在别人的帮助下，我只不过是创立了规则并强调执行，而其他任何人都有权表达诉求甚至推翻我和他人的决定。我们设定的原则相当于美国早年 13 个州的《邦联条例》，我们的政策就像是公司的法律，但我从未建立一种像美国宪法或司法体系那样的正规操作规则，以用于强制实施和解决争端。因此，当我从 CEO 任上退下来、把权力交接给其他人时，大家对决策权产生了一些混乱认识。经与一些世界顶级的公司管理专家交换意见，我们基于这些原则构建了一个新的体系。但我仍希望表明，我不认为自己是公司管理的专家，因此不能像之前的原则那样保证以下管理原则都对，况且在写作本书时，这些原则都还是新提出来的。

16.1 为了取得成功，所有机构都必须建立制衡机制

关于制约，我认为是指一些人对其他人的监督，确保其行为正常。关于平衡，我指的是做好权力的平衡。即便是最仁慈的领导者，也存在独裁的倾向。如果没有其他原因，就是因为他们管理着大量的员工，时间又有限，这就需要他们迅速做出大量艰难的选择。他们有时会对辩论失去耐心，而直接下达指令。还有大多数领导者并非那么与人为善，不能指望他们肯定能把机构利益放在个人利益

之上。

a. 即使在创意择优下，靠观点胜出也不是分派责任和权力的唯一决定因素。应有的既得利益也要予以考虑。例如，公司的所有者毫无疑问会有自己的既得利益，而且可能与公司里那些由创意择优筛选出来的最具有可信度的人的既得利益存在冲突，但这并不意味着公司所有者应把公司的权力转给管理层。这种冲突必须解决。既然创意择优的目的是获得最佳结果，而所有者既有权利也有权力去进行评估，那么他们当然也会做出自己的决定——我的建议是，他们最好能明智决策。

b. 要确保公司里没有任何人比体系更强大，也没有任何人重要到不可替代。在运用创意择优时，非常重要的一点是，其管理体系要比任何个人都强大，要用体系来指导和约束公司的领导层，而不是相反。王岐山曾给我讲过古罗马发生的故事：尤利乌斯·恺撒与政府闹翻，打败了曾与他一道作战的将军庞培，从元老院手中攫取了罗马共和国的控制权，把自己命名为终身独裁官；即便在他遇刺之后元老院恢复了统治，罗马也不再是原来的罗马，随后的内乱对罗马的损伤超过了以往的对外战争。

c. 当心出现诸侯割据。一个团队、一个部门有凝聚力、有共同的目标是很棒的一件事，但是个人对老板或部门负责人的忠诚，不能与个人对整个公司的忠诚发生冲突。诸侯割据的负面影响很大，与创意择优所推崇的价值观是格格不入的。

d. 设计一个机构的组织架构和规则时，要确保制衡机制能发挥作用。每个机构都有不同的方式实现有效制衡。下页图是我想象并勾勒出的桥水制衡机制。我们是一家有1 500人的公司，但是不

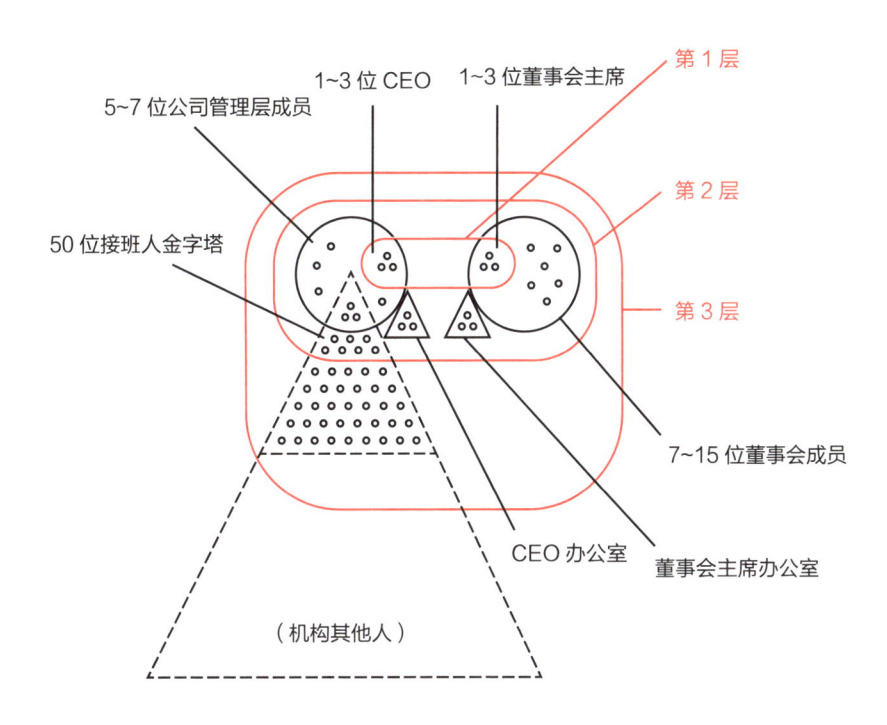

```
                                    1~3 位 CEO    1~3 位董事会主席     第 1 层
           5~7 位公司管理层成员

                                                                  第 2 层

    50 位接班人金字塔
                                                                  第 3 层


                                                       7~15 位董事会成员


                                          CEO 办公室   董事会主席办公室


              （机构其他人）
```

同机构所遵循的原则都是一样的，我相信所有机构的制衡机制都是在这个基本框架下扩展的。

　　董事会由 1~3 位 CEO 与 7~15 位董事会成员组成，并有自己的支持团队，其目标主要是评估：（1）公司的管理层是否有能力；（2）公司能否按照既定的原则和规矩运行。董事会有权选用和替换 CEO，但不会插手公司的微观管理和人员安排，尽管在紧急情况下，董事会可以扮演更主动的管理角色（他们可以按照自己的意愿向 CEO 提供帮助）。在桥水，虽然理想情况下的创意择优是覆盖全公司各方面的，但在授权、委托、接触信息、决策权归属等方面，还是需要分不同层次的。图上用3个层次来表示。

e. 确保报告路线清晰。这对整个机构都很重要，但尤为重要的是，对董事会（负责监督）的报告路线必须独立于对CEO（负责管理）的报告路线，尽管二者之间需要合作。

f. 决策权归属要清晰。确定每个人的投票权重，以便在分歧犹存而又必须要做决定的情况下，毫不迟疑地推进解决。

g. 要确保从事履职评估的人：（1）有时间掌握被评估对象工作情况的全面信息；（2）有能力实施评估；（3）没有利害冲突阻碍其有效行使监督权。为了做好履职评估，评估人必须知道标准是什么，而掌握这些需要一些时间。有些人有能力且有勇气问责别人，而多数人没有这个能力。具备这种问责的能力和勇气至关重要。从事评估的人也不能与被评估人有任何利害关系（比如是被评估人的下属），这会阻碍问责的实施，包括建议解雇被评估人。

h. 决策者能够接触做决策所需的信息，但必须守信用、妥善保管信息。这不意味着所有人都被信任，能接触这些信息。有一个方法是在董事会下设立专门委员会，允许其接触敏感信息，并向董事会提供基于具体信息的建议，以便董事会做出合理判断，但绝不能对外泄露高度敏感信息。

16.2 在创意择优下，CEO单人决策没有集体决策好

对一个人的过度依赖会产生很大的关键人物风险，从而造成管理技能受限（因为没有人什么都会），无法实施充分的制衡。由于要做的事情太多，这也给个人增添了负担。这就是为什么我们在桥

水推出了联合 CEO 机制，形成了 2~3 人合作领导公司的局面。

在桥水，监督几位 CEO 的基本上是执行董事长或董事长。根据创意择优，公司的员工也可以对 CEO 问责，即便这些员工是 CEO 的下属。找 2~3 人负责管理，难在如何让他们协调合作。如果他们自己做不到，与董事长也难以协调，这就必须通知执行董事长或董事长，以便进行必要的完善。

同理，我们在桥水安排了不止一位 CEO 来负责公司的管理，我们还设立了不止一个 CIO 岗位（目前有 3 人）。

16.3 原则、规矩、制衡等组成的治理体系不能取代出色的伙伴关系

如果你的公司缺乏那种身居高位而出于本能地按照既定原则为整个公司谋取利益的能人，那么所谓的原则、规矩、制衡等就不会起到多大作用。公司的领导层必须有智慧、有能力，善于维持密切关系和开展有效合作，具体体现在能够理性地表达分歧，坚定地执行创意择优下所做出的决定。

与他人合作可得三大益处：

（1）通过比单打独斗更好的方式完成既定使命；

（2）通过出色的人际关系造就优秀的团队；

（3）通过积累财富满足我们和他人的生活所需。

将工作原则融会贯通

既然这三大益处的重要性因人而异,你可以自己来决定所需的数量及比例。要知道这三大益处相辅相成。如果你想完成任务,就要与致力于完成任务的人保持良好交往,获得必要的财务资源。类似地,如果你想让自己加入一个优秀的工作团队,就要与别人有相同的目标,并获得财务支持。如果你想赚更多的钱,就要设定明确的目标,与你的同事紧密团结,努力为之奋斗。在我的一生中,我很幸运,拥有的这3种东西超乎了我的想象。我在试图将自认为有用的方法传授给你们,即创意择优,它把从事有意义的工作、发展有意义的人际关系作为目标,以极度求真和极度透明为途径。你们可以自己决定什么对你们有用。

我讲述了一大堆原则,你们难免会觉得有些迷惑,我想把其中的关键点告诉你们。这就是在所有决策方法中,**构建创意择优是最佳的方法**。[1] 这个判断是显而易见的,无须赘言,但我还是想再说

---

[1]. 我并不是说它总是最佳的,肯定在有些情况下它不是最优的。我这样说是想表达,如果该方法应用得当,几乎就是最好的方法。

一下：了解每个人的观点及能力的高下，知道如何确保最好的观点胜出，是做决策的最佳方法。不管在什么情形下，基于创意择优的决策几乎都要好于传统的独裁或民主决策。

这不仅仅在理论上成立。世上没有乌托邦，就像世上没有任何完美的事物，但是世上有伟大的思想——毫无疑问，这个创意择优让桥水在过去40多年里创造出了不起的业绩。考虑到这个方法在很多机构都会发挥同样的作用，我希望把它清晰详细地介绍给大家。你固然无须像我一样严格遵循这个创意择优，但关键问题在于：你是否希望在创意择优下开展工作？如果答案为是，那么你怎样尽量做到最好？

让创意择优发挥作用，需要人们做3件事：（1）坦陈自己最诚实的想法，让大家公开讨论；（2）理性地表达分歧，以便大家进行高质量的辩论，从而拓展思路，尽量形成最优的集体决策；（3）用创意择优来处理所有不同意见（例如可信度加权决策）。尽管创意择优不需要严格遵循某种特定套路，但应该大体符合这3个步骤。别担心记不住我在书里提到的这么多具体的原则，你只需建立一个创意择优，权衡利弊，想明白怎样用自己的原则和方式来操作。

就我自己而言，我想做有意义的工作，发展有意义的人际关系，我相信实现这些需要做到极度求真和极度透明。所以我努力去追求这种境界，并在现实中遇到了问题，进而迫使我做出抉择。我把自己抉择的经历记录下来，进一步丰富自己的原则，使创意择优在同事之间形成并良好运转。你也许会独自遇到一些障碍，并反思这些原则，因为我就曾遭遇这些障碍，并努力去寻求解决方法，再把自己的想法体现在原则中。接下来，你可以归纳出你自己的原则。

当然，在对团队施加影响方面，人的能力有大有小，我并不了解你所处的环境。但我知道，如果你能发挥创意择优的作用，就能用自己的办法实现目标。也许是通过在高层设计机构的运作方式，也许是通过选择所效力的机构，也许只是通过创意择优与同僚共事。不管你处于哪种情形，你都能以开放的心态果断做出决策，并能基于自己和他人的可信度做出取舍。

总之，我对你的祝愿为：(1)你能将工作和激情融为一体；(2)你能与同事为了共同的使命而奋斗，收获成果；(3)你能尽情享受奋斗和成果带来的欢乐；(4)你将迅速进化，成就斐然。

你可以自己决定

从生活中

得到什么与给予什么。

结　语

正如我在开篇所言，我的目标是把那些我认为有效的原则传授于你，而如何践行这些原则由你自己来决定。

当然，我希望这些原则能帮助你策划远大的目标，在失败后找到突破的路径，进行高质量的反思，最后创造出自己的行事原则，从而系统性地遵循自己的原则，并创造出远超预期的丰硕成果。

我希望这些原则能帮助你进步，或者能让你和你的同事一起实现愿望。考虑到你的旅程中肯定充满了艰难和奋斗，我希望这些原则能帮助你进化，持续发展。也许它们能激发你和你的同事把你们的原则写成指南，共同运用创意择优。如果我能推动世界朝着这个方向移动哪怕一小步，这都会让我激动不已。

我已经说了许多，但还是要继续说下去，因为我知道，还有必要介绍一些工具和行为准则来帮助人们把想法变成现实。我将阐述我们所设计的工具和行为准则，供你参考。

我觉得我已经尽全力把我的生活原则和工作原则告诉了你。当然，只要我们活在世上，就不会停止奋斗的步伐。一想到我当下正在努力把我认为有价值的东西毫无保留地贡献出来，我就能感到一丝欣慰和满足。作为本书的结语，我要说，我将尽力将自己的"经济与投资原则"公之于众。

附　录
桥水为创意择优所用的工具和行为准则

以下简要介绍桥水目前使用的大量工具。我希望在不久的将来通过"原则"这款 App 更广泛地分享这些内容，届时你可以自己通过实践来检验。

教练

由于对任何人而言，为了合理应对各种情况需要记住太多的原则，而从书本中寻找答案又不如直接咨询来得更容易，因此我开发了这个教练工具。教练汇聚了各种（或很多种）情况（例如，不认同别人的评估意见，有人说谎或有违反职业道德的行为等），打造了一个案例库，并与可适用的相关原则一一挂钩，从而帮助人们进行应对。你在使用教练时，也可以针对其提供建议的质量给出反馈意见，从而使教练更加完善，并在未来提出更好的建议。教练将像 Siri（苹果语音助手）一样，越来越有用。

集点器

集点器作为一个应用于会议的 App，便于人们实时表达自己的观点和了解别人的观点，帮助大家在创意择优下形成决策。这个工具能把众人的想法展示出来并进行分析，有助于大家根据相关信息实时做出决策，其有效性具体体现在：

- 与会者可以针对几十个要素中的任何一个，赋予点数来记录对彼此发言的评价，可以给出好评，也可以给出差评。这些点数体现在一张表格中，并会动态更新，会议中的每个人都可以看到别人的观点。这可以帮助人们转换思维，纵览他人意见，防止囿于自己的观点而不能自拔。通过别人的眼睛看问题，自然会使大多数人拥有大局观，认识到自己的观点不过是其中一个视角。因此，人们会问自己，在决定如何处理当下问题时，应当采用什么标准。这样就可以让大家以开放心态在创意择优下形成集体决策。
- 它可以像 GPS 一样提供建议，帮助人们更好地进行决策。这个工具搜集了所有与会者观点的信息数据，能够对每个人给出个性化的指导意见，而这一点在人们不确定自己掌握了正确意见的情况下，显得尤为重要。经验告诉我们，帮助大家处理好这种情况，具有不可估量的价值。
- 集点器能重点标示出所谓的"节点问题"——人们持不同立场，对问题的回答五花八门，相互之间存在重大分歧。例如，如果你针对某个问题的观点与可信度高的大多数人不一致，那么这个工具将自动对你做出报警提示，并告诉你该采取哪些步骤，以基于证据的方式来解决分歧。
- 它能促进可信度加权的投票表决。集点器既提供了让人们投票表达是/否（或用数字打分）的界面，也提供了一个进行可信度加权的后端系统，有助于我们从等权重或可信度加权角度观察投票结果，即不仅仅是看简单多数，也看那些观点最能站得住脚的人是如何投票的。虽然看似复杂，这却是提醒人们谁具有最高可信度的最简便的方法，毕竟如此一来，我们就无须记住每个人在哪个方面的可信度有多高。

棒球卡

除了搜集员工在会议上发言的"点数"外，我们还搜集员工其他各个方面的数据（检查、测试、员工做出的选择等）。所有这些数据都通过计算机算法，基于压力测试的逻辑形成关于员工特征的画像。数据处理逻辑一般都要向公司员工公开，并得到大家的认可，以增强客观性和可信度。然后，我们把这些特征登记在棒球卡中，以这种简便的方法勾勒出一个人的强项和弱项及其相关的证据（就像为职业棒球运动员建立的棒球卡）。

我认为我们很需要这个工具，经常在棒球卡中查阅个人信息。如果没有它，员工在互动交流时就不会考虑谁在哪个方面强、在哪个方面弱。例如，棒球卡在会议中就很有用，与会者可以通过它评价发言人是否具有权威性，确定其观点是否站得住脚。作为对棒球卡的补充，我们还开发了另一个工具"人物介绍"，它利用棒球卡采集的所有信息（内容已变得日益复杂）得出关于每个人特征的简要文字描述。经过一段时间的实践，这就能为员工提供一个综合分析，反映桥水对每个人特点的最佳判断。我们会和被评价人一起把工具提供的评价与每个人自己的感受进行对比，努力将工具的处理结果与员工的个人感受相统一，使得工具的功能和员工对个人形象的信心都得到完善和提升。

为了让员工与工作相匹配，我还制定了"组合器"，即从棒球卡中采集数据，了解员工的关键特征并相互间进行比较分析。如果你想为某个岗位寻找一个合适的人，你就可以输入一些可能符合要求的人的名字，这个组合器就会准确提取相关人的信息，对个人的主要特质进行综合分析，从数据库中帮你找到合适的人。组合器也可用于（根据你要选的人的类型）制定工作规范，在公司内外均适用。

问题日志

问题日志是我们用来记录错误、吸取教训的主要工具。通过它，我们把所有问题公之于众，将其交由问题处置能手处理，以进行系统化的改进完善。其作用就像净水器，可以把脏东西过滤掉。但凡出现任何错误，员工都必须将其载入问题日志，并说明问题的严重性和谁应当对此负责，这样就很容易把大多数问题归纳整理出来。问题日志也有助于指明诊断问题的路径以及相关信息，还能形成有效的绩效指标，因为在此基础上能够对相关数据和发生问题的类型进行估量（并识别出是谁导致了问题以及由谁来解决问题）。

问题日志是一个很好用的工具，能够改变人的行为和观念。通常人们首先面对的一个挑战就是公开指出错误，因为有些人本能地认为，指出别人的错误会让犯错的人很难受。一旦他们习惯公开指出其他人的错误，就会认识到这样做的好处，这也就成为一种很好的惯例了。如今，很多人都认为这个工具是不可或缺的。

痛苦按钮

我相信"痛苦 + 反思 = 进步"。换句话说，感受到痛苦是个重要的信号，说明有教训可以吸取。如果你能很好地反思痛苦，就能学到重要的东西。这促使我发明了"痛苦按钮"。

当某个人在经历痛苦，那就是让他把经历什么样的痛苦记录下来的最佳时机，但还不是反思的合适时机，因为当时很难保持头脑清醒。因此，这个 App 是让员工把他们的感受（气愤、失望、沮丧等）记录下来，以后再利用反思所用的问题进行回顾反思。这个工具可以促使经历痛苦的人具体说明应该如何应对这种局面，以便减轻未来的痛苦（例如，与造成痛苦的人进行一场高质量的对话）。这个 App 有一个部分反映的是发生痛苦的频率、原因，以及是否遵循既定的行动方案，效果是否显著。通过这个功能，你可以知道各种已发生痛苦之间的生物反馈联系，了解诊断、为了减轻或消除问题而制订的改进方案、后续行动以及相应的结果。这个工具能够生成一个表格供所有人参考，体现的是反馈环向上改进的过程。你可以把记录的痛苦感受与人分享，也可以设为私密。有些人把痛苦按钮视为自己口袋里的心理医生，它唾手可得而且物美价廉。

分歧解决器

分歧的解决需要清晰的路径，在创意择优下尤为如此，因为此时人们希望在表达不同意见的同时，找到解决分歧的途径。分歧解决器为在创意择优下解决分歧提供了路径。该工具的一个特点在于，它能找到具有可信度的人帮忙确定，某项分歧是否有必要提交给更高层管理者去研究解决。这个 App 也很明确地告诉每个人，如果有不同的观点，就有责任表达出来并求取共识，而非私下固执己见、拒绝把问题摆到桌面上来。不管你是否有类似分歧解决器这样的工具，你都必须有一个明确而公平的系统来解决分歧，以确保真正建立起创意择优。否则，权势人物就有可能利用职权欺压人微言轻的下属。

我们还有其他一些能帮助我们完成日常工作、进行监督的工具，并对工作的进展保持共识。

每日更新

多年来，我让每位下属每天花 10~15 分钟给我发一封电子邮件，说一下他们当天的工作、出现的问题以及自己的反思。通过阅读这些资料并多方对照（换句话说，观察不同人如何承担本职工作），我能够估计出他们怎样一起工作、情绪如何，还能从中发现一些线索。在过去几年里，我基于这个做法开发了一个 App，将每日更新内容编入一个指示板，与过去逐一翻阅数十封电子邮件相比，它更易于跟踪、记录指标变化和做出反馈。这也有助于大家多方面地提供有用的数据，比如他们的士气高低、工作负荷大不大、有没有需要提交高层讨论的问题，而且是每天都这样做。我和同事发现这个工具虽然简单，但价值连城，能帮助我们更好地达成共识。在公司层面，该工具也为我们了解进展提供了有价值的信息（士气、工作量、具体问题、每个人的履职情况等）。

契约工具

你是不是经常遇到这样的情形：会议在七嘴八舌中落幕，每个人都在说我们应该如何如何，而当人群散去时，你发现实际上没有任何成果，因为大家都不知道共识是什么，遑论跟踪进展。隐形的约定是毫无价值的，彼此做出的承诺必须以明确的方式提出来并可执行，而且应该有证可查，便于相互问责。契约工具就是一个简单的 App，记录员工相互之间的承诺并监督承诺的履行。它能为下达指令的管理者提供帮助，也能为接受指令的操作人员提供指导，让相关信息掌握起来易如反掌。

流程图

就好比工程师利用流程图了解设计的作业流程，管理者也需要流程图把公司当成机器一样设计。它需要参考公司内部报告路线的组织架构图，或者组织架构图为它提供补充信息。理想的情况是，流程图的设计既能让你轻易俯瞰全貌，又能让你在必要时循报告路线向下了解各层级的细节（例如，当你看到流程图上某个人的名字时，点击进去就可了解他的棒球卡信息以及其他相关信息）。

在桥水，我们为每个部门设计了流程图，其能展现出所有岗位名称、每个岗位的职责，以及工作流程怎样导出理想的结果。

政策和程序手册

将关于政策和程序的文件汇编以备员工查询，其在功能上与操作手册类似。这些文件是公司把学习经验升华为制度的结果，内容都是动态更新的。

量化指标

常言道："对于无法计量的事物，你肯定也管不好。"通过度量机器的运转状况，尤其是如果能通过某种算法完成大量思考和工作的话，你抓管理就会更容易。

设计好的量化指标，首先要考虑需要什么信息来回答你觉得最紧迫的问题，再考虑如何得到答案。仅仅靠搜集和汇总信息得不出想要的指标。在桥水，我们讨论过设计好的量化指标需要4个步骤：（1）了解公司的目标是什么；（2）了解达成目标的程序（你的机器，包括人和设计）；（3）找到程序中最适合量化的关键部分，以便了解机器如何运作并达成目标；（4）研究如何在关键指标上发挥杠杆效用，以便调整程序、改变结果。在这方面，我们鼓励员工在使用流程图、程序手册的同时，开发适用于我们自己的指标。

在验证量化指标的有效性时，主要看这些指标能否告诉你谁在哪些领域的表现如何，一定要具体到个人。我们希望指标对上要覆盖CEO负责的公司层面最重要的问题，对下要覆盖部门、部门里的团队，以及每个岗位的具体责任人。

参考文献

Aamodt, Sandra, and Sam Wang. *Welcome to Your Brain: Why You Lose Your Car Keys but Never Forget How to Drive and Other Puzzles of Everyday Life.* New York: Bloomsbury Publishing, 2009.

Beauregard, Mario, and Denyse O'Leary. *The Spiritual Brain: A Neuroscientist's Case for the Existence of the Soul.* San Francisco: HarperOne, 2007.

Campbell, Joseph. *The Hero with a Thousand Faces.* Princeton: Princeton University Press, 1949.

Dawkins, Richard. *River Out of Eden: A Darwinian View of Life.* New York: Basic Books, 1995.

Duhigg, Charles. *The Power of Habit: Why We Do What We Do in Life and Business.* New York: Random House, 2012.

Durant, Will, and Ariel Durant. *The Lessons of History.* New York: Simon & Schuster, 1968.

Eagleman, David. *Incognito: The Secret Lives of the Brain.* New York: Pantheon Books, 2011.

Gardner, Howard. *Changing Minds: The Art and Science of Changing Our Own and Other People's Minds.* Cambridge: Harvard Business Review Press, 2006.

Gazzaniga, Michael S. *Who's in Charge?: Free Will and the Science of the Brain.* New York: Ecco Books, 2011.

Grant, Adam. *Originals: How Non-Conformists Move the World.* New York: Viking, 2016.

Haier, Richard J. *The Intelligent Brain.* Chantilly, VA: The Great Courses Teaching Company, 2013.

Hess, Edward D. *Learn or Die: Using Science to Build a Leading-Edge Learning Organization.* New York: Columbia Business School Publishing, 2014.

Kahneman, Daniel. *Thinking, Fast and Slow.* New York: Farrar, Straus & Giroux, 2011.

Kegan, Robert. *The Evolving Self: Problem and Process in Human Development.* Cambridge: Harvard University Press, 1982.

Kegan, Robert. *In Over Our Heads: The Mental Demands of Modern Life.* Cambridge: Harvard University Press, 1998.

Kegan, Robert, and Lisa Laskow Lahey. *An Everyone Culture: Becoming a Deliberately Developmental Organization.* Cambridge: Harvard Business Review Press, 2016.

Lombardo, Michael M., Robert W. Eichinger, and Roger P. Pearman. *You: Being More Effective in Your MBTI Type.* Minneapolis: Lominger Limited, 2005.

Mlodinow, Leonard. *Subliminal: How Your Unconscious Mind Rules Your Behavior.* New York: Pantheon Books, 2012.

Newberg, Andrew, MD, and Mark Robert Waldman. *The Spiritual Brain: Science and Religious Experience.* Chantilly, VA: The Great Courses Teaching Company, 2012.

Norden, Jeanette. *Understanding the Brain.* Chantilly, VA: The Great Courses Teaching Company, 2007.

Pink, Daniel H. *A Whole New Mind: Why Right-Brainers Will Rule the Future.* New York: Riverhead Books, 2005.

Plekhanov, G. V. *On the Role of the Individual in History.* Honolulu: University Press of the Pacific, 2003. (Original work published 1898)

Reiss, Steven. *Who Am I? The 16 Basic Desires That Motivate Our Actions and Define Our Personalities.* New York: Berkley, 2002.

Riso, Don Richard, and Russ Hudson. *Discovering Your Personality Type: The Essential Introduction to the Enneagram, Revised and Expanded.* New York: Mariner Books, 2003.

Rosenthal, Norman E, MD. *The Gift of Adversity: The Unexpected Benefits of Life's Difficulties, Setbacks, and Imperfections.* New York: TarcherPerigee, 2013.

Taylor, Jill Bolte. *My Stroke of Insight: A Brain Scientist's Personal Journey.* New York: Penguin Books, 2009.

Thomson, J. Anderson, with Clare Aukofer. *Why We Believe in God(s): A Concise Guide to the Science of Faith.* Charlottesville: Pitchstone Publishing, 2011.

Tokoro, M., and K. Mogi, eds. *Creativity and the Brain.* Singapore: World Scientific Publishing, 2007.

Wilson, Edward O. *The Meaning of Human Existence.* New York: Liveright Publishing Corporation, 2014.

致　谢

我的生活原则和工作原则是对我多年实践经验的总结。我的这些经历的主要见证者是鲍勃·普林斯、格雷格·詹森、吉赛尔·瓦格纳、丹·伯恩斯坦、戴维·麦考密克、艾琳·马瑞、乔·多布里奇、保罗·科尔曼、罗布·弗里德、罗斯·沃勒、布莱恩·戈尔德、彼得·特罗尼卡、克劳德·阿马德奥、兰德尔·桑德勒、奥斯曼·纳尔班托奥卢、布赖恩·克赖特尔、汤姆·辛查克、汤姆·沃勒、亚尼内·拉卡内利、弗兰·肖安妮和莉萨·萨菲安。我对他们充满感激。

我和普林斯、詹森用了大半生的时光努力探究无边无际、无始无终的经济和市场规律。在此过程中，我们每天交流互动的日子时常引人深思，偶尔遍体鳞伤，也间或兴奋异常。我们在一起开会，主要是讨论经济和市场，这让我们发现了非常宝贵的经济原则和投资原则，也教会我们认清自己以及如何与他人交往。我们从教训中吸取力量，总结出了生活原则和工作原则，其意义更加非比寻常。最近，我们与艾琳·马瑞和戴维·麦考密克一道做出了努力，二位刚刚接替我担任联合CEO。麦考密克和马瑞，感谢你们，感谢你们接受、照料这份上苍赋予我们的恩惠，并为之贡献自己的力量。

当我最先意识到要将桥水从第一代公司转型为第二代公司时，我就决定把分散凌乱的原则搜集整理成一部教材，为桥水的同人提供帮助。将最初的一大堆毫无头绪的原则搜罗、转换为一本精彩的著作，可谓是一项史诗般的工程，马克·柯比负责帮助我从事这项工作，他出力最多。我还要感谢阿瑟·戈尔德瓦格和迈克·库宾协助我理清思路并润色整份手稿。（库宾是以朋友的身份友情协助。）我还要感谢阿里安娜·赫芬顿、托尼·罗宾斯、诺姆·罗森塔尔和克里斯蒂娜·尼科洛娃拨冗垂阅本书，并提出了很有价值的建议。

在日常工作中助力于我的还有"达利欧的天使团队"（玛丽莲·考菲尔德、彼得拉·克格尔、克丽丝蒂·梅罗拉和克里斯蒂娜·德罗萨基斯），"达利欧的杠杆团队"（扎克·维德尔、戴夫·阿尔珀特、耶恩·戈乔和安德鲁·斯滕莱特，还有前任杠杆团队成员埃利塞·瓦克森贝格、戴维·曼纳斯-韦伯和约翰·伍迪），以及"达利欧的研究团队"（史蒂文·克里格、加德纳·戴维斯和布兰登·罗利，还有前任研究团队成员马克·迪内）。我还要感谢贾森·罗滕贝格、诺厄·耶奇利、卡伦·卡尔尼奥尔-唐布尔、布鲁斯·斯坦伯格、拉里·科弗兹基、鲍勃·埃利奥特、拉姆森·贝法赫德、凯文·布伦南、克里·赖利以及雅各布·克兰，是他们这些年轻人为我提供了灵感，促使我总结出了投资原则。感谢杰夫·加德纳、吉姆·哈斯克尔、保罗·波多尔兹基、罗布·津克、迈克·科尔比、莱昂内尔·卡利夫、乔尔·惠登、布赖恩·劳勒、汤姆·巴赫纳、吉姆·怀特、凯尔·德莱尼、王沿、保劳格·沙阿以及比尔·马奥尼，把我们的原则以更具个性的方式传达给我们的客户。感谢戴

致　谢

夫·费鲁奇在把工作原则转换成计算机算法的过程中，对我的巨大帮助。感谢杰夫·泰勒、史蒂夫·埃尔凡鲍姆、斯图尔特·弗里德曼和珍·希利，帮助我把原则转换成很多人看得懂的文字。尽管我的兴趣和方向一直很多元，但这些团队成员把我的任务当作他们自己的任务，推动我努力前行。没有他们的帮助，我不可能取得现在的成就。感谢你们对我的忍耐和给予我的无私帮助。

本书英文版精美的装帧设计出自菲尔·卡拉瓦焦之手，感谢他的慷慨和才华。当我把《原则》的草稿以 PDF 格式（一种电子文件格式）上传互联网时，我还不认识他，他就在技艺精湛的书刊设计师罗德里戈·科拉尔的协助下，带来了这份设计出众的印刷版礼物。卡拉瓦焦是一位出色的企业家，对我提出的原则对他的帮助表示了感激之情。这本精致的书让我震惊，而卡拉瓦焦关于这些原则对他本人之重大意义的阐述也作为一份厚礼，推动我不断朝着出版这本书去努力。在我做出决定后，卡拉瓦焦和科拉尔一道不辞劳苦地做成了这部精美的书，送到了读者手中——这又是一份大礼。感谢你，卡拉瓦焦！

6 年前，西蒙与舒斯特出版公司执行主编若菲·费拉里-阿德勒阅读了《原则》的网络版，认为很有价值，并向我解释为什么出版这本书是我为别人提供帮助的一件大事。在出版过程中，他一直是一位宝贵的合作伙伴。在研究出版方案时，我与大家认真讨论选取最好的代理商。这个过程让我结识了吉姆·莱文。我理解了为什么他如此受客户的爱戴，就是因为他投入了自己宝贵的时间、技能和情感。莱文带着我熟悉了整个出版流程，让我认识了西蒙与舒斯特出版公司的总裁乔恩·卡普。甫一结识，卡普就希望我的书更让我满意而不是更让他满意,在他的帮助下,这如今得以成为现实。

最后,我还要感谢我的太太芭芭拉、儿子德温、保罗、麦修和马克,谢谢你们对我和我的原则的容忍——让我有时间和空间创造出这些原则和这本书。

审校后记

译事难哉,《原则》这本书翻译和审校尤其不易。除了语言、专业及文化差异,桥水还奉行创意择优,在工作中有独创的工具、行为准则和词义,有时连美国人也很费解。我在审校的时候,也常常感到很难将其中真义准确地传达给中国读者。

既然达利欧已在《原则》中详述了方法和原则,我就聊聊达利欧和中国。

达利欧是地道的美国人,但上溯几辈应该是来自威尼斯一带的意大利北方人。(也许几百年前他的先祖和马可·波罗是近亲,要不他自己也说不清楚为什么如此挚爱中国。)

20多年前,达利欧把他年仅11岁的儿子麦修送到北京史家胡同小学上学。当时这所小学条件一般,而且麦修不会中文,独自一人被寄养在达利欧的朋友顾阿姨家,顾阿姨老伴用自行车接送麦修上下学。又过了些年,我的一个朋友问达利欧,你为什么把年幼的孩子送来中国,你不觉得太冒险?达利欧脱口而出,他不去风险更大,是中国改变了麦修,让他懂得了生活。

原　则

麦修回国5年后又重返北京，历经周折创办了中国关爱基金会，专门救助中国的残疾孤儿。达利欧对这一举动非常赞同，全力相助。前些年的每年夏天，达利欧都在自己居住的美国小镇上举办捐助中国关爱基金会的慈善晚会。每次看到应邀出席的那么多美国人，为地球另一边素不相识的中国的残疾孤儿出钱出力，我总觉得应该对他们感恩一生一世。

我妹妹曾是中国关爱基金会的驻京员工，她曾和达利欧、麦修一起去陕西的孤儿院，她说达利欧左手拎着一大包婴儿尿布，右肩扛着奶粉，和他们一起赶路，简直就像外来的民工。我后来碰到民政部门的一位官员，他说："你们老板就是活着的白求恩。"

达利欧常说，他最缺的就是时间。后来顾阿姨老伴，一位普通的退休教员去世。达利欧放下所有的事情，专程飞到香港办好签证，再飞到北京为这位普通的老人送行，也真是有情有义了。

达利欧来中国，经常会请当年他认识的"联办"老友喝顿茅台，像高西庆、王莉、王波明、汪建熙等。这些老友打趣，问达利欧为啥这么喜欢中国。达利欧说，我知道，你们说我上辈子是中国人。

桥水在全世界都不设分公司，唯独在中国设有全资的子公司。达利欧多年前就在公司说，别总想着美联储又说了什么，你们会看到，在不久的将来，人们会盯着问中国人民银行行长又说了什么。

《原则》简体中文版出版了，达利欧在中国的新长征开始了。

王沿